国家出版基金项目
NATIONAL PUBLICATION FOUNDATION

抗日战争专题研究

张宪文 朱庆葆 | 主编

第四辑
沦陷区
和伪政权

日本扶植汪伪政权研究

张 展 著

江苏人民出版社

图书在版编目(CIP)数据

日本扶植汪伪政权研究 / 张展著. —— 南京：江苏
人民出版社，2022.11(2025.8重印)

(抗日战争专题研究 / 张宪文，朱庆葆主编)

ISBN 978 - 7 - 214 - 27522 - 6

Ⅰ.①日… Ⅱ.①张… Ⅲ.①中日关系-国际关系史
-汪伪政府(1940)-研究 Ⅳ.①K265.65②D829.313

中国版本图书馆 CIP 数据核字(2022)第 177475 号

书　　　名	日本扶植汪伪政权研究	
著　　　者	张　展	
责 任 编 辑	李　旭	
装 帧 设 计	刘葶葶	
责 任 监 制	王　娟	
出 版 发 行	江苏人民出版社	
地　　　址	南京市湖南路 1 号 A 楼,邮编:210009	
照　　　排	江苏凤凰制版有限公司	
印　　　刷	苏州市越洋印刷有限公司	
开　　　本	652 毫米×960 毫米　1/16	
印　　　张	25.5　插页 4	
字　　　数	298 千字	
版　　　次	2022 年 11 月第 1 版	
印　　　次	2025 年 8 月第 2 次印刷	
标 准 书 号	ISBN 978 - 7 - 214 - 27522 - 6	
定　　　价	98.00 元	

(江苏人民出版社图书凡印装错误可向承印厂调换)

教育部哲学社会科学研究重大委托项目
2021年度国家出版基金资助项目
南京大学"双一流"建设卓越计划项目
"十四五"国家重点出版物出版专项规划项目

合作单位

南京大学　北京大学　南开大学　武汉大学

复旦大学　浙江大学　山东大学

台湾中国近代史学会

学术顾问

金冲及　章开沅　魏宏运　张玉法　张海鹏

姜义华　杨冬权　胡德坤　吕芳上　王建朗

总　序

张宪文　朱庆葆

　　日本侵华与中国抗日战争是近代中国最重大的历史事件。中国人民经过 14 年艰苦卓绝的英勇奋战,付出惨重的生命和财产的代价,终于取得伟大的胜利。

　　自 1945 年抗日战争结束至 2015 年,度过了漫长的 70 年。对这一影响中国和世界历史进程的重大事件,国内外历史学界已经做过大量的学术研究,出版了许多论著。2015 年 7 月 30 日,在抗日战争胜利 70 周年前夕,中共中央政治局就中国人民抗日战争的回顾和思考进行集体学习,习近平总书记发表重要讲话,指示学术界应该广为搜集整理历史资料,大力加强对抗日战争历史的研究。半个月后,中共中央宣传部迅速制定抗日战争研究的专项规划。8月下旬,时任中共中央宣传部部长刘奇葆召开中央各有关部委、国家科研机构和部分高校代表出席的专题会议,动员全面贯彻习总书记的讲话精神,武汉大学和南京大学的代表出席该会。

　　在这一形势下,教育部部领导和社会科学司决定推动全国高校积极投入抗战历史研究,积极支持南京大学联合有关高校建立抗战研究协同创新中心,并于南京中央饭店召开了由数十所高校的百余位教授、学者参加的抗战历史研讨会。台湾也有吕芳上、陈立文等十多位教授出席会议,共同协商在新时代深入开展抗战历史研究的具体方案。台湾著名资深教授蒋永敬在会议上发表了热情洋溢的讲话。经过几个月的酝酿和准备,南京大学决定牵头联合我国在抗战历史研究方面有深厚学术基础的北京大学、南开大学、武汉大学、复旦大学、浙江大学、山东大学及台湾学者共同组建编纂委员会,深入开展抗日战争专题研究。中央档案馆和中国第二历史档案馆也积极支持。在南京中央饭店学术会议基础上,编纂委员会初步筛选出130个备选课题。

南京大学多次举行党政联席会议和校学术委员会会议,专门研究支持这一重大学术工程。学校两届领导班子均提出具体措施支持本项工作,还派出时任校党委副书记朱庆葆教授直接领导,校社科处也做了大量工作。南京大学将本项目纳入学校"双一流"建设卓越计划,并陆续提供大量经费支持。

江苏省委、省政府以及江苏省委宣传部,均曾批示支持抗战历史研究项目。国家教育部社科司将本项研究列为哲学社会科学研究重大委托项目,并要求项目完成和出版后,努力成为高等学校代表性、标志性的优秀成果。

本项目编纂委员会考察了抗战历史研究的学术史和已有的成果状况,坚持把学术创新放在第一位,坚持填补以往学术研究的空白,不做重复性、整体性的发展史研究,以此推动抗战历史研究在已有基础上不断向前发展。

本项目坚持学术创新,扩大研究方向和范围。从以往十分关注的九一八事变向前延伸至日本国内,研究日本为什么发动侵华战争,日本在早期做了哪些战争准备,其中包括思想、政治、物质、军事、人力等方面的准备。而在战争进入中国南方之后,日本开始逐步将战争引出中国国境,即引向广大亚太地区,对东南亚各国及东南亚地区的西方盟国势力发动残酷战争。研究亚太地区的抗日战争，有利于进一步揭露日本妄图占领中国、侵占亚洲、独霸世界的阴谋。

本项目以民族战争、全民抗战、敌后和正面战场相互支持相互依靠的抗战整体，来分析和认识中国抗日战争全局。课题以国共两党合作为基础，运用大量史实，明确两党在抗日战争中的地位和作用，正确认识各民族、各阶级对抗日战争的贡献。本项目内容涉及中日双方战争准备、战时军事斗争、战时政治外交、战时经济文化、战时社会变迁、中共抗战、敌后根据地建设以及日本在华统治和暴行等方面，从不同视角和不同层面，深入阐明抗日战争的曲折艰难历程，以深刻说明中国抗日战争的重大意义，进一步促进中华民族的伟大复兴。

对于学界已经研究得甚为完善的课题，本项目进一步开拓新的研究角度和深化研究内容。如对山西抗战的研究更加侧重于国共合作抗战；对武汉会战的研究将进一步厘清武汉会战前后中国政治、经济、社会的变迁及国共之间新的友好关系。抗战前期国民党军队丢失大片国土，而中国共产党在十分艰难的状况下，在敌后逐步收复失地，建立抗日根据地。本项目要求对各根据地相关研究课题，应在以往学界成果基础上，着力考察根据地在社会改造、经济、政治、人才培养等方面，如何探索和积累经验，为1949年后的新中国建设提供有益的借鉴。抗战时期文学艺术界以其特有的文化功能，在揭露日军罪行、动员广大民众投入抗战方面，发挥了重要作用。我们尝试与艺术界合作，动员南京艺术学院的教授撰写了与抗日战争相关的电影、美术、音乐等方面的著作。

本项目编纂委员会坚持鼓励各位作者努力挖掘、搜集第一手历史资料，为建立创新性的学术观点打下坚实基础。编纂委员会要求全体作者坚决贯彻严谨的治学作风,坚持严肃的学术道德,恪守学术规范,不得出现任何抄袭行为。对此,编纂委员会对全部书稿进行了两次"查重",以争取各个研究课题达到较高的学术水平,减少学术差错。同时,还聘请了数十位资深专家,对每部书稿从不同角度进行了五轮审稿。

本项目自 2015 年酝酿、启动,至 2021 年开始编辑出版,是一项巨大的学术工程,它是教育部重点研究基地南京大学中华民国史研究中心一直坚持的重大学术方向。百余位学者、教授,六年时间里付出了艰辛的劳动,对抗战历史研究做出了重要贡献!编纂委员会向全体作者,向教育部、江苏省委省政府以及各学术合作院校,向江苏凤凰出版传媒集团暨江苏人民出版社,向全体编辑人员,表示最崇高的敬意和诚挚的感谢!

目　录

导　论

（一）选题缘由

本书的选题是日本在全面侵华战争期间扶植汪伪政权的决策过程,也简单论及同时期日本侵华的宏观战略及其政治变化。本书以战时日本中央政策文件为中心,论述日本对汪政策形成与演变的背景,以及围绕对汪政策产生的博弈与论争。

汪伪政权是日本在全面侵华战争期间扶植成立的最重要的伪政权,也是日本侵华政策的重要载体。对日汪关系的研究,其偏重点往往在于从日本侵华史的角度,分析日汪间的协定、条约等,探讨日本通过汪伪政权对侵略权益的确认,与占领区经济、文化政策等。而笔者在查找史料的过程中,注意到了如下几点:

一、作为在全面抗战期间被日本"承认"的"中国中央政权",汪伪政权的相关资料,在日本较为丰富,其中有相当部分,尚未得到充分的利用。

二、日本的对汪政策,并非一成不变,与之相反,在短短的数年中,日本对汪政策屡有反复,变动激烈,这说明日本的侵华大方向虽然是统一而确定的,但在具体操作层面,是有分歧与变动的。

三、在日本的相关史料中,对照公开舆论报道、档案文献、当事人记录等不同方面的史料,发现对事件的立场与记录,往往是不尽相同的,甚至会出现矛盾之处。考察这种矛盾出现的原因,以及其背后的动机,相信有助于揭示日本对汪政策演变的深层原因。

四、对比日本不同部门的相关档案,可以发现其在对汪政策的立场上存在不同。在某些情况下,由于各自利益的不同,其博弈还较为激烈。如果不考虑这些会直接影响日本对汪政策的变数,就很难解释日本对汪政策演变的原因。

五、即便是同一份文件,其草案与定案往往也有着较大的区别,要深入研究日本当局的决策背景,也要倒推各方案定案之前,各不同相关方提出的不同草案,了解各方的态度。

综合这些要素,笔者认为要考察日本对汪伪政权的政策,仍然有着较大的研究空间,而文献中的矛盾之处,与其演变的深层原因,也激发了笔者的关注和兴趣。在日本访学期间,除了收集相关史料,也了解到中日两国学界对这一问题的不同看法,这也进一步促使笔者希望能在站稳反侵略立场的前提下,通过分析日本文本资料,结合相关研究,考察日本对汪伪政权政策的主体思路及其发展演变的来龙去脉。

日本对汪政策,乃至对华政策的演变,经过了多次反复。日本在确定了"不以国民政府为对手"的政策,决心在占领区扶植傀儡政权作为中国"新中央政府"后,很快又全面发动对国民政府的政治诱降工作。在成功诱使汪精卫投日后,日本又对汪精卫暂时"冷遇";而确定了扶植汪伪政权的方针后,又再次迁延汪伪政权的成立及对其的"承认"事宜。在不同的内外形势下,日本对汪政策出现了一系列的矛盾与变化,具有波浪式推进的特征。

综上所述,日本对汪伪政权的政策,事关多种因素,本研究希望讨论的内容是：一、概括日本不同阶段对汪政策的主要特征；二、挖掘影响日本对汪政策的因素和线索；三、分析日本对汪政策演变过程，探讨其深层原因和影响。本文还希望，能够从日本对汪政策的角度，考察其背后日本侵华的整体战略与不同部门在政策上的博弈，并尽可能地探讨史实细节的准确性，希望对相关研究有所裨益。

（二）现有研究成果

国内对全面抗战期间日本对汪政策的研究，始自汪精卫投敌之后，多为对汪伪政权的批判性讨论。① 然而，由于当时难以接触到日本决策文件的现实条件，以及强烈的政治倾向性的影响，相关研究落脚点多在汪伪政权本身，而系统性地考察日本的对汪政策的研究有所欠缺。

20 世纪 80 年代以来，学界对汪伪政权的研究得到了迅速的发展和繁荣。1986 年 5 月，在北京召开了中日学者共同参加的"第一次汪伪政府问题学术研讨会"。1987 年，复旦大学历史系又编纂了《汪精卫汉奸政权的兴亡——汪伪政权研究史论集》，收集、总结了当时对汪伪政权的研究状况。

对汪伪政权的一个研究重点，是对汪伪政权相关人物的研究。尤其对汪精卫、陈公博、周佛海等汪伪政权的首脑人物，对其投敌动机和具体行为的考证较多，传记文学的色彩相对较浓。② 还有一

---

① 抗战时期及抗战胜利初期的相关研究，如延安时事问题研究会编：《日本帝国主义在中国沦陷区》，延安：解放社 1939 年版。汪大义：《汪日密约》，广州：岭南出版社 1940 年版。李超英：《伪组织政治经济概况》，重庆：商务印书馆 1944 年版。《伪府内幕》，南京：中国文化出版公司 1945 年版。

② 如闻少华：《周佛海评传》，武汉：武汉出版社 1990 年版。王云高：《汪精卫叛国前后》，北京：中国华侨出版公司 1991 年版。蔡德金：《朝秦暮楚的周佛海》，郑州：（转下页）

部分研究从日本侵华史的角度,对占领区的经济状况进行了考察。①
对汪伪政权从宏观角度的考察相对较少,但近年来以《汪伪政权全
史》为代表,涌现了一批具有重要意义的研究。② 国内对汪伪政权的
相关研究,与伪政权的建立过程与相关人物,以及沦陷区的经济、教
育等内容,成果较多③,但对汪伪政权政治、军事方面的研究,仍然相
对薄弱。相较于对汪伪政权的研究,国内对日本对汪决策的研究成
果相对更为有限。目前国内的相关研究,多散见于对日本侵华史的
研究著作中,多数将研究重心放在日本长期的、整体的侵华政策上。④

（接上页）河南人民出版社 1992 年版。林阔:《汪精卫全传》,北京:中国文史出版社 2001 年
版。石源华:《乱世能臣:陈公博》,北京:团结出版社 2008 年版。

① 如王士花:《"开发"与掠夺——抗日战争时期日本在华北华中沦陷区的经济统制》,北
京:中国社会科学出版社 1998 年版。张铨、庄志龄、陈正卿:《日军在上海的罪行与统
治》,上海:上海人民出版社 2000 年版。齐春风:《中日经济战中的走私活动(1937—
1945)》,北京:人民出版社 2002 年版。黄美真:《日伪对华中沦陷区的掠夺与统制》,
北京:社会科学文献出版社 2005 年版。潘健:《汪伪政府财政研究》,复旦大学博士学
位论文,2008 年。

② 如蔡德金:《历史的怪胎——汪精卫国民政府》,桂林:广西师范大学出版社 1997 年
版。张生等:《日伪关系研究——以华东地区为中心》,南京:南京出版社 2003 年版。
余子道等:《汪伪政权全史》,上海:上海人民出版社 2006 年版。蔡德金:《关于〈汪日
密约〉的谈判、签约与被揭露》,《档案与史学》1997 年第 2 斯。石源华:《论日本对华
新政策下的日汪关系》,《历史研究》1996 年第 2 期。石源华:《汪伪政府对英、美"宣
战"述论》,《军事历史研究》1999 年第 4 期。

③ 如张生:《论汪伪对国民党政治符号的争夺》,《抗日战争研究》2005 年第 2 期。王翔:
《汪伪政权之意识形态评析》,《理论界》2008 年第 11 期。

④ 如徐勇:《征服之梦——日本侵华战略》,桂林:广西师范大学出版社 1993 年版。沈
予:《日本大陆政策史(1868—1945)》,北京:社科文献出版社 2005 年版。关捷:《日本
侵华政策与机构》,北京:社会科学文献出版社 2006 年版。雷国山:《日本侵华决策史
(1937—1945)》,上海:学林出版社 2006 年版。其相关研究情况参见张振鹍:《日本侵
华史研究:一个粗略的回顾》,《抗日战争研究》1999 年第 3 期;臧运祜《百年来日本
侵华史研究》,《中国社会科学报》2015 年 8 月 3 日。

　　我国台湾地区收藏的民国时期档案资料较多,对汪伪政权史的实证研究,却起步相对较晚。较早的研究包括 1980 年台湾"中国文化大学"吴学诚的硕士学位论文《汪伪政府与日本关系之研究》和 1990 年同校邵铭煌的博士论文《汪伪政府的建立和覆亡》。近年以来,围绕着"汉奸"问题,台湾地区学界也出现了一些新的成果。[①]

　　综上所述,国内关于日本对汪伪政权政策的系统性研究,据笔者目前所知还几乎付诸阙如。而对日汪关系的研究,主要有如下几个特点:首先,研究落脚点在汪伪政权方面,使用中文资料较多,使用日文资料相对较少。其次,对相关人物的行动研究较多,对其背后的政策因素,尤其是政策原件研究较少。最后,多数立足于日本侵华史的角度强调其侵略本质与结果,对其政策的演变过程与决策背景,研究尚未深入。

　　研究日本对汪政策,不能不关注日本学界。[②] 日本学界对日本对汪政策的研究相对较早,在战时,对汪政策作为日本国家政策一部分,受到了广泛的关注,虽然当时大部分的相关内容主要是报道及宣传,但部分如《外交时报》等研究性杂志中,也有不少就日本对汪政策的分析和解读,具有研究的性质。而一些战时出版的著作,如米内山庸夫的《支那的现实和理想》,也综合当时的战争形势来分析汪伪政权对日本的意义。[③] 永松浅造的《新中华民国》从汪

①　如刘熙明:《伪军——强权竞逐下的卒子(1937—1949)》,台北:稻乡出版社 2002 年版;罗久蓉:《她的审判:近代中国国族与性别意义下的忠奸之辨》,"中央研究院"近代史研究所 2013 年版。
②　日本对汪伪政权的研究状况,可参见许育铭:《日本有关汪精卫及汪伪政权之研究状况》,《抗日战争研究》1999 年第 1 期。
③　米内山庸夫『支那の現実と理想』,今日問題社、1942 年。

伪政权的角度出发,总结了汪伪政权外交、内政的概况等。① 松本仓吉的《支那的新姿》将"和平支那"和"抗战支那"进行比较,讨论汪伪政府的发展办法。② 相关著作宣传意味极强,但也包含部分对日汪关系、汪伪政府的分析。

在战后初期,不少对汪政策的当事人结合自身的亲身经历,根据对汪政策的文件、战后公开的相关史料等,围绕着政策得失进行探讨,兼有资料与研究的属性。③ 同时具有这种属性的,还有收录了大量文献资料的《战史丛书》。1966 年至 1980 年,日本防卫厅防卫研修所战史室编纂了共 102 卷的《战史丛书》,基本涵盖了日军在整个侵华战争期间的决策及其背景、过程,其中也包括对汪政策。

日本学界对日汪关系的关注重点,集中在对汪精卫及汪伪政权的评价上,很多研究倾向于将汪精卫塑造为悲剧人物。④ 日本学界彻底否定汪精卫的研究较少,对汉奸审判也多寄予相当同

① 永松浅造『新中華民国』、东华书房、1940 年。

② 松本鎗吉『支那の新姿』、弘道馆、1942 年。

③ 相关著作如石射猪太郎『外交官の一生』、中央公论社、2007 年。堀场一雄『支那事变战争指导史』、原书房、1973 年。堀内干城『中国の嵐の中で　日華外交三十年夜話』、乾元社、1950 年。冈田酉次『日中戦争裏方記』、东洋经济新报社、1974 年。今井武夫著、高橋久志・今井貞夫監修『日中和平工作:回想と証言 1937—1945』、みすず书房、2009 年。

④ 如山中德雄『和平は売国か』、不二出版、1990 年。小野稔『汪兆銘名古屋に死す』、東京ジャーナルセンター、1998 年。上坂冬子『我は苦難の道を行く』、讲谈社、1999 年。论文如嵯峨隆「汪精衛と大アジア主義:その継承と展開」、『法学研究』、2013 年 10 月。土屋光芳「汪合作政権の対日政策—汪精衛の「一面抵抗・一面交渉」と蒋介石の「全面的和平」との対立」、『政経論叢』、2000 年 12 月。高橋久志「汪精衛におけるアジア主義の機能:日中和平への条件の模索のなかで」、『国際学論集』、1981 年 1 月。

情。① 古厩忠夫的《日中战争与我·上海》,则从日本对占领区政策
的角度,主张汪伪政府自成立起,先天就是注定要为日军的战争体
制所用。②

　　就日本扶植汪伪政权的目的,日本学界一个较为普遍的观点是,
日本扶植汪伪政权是无法从中国脱身的权宜之计,在一开始,日本方
面就很了解汪伪政权的孱弱,对其并未寄予太多期望。波多野澄雄
的《大东亚战争的时代》一书中,提及汪精卫集团未能如愿占据中国
西南,军部对其前途并不看好,而日本政府因其"不具有强力政府的
品格",而迟迟不愿对其正式"承认"。③ 波多野澄雄编的《太平洋战
争》中的研究认为,日本为从中国战场脱身,寻求了 3 个办法:和平工
作、扶植傀儡政权、南进。日本扶植汪伪政权的目的,在于让其获取
力量,但一直没有成功,所以扶植汪伪政权的意义没能实现,并因此
最终试图放弃汪伪政权,来进行"重庆工作"。④ 而在日学者刘杰的
《日中战争下的外交》一书,也从日本侵华外交政策的角度,论及日本
扶植汪伪政权,着眼于对国民政府施加压力的动机。⑤ 也有观点认
为,日本扶植汪伪政权的前后目的是不一致的,开始是作为结束战争
的"和平工作"的一部分,后来转变为扶植在占领地的代理人。如户
部良一的《支那事变和平工作的群像》,主要对日本进行的对华"和平

---

① 如益井康一『汉奸裁判史』、みすず書房、1977 年。还有留日学者刘杰用日文发表的
　『漢奸裁判-对日協力者を襲った運命』、中央公論新社、2000 年。因其在日本用日文
　发表,故暂列为日本学界范围之内,类似的还有李仁哲在筑波大学的博士论文『戰時
　期日中関係の変容:日華基本条約から日華同盟条約へ』(2014 年),从条约体系考察
　了日汪关系。
② 古厩忠夫『日中戦争と上海、そして私』、研文出版、2004 年。
③ 波多野澄雄『大東亜戦争の時代』、朝日出版社、1988 年。
④ 波多野澄雄等『太平洋戦争』、东京大学出版会、1993 年。
⑤ 刘杰『日中戦争下の外交』、吉川弘文馆、1995 年。

工作"进行了剖析,认为汪工作原本作为"和平工作",主要被寄予了结束战争的期望,但最终被迫失去了"和平工作"的意义,蜕变成了占领区内的"新政权"成立工作。① 此外,也有非主流的意见认为,扶植汪伪政权,是尾崎秀实根据苏联意愿,通过近卫文麿来暗中推动的,诱使汪精卫出来组织傀儡政府,就可以迫使国民党开除汪精卫,堵死和谈道路,这样造成日本的最终战败和革命潮流的到来。②

当然,日本学界还有大量著作,仅将日本的对汪政策,作为史实进行概要的总结,如上村伸一的《日本外交史·日华事变》简述了日本"和平工作"的失败、对占领地的"开发"、傀儡政权的树立,汪为中心的"和平派"的接触,汪的出逃和访日这一过程。③ 这样的叙事方式虽然相对平实客观,但多以某一方面的通史为主题,并非日本对汪政策的专著。

总而言之,日本学界对日本对汪政策的研究,有以下几个特点:一是在研究的态度上,对于日本军国主义侵华,辩护多于谴责,对于汪伪政权,则同情多于批判,很多关于日汪关系的专著,都有着明显同情汪伪政权的立场倾向;二是在研究的范畴上,基本可分为研究汪伪政权本身与研究日本对华政策两个方面,前者多将重点集中在汪伪政权方面,对日本对汪政策的形成过程涉猎较少,后者则多着墨于日本整体的对华乃至对外政策,日本对汪政策仅为其中一部分而已,融合日汪双方的研究较少;三是在研究的方法上,多集中对政策结果的考察,对政策制定过程中相关方面的博弈、政策相关文本的变化,

① 戸部良一『ピース・フィーラー　支那事変和平工作の群像』、論創社、1991 年。类似观点还有堀井弘一郎「汪精衛政権下、新国民運動の理念と組織をめぐる相剋」、『日本大学大学院総合社会情報研究科紀要』、2009 年 2 月。
② 三田村武夫『大東亜戦争とスターリンの謀略―戦争と共産主義』、自由社、1987 年。
③ 上村伸一『日本外交史』第二十巻(日華事変・下)、鹿島研究所出版会、1971 年。

即日本对汪政策的演变过程,仍然少有研究。

　　在欧美学界,早在 20 世纪 70 年代,就有学者开始探讨战时傀儡政权的问题。[①] 欧美学界近年来,对沦陷区的相关研究逐渐走向繁荣,但数量仍相对较少,其中也包括从外交史和政治史的角度研究沦陷区的傀儡政权。[②] 在欧美的研究中,入江昭编纂的《中国人与日本人》具有相当重要的影响。[③] 在这一部论文集"出版之后 10 年,西方几乎没有出现探讨沦陷区内的经验或者傀儡政权的重要著作"。[④]

　　20 世纪 90 年代后,欧美学界对伪政权的研究,也开始迅速发展。在普遍肯定沦陷区研究价值的前提下,欧美学界的成果主要分为两类,一类偏重政治、外交史,将论述重点放在战时中日间的"和平工作"与傀儡政权,即"调解工作"与"合作政治"上;[⑤]另一类则倾向于社会史和文化史,研讨沦陷区的地方经验。[⑥] 此外,美国

---

① 参见[美]约翰・亨特・博伊尔著,陈体芳、乐刻等译:《中日战争时期的通敌内幕(1937—1945)》(上、下册),北京:商务印书馆 1978 年版。

② 欧美学者相关的研究状况,详见王克文:《欧美学者对抗战时期中国沦陷区的研究》,《历史研究》2000 年第 5 期。

③ 入江昭编『中国人と日本人』、ミネルヴァ書房、2012 年。

④ 王克文:《欧美学者对抗战时期中国沦陷区的研究》,《历史研究》2000 年第 5 期。

⑤ David P. Barrett and Larry N. Shyu. *Chinese Collaboration with Japan* 1932 - 1945: *the Limits of Accommodation*, Stanford University Press, 2001.
Timothy Brook, *Collaboration: Japanese Agents and Local Elites in Wartime China*, Harvard University Press, 2005.
John H. Bolye, *China and Japan War* 1937 - 1945: *The Politics of Collaboration*, Stanford University Press, 1972.

⑥ Arthur N. Young, *China's Wartime Finance and Inflation* 1937 - 1945, Harvard University Press, 1965.
Parks M. Coble, *Chinese Capitalists in Japan's New Order: The Occupied Lower Yangzi* 1937 - 1945, University of California Press, 2003.

学者王克文的《汪精卫、国民党、南京政权》,对研究汪精卫个人有所偏重,也在欧美学界有较大影响。①

综上所述,目前对汪伪政权的研究已经有了一定的规模,但对其政治史、外交史的研究,还有进一步加强的空间。而日本对汪政策的相关研究,重心仍集中在日本侵略史的角度,研究相对概略,就日本对汪政策的形成及演变的决策背景,从政治史角度进行的系统研究仍然相对不足,本书希望能对此有所补足。

(三) 本书结构与创新点

本书以抗战期间日本对汪政策的政治、外交、军事档案为基本史料,结合当事人回忆及媒体材料等,拟按照时间顺序,围绕汪伪政权的成立和发展,考察日本对汪政策的演变过程,并希望进一步探讨日本对华的战争战略和政治策略。

本书希望在结论中,分析日本对汪政策演变过程的特点,通过日本对汪政策的多次变化,总结其演变的规律和内在的矛盾。并试图分析日本扶植伪政权在其对华战略中的位置和影响。

长期以来,抗战研究的重心在中共敌后战场,后来对国民政府正面战场的研究逐渐增多,近年来,对汪伪政府等傀儡政权的研究也得到了发展。然而,多数相关研究仍着眼于傀儡政权本身、日本的侵略本质和侵华措施上,对其中央战略决策过程的研究有限。针对这种情况,本研究试图立足于日本当局决策的变化过程,从以下几个方面展开研究。

一、本研究尽可能地立足于外交、政治、军事档案等一手史料,以历史事件为锚点,倒推日本对汪政策最终形成前,各部门利益的

---

① 王克文:《汪精卫、国民党、南京政权》,台北"国史馆"2001 年版。

差异、不同意见的博弈、不同方案的调整,来寻找其对汪政策变化过程的脉络。

二、在政策文件之外,本研究努力搜集当事人的个人资料,与其所作决策进行对比,从而了解其决策的考量,与多元的决策主体博弈的均衡点。

三、在不脱离日本对汪政策主线的前提下,本研究着力考察在日本对汪政策中,国际形势、日军总体侵华战略、日本对"重庆工作"等因素所产生的影响。

四、本研究试图综合运用部分媒体素材,利用日本社会舆论在对汪政策上的态度,从侧面考察日本对汪政策产生的社会背景及其反响。

五、本研究的时间段主要选择在中日进入战略对峙阶段后,政治外交上相对"常态化"的时期,对此,现有的相关研究尚不充足。本研究计划从日本整体对华政策角度,分析其诱使汪精卫投敌、成立汪伪政府的决策过程。

六、在日本对汪政策中,存在着多种矛盾。日本要扶植壮大汪伪政府,使其具有更广泛的合法性与权力,与加强对占领区掠夺,获取更大侵华权益,这是一对矛盾。日本要诱降重庆国民政府,与扶植、"承认"汪伪政府,这也是一对矛盾。在日本内部,日军要以满足战争需要为优先,重视战略、"谋略"等能在短期内迅速影响战争局势的手段,而外务省等政府部门长期侵略效益,强调政治、外交,这两种不同的倾向,也是一对日本决策中的内在矛盾。而日本当局内部,围绕"外政"和"外交"的矛盾,实质上是军部及其控制的兴亚院等部门,与外务省之间争夺权力的矛盾。这一系列矛盾,都影响着日本的对汪政策,在肯定日本当局内部对侵华大目标的一致性的前提下,本研究希望能从对这些矛盾的考察中,寻找日本对汪政策变化的线索。

（四）研究方法与资料

本书采用传统文献史学的研究方法，注重综合档案、媒体材料和当事人的回忆等文本，结合历史情境，对事件的原因、过程和结果进行分析与解读。由于本书主要考察的是日本对汪政策的决策过程及其演变，所使用资料以日文资料为主。

本书所使用的史料，主要包括以下几个部分。

一、档案。

档案是本书立论的主要依据，本书主要以日本相关档案文件内容的变化，梳理日本对汪政策的推移线索。

1. 外务省外交史料馆。第二次世界大战后，外务省的战时资料得以公开，本文所利用的部分主要包括：与对汪政策相关的日本国策性文件，外务省自身的政策性文件，外务省与驻外使领馆的往来电报、与军部的往来文件等。据笔者同外交史料馆方面确认，日本处理对汪政策的重要机关大东亚省及其前身兴亚院，由于战后相关机构的撤除，其档案文件亦大部散失，仅存小部分保留于外交史料馆等机构。

2. 国立公文书馆。国立公文书馆收藏了日汪条约及其相关文件，汪精卫访日的礼仪性安排等档案。

3. 防卫省防卫研修所战史研究室。防卫省主要保存了战时日军的档案，与对汪政策相关的，包括御前会议及大本营的决策文件、中国派遣军相关文件、日军往来电报与情报，以及部分兴亚院文件等。

以上 3 处档案资料，多数已经在亚洲资料中心进行了数字化处理，可网络查阅。

4. 东洋文库。东洋文库除了向社会收购的 54 卷汪伪大使馆档案，与汪伪政权相关的一手档案相对较少，多为宣传出版物。

与汪伪政权有关的，还有偕行文库保留的日军各部队战史、国立国会图书馆的保存的侵华战争相关地图、图表等，与对汪决策有关的相对较少。

此外，一些历史事件的当事人，也保留了部分文件资料。如重光葵保存的最高战争指导会议记录，参谋本部作战课井本熊男的作战日志，还有木户幸一、杉山元、小川平吉等人，均藏有部分档案资料，在战后得以出版。

在中国保存的汪伪政权资料，主要集中在南京的中国第二历史档案馆与台北"国史馆"，其整理、出版的数量仍相对较少，关于日本对汪政策决策者，更几乎付诸阙如。相关资料例如复旦大学历史系黄美真、余子道等主编的"汪伪政权史资料选编"，包括《汪精卫集团投敌》《汪精卫国民政府成立》《汪精卫国民政府"清乡"运动》等，章伯锋、庄建平主编的《日伪政权与沦陷区》（"中国近代史资料丛刊"之"抗日战争"第 6 卷），中央档案馆、中国第二历史档案馆、吉林省社会科学院编的《日本帝国主义侵华档案资料选编》中的《汪伪政权》《日汪的清乡》等。

二、日记、自传、回忆录等资料。

即当事人留下的记录事件的文字资料。就制定对汪政策问题，从事"汪工作"的影佐祯昭、今井武夫、田尻爱义、堀内干城，中央决策层的重光葵、近卫文麿、青木一男、东乡茂德、木户幸一等各相关人物的回忆录、日记、手记等各类文字资料，以及《周佛海日记》等，这也是本书与档案记录相对照，参考和引用的对象。

三、各类出版物。

日本东京大学与国立国会图书馆，藏有数量较大的媒体出版资料。本书所使用的部分，包括《朝日新闻》《外交时报》《改造》《文艺春秋》等。

第一章　扶植伪政权与诱降汪精卫
（1931 年 9 月—1938 年 12 月）

日本发动全面侵华战争后,日军一边着手在占领地扶植伪政权,一边进行与国民政府的媾和工作。在同国民政府的媾和失败后,日本当局确立了"不以国民政府为对手",扶植"新政权"的方针。但由于国民政府并未如日本所料的那样衰弱或崩溃,中日战争逐渐陷入相持。为从对华持久战中脱身,日本当局进行了分化削弱国民政府的"谋略工作",并不惜提供诱惑性条件,吸引国民政府中的重要人物投日。

在日本当局与汪精卫达成协定后,由于汪精卫并未如承诺的那样,拉拢到足够的实力人物投日,对削弱国民政府效果不彰,加上日本政局的变化,日本当局一度对河内的汪精卫采取了"旁观"态度。

第一节　扶植各地伪政权

（一）间接殖民统治与伪满洲国

明治维新后,日本军国渐盛,扩张渐速,其对外侵略统治概而言之,包括几种较为典型的模式:

琉球模式。日本依据本土之行政法律体系,在琉球推行郡县制度。1872 年,明治政府不顾琉球王维持现状之请,宣布设置琉球藩。1879 年,明治政府进而派兵占领琉球,宣布"废除琉球藩,设置冲绳县"①,携琉球王尚泰入东京,遣官吏赴琉球,吞并琉球为日本领土。日本在琉球废藩设县,与日本本土制度相对应,其法律行政,亦多仿效日本本土制度,推行"内地之政令",日本决策层特意叮嘱冲绳行政负责人:"就冲绳县之县治,内地之政令尚未普遍推行者,应酌量其缓急,渐以推行,其旧制无害于事者,且保存之以适民情,其他百般施政,应于革旧迎新之际,加以特别之处分"②,虽然"旧习已久,普遍之制度甚难从速改正,万事浑迷",但要"根据一般法律规则之主旨,逐渐使之通行,进行置县之实践"。③ 日本统治琉球的基本政策,着眼于"置县",将之当作与日本本土其他地区相类的一个行政区划。

台湾、朝鲜模式。日本在台湾、朝鲜设置总督,集中统揽军政大权。1895 年,日本侵占台湾后设立总督府。根据日本政府的赋权,台湾总督掌握行政权、司法权、陆海军指挥权,乃至特别立法权。台湾总督"管辖台湾岛及澎湖列岛","在委任范围内,统帅陆

---

① 「琉球藩ヲ廃シ沖縄県ヲ被置ノ件」、1879 年 4 月 2 日、「JACAR(アジア歴史資料センター)Ref. A01100178700、公文録・明治 12 年・第四卷・明治 12 年 4 月・各局。内閣書記官・太政官書記官・賞勲・法制・調査・修史館(国立公文書館)」

② 「検査院長岩村通俊沖縄県ヘ派遣ノ辞令並御委任状及沖縄県令上杉茂憲ヘ御達」(此为太政大臣三条实美,右大臣岩仓具视,参议山县有朋、西乡从道、井上馨、松方正义等高层共同通过的给冲绳县令上杉茂宪的命令)、1882 年 12 月 7 日、「JACAR(アジア歴史資料センター)Ref. A03022938800、公文別録・官符原案・明治 11 年～明治 18 年・第一卷・明治 11 年～明治 18 年(国立公文書館)」

③ 内務省「沖縄県法律規則施行方」、1882 年 6 月 12 日、「JACAR(アジア歴史資料センター)Ref. A15110055500、公文類聚・第六編・明治 15 年・第十卷・文書・出版・公文書式・記録図表・印璽・受付進献・雑載(国立公文書館)」

海军,接受拓殖务大臣监督,统理各项政务",还"执掌其管辖区域内防务事宜",并在有限制的前提下,拥有发布法令之权。① 后来,台湾军队的指挥权被移交给台湾军司令官,台湾得以出现文官总督,但权限仍然极大。

日本占领朝鲜后,同样设立朝鲜总督,统揽朝鲜各项权力。朝鲜总督府官制规定,"朝鲜总督由陆海军大将充任",其实际人选除海军大将斋藤实外,均为陆军大将。朝鲜总督受权在朝鲜行使军事权、立法权、行政权,并通过总督府令,享有部分司法权。朝鲜总督的权力排位高于台湾总督,直属于天皇:"朝鲜总督直属于天皇,统帅陆海军,执掌朝鲜防务相应事宜,统辖各种政务,经过内阁总理大臣上奏天皇,并获得天皇裁可。"②于法律制度上,朝鲜虽通行大日本帝国宪法,但朝鲜总督命令具有相当效力:"朝鲜之法律事项,以朝鲜总督之命令规定之",只是"应经内阁总理大臣加以敕裁"。③ 在特定情况下,朝鲜总督甚至拥有向部分周边地区侵略用兵的授权:"朝鲜总督于必要之际,可将朝鲜驻在之军人军属,派遣向满洲、北清、俄罗斯领沿海州。"④

---

① 「勅令第八十八号・台湾総督府条例」、1896年3月30日、「JACAR(アジア歴史資料センター)Ref. A03020232800、御署名原本・明治29年・勅令第八十八号・台湾総督府条例(国立公文書館)」

② 「朝鮮総督府官制」、1910年9月26日、「JACAR(アジア歴史資料センター)Ref. A01200054900、公文類聚・第三十四編・明治43年・第五巻・官職門四・官制四(朝鮮総督府)(国立公文書館)」

③ 「朝鮮ニ朝鮮総督府ヲ置キ〇朝鮮ニ施行スヘキ法令ニ関スル件ヲ定ム」、1910年8月、「JACAR(アジア歴史資料センター)Ref. A01200051700、公文類聚・第三十四編・明治43年・第二巻・官職門一・官制一(内閣・宮内省・外務省)(国立公文書館)」

④ 「朝鮮総督ヘ御委任条項」、1910年8月29日、「JACAR(アジア歴史資料センター)Ref. A01200054000、公文類聚・第三十四編・明治43年・第三巻・官職門二・官制二(内務省・大蔵省・陸軍省・海軍省)(国立公文書館)」

除了台湾、朝鲜,日本在辽东半岛设置关东总督府,亦由总督总揽占领地各项权力。关东总督府直属于天皇,后改为关东都督府,接受外相、陆相、参谋总长、陆军教育总监等职的共同监督。①

与上述直接统治模式不同,日本侵占中国东北后,实行了间接统治的殖民模式。在九一八事变爆发后不久,关东军司令官即"持有拥立宣统帝之倾向","军部方面亦有同样观点"。② 随着日军占领中国东北全境,日本内阁决定以成立"新国家"的方式,来推动日本侵略利益的扩张:"使满蒙自中国本部政权分离独立,成为一政权统治之区域,根据现状,尽可能使其逐渐具有一国家之实质","恢复扩充我满蒙权益,以新国家为对手实行之"。③

对于采取这种统治方式的理由,军部内部通报解释为"帝国政府标榜不干涉支那内政,如今对建设满蒙的满洲国,仍然要在表面上坚持这一方针","将满蒙与支那本土分离,是为了排斥无道的旧军阀",因此,在中国东北"建立新国家"。但实际上,日本成立伪满洲国,目的在于让"帝国与满洲国,将迈出共存共荣的第一步",让伪满洲国"迈向与帝国合作的共存共荣理想"。④ 而所谓"共存共荣"的理想,实际上就是日本对伪满洲国全面控制。在伪满洲国建

---

① 1919 年,日本政府废止关东都督府,将其下属军事力量改组为关东军,民政部门改组为关东厅。

② 関東庁長官より外務大臣宛電報、1931 年 9 月 28 日、「JACAR(アジア歴史資料センター)Ref. B02032036200、満州事変ニ際スル満蒙独立関係一件第一巻(A-6-2-0-1_001)(外務省外交史料館)」

③ 閣議決定「支那問題処理方針要綱」、1932 年 3 月 12 日、「JACAR(アジア歴史資料センター)Ref. C12120037800、満州事変作戦指導関係綴別冊其の3 昭和7 年 3 月 21 日～20年1月13日(防衛省防衛研究所)」

④ 「満州国政権に関する件」、1932 年 3 月、「JACAR(アジア歴史資料センター)Ref. C01002785900、昭和7 年「満密大日記14 冊の内其2」(防衛省防衛研究所)」

立后,"对满洲国之指导,处于关东军司令官兼帝国驻满大使统辖之下,主要通过日本人管理实行之,日本人官吏作为满洲国运营之中核"。①

1932 年 9 月,日本与伪满洲国签订了《日满议定书》等一系列文件,确定在"国防"上,"满洲国今后之国防及治安维持委托于帝国,所需经费由满洲国负担";在军事上"满洲国帝国军队国防上必要的铁道港湾水路、航线等管理及铺设,委托于帝国或帝国指定机关,满洲国极力援助帝国军队所需之各种设施";在政治上"日本人名望达识者,担任满洲国参议,满洲国中央地方各官署任用日本人,根据关东军司令官推荐选任,解职亦需关东军司令官同意"。②与之同时,日军驻留中国东北,无限期延长对中国东北的军事占领:"满洲国及日本国确认对于缔约国一方之领土及治安之一切威胁,同时亦为对于缔约国他方之安宁及存立之威胁,相约两国协同当防卫国家之任,为此所要之日本国军队驻扎于满洲国内。"③

综上所述,日本在琉球直接实行日本制度,在台湾、朝鲜等地采取了总督主政的直接殖民统治的方式,而在伪满则成立了形式上的"新国家",实行间接的殖民统治。伪满在形式上与台湾、朝鲜等日本殖民地不同,但实际上在中国东北占领区由关东军司令官

---

① 陆军省「満洲国指導方針要綱案」、1933 年 6 月 29 日、「JACAR(アジア歴史資料センター)Ref. C01002910800、昭和 8 年「満密大日記 24 冊の内其 18」(防衛省防衛研究所)」

② 「日満議定書調印ノ件」、1932 年 9 月 13 日、「JACAR(アジア歴史資料センター)Ref. A03033730000、枢密院会議筆記・一、日満議定書調印ノ件・昭和 7 年 9 月 13 日(国立公文書館)」

③ 「日満議定書」、1932 年 9 月 15 日、「JACAR(アジア歴史資料センター)Ref. A03021877600、御署名原本・昭和 7 年・条約第九号・昭和 7 年 9 月 15 日ノ日満議定書(国立公文書館)」

统理军政事宜,享有与台湾、朝鲜总督类似的巨大权力,政权主要的中坚构成,亦为日本官吏。可以说,这种利用傀儡政权进行的间接殖民统治,与直接的殖民统治没有实质性区别。

(二) 华北伪政权

1930 年代中期,随着日军对华北侵略行动的推进,日本于 1935 年在华北地区扶植"冀东防共自治政府"。这一政权形式上虽为"自治",但实际上日军亦承认,"如果说这一政府完全是他们自身组织、运动的,日本方面完全没有产生影响,这显然是不妥当的"。在表面上,"日本政府设立冀东防共自治政府的目的,是在华北停战地区县内改善行政,防止赤祸,复兴东洋道德,敦厚日满华三国国交,是日本政府设立之的目的",但实际上,"设立冀东政府,是将之作为一个完全的亲日政权","设立华北特殊地带,解决抗日、排日行为"。① 1936 年,"随着华北工作的推进,为促进内蒙古与中央的分离","巩固满洲国统治及国防之基础",日本又扶植成立了"蒙古军政府"。②

1937 年 7 月 7 日夜,北平卢沟桥附近,日军华北驻屯军挑起军事冲突。7 月 11 日,日本政府发表声明,强调卢沟桥事件关系到"维持华北治安","对帝国及满洲国极为重要",决定向华北增兵。③

---

① 「冀東防共自治政府に就て」、1945 年 12 月、「JACAR(アジア歴史資料センター) Ref. C11111699900、雑綴　昭和 20 年 12 月(防衛省防衛研究所)」

② 関東軍参謀部「一般指導の要領」、1936 年 1 月、「JACAR(アジア歴史資料センター) Ref. C13021590000、対蒙(西北)施策要領　昭和 11 年 1 月(防衛省防衛研究所)」

③ 「帝国政府声明」、1937 年 7 月 11 日、「JACAR(アジア歴史資料センター)Ref. B02030534700、支那事変関係一件第十二巻(A-1-1-353)(外務省外交史料館)」

随着战争规模的扩大,日本内部出现了两种意见。一种意见以陆相杉山元与陆军次官梅津美治郎为代表,主张进一步扩大战争规模,即"扩大派";一种意见以首相近卫文麿、参谋本部作战部部长石原莞尔等人为代表,主张控制战争规模,尝试与国民政府对话来达成侵略目标,即所谓"不扩大派"。①

作为"扩大派"与"不扩大派"之间博弈与协调的结果,日本当局一边强调"不扩大",一边制订态度强硬的后备方案,计划若事态进一步扩大,则不惜凭借军事力量控制华北,甚至将战局扩大为全面战争,颠覆国民政府的统治。

7 月 13 日,参谋本部同陆军省共同通过《处理华北事变方针》,确定当下方针为"不扩大方针",但"若中国无实行所达成协议的诚意",或"中央军北上",企图发起攻势,则"采取断然措施"。② 负责制订日本陆军战争计划的参谋本部作战部第二课③提出:"若条件许可,则投入充足兵力,在至短期间内平定战局"④,甚至考虑在"不

---

① 近衛文麿「平和への努力——近衛手記」、1946 年、日本電報通信社、10 頁。

②「北支事変処理方針」、1937 年 7 月 13 日、「JACAR(アジア歴史資料センター)Ref. C12120055100、支那事変戦争指導関係綴其の1 昭和 12 年 7 月~昭和 13 年 11 月(防衛省防衛研究所)」

③ 当时参谋本部作战部第三课为作战课,负责制定具体的作战计划,武藤章时任课长;参谋本部作战部第二课为战争指导课,负责制定宏观的战争计划,河边虎四郎时任课长。1937 年 10 月以后,下村定代替石原莞尔担任参谋本部作战部部长,对各课职责进行了调整,将第三课的制定作战计划的职能划拨第二课,使其专管编制、动员等(河辺虎四郎『河辺虎四郎回想録』、毎日新聞社、1979 年、84 頁)。第二课成为日军负责指导侵华战争、制定作战计划的中枢,因此本文所引用材料多为第二课所制定文件。

④「7 月 14 日以降ノ為北支事変指導要綱(案)」、1937 年 7 月 14 日、「JACAR(アジア歴史資料センター)Ref. C12120055200、支那事変戦争指導関係綴其の1 昭和 12 年 7 月~昭和 13 年 11 月(防衛省防衛研究所)」

得已同中央军交战"的情况下,"以覆灭抗日之中央政权为目的,进行全面战争,根本解决中国问题"。①

8月9日,在上海的日本海军陆战队中尉大山勇夫和一等水兵斋藤要,强行驾车冲入虹桥机场,被机场守卫击毙,上海局势随之骤然紧张。8月12日夜,四相会议(首相、外相、海相、陆相)通过了向上海派遣两个师团兵力的决定。②8月13日,中日两军在上海交火,淞沪会战正式爆发。8月15日,日本政府发表第二次声明,宣告日本准备"膺惩暴戾的中国军队、促进南京政府反省",进而实现"根绝中国排外抗日运动,芟除发生本次事变及类似事件的根本原因,实现日满华三国间的融合提携"。③

淞沪会战爆发后,日本内部意见逐渐统一,决心进一步扩大侵华战争规模,"不扩大派"与"扩大派"走向合流。8月21日,日本海军军令部部长、陆军参谋总长对天皇就战争计划的质询,回答要"占领上海,使其丧失作为经济中心的机能","适时封锁中国沿海,切断对外经济活动",最终"使敌国军队及国民丧失战斗意志"。而这份要求扩大战争的方案,正是军部里"不扩大派"的代表人物石原莞尔所起草的。④9月5日,另一个"不扩大派"的代表人物日本首相近卫文麿,也在日本议会第72次临时会议上发表施政演说,强调在"中国继续抵抗"的情况下,"不

①「北支ニ兵力ヲ行使スル場合対支戦争指導要綱(案)」、1937年7月17日、「JACAR(アジア歴史資料センター)Ref. C12120055300、支那事変戦争指導関係綴其の1昭和12年7月~昭和13年11月(防衛省防衛研究所)」

②『作戦日誌で綴る支那事変』、147頁。

③「帝国政府声明」、1937年8月15日、「JACAR(アジア歴史資料センター)Ref. B02030534700、支那事変関係一件第十二巻(A-1-1-353)(外務省外交史料館)」

④『戦史叢書——支那事変陸軍作戦』(1)、朝云新聞社、1975年、284頁。

惜进行长期战争"。①

　　随着战争规模的扩大,日本舆论对国民政府的批判日益加强。原驻华大使馆武官喜多诚一公开表示:"蒋介石平日通过宣传抗日来强化政权,又自负不会输给日本,他是不得不要一战的。"②《朝日新闻》宣扬,国民政府抗日立场坚定,终会共产主义化:"如果中国采取了包括游击战在内的长期抵抗,那么将让中国走向赤化";③"南京政府的实权归于共产派之手,不得不说是其必然的命运。无论南京政府是否监禁知日派和稳健派,但其向共产化的变质归根结底是难以避免的"。④ 尤其在抗日民族统一战线逐步稳固,中苏签订互不侵犯条约后,《朝日新闻》更是判定:"南京政府的实权,已经归于第三党和共产党中坚分子的手中,一切军政都由反日派左右,此点已逐渐得到确认。"⑤

　　在这种背景下,日军公开宣称,关注"华北新政权"的成立情况,这个"华北新政权","应该与南京政府全无关系"。⑥

　　在舆论造势的同时,军部方面秘密准备扶植伪政权事宜。9 月4 日,喜多诚一被任命为华北方面军特务部部长,接受了华北方面军司令官寺内寿一要求其"关于将来在华北建立政权问题,应体察

---

① 「長期戦も辞せず——近衛首相の演説」、『神戸又新日報』、1937 年 9 月 6 日、神戸大学附属図書館新聞記事文庫。

② 「面子で亡ぶ支那　昨夜入京　喜多少将談」、『東京朝日新聞』朝刊、1937 年 8 月 23日、3 面。

③ 「長期抵抗と短期潰滅」、『東京朝日新聞』朝刊、1937 年 8 月 29 日、3 面。

④ 「南京政府の変質」、『東京朝日新聞』朝刊、1937 年 8 月 29 日、3 面。

⑤ 「赤色支那"いまや必至　国共合作・階級闘争へ前進　蒋政権は事実上没落」、『東京朝日新聞』朝刊、1937 年 8 月 29 日、3 面。

⑥ 「北支の新生政権　我軍その動向を重視」、『東京朝日新聞』朝刊、1937 年 8 月 2 日、2 面。

华北人心的趋向,逐步进行准备"的训令。①

　　扶植华北伪政权由华北方面军一手主导,但幕后推动者则是日本陆军省。据当时任华北方面军特务部总务课长的根本博回忆,担当在华北建立政治机构的任务,是由陆相杉山元与陆军省次官梅津美治郎秘密指示的。②

　　喜多一边准备建立"新政权",一边在日本媒体上放风。根据日本媒体的报道,围绕着在华北建立"新政权"问题,"喜多少将的谈话可以归纳为三点":"第一,在保定和沧州取胜后,人心逐渐安定,换句话说,逐渐出现了脱离南京政府抗日政策,同日本合作的新政的基础;第二,华北大众反对中国赤化,对与日本共同防共具有热情;第三,各地地方领袖出面在各重要城市组织治安维持会,并在天津建立了中心组织——治安维持会的联合会。根据以上条件,可以说华北新政权诞生的预备条件已经成熟。""最好的情况下,是根据地方自治的精神,建立理想的地方政权,最终被中央(注:即国民政府)所统一","最坏的情况下,不得已将华北政权发展为准独立政权(一直到南京政府反省为止)"。③

　　喜多的表态,与日本外务省的意见并不一致。外务省不赞成日军扶植"新政权"的行为,尤其是"与南京政府全无关系"的"新政权",主张"树立地方政权,乃绝对不可行之策"。外务省认为,"在对平津的第二十九军的扫荡告一段落后,为维持这一方面的治安,采取过渡措施,暂时组织自治会和治安维持会,并保持联络,这是

---

① 日本防卫厅战史室编、天津市政协编译组译:《华北治安战》(上),天津:天津人民出版社1982年版,第50页。

② 日本防卫厅战史室编纂、天津市政协编译委员会译:《日本军国主义侵华资料长编》(上),成都:四川人民出版社1987年版,第395页。

③「北支新政の指導方針」,『東京朝日新聞』朝刊,1937年10月6日、3面。

为了收拾时局,所不得已的",而"解决华北问题,只能同中央政权
直接交涉。在南京政权基本统一中国的今天,树立其他地方政权,
是一时糊涂,留下千载祸根"。在外务省眼中,拥立失意政客,推行
"地方自治",并不存在可行性:就扶植"政权"问题,"虽然作为过渡
措施,在平津暂时设立了自治会和治安维持会,但这是当下时局所
需,不得已而为之的措施","根据冀东、冀察政权的前例,拥立地方
政权明显是不可行的",构成"政权"的主体,"拥立吴佩孚等旧军阀
也好,所谓自治运动的形式推出'故老',或拥立张自忠等二十九军
势力也好,都是不可行的"。①

　　虽然外务省反对,但华北方面军已经开始了华北伪政权的筹
建工作。对"新政权"的定位,华北方面军并不打算使其"最终被中
央所统一",而是明确要求"新政权"要"在实质上与南京政府相分
离",只是"在一开始暂不易帜,暂不发表独立宣言",而其范围则包
括北平、天津、河北、察哈尔等,并计划在未来扩张至山西、山东
等地。②

　　华北方面军主张,国民政府与日本的对立,是深刻的、全方位
的,无法轻易改变,必须将之彻底摧毁,而将扶植的"新政权",当
作中日交涉的新对象:"南京政府基于与日本对立的立场,在政
治、经济、思想上排斥日本,充实对日军备,宣扬收复失地。归根
结底地说,南京政府与日本的期望是根本冲突的,其根源在于长

---

① 「北支時局収集に関する外務省の意見」、1937 年 7 月 30 日、「JACAR(アジア歴史資
　料センター)Ref. B02030512700、支那事変関係一件第二巻(A‐1‐1‐343)(外務省
　外交史料館)」

② 「北支政権樹立に関する一案」、1937 年 9 月 25 日、「JACAR(アジア歴史資料センタ
　ー)Ref. C11110929100、北支那作戦史要‐北支那方面軍　3/3　昭和 12 年 9 月 1 日
　〜昭和 13 年 5 月 31 日(防衛省防衛研究所)」

年以来，鼓吹抗日思想的国民党，不将之摧毁就无法达成我方目的。"①喜多诚一则公开表示，国民政府"内部主战派、中间派、妥协派的互相斗争"，是不容易出现的。② 意即国民政府内部发生分裂和变化，由"抗日"转入"亲日"的可能性不大。既然国民政府无法作为谈判对象，日本的谈判对象就必须是一个新的"采取反共、亲日、共存共荣政策、统治整个中国的政权"，需要"由军在占领区及其周边建立地方政权，并加以支持"，并最终扶植这个"地方政权"成为"统治整个中国的政权"，取代国民政府的地位。③

华北方面军的主张，也得到了其他日军的支持。关东军认为，应在占领地推进"自治政权"的成立，并与之进行合作，随着形势的推移，日本应宣布与国民政府断绝关系，承认中国的"新政权"。④参谋本部第七课（即"中国课"，负责研究中国相关事务）也在《成立华北政权研究案》中主张，扶植华北伪政权成立后，必须从速确立其作为"中央政府"的地位："如果帝国将华北政权当作地方政权，中国人便会以为，未来华北政权将会被南京政权吸收，由此心存担忧，而且会怀疑帝国准备分割中国，优秀人才便不会参加新政权"，

---

① 北支方面軍参謀部「北方政権樹立に関する基礎的観察」、1937 年 11 月 8 日、「JACAR（アジア歴史資料センター）Ref. C11110929400、北支那作戦史要-北支那方面軍　3/3　昭和 12 年 9 月 1 日～昭和 13 年 5 月 31 日（防衛省防衛研究所）」

② 「面子で亡ぶ支那　昨夜入京　喜多少将談」、『東京朝日新聞』朝刊、1937 年 8 月 23 日、3 面。

③ 北支那方面軍「事変収容策案ニ関スル意見」、1937 年 9 月 30 日、『戦史叢書——支那事変陸軍作戦』(1)、351、352 頁。

④ 関東軍「支那事変対処具体的方策要綱」、1937 年 10 月 11 日、『戦史叢書——支那事変陸軍作戦』(1)、353 頁。

因此,有必要将"新政权",作为未来中国的"中央政权"看待。① 陆军省军务课则认为:"若中国进行长期抵抗,对华北进行统一的政务指导,可以作为未来新中国政权的基础培养。"②

10 月 1 日,日本首相、陆相、海相、外相通过《处理中国事变要纲》,作为下一阶段行动的纲领性文件。虽然当时日军已经扶植成立了"察南自治政府""晋北自治政府"及各地"维持会",华北方面军也已经开始筹建统一的华北伪政权,但由于日本内部尚未达成共识,本文件并未正式确认成立"新政权"。文件要求,"遵奉'促使中华民国反省,从速确立东亚和平'的圣旨,来确立本次事变的处理方针","进行外交交涉,促使中国取消抗日政策和容共政策,进行划时代的国交调整","在中央政府的治理下,实现华北的明朗化(原注:行政归于中央政府,但此地域的行政首脑者应为努力实现中日融合的适当人选)","占领区的政治机关交给当地居民自主组建,但要对其加以指导"。③ 显然,文件仍然将国民政府当作交涉对象,要求将华北行政置于国民政府管理之下,占领地行政亦暂时保持在"民众自治"的层面。

《处理中国事变要纲》暂未确认成立"新政权",其背景在于日本当局对成立"新政权"时机的考虑。外务省认为,在无法通过与国民政府的外交谈判来达成目的之际,再"通过我军击破中央军的

---

① 参谋本部第七课「北支那政権樹立研究案」、1937 年 11 月 18 日、「JACAR(アジア歴史資料センター)Ref. B02030551800、支那事変関係一件第十八巻(A-1-1-359)(外務省外交史料館)」

② 陆军省军务课「事変長期ニ亙ル場合ノ処理要綱案」、1937 年 10 月 30 日、「JACAR(アジア歴史資料センター)Ref. B02030548300、支那事変関係一件第十八巻(A-1-1-0-30_018)(外務省外交史料館)」

③「支那事変対処要綱」、1937 年 10 月 1 日、「JACAR(アジア歴史資料センター)Ref. B02030518300、支那事変関係一件第三巻(A-1-1-344)(外務省外交史料館)」

副作用,中国内部发生动摇导致蒋政权瓦解,诞生新的中央政权"。①　而参谋本部第二课也认为,日本联合各方势力成立"反共反蒋政权",发起政治攻势的时机,应该在国民政府准备长期抗日,但"在实际上已经沦落为一地方政权"之际。②　而国民政府逐渐"沦为一地方政权"的时机,大本营陆军部在《事变对处要纲案》中判断,应该在"攻占南京前后"。③

　　随着华中派遣军逼近南京,华北方面军计划"在12月上旬,成立新政府筹备委员会,举行成立典礼","新政权的名称为新民政府,首都为北京"。12月13日,日军攻陷国民政府首都南京,作为对日军军事进展的呼应,12月14日,华北伪政权宣告正式成立,并确定名称为"中华民国临时政府"。④　"临时政府"的政治体制放弃了国民政府的五院制,而实行所谓三权分立体制,下设行政、议政、司法3个委员会,分别负责行政、立法、司法三权(司法权具体则由

①　「北支時局収集に関する外務省の意見」、1937年7月29日、「JACAR(アジア歴史資料センター)Ref. B02030512700、支那事変関係一件 第二巻(A-1-1-0-30_002)(外務省外交史料館)」

②　参謀本部第二課「対支那中央政権方策(案)」、1937年11月21日、「JACAR(アジア歴史資料センター)Ref. B02030551000、支那事変関係一件第十八巻(A-1-1-0-30_018)(外務省外交史料館)」

③　大本営陸軍部「事変対処要綱案(対現中央政府解決ノ場合)」、1937年12月7日、「JACAR(アジア歴史資料センター)Ref. C14120635500、事変処理要綱(陸軍案)昭和12年8月～13年6月(防衛省防衛研究所)」(这一方案在日军攻陷南京后的12月15日正式得到了大本营通过)。大本営陸軍部「事変対処要綱案(対現中央政府解決ノ場合)」、1937年12月15日、「JACAR(アジア歴史資料センター)Ref. C12120055800、支那事変戦争指導関係綴其の1昭和12年7月～昭和13年11月(防衛省防衛研究所)」

④　郭贵儒等:《华北伪政权史稿——从"临时政府"到"华北政务委员会"》,北京:社会科学文献出版社2007年版,第163、164页。

法院执行),而"临时政府"的代表则为行政委员长。①　在思想方面,华北方面军准备接受汤尔和等人的建议,结合知识分子中有市场的"王道政治",以及"亲和大众的道教思想",创立"新民主义"来对抗"三民主义"。②　可以说,这个"新政权"在一开始,就是日军试图从政治体制,乃至思想文化方面,全面替代国民政府的工具。

华北伪政权虽然成立,但在国民政府内部未出现明显分化之际,日军准备暂时不公开以"新政权"为"中央政权"的主张:"为避免南京政府内抗日势力的团结,故而暂时不以中央政府的名义称呼新政权,但要明确亲日防共的政纲,并使其具备中央政权的实质。"③

随着德国主导的"陶德曼调停"走向失败,日本扶植华北伪政权作为"中央政权"的方针逐渐得到确定。日本内阁通过的《事变对处纲要(甲)》,决定在与国民政府媾和失败的情况下,"逐渐强化扩大华北政权,将之当作新中国的中心势力"。④　1938 年 1 月 11 日,御前会议通过了《处理中国事变根本方针》,决定若国民政府拒绝求和,则日本政府"不以其为对手","促其溃灭",即进行长期战争,到时候日本将"促进新兴中国政权的成立、发展","与新政府进

---

① 中央档案馆等编:《日本帝国主义侵华档案资料选编——汪伪政府》,北京:中华书局 2004 年版,第 215 页。

② 「北支政権に関する第 1 次研究」、1937 年 9 月 25 日、「JACAR(アジア歴史資料センター)Ref. C11110929100、北支那作戦史要-北支那方面軍　3/3　昭和 12 年 9 月 1 日〜昭和 13 年 5 月 31 日(防衛省防衛研究所)」

③ 第七課「北支那政権樹立研究案」、1937 年 11 月 18 日、「JACAR(アジア歴史資料センター)Ref. B02030551800、支那事変関係一件第十八巻(A‐1‐1‐359)(外務省外交史料館)」

④ 「事変対処要綱(甲)」、1937 年 12 月 24 日、「JACAR(アジア歴史資料センター)Ref. B02030556300、支那事変関係一件第十九巻(A‐1‐1‐360)(外務省外交史料館)」

行国交调整交涉,设法使现中国中央政府崩溃,或被新兴的中央政权吞并"。①

　　"临时政府"首脑王克敏在近卫发表"不以国民政府为对手"声明后,立即在日本媒体上表示:"将持续完备政府各项组织,期待在最短时间内成立正式政府,并获得贵国在内的各国承认。"②显然,王克敏期待日本能早日将"临时政府"当作代表中国的"中央政府"。

　　然而,华北伪政权并不具备成为"中央政权"所需的实力。根据喜多等人的计划,华北伪政权"(一)元首须以曾任总统、总理的一流人物任之。(二)政府首长须以曾任总理、总长的一流人物任之"。③ 为此拟定的政府首长人选包括:王克敏、曹汝霖、江朝宗、高凌蔚、王揖唐、汤尔和、李思浩等人,元首人选则为吴佩孚、曹锟等。④《朝日新闻》甚至为此放出风声,表示"临时政府将去掉临时二字,成为中华民国政府"之际,将实行大总统制,"时机在旧正月(注:春节)前后","中国民众间对徐世昌、曹锟、吴佩孚等人呼声较高"。⑤

　　然而,徐、曹、吴等人迟迟不愿应诺日军请求,亦无实力派积极

---

① 「支那事変処理根本方針」、1938 年 1 月 11 日、「JACAR(アジア歴史資料センター)Ref. B02030548000、支那事変関係一件第十八巻(A－1－1－0－30_018)(外務省外交史料館)」

② 「我が重大声明に即応、正式政府成立を期す、臨時政府組織完備へ」、『東京朝日新聞』夕刊、1938 年 1 月 17 日、2 面。

③ 中央档案馆等编:《日本帝国主义侵华档案资料选编——汪伪政府》,北京:中华书局2004 年版,第 232、233 页。

④ 北方方面軍特務部「北支政権に関する第 1 次研究」、1937 年 9 月 25 日、「JACAR(アジア歴史資料センター)Ref. C11110929100、北支那作戦史要-北支那方面軍　3/3　昭和 12 年 9 月 1 日～昭和 13 年 5 月 31 日(防衛省防衛研究所)」

⑤ 「臨時政府衆望に副い　愈々大総統制復活か　全支号令の体勢進む〈写〉」、『東京朝日新聞』夕刊、1938 年 1 月 1 日、2 面。

响应。缺乏政治、军事实力的"临时政府",正如华北方面军在事前所担忧的:"在北方政权(注:即'临时政府')成立初期,可以说是离开了日本的武力便难以立足。"①无法找到相应的"元首",将"临时政府"的孱弱性暴露无遗,这直接导致其在日军战略中"中央政府"地位发生动摇。

(三) 华中伪政权的成立及其与华北伪政权的关系

华北日军扶植伪政权的同时,华中日军也要求在中国南方设立政权。1937 年 12 月 24 日,日本政府通过的《事变对处纲要(甲)》中,计划在上海方面,也"考虑建立同华北新政权有联系的新政权"。② 1938 年初,华中派遣军司令官松井石根"为与华北政权相对立,也要求华中设立同样的政权"。③ 华中派遣军筹备树立"华中政权"的《指导华中政务方案》要求:"在华中树立高度联日政权,使华中逐渐脱离对欧美依存,为使其成为以日本为盟主的秩序下中国的一个地区,而打好相应基础",而对"华中政权"与"华北政权"的关系方面,方案仅表示"在未来与华北政权完满接洽",并未明言"华北政权"的主导地位。④ 依照《指导

---

① 北支方面軍参謀部「北方政権樹立に関する基礎的観察」、1937 年 11 月 8 日、「JACAR(アジア歴史資料センター)Ref. C11110929400、北支那作戦史要-北支那方面軍　3/3　昭和 12 年 9 月 1 日～昭和 13 年 5 月 31 日(防衛省防衛研究所)」

② 「事変対処要綱(甲)」、1937 年 12 月 24 日、「JACAR(アジア歴史資料センター)Ref. B02030556300、支那事変関係一件第十九巻(A－1－1－360)(外務省外交史料館)」

③ 「事変収拾をめぐる外務、陸軍、海軍三省次官懇談記録」、1938 年 1 月 29 日、『日本外交文書・日中戦争』、259、262 頁。

④ 中支派遣軍「中支政務指導方案」、1938 年 1 月 18 日、「JACAR(アジア歴史資料センター)Ref. B02030523900、支那事変関係一件第四巻(A－1－1－345)(外務省外交史料館)」

华中政务方案》的主要内容,华中派遣军又拟定《树立华中新政权方案》,交由日军中央批准。方案要求"通过尽快树立并培养新政权,利用其有形无形的压力,摧毁反抗势力","华中政权"暂用名"华中临时政府",政府驻地为上海,未来则为南京。①

日本在华北、华中相继成立代理人组织的同时,1 月 20 日,参谋本部第二课拟定《昭和 13 年(1938)以后战争指导计划大纲案》,将对华持久战分为 3 个时期,主要内容如下:

第一期约由 1938 年至 1939 年前半期,此时期进行消极持久战的指导,限制国力尤其是战力消耗。在攻占广州和平定黄河以北后,进入战略收缩态势。将华北、华中、华南方面的占领地域分别限定在黄河以北及山东大部,芜湖、杭州以东江南地区,广州及其补给线 3 部分,同时组建约 11 个师团的新军,承担守备任务。

第二期自 1939 年下半年至 1940 年,加强对华攻势,做好同时与中苏两国正面交战的准备。占领黄河、长江之间包括武汉的地区,扩大"新政权"势力,竭尽政略手段结束对华战争。

第三期为 1941 年及以后,继续整顿占领地及强化新的"统一政权",准备对苏战争,并防备以后国际变化。②

可以看出,日军持久战计划中结束侵华战争的方法,是围绕着"新政权"所展开的。

日本政府发表第一次近卫声明,意味着与国民政府正式关系

---

① 「中支新政権樹立方案」、1938 年 1 月 27 日、「JACAR(アジア歴史資料センター)Ref. B02030524000、支那事変関係一件第四巻(A-1-1-345)(外務省外交史料館)」
② 「昭和 13 年以降ノタメ戦争指導計画大綱案」、1938 年 1 月 20 日、「JACAR(アジア歴史資料センター)Ref. C12120056000、支那事変戦争指導関係綴其の1 昭和 12 年 7 月～昭和 13 年 11 月(防衛省防衛研究所)」

的断绝。第一次近卫声明的另一个核心内容"期望真能与帝国合作的中国新政权的建立与发展,并将与此新政权调整两国邦交",说明日本官方在处理确认侵华利益、代理占领地统治的问题上,将赌注押在了"中国新政权"上。

如前文所言,"临时政府"在建立时,是被当作中国未来的"中央政权"来扶植和宣传的。扶植"临时政府"成立的华北方面军,期待能把"临时政府"作为"未来中国中央政权"的地位尽早确定下来。早在"临时政府"成立之前,华北方面军就认为"在华北树立的新政权,不能将之当作地方政权,而要将之当作取代南京政府的中央政权"。①

以"临时政府"作为未来"中国中央政权"的方针,得到了日本军部和政府的确认。大本营陆军部通过的《事变对处要纲案》要求,在否认国民政府后,要"使华北政权与其他亲日反共政权相提携,并具有相应的实力","在华中、华南树立的亲日反共政权,要指导其逐渐与华北政权合并"。② 日本内阁通过的《事变对处纲要(甲)》则决定,除非国民政府答应媾和,否则便"逐渐强化扩大华北政权,将之当作新中国的中心势力"。③

近卫文麿在发表第一次近卫声明后,接受日本媒体采访时,也表示:"我们期待,未来的新中国的新政权,是统一的防共的单一政

① 「北支政権樹立ニ関スル一部ノ研究」、1937 年 9 月 25 日、「JACAR(アジア歴史資料センター)Ref. B02030551900、支那事変関係一件第十八巻(A-1-1-0-30_018)(外務省外交史料館)」
② 「事変対処要綱案(従来ノ中央政府否認後)」、1937 年 12 月 15 日、「JACAR(アジア歴史資料センター)Ref. C12120055800、支那事変戦争指導関係綴其の1 昭和 12 年 7 月~昭和 13 年 11 月(防衛省防衛研究所)」
③ 「事変対処要綱(甲)」、1937 年 12 月 24 日、「JACAR(アジア歴史資料センター)Ref. B02030556300、支那事変関係一件第十九巻(A-1-1-360)(外務省外交史料館)」

权,有说法认为,如果国民政府反省,将以与临时政府平等的身份加入新政权,但事实并非如此,国民政府将归于临时政府旗下,被其吸收。"①似乎在实际上确认了临时政府在未来作为"中央政权"的"地位"。

日本媒体也有声音认为,日本政府彻底与国民政府断绝关系后,"临时政府"成为日本政府首选的交涉对象,自然会对其全力支持,"临时政府"的"地位"也会逐渐提高,最终作为"中国政府",得到日本承认:"一等时机到来,临时政府将去掉临时二字,成为中华民国政府","中国民众希望时机在春节前后"。② 正因于此,"临时政府"首脑王克敏在近卫发表"不以其为对手"声明后,随即在日本媒体上表示:"将持续完备政府各项组织,期待在最短时间内,成立正式政府,并获得贵国在内的各国承认。"③

然而,近卫在同一时期,又向日本媒体宣称,"临时政府"的最终地位并未确定。近卫表示:"在今天,并不是一定要把华北政权当作中央政权,华北政权只是第一个成立的政权,因此要以其为中心,合并吸收将在华中、华南建立的政权,华北政权确实成了其中最主要的部分。然而,虽然有来自华北的、要求当即将华北政权当作中央政权的报告,但对此并未有正式决定。相信到最后,将随着各种势力陆续加入,共同形成发达的统一政府。"此外近卫还认为,"现在已判断国民政府不会反省,无法将其作为对手,但是否会在

---

① 「蒋政権とは全く断絶　防共単一政権を待望　両相儼然決意を表明/首相·外相の答弁」、『東京朝日新聞』朝刊、1938 年 1 月 23 日、2 面。

② 「臨時政府衆望に副い　愈々大総統制復活か　全支号令の体勢進む〈写〉」、『東京朝日新聞』夕刊、1938 年 1 月 1 日、2 面。

③ 「我が重大声明に即応、正式政府成立を期す、臨時政府組織完備へ」、『東京朝日新聞』夕刊、1938 年 1 月 17 日、2 面。

今年上半年成立新中央政府,对此还不确定"。① 即便是日军进行颇多"工作"的吴佩孚,也考虑到了"临时政府"无权无势的实际情况,并不愿出就虚名之位:"设无各国承认之国民政府与真正人民拥戴,我决不出就任何名义。"②

近卫所谓来自华北的、要求"当即将华北政权当作中央政权的报告",应该就来自于华北方面军。在第一次近卫声明发表前,陆军次官梅津美治郎联系了华北方面军,表示陆军中央认为:"对于将华北政权改称为中央政权的时机,要充分慎重,必须在其具有相应的实力后实行,切不可操之过急。就算中央政府正式成立,帝国也不一定马上承认。"华北方面军则在回复中强硬地表示:所谓相应的实力,"要通过将临时政府当作中央政权,才能进而促进其实力发展",要求"尽快将其当作中央政权,加以承认"。③

日本政府要求,对华北伪政权的控制主要集中在宏观政策方面,避免如伪满洲国那样直接插手行政:"对其干涉仅止于根据我方指导大纲,配置顾问自内部指导,避免设立日本官员干涉行政细节等。"④然而,日本政府是无法直接对华北伪政权进行"内部指导"的,"临时政府"由日本华北方面军一手扶植,日本政府乃至日军中

---

① 「国民政府壊滅を期す　首相　長期戦の決意披瀝/近衛首相談」、『東京朝日新聞』夕刊、1938 年 1 月 19 日、2 面。

② 《胡鄂公致孔令侃电报一组》(1938 年 2 月 11 日),中央档案馆等编:《日本帝国主义侵华档案资料选编——汪伪政权》,第 562 页。

③ 軍事課「政務指導に関する中央部意見」、1938 年 1 月 6 日、「JACAR(アジア歴史資料センター)Ref. C11110930500、北支那作戦史要-北支那方面軍　3/3　昭和 12 年 9 月 1 日〜昭和 13 年 5 月 31 日(防衛省防衛研究所)」

④ 「事変対処要綱(甲)」、1937 年 12 月 24 日、「JACAR(アジア歴史資料センター)Ref. B02030556300、支那事変関係一件第十九巻(A-1-1-360)(外務省外交史料館)」

央,对其直接干涉都相对有限。"临时政府"直接的幕后推手,实际上是喜多诚一领导的华北方面军特务部:"新政权中央政府的成立与对其指导,由特务部本部负责之。"①

一个被日本视为未来中国"中央政权"的政府,却全盘接受日军一个方面军的操纵掌控,即便从日军的角度来看,这种情况也是极不正常的。陆军次官梅津美治郎在联系华北方面军时,同意"本次事变所获成果,主要通过与华北政权(中央政权)签订协定而获得",但要求"华北政务指导官暂且由华北方面军司令官负责,未来则更易为文官",意即对华"政略"最终要交给日本政府,并由日本中央统筹相关事宜。但华北方面军的回复引述"满洲国"旧例,认为"华北政务指导应一直由军司令官负责,文官则置于其下",坚持对"临时政府"的直接掌控。② 时任华北方面军司令官的寺内寿一,在日军中根基深厚,对华立场也极为强硬,日军中央只能派梅津赴华,就一系列问题对其进行"说服"。

华北方面军力主确立华北"新政权"为"新中央政权"的同时,华中派遣军司令官松井石根,也要求华中设立同样的政权。③

华中④系原国民政府中枢所在,南京、上海分别作为中国的

---

① 北支方面軍「新政権樹立計画案」、1937 年 12 月 1 日、「JACAR(アジア歴史資料センター)Ref. C11110930400、北支那作戦史要-北支那方面軍 3/3 昭和 12 年 9 月 1 日~昭和 13 年 5 月 31 日(防衛省防衛研究所)」

② 軍事課「政務指導に関する中央部意見」、1938 年 1 月 6 日、「JACAR(アジア歴史資料センター)Ref. C11110930500、北支那作戦史要-北支那方面軍 3/3 昭和 12 年 9 月 1 日~昭和 13 年 5 月 31 日(防衛省防衛研究所)」

③ 「事変収拾をめぐる外務、陸軍、海軍三省次官懇談記録」、1938 年 1 月 29 日、『日本外交文書・日中戦争』、259、262 頁。

④ 注:此处"华中"按照日本说法,指今长江中下游地区。

政治、经济中心,产生着巨大的影响。日本早已有着在此地设立"政权"的计划,而日本驻华大使川越茂向日本媒体表示:新的华中政权将不似原南京政府那样的军阀政权,也不是过时政治家的政权,而是以中国财界、实业家为中心的就"经济的民众的国家"。① 所谓"过时政治家的政权",颇有影射"临时政府"的意味。

对于"华中政权"的前景,日本中央并不看好,认为应坚持原定方针。陆军次官梅津认为,不应妨碍以华北政权为主的方针;陆军省、海军省、外务省三次官共同认为,"在华中方面很难树立强有力的政权"。②

然而,华中方面军访求故老,力图拉拢中华民国首任总理唐绍仪出马,"即便唐不出马,也有其亲信温宗尧一派、梁鸿志一派、陈群一派,共同准备成立新政权"。③ 在"临时政府"无法觅到"元首",由王克敏等人担纲的情况下,"华中政权"的"阵容"使"临时政府"及其背后的华北方面军感到紧张。而日本海军方面又认为,"临时政府"不应由华北方面军司令官"指导",而应交给中央,通过陆海外三省间的协议来"解决",相当于削减了华北方面军在"中国政策"上的发言权。④

日本媒体也在为"以华中政权为中央政府"进行舆论造势。"华中政权"预定由三院七部组成,从机构上,与"临时政府"相对

① 「新政権出現を期待す、中支民衆衷心より熱望」、『東京朝日新聞』朝刊、1938 年 1 月 8 日、2 面。

② 「事変収拾をめぐる外務、陸軍、海軍三省次官懇談記録」、1938 年 1 月 29 日、『日本外交文書・日中戦争』、259、262 頁。

③ 「華中新政府樹立工作の進行状況について」、1938 年 3 月 1 日、『日本外交文書・日中戦争』、268 頁。

④ 「事変収拾をめぐる外務、陸軍、海軍三省次官懇談記録(第二回)」、1938 年 2 月 28 日、『日本外交文書・日中戦争』、267 頁。

应,也是"三权分立"的政治模式,但"华中政权"位于国民政府的原中枢地带,日本媒体表示,"新政权"对中国全局有重大作用。①

《东京朝日新闻》的一篇社论,直截了当地提出"华北和华中差异极大,两个政权归于一个政权之下,事实上是不可能的",并对此解释道:"华中政治经济遭受的破坏巨大,华北政府要控制华中难度极大。而且华中是中国经济的中心,就算受到打击,在其复兴的同时,仍然保持着其重要性,要说中央政权的资格,与其说在华北不如说在华中。如果以华北为主,华中为从,就无法避免反复的南北对立冲突。""华北政权无法控制华中,华中政权也无法控制华北。""华北政权和华中政权应该顺从环境的特殊性,选择适合自己的政治经济运营方式,这是当前的急务。"②

为此,华北方面军紧急展开了一系列活动。华北方面军特务部部长喜多诚一向日军中央请求"根据现状,华中政权可能最终会凌驾于华北政权之上,应该明确华北政权作为中央政权的原则,防止未来的纠纷"。③ 而王克敏则在华北方面军的支持下,要求"华中政府要在宣言中,表示全国不能有两个政府,现在是形势所限,不得已所为之,将来必定与临时政府合并,并将其作为中央政府",并威胁否则就"让出自身的地位"。④

在日本陆军中央的斡旋下,喜多诚一与华中派遣军特务部部长原田熊吉等最终达成妥协。在日本陆、海、外三省协议会议上,达成

---

① 「中支新政権機運熟し、愈々本月中旬に誕生　東洋平和と防共へ　3 院 7 部制採用」、『東京朝日新聞』朝刊、1938 年 3 月 3 日、2 面。

② 「中支新政権の結成」、『東京朝日新聞』朝刊、1938 年 3 月 23 日、3 面。

③ 外務省東亜一「中支政権成立問題経緯」、1938 年 2 月 16 日、『日本外交文書・日中戦争』、273 頁。

④ 「甲方特電七一六號」、1938 年 3 月 18 日、『日本外交文書・日中戦争』、274 頁。

了一系列备忘录,确定了以"临时政府"为"中央政权"的决定。[1] 备忘录表示,"帝国政府决心以华北临时政府作为新中国的中央政权","鉴于现状,由华北方面陆军最高指挥官实施对临时政府的指导"。[2] "两政权合并统一,以华北临时政府为中心,在最短期间内实现(以津浦线开通为期。注:后改为以'陇海、津浦线开通为期'。[3])为此,设置华中新政权组织机构,以必要的最小限度为准"。[4]

　　1938 年 3 月 24 日,日本内阁正式通过了《华北和华中政权关系调整要领》,最终确定"以一地方政权的资格,成立华中政权,以中华民国临时政府为中央政权,促使两者尽快合并统一","对华中政权的成立宣言进行必要的修正(具体内容由华北、华中政权负责人协商)"。[5] 次日,日本媒体正式对外发表消息。[6]

　　3 月 28 日,"华中政府"以"中华民国维新政府"的名义正式成立。按照日本的旨意,维新政府在成立宣言中加上了王克敏所要求的内容:"至维新政府之成立,系根据苏、浙等省之事实,原为暂定性质,与临时政府初无对立之心,向来中央所管事项不可分析者,仍由临时政府商酌办理,一俟津浦、陇海两路恢复交通,即与临

---

① 外務省東亜一「中支政権成立問題経緯」,1938 年 2 月 16 日,『日本外交文書・日中戦争』,273 頁。

② 「陸、海、外三省間覚書」,1938 年 3 月,「JACAR(アジア歴史資料センター)Ref. B02030537900、支那事変関係一件第十四巻(A-1-1-0-30_014)(外務省外交史料館)」

③ 「方特務電七四三號」,1938 年 3 月 20 日,『日本外交文書・日中戦争』,277 頁。

④ 「覺書」,1938 年 3 月,『日本外交文書・日中戦争』,276 頁。

⑤ 「北支及中支政権関係調整要領」,1938 年 3 月 24 日「JACAR(アジア歴史資料センター)Ref. B02030545200、支那事変関係一件第十六巻(A-1-1-357)(外務省外交史料館)」

⑥ 「将来中支新政権は北支政権に統合　閣議・根本方針を決す」,『東京朝日新聞』夕刊,1938 年 3 月 25 日,1 面。

时政府合并,盖同人等雅不愿国内有对峙之两政府也。"①

　　"维新政府"虽然宣告成立,但同"临时政府"一样,无从得到充分的"实力"。唐绍仪并未答应出山,"维新政府"的组成人物主要分为温宗尧、梁鸿志、陈群 3 派,也可以分为 3 类,包括北洋军阀旧人,如梁鸿志等;国民党失意政客,如温宗尧、陈群等;附敌知识分子,如陈则民等。其中安福系军阀残余如梁鸿志等人,居重要地位。②"安福系"原依附皖系军阀段祺瑞等,在 1920 年的直皖战争后,实力早已衰微,加之如上文所言,日军在华北方面军的要求下,准备"设置华中新政权组织机构,以必要的最小限度为准","维新政府"的发展前景极为有限。而且,日军所期待的伪政府的首脑人物,正是直皖战争的另一方——直系领袖吴佩孚。

　　根据日军的计划,在华中树立"新政权"后,要从"最高政治机构"开始,进行"内政、财政、实业、文政"等全方位的"指导"。③ 在"维新政府"成立初期,日本专由华中日军特务部部长对其负责,到后来则通过派遣顾问来进行"指导",④在"维新政府"的规定中,能看到日军顾问所居地位和作用:"顾问应该长官之要(邀)请,得出席中央及地方机关之各种会议,开陈意见。""中华民国维新政府对

---

① 《伪中华民国维新政府成立宣言》(1938 年 3 月 28 日),中央档案馆等编:《日本帝国主义侵华档案资料选编——汪伪政权》,第 487 页。

② 何国涛:《伪维新政府从成局到垮台》,中央档案馆等编:《日本帝国主义侵华档案资料选编——汪伪政权》,第 508 页。

③ 「中支政務指導方案」、1938 年 1 月 18 日、「JACAR(アジア歴史資料センター)Ref. B02030523900、支那事変関係一件第四巻(A‐1‐1‐345)(外務省外交史料館)」

④ 「維新政府顧問設置ノ経緯」、1939 年 9 月、「JACAR(アジア歴史資料センター)Ref. B02031736500、支那事変ニ際シ支那新政府樹立関係一件/支那中央政権樹立問題(臨時維新政府合流問題連合委員会関係、呉佩孚運動及反共、反蒋救国民衆運動)第九巻(A‐6‐1‐1‐8_3_009)(外務省外交史料館)」

于最高顾问予以院长之待遇,对于各机关之首席者予以准该机关长官之待遇。其他顾问之待遇概照上条规定。"①可以看出,日本对于"维新政府",不仅是"热诚援助之友邦",②而且是进行"内部指导"的幕后控制者。日本之所以派遣顾问,而非由当地部队直接负责,部分原因是顾及陆军、海军、日本政府在控制"维新政府"上的均衡,③就此可能考虑回避出现类似于"维新政府"成立前夕,日本内部围绕华中、华北伪政权的主从问题展开的争执。

　　日本内部的争执,对扶植"维新政府"的工作造成了影响。由于喜多等人的交涉在3月18日前后方告开始,"维新政府"的成立,不得不较原定的3月中旬拖延多日。据日本媒体报道,"维新政府"原本定于"3月中旬举行成立仪式,为确保万无一失的准备,与各方相折冲,尤其是与华北政府保持密切联系,最终到28日方宣告成立"。④"维新政府"成立的拖延,让外界注意到了日本在扶植傀儡政权上的重重困难。国民政府发言人对此表示:"所谓华中傀儡,敌人进行组织已久,直至今日始凑足角色,勉强登场,足见敌人一举一动,无时无地不遭受困难与打击。"⑤

---

① 伪维新政府行政院:《政府顾问协定附属约定》(1939年10月19日),中央档案馆等编:《日本帝国主义侵华档案资料选编——汪伪政权》,第504页。

② 《伪维新政府解消宣言》(1940年3月30日),中央档案馆等编:《日本帝国主义侵华档案资料选编——汪伪政权》,第506页。

③ 「維新政府顧問設置ノ経緯」,1939年9月、「JACAR(アジア歴史資料センター)Ref. B02031736500,支那事変ニ際シ支那新政府樹立関係一件/支那中央政権樹立問題(臨時維新政府合流問題連合委員会関係、呉佩孚運動及反共、反蒋救国民衆運動)第九巻(A-6-1-1-8_3_009)(外務省外交史料館)」

④ 「「中華民国維新政府」待望裡にあす誕生　南京・早くも慶祝気分」、『東京朝日新聞』夕刊,1938年3月28日,1面。

⑤ 《蒋中正"总统"档案——事略稿本》(41),1938年3月28日,台北:"国史馆"2010年版。

　　"维新政府"虽然最终得以成立,但其组成人员影响力相对欠缺,加之又因日本内部争斗而有所迁延。在日本内部,外务省东亚局长石射猪太郎也认为:"我方相继成立临时政府和维新政府,确实让国民政府感到了不快,特别是华中政府,并未隶属于华北政府,而准备拥护唐绍仪那样的中国元老,成立一大新政府,进而威胁国民政府。然而在实际上,无论临时政府还是维新政府,中国人对之热情都不高,根本无法威胁国民政府,相反却在我方内部造成了隔阂。"①

　　华北、华中伪政权的孱弱,让日本对以其扶植"中央政权"持观望态度。1938 年 7 月 15 日,五相会议通过的《成立中国新中央政府指导方策》要求,"汉口陷落后,蒋政权可能转化为一地方政权,或蒋会下野,现中央政府改组,在此之前,不成立新中央政府";"承认新中央政府的时机,预定为改组或分裂了的政权开始停战工作,或者既成政权具备中央政府之实之际"。这份文件为局势发展做好两手准备,在等待国民政府改组的同时,也计划"如果蒋介石政权不发生分裂、改组等情况,则以既成政权成立新中央政府",并要求"尽快先树立临时及维新两政府的联合委员会,再加入蒙疆联合委员会。其后上述政权逐步吸收诸势力,互相合作,聚其大成,作为新的中央政府"。②

---

① 「今後の事変対策に付ての考案(石射猪太郎提出)(宇垣一成自筆証明)」、1938 年 7 月、「JACAR(アジア歴史資料センター)Ref. B02030513300、支那事変関係一件第二巻(A-1-1-343)(外務省外交史料館)」

② 「支那新中央政府樹立指導方策」、1938 年 7 月 15 日、「JACAR(アジア歴史資料センター)Ref. B02030518700、支那事変関係一件第三巻(A-1-1-344)(外務省外交史料館)」

华北、华中伪组织结构图①

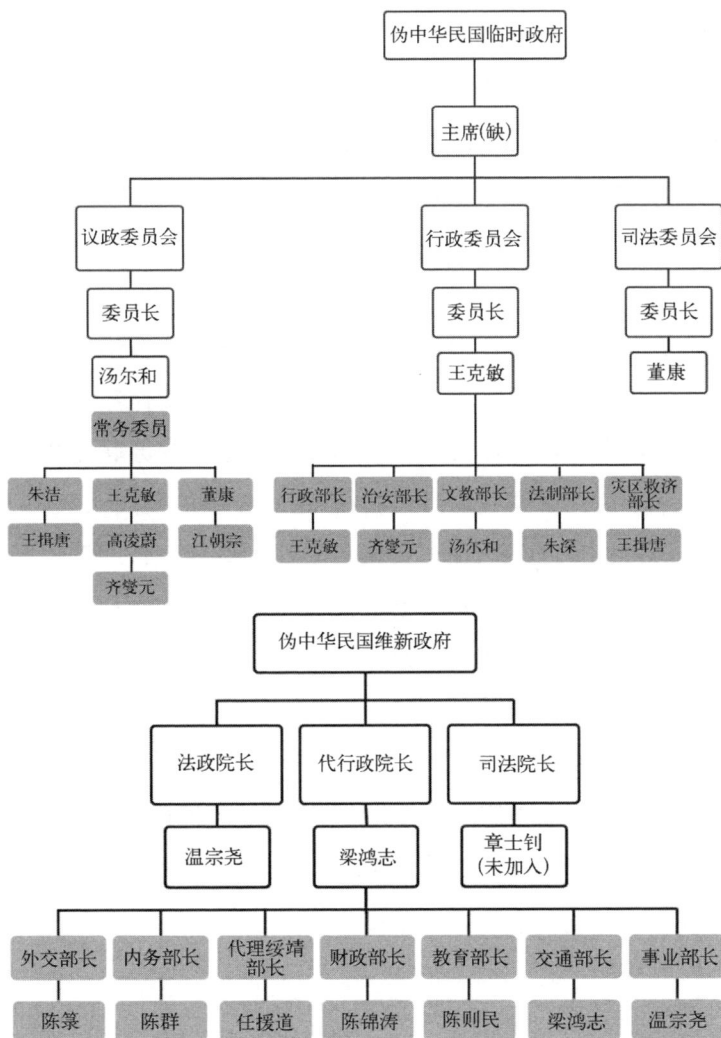

```
            伪中华民国临时政府
                  │
               主席(缺)
       ┌──────────┼──────────┐
   议政委员会    行政委员会    司法委员会
       │          │          │
     委员长       委员长       委员长
       │          │          │
     汤尔和       王克敏       董康
       │
     常务委员
```

朱洁	王克敏	董康
王揖唐	高凌蔚	江朝宗
	齐燮元	

| 行政部长 | 治安部长 | 文教部长 | 法制部长 | 灾区救济部长 |
| 王克敏 | 齐燮元 | 汤尔和 | 朱深 | 王揖唐 |

```
            伪中华民国维新政府
       ┌──────────┼──────────┐
    法政院长     代行政院长     司法院长
       │          │          │
     温宗尧       梁鸿志     章士钊(未加入)
```

| 外交部长 | 内务部长 | 代理绥靖部长 | 财政部长 | 教育部长 | 交通部长 | 事业部长 |
| 陈箓 | 陈群 | 任援道 | 陈锦涛 | 陈则民 | 梁鸿志 | 温宗尧 |

①「臨時政府成立」、1938 年、「JACAR(アジア歴史資料センター)Ref. C11110870200、山東作戦の段階 昭和 12 年 12 月～昭和 13 年 1 月末 高嶋少将史料(防衛省防衛研究所)」;「維新政府要員人名表」、1938 年 3 月 15 日、「JACAR(アジア歴史資料センター)Ref. C04120292100、昭和 13 年「陸支密大日記第 12 号」(防衛省防衛研究所)」

1938 年 9 月 22 日,伪临时政府与伪维新政府"设立中华民国政府联合委员会,以便统制关于政务上共通事项,使新中央政府易于成立",根据以伪临时政府为"中央政权"的方针,联合委员会暂设在北京,由各政府选派 3 名委员,共 6 名委员,①伪临时政府行政委员长王克敏被选为主席委员。②

(四)伪蒙疆政权

除了华北、华中,日本当局还在察哈尔、绥远、晋南等地,扶植了伪蒙疆政权。在日军看来,"蒙疆"负有"特殊使命",要作为"防共"前线,努力切断中苏交通:"蒙疆通过外蒙古与苏联相接,直面西北中苏赤色交通路线",日军企图"通过蒙疆的发展及其势力的西渐,努力将中苏交通截断","截断中苏军事、政治、经济的联系,对于确立中国本部的治安贡献重大"。对日军的统治而言,"蒙疆还是华北重要的农产物资供给地","开发蒙疆资源,不但能为蒙疆特殊使命建立财政基础,还能充实帝国国防资源","被中国本部视为边疆的蒙疆,不仅中国文化未能完全进入","第三国权益也几乎没有",加上"地理上位于长城以北,方便同华北在政治上分离",因此"帝国各种政策在这里的推进,比起其他地区极端容易"。③

① 《伪中华民国政府联合委员会组织大纲》(1938 年 9 月 22 日),中央档案馆等编:《日本帝国主义侵华档案资料选编——汪伪政府》,第 520 页。

② 《伪中华民国政府联合委员会预备会议记录》(1938 年 9 月 20 日),中央档案馆等编:《日本帝国主义侵华档案资料选编——汪伪政府》,第 522 页。

③ 冈部部队参谋部「蒙疆建設ノ基本原則卜其現況」、「JACAR(アジア歴史資料センター)Ref. B02030528100、支那事変関係一件第五巻(A‐1‐1‐0‐30_005)(外務省外交史料館)」

　　1937 年 11 月,日军控制下的"蒙古联盟自治政府""察南自治
政府""晋北自治政府"相联合,成立了"蒙疆联合委员会"。① 根据
日本当局的定位,"蒙疆"不仅是"国防上、经济上的日华紧密结合
地区",而且"为了防共,应取得军事上、政治上的特殊地位"。② 在
"蒙疆"地区,日本有针对性地开发铁矿石、羊毛及毛皮、麻、石棉云
母和黑铅、煤炭等资源,运回日本国内。③ 为了确保日本的特殊利
益,日军"以治安防共军事谋略为基调",对"蒙疆"各伪政权进行
"军的实质性的内部指导"。④ 在对伪政权的"政务指导"方面,日军
"通过华北方面军司令官、驻蒙军司令官实施",并将之与其他伪政
权相分离,"确保该地区的广泛自治"。⑤

　　1939 年 5 月,日本驻蒙军与华北方面军"达成一致",将组
织"蒙疆统一政府"的方案,"交由中央审议"。方案认为,"随着
蒙疆政权的发展,根据现阶段的内外形势,为建设大东亚新秩
序,促进蒙疆地区整体的治安,以及财政经济产业等的组织化

---

① 満鉄調査部「蒙彊政治組織の変革過程其他送付の件」、1939 年 2 月、「JACAR(アジ
　ア歴史資料センター)Ref. C01007326700、昭和 14 年「乙輯第 2 類第 8 冊図書其 2」
　(防衛省防衛研究所)」

②《调整日华新关系的方针》,黄美真、张云编:《汪伪政府资料选编・汪精卫集团投敌》,
　第 298 页。

③ 岡部部隊参謀部「蒙彊建設ノ基本原則卜其現況」、「JACAR(アジア歴史資料センタ
　ー)Ref. B02030528100、支那事変関係一件第五巻(A－1－1－0－30_005)(外務省外
　交史料館)」

④「蒙彊建設基本計画」、1939 年、「JACAR(アジア歴史資料センター)Ref.
　B02030528100、支那事変関係一件第五巻(A－1－1－0－30_005)(外務省外交史
　料館)」

⑤ 陸軍省「蒙彊政務指導要綱」、1938 年 7 月 4 日、「JACAR(アジア歴史資料センター)
　Ref. C01005749700、昭和 13 年「陸支機密大日記第 5 冊第 9 号 2/3」(防衛省防衛研
　究所)」

和统制的进步发展,实现防共、民族协和、增进民生的目标,需要调整与统合三个自治政府和蒙疆联合委员会的权限,组织统一政府"。①

　　1939 年 8 月 4 日,日本阁议通过《蒙疆统一政权设立要纲》,确定正式合并"蒙古联盟自治政府""察南自治政府""晋北自治政府"3 个伪政权,建立"蒙疆联合自治政府",并派遣日本人顾问加以控制。② 9 月 1 日,"蒙疆联合自治政府"在张家口宣告成立,发表施政纲领,宣布要"诸族大同协和","强化世界防共战线","与盟友结合,同志相契,参与东亚新秩序的建设"。③

　　华北、华中、"蒙疆"伪政府,虽然在形式上统治了大片地区,但实际上依附日军生存,自身并无实力,即便合并成一个"新中央政权",同样无法协助日军控制沦陷区,也不会帮助日本从对华持久战中脱身,这极大地影响了日本对借助"既成政权"来扶植"新中央政权"的热情。1938 年 11 月,陆军省出台《成立中国新中央政府工作要领》,将"成立中国新中央政府工作"分为"甲型工作"和"乙型工作"。"甲型工作"包括吸收"改组的重庆政府",而"乙型工作"则不包括之,要求"只有在甲型工作失败之际,才进行乙型工作","根据现有形势,不可将联合委员会当作新中央政权的核心要素,或者

---

① 駐蒙軍参謀長「蒙疆統一政府組織案」、1939 年 5 月 2 日、「JACAR(アジア歴史資料センター)Ref. C04120891600、昭和 14 年「陸支受大日記第 22 号 2/3」(防衛省防衛研究所)」

② 閣議決定「蒙疆統一政権設立要綱」、1939 年 8 月 4 日、「JACAR(アジア歴史資料センター)Ref. C11110429700、支那事変に際し支那新政府樹立関係 1 件　支那中央政権樹立問題　支那新中央政府関係重要事項集(防衛省防衛研究所)」

③ 「蒙古連合自治政府施政綱領」、1939 年 9 月 1 日、「JACAR(アジア歴史資料センター)Ref. B02030528100、支那事変関係一件第五巻(A-1-1-0-30_005)(外務省外交史料館)」

专凭联合委员会成立中央政权",因此要"暂停关于成立新中央政府相关的具体的表面的工作(建国工作)","专心于酝酿反战空气,获取民心等(和平救国工作),不可急于成立形式上的政府",同时"要避免当即决定新中央政府的首脑"。[①] 这意味着日军不仅暂停了以华北、华中伪政府为中心的"成立新中央政权工作",更是虚位以待,等待更重要的实力人物投向日本,而其目标之一,即为时任国民党副总裁的汪精卫。

第二节　对国民政府的"和平工作"及其失败

(一)"全面调整国交"——日军扩大战争的目的

1937 年 7 月 11 日,日本政府发表声明,强调卢沟桥事件关系到"维持华北治安","对帝国及满洲国极为重要",决定向华北增兵。[②] 声明出兵理由是"我侨民陷入危险",但明确提出最终要在卢沟桥事变的框架外解决问题:"除本次事件,中国亦应为排日侮日行为谢罪,并提供相应保障,以避免类似行为再次发生"。[③] 日本媒体解读认为,声明虽然没有直言"全面调整国交",但其实际要求既包括"就地解决主义""不扩大方针",也包括"促使中国方面全面反

---

① 「支那新中央政府樹立工作要領」、1938 年 11 月 24 日、「JACAR(アジア歴史資料センター)Ref. C04120903100、昭和 14 年「陸支受大日記第 24 号 2/2」(防衛省防衛研究所)」

② 「帝国政府声明」、1937 年 7 月 11 日、「JACAR(アジア歴史資料センター)Ref. B02030534700、支那事変関係一件第十二巻(A-1-1-353)(外務省外交史料館)」

③ 「諸約実行を厳に要求　愈最後の態度を表示　きょう 5 相会議で一決」、『東京朝日新聞』夕刊、1937 年 7 月 18 日、1 面。

省""全面调整日中国交"等。①

在当时,中日围绕伪满、华北等问题争执已久,同时,日本希望能通过"全面调整国交",确认并进一步扩展侵华权益,却未能迫使国民政府在根本问题上做出让步。由于政治、外交手段难以取得突破。日军急于用武力解决问题,迫切希望以卢沟桥事变为动武契机。军部眼中的"全面调整日中国交",意味着"打击中国,使其屈服,我方向来之要求就能实现"。② 日本社会舆论也鼓吹,要将卢沟桥事变当成威逼国民政府全面让步的机会:"要充分把握此次机会,准备全面调整国交方案,尝试全面解决中日问题,实现期盼多年的两国'明朗状态'。"③

正因于此,在日本借助武力,实现中日"国交调整"的目标之前,国民政府就停战所进行的外交斡旋,注定是徒劳无功的。然而,除了在华北由二十九军进行谈判,国民政府仍然多次通过驻日大使馆,直接同日本政府就卢沟桥事件展开交涉,表明了努力防止扩大、力避事态恶化的立场。

7 月,大使馆多次代表国民政府,向日本当局及媒体释放善意。7 月 9 日,由于时任驻日大使许世英正在国内述职,因此由大使馆参事官杨云竹接受《朝日新闻》采访,杨云竹表示,相信能"坚持不扩大,平稳解决"。④ 在同日本外务省次官堀内谦介的交涉中,杨云

---

① 「諾約実行を厳に要求　愈最後的態度を表示　きょう5相会議で一決」、『東京朝日新聞』夕刊、1937 年 7 月 18 日、1 面。

② 井本熊男『作戦日誌で綴る支那事変』、芙蓉書房、1978 年、83 頁。注:作者时任参谋本部作战课作战参谋。

③ 「一挙に、最終的に　根本的国交調整へ」、『東京朝日新聞』朝刊、1937 年 7 月 18 日、3 面。

④ 「北平に残した妻子いかに中国代理大使、二つの心配」、『東京朝日新聞』夕刊、1937 年 7 月 10 日、2 面。

竹强调,中国鉴于现实国力和国际形势,并无同日本对抗之意。[①]　7月 19 日,大使许世英紧急返回东京,并在当晚召开记者会,向日本媒体强调国民政府的"不扩大方针",即坚持"不扩大事态、中日双方停止军事行动、通过外交手段解决",并向记者提示,解决问题的关键,在于日本当局需要"悬崖勒马"。[②]

　　然而,在双方的交涉中,日本当局对撤军停战态度消极,着力于强调"调整中日国交"的必要性。7 月 20 日、21 日,许世英与日本外相广田弘毅连续会谈,提议中日两军同时撤回原驻地,结束冲突,但广田表示,作为撤军的前提,需要先讨论"作为纷争源头的华北现状",拒绝立即撤军。[③]　与之同时,日本当局开始稳步推进"调整国交"的准备。7 月 23 日,陆军省、海军省、外务省三省相关部门负责人达成协议,决定借本次事变,利用军事、外交手段,推动"中日国交的调整"。[④]　8 月 7 日,陆相、海相、外相通过《中日国交全面调整案要纲》,详细计划了对国民政府的交涉条件,包括国民政府不再以"满洲国"为问题(即默许伪满洲国的存在)、在华北设立非武装地带、参加"防共协定"、彻底取缔抗日运动等

---

① 外務省「昭和十二年度執務報告」、1938 年、「JACAR(アジア歴史資料センター)Ref. B02030566000、支那事変関係一件第二十三巻(A‐1‐1‐0‐30_023)(外務省外交史料館)」

② 「笑顔さえ沈痛の浮彫、昨夜・悪気流下の帝都入り許大使」、『東京朝日新聞』夕刊、1937 年 7 月 20 日、13 面。

③ 外務省「昭和十二年度執務報告」、1938 年、「JACAR(アジア歴史資料センター)Ref. B02030566000、支那事変関係一件第二十三巻(A‐1‐1‐0‐30_023)(外務省外交史料館)」

④ 「外務・陸軍・海軍三省の担当局長において意見一致を見た時局収拾方針」、1937 年 7 月 23 日、『日本外交文書・日中戦争』、25 頁。

要求。①

　　日本的交涉条件全面涵盖了中国东北、华北国土主权等重要问题，国民政府不可能轻易接受。中共早在事变爆发后第二天，也就是 7 月 8 日即发表通电，主张与日本无妥协余地："只有全民族实行抗战，才是我们的出路！并立刻准备应付新的大事变。全国上下立刻放弃任何与日寇和平苟安的希望与估计。"②而 7 月 17 日，蒋介石发表庐山讲话，提出卢沟桥事变的解决是中日达成妥协的前提："所以卢沟桥事变的推演，是关系中国国家整个的问题，此事能否结束，就是最后关头的境界"；如果卢沟桥事变无法解决，便绝不会接受日本所提出的条件："如果临到最后关头，便只有拼全民族的生命，以求国家生存；那时节再不容许我们中途妥协，须知中途妥协的条件，便是整个投降，整个灭亡的条件"；最重要的是"任何解决，不得侵害中国主权与领土之完整"。③

　　蒋介石要求必须先解决卢沟桥事变，否则决不能"中途妥协"，这与日本要求优先"调整国交"恰恰相反，日本认为对此只有借武力进行施压。日本外务省认为，"蒋介石在声明中表示'……须知中途妥协的条件，便是整个投降，整个灭亡的条件'"，"根据蒋介石的态度……要凭借武力逼迫蒋介石签订城下之盟，使其不得不全

---

①「日支国交全般的調整案要綱」、1937 年 8 月 7 日、「JACAR（アジア歴史資料センター）Ref. B02030522900、支那事変関係一件第四巻（A-1-1-345）（外務省外交史料館）」

②《中共中央为日军进攻卢沟桥通电》，1937 年 7 月 8 日，人民网资料 http://www.people. com. cn/GB/historic/0708/2245. html，2015 年 9 月 5 日。

③蒋介石：《出席庐山第二次谈话会讲》(1937 年 7 月 17 日)，秦孝仪主编：《"总统"蒋公思想言论总集·演讲》第 14 卷，台北："中央"文物供应社 1984 年版，第 583、584 页。

数答应我方条件"。①　日本按照所计划的步骤,试图利用武力迫使国民政府求和。在这个过程中,"不扩大派"正如近卫文麿所言,"我们嘴上说着不扩大,实际上根本没有适当的手段去干预"。②

7月13日,参谋本部同陆军省共同通过《华北事变处理方针》,提出若"中国无实行所达成协议的诚意",或"中央军北上",企图发起攻势,则"采取断然措施"。③　7月14日,参谋本部作战部第二课提出"若条件许可,则投入充足兵力,在至短期间内平定战局"。④　7月17日,第二课计划:"若不得已同中央军交战,则以覆灭抗日之中央政权为目的,进行全面战争,根本解决中国问题。"⑤

负责制定日军作战计划的参谋本部作战部第二课,显然对与中国的"全面战争"是非常乐观的。在无法满足作战部部长石原莞尔提出的,为全面战争必须同时动员15个师团的情况下,第二课仍然认为即便未能"在至短期间内平定战局",中日陷入全面战争,预计也仅仅将"持续三四个月"。即便万一如石原所料,日本陷入"预计将至少持续一年以上"的持久战时,日军也可以收缩战线减

①「北支時局収集に関する外務省の意見」、1937年7月30日、「JACAR(アジア歴史資料センター)Ref. B02030512700、支那事変関係一件第二巻(A-1-1-343)(外務省外交史料館)」

② 近衛文麿「平和への努力——近衛手記」、2頁。

③「北支事変処理方針」、1937年7月13日、「JACAR(アジア歴史資料センター)Ref. C12120055100、支那事変戦争指導関係綴其の1 昭和12年7月~昭和13年11月(防衛省防衛研究所)」

④「7月14日以降ノ為北支事変指導要綱(案)」、1937年7月14日、「JACAR(アジア歴史資料センター)Ref. C12120055200、支那事変戦争指導関係綴其の1 昭和12年7月~昭和13年11月(防衛省防衛研究所)」

⑤「北支ニ兵力ヲ行使スル場合対支戦争指導要綱(案)」、1937年7月17日、「JACAR(アジア歴史資料センター)Ref. C12120055300、支那事変戦争指導関係綴其の1 昭和12年7月~昭和13年11月(防衛省防衛研究所)」

少支出，与中国长期对峙："在河北省北部，必要时也在上海和苏州之间配置兵力，并利用海军监视海上交通，进行经济工作，等待中国屈服。"①

在这种对持久战的乐观情绪影响下，日军逐步走向了一边与国民政府交涉，一边扩大占领地区，扶植傀儡政权的道路。

（二）"船津和平工作"

为与国民政府谈判停战条件，8 月 7 日，实业家船津振一郎受首相近卫文麿和外相广田弘毅等人所托抵达上海，与国民政府外交部亚洲司司长高宗武等进行秘密会谈，即所谓"船津和平工作"。

近卫与广田等派遣船津，主要考虑到，"从内地增派的三个师团，大概在 8 月 20 日左右集结完毕，在此之前，必须想办法试着谈判"。"船津和平工作"高度保密，在日本中央知者甚少，"在陆海军中央，也只有极少数人知道"，广田要求日本驻华大使川越茂协助船津，并务必保密，"除贵官，勿使他人知晓"。②

船津带去的方案主要包括：在河北省设立非武装地带，取消塘沽停战协定，取消冀察政府（也考虑取消冀东政府）等。③ 然而，日本中央内部对停战条件无法达成共识，尤其是"陆军内部对条件颇

---

① 「北支ニ兵力ヲ行使スル場合対支戦争指導要綱（案）」、1937 年 7 月 17 日、「JACAR（アジア歴史資料センター）Ref. C12120055300、支那事変戦争指導関係綴其の 1 昭和 12 年 7 月～昭和 13 年 11 月（防衛省防衛研究所）」

② 「広田外務大臣より在支川越大使宛電報」、1937 年 8 月 7 日、「JACAR（アジア歴史資料センター）Ref. B02030666600、支那事変関係一件/善後措置（和平交渉ヲ含ム）（A－1－1－449）（外務省外交史料館）」

③ 「停戦交渉案」、1937 年 8 月 7 日、「JACAR（アジア歴史資料センター）Ref. B02030666600、支那事変関係一件/善後措置（和平交渉ヲ含ム）（A－1－1－449）（外務省外交史料館）」

显难色"。① 因此船津一边与国民政府方面交涉,一边不断接到东京发来的新的调整方案,从 8 月 3 日到 8 月 7 日,日本中央就"船津工作"的方案进行了激烈的讨论,对方案细节反复修正,先后提出了 8 个版本,始终难有广泛接受的定案。② 到了 8 月 7 日,陆相、海相、外相通过《中日国交全面调整案要纲》,这个方案内容已经相当广泛,包括要求国民政府默认"满洲国"、签订日中防共协定、保证日本在内蒙古及绥远方面利益、全面取缔抗日运动、降低特定商品关税等。 与此同时,日本方面也提出了取消冀东、冀察伪政权,考虑取消上海停战协定、塘沽停战协定、何梅协定、秦土协定等,废除冀东特殊贸易并允许中国方面稽查走私等交换条件。③

　　然而,8 月 9 日,"大山事件"在上海突发,"两国关系在上海出现了急转直下的恶化","船津工作"被迫终止。④ 8 月 13 日,淞沪会战爆发,随着两军展开了"全面的攻击"行动,"局部的和平工作陷入绝望境地"。⑤ "船津和平工作"就这样无果而终。

---

① 「停戦交渉に関する件」、1937 年 8 月 8 日、「JACAR(アジア歴史資料センター)Ref. B02030666600、支那事変関係一件/善後措置(和平交渉ヲ含ム)(A-1-1-449)(外務省外交史料館)」

② 8 个版本的详细内容,可参考岛田俊彦「「船津工作」など(研究ノート)」、日本国際政治学会『季刊国際政治』、1972 年 12 月号、105—119 頁。

③ 「日支国交全般的調整案要綱」、1937 年 8 月 7 日、「JACAR(アジア歴史資料センター)Ref. B02030522900、支那事変関係一件第四巻(A-1-1-345)(外務省外交史料館)」。

④ 「船津辰一郎より堀内、石射宛て電報」、1937 年 8 月 29 日、「JACAR(アジア歴史資料センター)Ref. B02030666600、支那事変関係一件/善後措置(和平交渉ヲ含ム)(A-1-1-449)(外務省外交史料館)」

⑤ 船津振一郎「平和工作失敗日記抜萃」、1937 年 8 月、「JACAR(アジア歴史資料センター)Ref. B02030666600、支那事変関係一件/善後措置(和平交渉ヲ含ム)(A-1-1-449)(外務省外交史料館)」

　　"船津和平工作"的失败,并不意味着日本放弃了媾和尝试,根据战争形势的变化,日本当局决定,将媾和工作推后到与中国的"决战"结束后进行。淞沪会战期间,参谋本部制订《指导战争要纲案》要求,日军"在华北和上海方面的决战告一段落之际",再进行相应的媾和工作。①

(三)"陶德曼调停工作"

　　就逼迫中国签订城下之盟的时机,日军首脑认为在于取得华北、上海决战的胜利之际。淞沪会战爆发后,日军参谋次长多田骏②在同海军军令次长的沟通中表示,在上海方面给中国军队造成重大打击,华北方面也取得胜利时,是同中国媾和的最好时机,否则就会变成长期战争。③ 而就媾和的具体时间,在国民政府于 8 月 20 日与苏联缔结《中苏互不侵犯条约》后,参谋本部认为,苏联参战的可能性不断增加,尤其是"本年冬季最为危险"④,日本当局与国民政府的媾和,也尝试在这个时间点之前进行。

　　10 月 1 日,日本内阁通过《处理中国事变要纲》,要求"积极利用军事成果,借助外交手段,从速终结事变,促使中国放弃抗日容共政策,接受日本提出的调整国交条件","对中国及第三国,视情

---

① 「戦争指導要綱案」、1937 年 9 月 13 日、转引自『戦史叢書——支那事変陸軍作戦』(1),343 頁。

② 日本时任参谋总长的为皇族闲院宫载仁亲王,实际事务主要由参谋次长多田骏负责。

③ 『戦史叢書——支那事変陸軍作戦』(1),342 頁。

④ 「昭和 12 年支那事変に於ける第 10 軍作戦指導に関する考察」、1938 年 4 月、「JACAR(アジア歴史資料センター)Ref. C11111740000、第 10 軍作戦指導に関する考察　昭和 12 年 7 月~12 年 12 月末(防衛省防衛研究所)」

况进行折冲及相关工作"。①

　　10 月 22 日,日本首相、陆相、海相、外相通过决议,准备利用第三国对中日战争进行调停,广田弘毅根据 10 月 1 日通过的《处理中国事变要纲》中的条件,开始接触各国驻日大使,商讨"中日和平条件"。②

　　10 月底,日军第十军秘密开向杭州湾,准备登陆从侧翼突袭中国军队,上海陷落几成定局。日本政府认为"在华北和上海方面的决战告一段落"的时机已到,准备通过第三国同国民政府媾和。

　　起初日本外相广田弘毅向德国驻日大使迪克西提交了对中国的 7 项要求,再由德国驻华大使陶德曼转交国民政府。7 项要求包括:(一) 内蒙古自治;(二) 在华北建立一个沿"满洲国"国境线的非军事区;(三) 扩大上海的非武装地带,由日本控制公共租界的巡捕队;(四) 停止抗日政策;(五) 共同反对共产主义;(六) 降低对日关税;(七) 尊重外国权益。③ 这份条件并未明确要求国民政府承认"满洲国",比国民政府所预料的条件宽松,因而在国民政府内部一度引发了相当的讨论。尤其在南京陷落之后,针对这份条件,要求求和的声音给了蒋介石巨大的压力:"近日各方人士与重要同志皆以为军事失败,非速求和不可,几乎众口一词。"④最终蒋介石的

----

①「支那事変対処要綱」、1937 年 10 月 1 日、「JACAR(アジア歴史資料センター)Ref.
　　B02030518300、支那事変関係一件第三巻(A－1－1－344)(外務省外交史料館)」

②『戦史叢書——支那事変陸軍作戦』(1)、453—455 頁。

③「日支事変媾和斡旋二関シ駐日独逸大使ヨリ廣田外務大臣二手交セシ通牒」、『日本
　　外務文書・日中戦争』、六一書房、2011 年、206 頁。

④《本周反省录》,《蒋介石日记》(手稿本),1937 年 12 月 18 日,转引自杨天石《找寻真实
　　的蒋介石:蒋介石日记解读》,太原:山西人民出版社 2008 年版,第 242 页。

答复包括：（一）中国接受这些条件作为谈判的基础；（二）不得侵犯华北领土、行政主权；（三）在和平谈判中，不得涉及中国与第三国之协约；（四）在和平谈判中，自始即由德国任中介人。①

　　然而，日本当局认为，"战局扩大，国民对战果的期待也随之扩大"②，也就是说，日本提出的条件不是一成不变的，很容易随着军事进展而增加要求。11月24日，大本营③召开天皇列席的会议，参谋本部作战课汇报的作战计划宣布，考虑允许部队向南京继续追击。④ 12月1日，参谋本部下达攻占国民政府首都南京的命令。此时日本媒体宣扬，九成的中国军队已经败退⑤，意即中国武装力量已濒临崩溃。日军也认为战争形势一片大好，国民政府即便继续抗战，也将无力维持中央政府的地位。12月7日，大本营陆军部制定《事变对处要纲案》，并于15日审议通过。文件要求，若不能同国民政府达成协议，或"国民政府在实力上沦为一地方政府"，则在"攻占南京前后"，决心实行对华持久战。⑥ 由于相信国民政府力量削弱，无力保持对等的谈判对手

---

① 「日支事変媾和斡旋二関シ駐日独逸大使ヨリ廣田外務大臣二手交セシ通牒」、『日本外務文書・日中戦争』、206頁。

② 「国交調整と同時に交渉すべき諸事項」、1937年9月22日、「JACAR（アジア歴史資料センター）Ref. B02030523200、支那事変関係一件第四巻（A-1-1-345）（外務省外交史料館）」

③ 1937年11月18日，日军据敕令第658号，另颁大本营令，规定大本营在发生事变时也可以设置。11月20日，依新令设置大本营。

④ 『戦史叢書——支那事変陸軍作戦』(1)、415頁。

⑤ 「支那全軍の9割敗退　既に再起不能の打撃」、『東京朝日新聞』朝刊、1937年11月24日、10面。

⑥ 「事変対処要綱案（対現中央政府解決ノ場合）」、1937年12月15日、「JACAR（アジア歴史資料センター）Ref. C12120055800、支那事変戦争指導関係綴其の1昭和12年7月～昭和13年11月（防衛省防衛研究所）」

的地位,日本已不惧谈判破裂。而日军截获的孔祥熙发往驻美大使的电报显示,国民政府意识到军事形势确实极为不利,国联又无切实的援华方法,"如此形势,已难起死回生",考虑"是否应该接受日方条件"。① 既然日军已取得极大优势,国民政府已准备被迫退让,日本当局准备在新形势下拟定新的交涉条件。12 月 7 日至 9 日,围绕新的"和平条件"的拟定,四相会议②连续进行了 3 天的讨论。③ 12 月 21 日,日本政府为"陶德曼调停"通过了新的媾和条件,增加了"中国正式承认满洲国","对日本进行赔偿"等内容,条件远较之前严苛。其内容包括:"(一)中国正式承认满洲国。(二)中国放弃排日和反满政策。(三)在华北和内蒙古设置非武装地带。(四)华北在中国的主权之下,为实现日、满、华三国的共存共荣应设置适当的机构,赋与广泛的权限,特别应实现日、满、华的经济合作。(五)在内蒙古应设立防共自治政府,其国际地位与现在的外蒙古相同。(六)中国切实采取防共政策,对日、满两国的防共政策予以协助。(七)在华中占领地区设置非武装地带;在上海市地区,日、华合作,负责维持治安和发展经济。(八)日、满、华在资源开发、关税、贸易、航空、通讯等方面,应签订必要的协定。(九)中国应对帝国赔款。"④

---

① 「トラウトマン駐支ドイツ大使仲介ニヨル和平交渉」、1937 年 12 月 3 日、「JACAR（アジア歴史資料センター）Ref. B02030666700、支那事変関係一件/善後措置（和平交渉ヲ含ム）（A‐1‐1‐449）（外務省外交史料館）」

② 四相会议,即上文所言包括日本首相、陆相、海相、外相的会议,商讨侵华战争重要问题,有时还会加上藏相等,形成"五相会议"。

③ 『戦史叢書——支那事変陸軍作戦』(1)、460 頁。

④ 「独逸大使に内示すべき条件（案）」、1937 年 12 月 21 日、「JACAR（アジア歴史資料センター）Ref. B02030666700、支那事変関係一件/善後措置（和平交渉ヲ含ム）（A‐1‐1‐449）（外務省外交史料館）」

　　在进行"陶德曼调停"的同时,日本内部有声音要求,放弃与国民政府的交涉,彻底消灭国民政府,扶植"新政权"来统一中国。

　　正在积极扶植华北伪政权的华北方面军主张:"南京政府作为中央政府,预计很难顺应我和平建议"①,而且即便达成停战撤兵的协议:"如果'膺惩'只收到形式的效果,就宣告撤兵的话,无非是自欺欺人,只会让事变的巨大牺牲付诸东流,数年后,会面对更为排日的中国",要实现"调整国交"的企图,凭与国民政府交涉是不现实的,必须从政治、经济、思想上整体地改造中国,这样一来,就必须建立新政权。② 与这种论调相对应,在南京失陷后的 12 月 14 日,参谋次长多田骏在第二次大本营联席会议上报告,认为与国民政府谈判成功的可能性很低。③ 同时,日本内阁通过了对德国方面的回答案,表示如果中国接受日方的新条件,即展开停战交涉,如果中国不予接受,日本"将以一种新的立场对待事变"。④ 这种所谓"新的立场",便是日本军政当局"在军事胜利带来的乐观情绪,以及'新政权'成立的影响下,开始正式讨论否认国民政府之事"。⑤

---

① 北支那方面軍「支那事変及北支対策要綱」、1937 年 11 月 17 日、「JACAR(アジア歴史資料センター)Ref. C11110929700、北支那作戦史要-北支那方面軍　3/3　昭和 12 年 9 月 1 日～昭和 13 年 5 月 31 日(防衛省防衛研究所)」

② 北支方面軍参謀部「北方政権樹立に関する基礎的観察」、1937 年 11 月 8 日、「JACAR(アジア歴史資料センター)Ref. C11110929400、北支那作戦史要-北支那方面軍　3/3　昭和 12 年 9 月 1 日～昭和 13 年 5 月 31 日(防衛省防衛研究所)」

③ 本次会议出席者包括参谋次长、军令部次长、首相、陆相、海相、外相、藏相、内相等。『戦史叢書——支那事変陸軍作戦』(1),463 頁。

④「在京独逸大使に対する回答案」、1937 年 12 月 21 日、「JACAR(アジア歴史資料センター)Ref. B02030666700、支那事変関係一件/善後措置(和平交渉ヲ含ム)(A-1-1-449)(外務省外交史料館)」

⑤ 堀場一雄『支那事変戦争指導史』、115 頁

（四）"和平工作"与扶持傀儡政权

　　早在卢沟桥事变爆发之前，日军便积极地在华北各地扶植傀儡政权，日军武力侵占华北后，是否会在华北设立所谓的"华北新政权"，成了日本各界关注的焦点。1937 年 8 月 2 日，朝日新闻报道，日军准备在华北扶植"新政权"："军事行动告一段落后，最被重视的就是华北政权未来的动向了，我军对此极为关切"，"新的华北政权应该与南京政府全无关系，而为华北民众众望所归的各方人物组织。"①然而，日本外务省并不赞成日军扶植"新政权"的行为，尤其是"与南京政府全无关系"的"新政权"，主张必须要以国民政府为交涉对象。②

　　外务省认为，"新政权"一事不可操之过急，一旦在华北建立地方政权，将会激化中国抗日运动，导致局势不可收拾，同时，意味着不可能再与南京政权进行交涉。外务省主张，在当下的情形下，仍需要以国民政府作为交涉对象，或者耐心等待其自行瓦解。③

　　外务省提出的不可操之过急的要求，对于认为与苏联保持和平的机会窗口只有半年的日军而言并不实际。日军对侵华战事的乐观情绪和对国民政府的强硬立场，也使其在"陶德曼调停"之前，就存在要求在国民政府之外做二手准备的声音。日军陆军省军务

---

① 「北支の新生政権　我軍その動向を重視」、『東京朝日新聞』朝刊、1937 年 8 月 2 日、2 面。

② 「北支時局収集に関する外務省の意見」、1937 年 7 月 30 日、「JACAR(アジア歴史資料センター)Ref. B02030512700、支那事変関係一件第二巻(A－1－1－343)(外務省外交史料館)」

③ 「北支時局収集に関する外務省の意見」、1937 年 7 月 30 日、「JACAR(アジア歴史資料センター)Ref. B02030512700、支那事変関係一件第二巻(A－1－1－343)(外務省外交史料館)」

课要求,如国民政府不接受条件,则扶植"新政权"成立;"若南京政府不加反省,将不以之为交涉对象,将之看作一地方共产政权,着力强化华北政权,使之成为中央政权"。①

在"陶德曼调停"宣告失败之前,日本陆军省、参谋本部、侵华部队中,均出现了要求放弃对国民政府妥协,转向扶植"新政权"的要求。

日军陆军省军务课认为,中国可能长期抗日,需要以扶植傀儡政权来应对:"若中国进行长期抵抗,我方可以对华北进行统一的政务指导,培养未来作为新中国基础的政权。"②

日本参谋本部第七课③认为,扶植傀儡政权有助于"蒋政权的瓦解":"如果将华北政权当作中央政权,随着国民政府军事失败,等到中国内部防共容共对立之际,支援防共阵营,自然而然地形成防共亲日潮流,借此支援华北新政权,成为中央政权","新政权所起作用在于进行政治机构改革,安定占领地区人心,并在南京政府势力圈内引发对立内讧,有助于我军作战,因此认为尽快树立新政权,是必要的"。④

华北方面军认为,就算"陶德曼调停"中国民政府对日达成妥

---

① 陆軍省軍務課「事変長期ニ亙ル場合ノ処理要綱案」、1937 年 10 月 30 日、「JACAR（アジア歴史資料センター）Ref. B02030548300、支那事変関係一件第十八巻（A－1－1－0－30_018）（外務省外交史料館）」

② 陆軍省軍務課「事変長期ニ亙ル場合ノ処理要綱案」、1937 年 10 月 30 日、「JACAR（アジア歴史資料センター）Ref. B02030548300、支那事変関係一件第十八巻（A－1－1－0－30_018）（外務省外交史料館）」

③ 第七课又称"中国情报课"。

④ 第七课「北支那政権樹立研究案」、1937 年 11 月 18 日、「JACAR（アジア歴史資料センター）Ref. B02030551800、支那事変関係一件第十八巻（A－1－1－359）（外務省外交史料館）」

协,但无论是迫使蒋介石答应日方条件,还是蒋介石倒台,都不能从根本上解决问题。这样一来,必须建立"新政权"。①

在如何扶植"新政权"的问题上,华北方面军提出,事变解决分为3个阶段,第一个阶段,实际对应了外务省所言的媾和成功时,日本自然继续将国民政府当作中央政府,将日军扶植的"北方政权"当作一地方政府。第二个阶段实际对应了外务省促进"蒋政权瓦解"方案,要求在南京政府继续抗日时,吸收其中的"和平分子"加入"北方政权",此时仍然将国民政府作为讲和的主体,但可以"大幅强化北方政权"。第三个阶段则是随着"北方政权"扩大势力范围,最终日本给予其承认。②

华北方面军方案的前两个阶段,对以国民政府为对手留有余地的同时,准备扶植伪政权,而第三个阶段,则完全以扶植的伪政权为交涉对象。也就是说,华北方面军认为,同国民政府交涉与扶植伪政权可以同时进行,但最终可能还是需要以伪政权作为日本承认的"中国政府"。

如上文所言,日军急于在短时间内解决中国问题,以应对与苏联等第三国爆发战争的可能,但扶植伪政权,意味着要和国民政府进入持久战,这两者表面上似乎是矛盾的,但实际上,两者代表了日军对可能发生的与第三国的战争,采取两种不同的应对方法。与国民政府妥协,可以让日本得以从中国关内撤兵,减少战争消耗以应对苏联;扶植伪政权,则可以通过代理人控制占领地区,确保

---

① 北支那方面軍「事変収容策案二関スル意見」、1937年9月30日、『戦史叢書——支那事変陸軍作戦』(1)、351、352頁。

② 北支方面軍参謀部「北方政権樹立に関する基礎的観察」、1937年11月8日、「JACAR(アジア歴史資料センター)Ref. C11110929400、北支那作戦史要-北支那方面軍　3/3　昭和12年9月1日～昭和13年5月31日(防衛省防衛研究所)」

战争资源和战略缓冲区,在迫使国民政府崩溃的同时,为日本创造更有利的战略态势。可以说,两者的目的是统一的,仅在方法上存在分歧,这种分歧的集中爆发,是在 1938 年 1 月日本准备宣布"不以国民政府为对手"之际发生的。

(五) 近卫第一次声明实质否认国民政府

日本为"陶德曼调停"失败的情况下,如何对待国民政府,做了相应准备。顾及美国《中立法》的影响,日本决定放弃对华宣战。1937 年 11 月初,日本外务省、陆军省、海军省,各自分析了宣战得失问题,结果均认为不可宣战,原因主要考虑到:如果美国发动中立法,对中日同时实行禁运,固然会对国民政府的武器输入造成巨大打击,但对日本而言,除了军火,必不可缺的石油等资源贸易,也会受到巨大影响;此外,中国会以宣战为由,撤销中日间不平等条约,废除日本在华权益,激扬抗战热情;宣战同日本鼓吹的"中日提携"相矛盾等。[①] 11 月中旬,日本政府决定放弃对华宣战[②],参谋本部方面也对宣战采取了消极态度。[③] 而国民政府也认为,如果中日两国正式宣战,根据《中立法》规定,美国将同时禁止向中日双方运

① 海軍省「対支宣戦布告ノ利害得失二関スル件」、1937 年 11 月 7 日、外務省「宣戦布告ノ得失」、1937 年 11 月 8 日、陸軍省「宣戦布告ノ可否二関スル意見」、1937 年 11 月 8 日、『木戸幸一関係文書』、東京大学出版会、1966 年、303—315 頁。

② 外務省条約局第二課「支那事変関係国際法律問題」(第四巻)(機密)、1938 年、14 頁—17 頁、東京大学図書館。鉴于当时日本的特殊情况,文中以"日本政府"专指日本内阁,"日本当局"则指包括军部在内的整体执政当局。

③ 据时在陆军省任职的佐藤贤一回忆,淞沪会战爆发后,自己赴参谋本部商讨对华宣战事宜,结果对方以"日华兄弟不可战"为由拒绝宣战。佐藤认为,军方的实际考虑,系防止美国发动中立法,然而,不宣战导致日军无法利用交战权,完全封锁中国,对战争不利。『太平洋戦争の真実』、德間書店、1966 年、74 頁。

送物资,中国没有船队,且港口遭到封锁,势必无法得到援助,而日本仍可利用"现购自运"的规定,组织船队自行购买、运输美国物资,此种情势"有利于敌而有害于我"。[①] 8 月 14 日,国防最高会议举行第一次会议,决议对日抗战,不采取宣战绝交方式。[②] 国民政府判断,对日宣战弊大于利,伦敦《侵略定义公约》第二条"凡首先向他国宣战,即为侵略行为",[③]中国抗战在于反侵略自卫,对日本"实行天赋之自卫权以应之",[④]日本不宣战,国民政府不宜主动单方面宣战。

中日双方均放弃宣战断交,日本要从法律上断绝和国民政府的关系,就剩下否认国民政府一途了。12 月初,在军事胜利带来的乐观情绪,以及"新政权"成立的影响下,日本军政当局开始正式讨论否认国民政府之事。[⑤] 12 月 7 日,朝日新闻披露,日本政府准备否认国民政府,正在讨论发表声明的时期。[⑥]

12 月 15 日,大本营陆军部审议通过了陆军省部(注:陆军省、参谋本部)共同起案的《事变对处要纲案》,这份方案讨论了否认国民政府的情况。文件承认,否认国民政府,意味着放弃了对华短期媾和的希望,同中国进入持久战,而日军的对苏作战准备尚不充

---

① 《外交部所编之"抗战四年来之外交"》(1942 年 2 月),《中华民国史档案资料汇编》第 5 辑第 2 编"外交",南京:江苏古籍出版社 1997 年版,第 128 页。

② 《中国国民党八十年大事年表》,第 314 页,转自张明凯:《抗日战争中的宣战问题》,"中华文化复兴运动推行委员会"主编:《中国近代现代史论集》,台北:台湾商务印书馆 1986 年版,第 416 页。

③ 张明凯:《抗日战争中的宣战问题》,《中国近代现代史论集》,第 416 页。

④ 《国民政府自卫抗战声明书》(1937 年 8 月 14 日),《中华民国史档案资料汇编》第 5 辑第 2 编"外交",第 27 页。

⑤ 堀場一雄『支那事変戦争指導史』,時事通信社、1962 年、115 頁。

⑥ 「中外声明を発して、帝国、南京政府を否認発表期に慎重を期す」,『東京朝日新聞』朝刊、1937 年 12 月 7 日、2 面。

分,因此要在"战争全局方针"上,竭力"减少我国在中国的国力消耗,整顿强化对苏作战准备";关于"对中国的方针",则需要促进国民政府和"新政权"实力的此消彼长,"否认国民政府后,将华北临时政府当作新中国的中央政权加以扶植,并扶植各地亲日反共政权,压缩摧毁抗日共产政权","尽快回复中国统一状态,防止分裂导致中国的赤化,以及欧美的渗入"。为了实现此目标,需要在"对华北政权的方针"上,"强化所扶植政权的自立性","使华北政权奉行亲日满反共政策,并通过兼并临近地域,与中国同种政权合作,迅速增强其实力"。而"对国民政府的方针","要利用国民政府内亲共、反共,反日、亲日,赤色、白色两股势力的冲突,行使谋略使其崩溃"。[①]

日本当局认识到,国民政府仍有相当实力,"新政权"不可能在一朝一夕间取而代之,因此要求对此做长期打算:"促使蒋政权崩溃,或成为一地方政权","扶植华北政权自然发展,但暂不将其当作中央政权,防止中国分裂"。[②]

12 月 24 日,日本政府通过《事变对处纲要(甲)》,文件对华北"新政权"要求"逐渐强化扩大之","将之当作新中国的中心势力"。但顾及"陶德曼调停"仍在继续,因此"如果同中央政府达成交涉,则此政权的处理依照和平条件调整"。文件计划,华北"新政权"作为"新中国的中心势力",应"树立华北政权在华北和华中的威信,

---

① 「事变对处要纲案(従来ノ中央政府否認後)」、1937 年 12 月 15 日、「JACAR(アジア歴史資料センター)Ref. C12120055800、支那事変戦争指導関係綴其の1昭和 12 年 7 月~昭和 13 年 11 月(防衛省防衛研究所)」

② 「事变对处要纲案(対現中央政府解決ノ場合)」、1937 年 12 月 15 日、「JACAR(アジア歴史資料センター)Ref. C12120055800、支那事変戦争指導関係綴其の1昭和 12 年 7 月~昭和 13 年 11 月(防衛省防衛研究所)」

网罗全国人才,强化组织,制定能够号召全国之主义纲领"。而在
上海方面,也"考虑建立同华北新政权有联系的新政权"。① 文件还
认为"随着日本军事行动的推进和占领地区的扩大,今后并不一定
非要期待与南京政府的交涉,可以考虑其他的办法",所谓"其他的
方法",即否认国民政府。

　　然而,要否认国民政府,日本在国际法上面临重重困难。1929
年,日本正式承认国民政府之际,国民政府已基本统一中国,并得
到多数国家承认。② 如果否认国民政府,意味着要承认其他"中国
政权",但要在短期内扶植一个控制中国多数地区的"中央政权",
几乎是不可能的。就如何对国民政府进行"否认"的问题,日本当
局内部出现了要求谨慎行事的意见。1937 年 12 月,外务省条约局
从国际法的角度提出,目前中国还没有"新政府"能取代国民政府,
获取国际承认,根据国际法,日本很难否认国民政府代表中国的资
格。由此日本应设法回避法律问题,实现"事实上的否认"。在具
体的操作上,与一般情况下两国断交,从而召回使节相反,要先宣
布"不以国民政府为对等对手",并召回驻华大使,以此造成中日外
交关系实质性断绝的"事实"。为体现这种特殊性,要在形式上采
取一些特殊措施,如仅召回日本驻华大使,保留在华代理大使及使
领馆馆员,对中国驻日使领馆,则尽量规劝其自发撤离。③

---

① 「事変対処要綱(甲)」、1937 年 12 月 24 日、「JACAR(アジア歴史資料センター)Ref.
　　B02030556300、支那事変関係一件第十九巻(A‐1‐1‐360)(外務省外交史料館)」
② 「国民政府正式承認方」、1929 年 4 月、「JACAR(アジア歴史資料センター)Ref.
　　A01200598100、公文類聚・第五十三編・昭和四年・第十四巻・外事門一・国際
　　一・通商一(国立公文書館)由于国民政府定都南京,日本文件多将其称为"南京政
　　府",在本文部分引用的日本文件中,保留原文"南京政府"称谓,其所指即国民政府。
③ 外務省条約局第二課「支那事変関係国際法律問題」(第一巻)(機密)、1938 年、295—
　　315 頁、東京大学図書館。

　　日本政府计划对国民政府的处理方式,早在 1937 年 12 月 14
日,就被朝日新闻透露出来。据朝日新闻报道:"国民政府若不反
省,则不得不将其在事实上加以否认,在这种情况下,一举否认国
民政府,从国际法上是行不通的,只能先通过不以其为对手而打击
之,若其还不反省,则将其从法律上否认,作为现实问题进行研讨,
时机应该是华北政权作为正式政府得到日本承认之际。华北政权
和国民政府的相关问题的解决,可能需要相当时间,帝国政府将慎
重对待。当然,如果国民政府反省的话,则使其与临时政府共同前
进。"①1938 年 1 月 1 日,朝日新闻再次报道:"国民政府逐渐堕落为
一个地方政权,帝国政府将在近期通过撤回驻华大使川越茂,取消
对其承认,代理的谷正之公使将作为北京日本大使馆常驻首脑赴
任,一等时机到来,临时政府将去掉临时二字,成为中华民国政
府。"②相关报道究竟是媒体调查所得,还是日本政府有意泄露,真
相已不可考,但在相关事项尚未正式决定之际,通过大众媒体广而
告之,无疑会推波助澜,日本否认国民政府的进程愈发难以逆转。

　　"不以国民政府为对手",其实只是为否认国民政府所玩的
文字游戏,正如朝日新闻在日本政府发表"不以国民政府为对
手"声明后所表示的,这是一个"轻形式而重实效"的办法。③ 但
回避否认国民政府所面临的障碍,并无助于改变问题的本质,否
认国民政府后,日本将失去"解决事变"的对象,不可避免地陷入

---

① 「帝国の立場、事実上の政府と観る」、『東京朝日新聞』朝刊、1937 年 12 月 14 日、
　　3 面。
② 「臨時政府衆望に副い　愈々大総統制復活か　全支号令の体勢進む〈写〉」、『東京朝
　　日新聞』夕刊、1938 年 1 月 1 日、2 面。
③ 「形式より実を取る、我が対支策の推進」、『東京朝日新聞』朝刊、1938 年 1 月 17 日、
　　3 面。

侵华持久战。

1 月 16 日,日本首相近卫文麿宣布,"不以国民政府为对手",即所谓"第一次近卫声明",吸取了条约局的建议,并未直接声明否认国民政府。根据外务省对声明的解释,中日处于实际发生了大规模战争,却拒绝在国际法上承认的"特殊事态";之所以宣布"不以国民政府为对手",系"从事实之行为、事实之关系着眼,避免明确法律关系,以采取对我方有利的解释"的一种行为。因此,在具体的措施上,通过召回驻华大使川越茂,来"表明帝国政府对'不以国民政府为对手'的决心",但参事官以下各馆员及各领馆,则继续留华维持。相对应的,"避免在法律上明确对中国使领馆的态度",劝告中国大使及使领馆馆员撤退,但不可强行驱逐。①

国民政府外交部对日本的所谓"不以国民政府为对手",而非直接否认颇为诧异,认为"日方举动本属国际创例","尚未正式与我绝交,亦未正式否认我政府"。② 蒋介石则认为,"此项声明早在意料之中,彼倭宣布不以国民政府为交涉对手,而未明言否认二字,此乃无法之法,但有一笑而已,惟彼所谓期待新兴政府之成立,则意在扶植傀儡政权,以破坏我领土主权之完整,我当以严正立场昭告于世界也"。③

正如蒋介石所言,"第一次近卫声明"中值得注意的是,日本将

①「南京政府ヲ相手トセサル旨声明シタル後二於ケル処理方針」、1938 年 1 月 14 日、「JACAR(アジア歴史資料センター)Ref. B02030523700、支那事変関係一件第四巻(A−1−1−0−30_004)(外務省外交史料館)」

② 国民政府外交部:《再请美政府代管我馆产》(1938 年 1 月 17 日),《撤退驻日使领馆案》,档案号 0200101020282,台北"国史馆"藏。

③《蒋中正"总统"档案——事略稿本》(43),1938 年 1 月 17 日,第 64 页。

加强扶植傀儡政权,而这个过程与日军的侵华持久战密切相关。日本"否认"国民政府后,傀儡政权将协助日本控制占领区,中日实力此消彼长,让日本得以从中国抽出力量,即使在华进行持久战,对日本的国力消耗也是有限的,也就是说,一个保有足够实力的傀儡政权,将成为日军对华持久战的基础。

总而言之,日本宣布"不以国民政府为对手",是一种既非宣战,又非否认的模糊姿态,日本既借此确定了扶植伪政权取代国民政府的方针,同时在关于两国外交关系的法律问题上,放弃与国民政府断交,对继续诱降国民政府留有余地。

虽然日本政府摆出了"不以国民政府为对手"的强硬姿态,但由于一系列的不确定因素,日本政府对下一步的政策走向缺乏稳固共识。正如参谋本部所判断的,决定"不以国民政府为对手","政府虽然表现得很强硬,却对怎么处理事变抱有疑问"。① 诸多相关的不确定因素包括傀儡政权的孱弱、国民政府的继续抵抗以及严峻的国际、国内形势等:

一、孱弱的傀儡政权,无法承担日本的战略要求。参谋本部之所以反对"不以国民政府为对手",是从军事角度出发,担忧日本对持久战的承受能力。② 近卫则相信:"国民政府即将沦落为一地方政府,日本陷入持久战的危险不大,可以利用扶植新政权来收拾时局。"③但实际上,孱弱的傀儡政权,始终无法实现对日军占领区的完全控制。如华中伪政权首脑梁鸿志承认:"各省除了铁路线,均有土匪,政府命令当然不出都市,即离城三五里外即有土

---

① 『戦史叢書——支那事変陸軍作戦』(1),481 頁。

② 「中島鉄蔵中将回顧」、1940 年 2 月,转引自井本熊男『作戦日誌で綴る支那事変』、195—197 頁。

③ 『戦史叢書——支那事変陸軍作戦』(1),480 頁。

匪,友军亦无办法";王克敏则表示:"友军无力代为剿匪,虽再续增一百万人,亦不足用",因此,要"恢复治安","根本办法是在停止战事"。① 如果日军不能促使国民政府停战投降,在占领区面临难以承受的巨大消耗,不得不"每年都要付出十倍于建设满洲的努力"。②

二、中国人民的抵抗使日军的战争计划无法顺利实现。日军意识到,单凭武力进攻,很难完成侵华战争,即便日军"摧毁蒋政权最后的统一中枢武汉",战争也并不会轻易结束,日军将不得不"极力限制战线之扩张,采取紧缩持久态势"。③

三、日本国内经济面临危机,制约了日军的战争计划。随着侵华战争规模的扩大和时间的延长,日本国民经济逐步被引向战争轨道。除大幅扩大战争预算外,1938 年 4 月 1 日,日本正式公布《国家总动员法》,赋予了日本当局"为达成国防目的,使国家全力得以有效发挥,可对人力物资资源进行统制调配"的权力。④ 日本国内人力、物质资源遭到全方位统制,优先满足战争需求,严重冲击了日本国内的经济秩序。

---

① 《伪中华民国政府联合委员会第一次会议速记录》(1938 年 9 月 23 日),中央档案馆等编:《日本帝国主义侵华档案资料选编——汪伪政府》,第 528 页。

② 参谋本部第二课「戦争終結ニ関スル最高指導案」,1938 年 8 月 18 日,「JACAR(アジア歴史資料センター)Ref. C12120056500、支那事変戦争指導関係綴其の1 昭和 12 年 7 月～昭和 13 年 11 月(防衛省防衛研究所)」

③ 参谋本部第二课「秋季作戦ヲ中心トスル戦争指導要領」,1938 年 7 月 31 日、「JACAR(アジア歴史資料センター)Ref. C12120056400、支那事変戦争指導関係綴其の1 昭和 12 年 7 月～昭和 13 年 11 月(防衛省防衛研究所)」

④ 「国家総動員法」,1938 年 4 月 1 日,「JACAR(アジア歴史資料センター)Ref. A03022164500、御署名原本・昭和十三年・法律第五五号・国家総動員法制定軍需工業動員法及昭和十二年法律第八十八号(軍需工業動員法ノ適用ニ関スル件)廃止(勅令第三百十五号参看)(国立公文書館)」

　　日军担忧的是,攻下武汉、广州后,如果不能及时结束侵华战争,国内经济将濒于破产:"到明年(1939年),国内的储备金将消耗殆尽,产业和贸易萎缩、国内经济疲敝",经济、社会问题将大量涌现。①

　　四、日本面临的国际形势,不利于日本长期进行侵华战争。对于日军而言,应付来自北方苏联的压力势在燃眉。参谋总长闲院宫载仁亲王曾通过参谋次长,训示新上任的关东军司令官植田谦吉:"鉴于苏联的作战准备等形势,关东军需要刻不容缓地完成作战准备。"②但要对苏作战,日军需要准备60个正规师团,30个次等师团,250个飞行中队。③ 否则,正如石原莞尔所言,"同时对苏对华作战是不可能的"。④

　　近卫文麿在决定"不以国民政府为对手"之际,认为"只要有决心,未必不能应对同时与中国和苏联的战争"。⑤ 但这一判断,并未自陆军处得到足够支撑。1938年2月16日的御前会议上,军部围绕着是否应该继续并扩大在华作战展开讨论,参谋本部表示,考虑到对苏关系,国力和军力必须留有余裕,将不得不限制在华作战范

---

① 参谋本部第二课「戦争終結ニ関スル最高指導案」、1938年8月18日、「JACAR(アジア歴史資料センター)Ref. C12120056500、支那事変戦争指導関係綴其の1昭和12年7月～昭和13年11月(防衛省防衛研究所)」

② 「新関東軍司令官植田大将ニ対スル参謀次長口演要旨」、1936年3月7日、「JACAR(アジア歴史資料センター)Ref. C12120031900、満洲事変作戦指導関係綴別冊其の1昭和6年9月19日～8年8月2日(防衛省防衛研究所)」(注:亚资中心此处时间似有误)。

③ 堀場一雄『支那事変戦争指導史』、時事通信社、1962年、61、64頁。

④ 井本熊男『作戦日誌で綴る支那事変』、88頁。

⑤ 近卫文麿于1938年1月16日与小川平吉的私人谈话。1938年1月16日日记,小川平吉文書研究会『小川平吉関係文書』、362頁。

围。① 而陆军省提交给外务省的《陆军关于时局外交的希望》要求：
"要积极进行各种工作,力避苏联参加本次事变。"②参谋本部制定
的《昭和13 年度帝国陆军作战计划(案)》则要求："一旦苏联(注:
原文为俄国)参战,则迅速将主要作战方向,由中国转向远东苏
军。"③可见日本难以同时进行对中、苏两国的战争。

　　综上所述,日本如果完全断绝与国民政府的接触,放弃诱降国
民政府,势必不得不面临难以应对的复杂局势。正如"中国通"小
川爱次郎在呈递给外相的呼吁书中所言:"如果根据国际局势和国
内局势,对中日进行客观比较的话,不得不说前途困难的是
日本。"④

　　"不以国民政府为对手"声明,并未阻断日军与国民政府的谋
和活动,日本仍然以"政略""谋略"工作的方式,与国民政府进行着
接触。近卫文麿回忆,声明发表后,"世间多以为,'不以国民政府
为对手'声明意味着要断绝与国民政府的交涉,但实际上,为了中
日全面和平,还是采取了各种手段"。⑤

　　1938 年 1 月中旬,近卫发表"不以国民政府为对手"声明的
同时,陆军省次官梅津美治郎亲赴华北,同华北方面军司令官寺

---

① 「中国での作戦活動の可否をめぐる大本営御前会議の討議状況について」、1938 年
　 2 月 16 日、『日本外交文書・日中戦争』、264 頁。

② 陸軍省「時局外交に関する陸軍の希望」、1938 年 1 月 29 日、『日本外交文書・日中戦
　 争』、327—329 頁。

③ 陸軍省部「帝国陸軍作戦計画(案)・支那に対する作戦中露国か参戦せる場合の作
　 戦」、1938 年 3 月 30 日、「JACAR(アジア歴史資料センター)Ref. C14121199200、昭
　 和 13 年度　帝国陸軍作戦計画(案)　昭和 13 年 3 月 30 日(防衛省防衛研究所)」

④ 「時局の動向と収拾策(講和大綱)」、1938 年 7 月 27 日、「JACAR(アジア歴史資料セ
　 ンター)Ref. B02030666500、支那事変関係一件/善後措置(和平交渉ヲ含ム)(A—1—
　 1—449)(外務省外交史料館)」

⑤ 近衛文麿『平和への努力——近衛手記』、13 頁。

内寿一等人进行会晤。梅津表示，虽然发表了"不以国民政府为对手"声明，但仍然不排除会进行"对蒋交涉"。在梅津做出"蒋介石必须下野，保持'华北政权'地位不变"等承诺后，寺内、土肥原贤二、板垣征四郎等强硬派，对此事达成了谅解。[①] 可以看出，日本此时所谓"对蒋交涉"，既要求蒋介石下野，又不保证国民政府"中央政府"的地位，其定位显然不是平等媾和，但毕竟仍对"交涉"留有余地。

(六) 1938 年春夏间的"和平工作"

日本发表"不以国民政府为对手"声明后，意味着日本的"事变处理"进入了新的阶段。[②] 从此，日本的公开交涉对象就是扶植的"新政权"了，"新政权"在日本的侵华战略和政略中，都开始占有相当地位。

从战略上来说，日本与国民政府断绝关系，决心与中国"新政权"往来，意味着放弃了短期内和国民政府媾和的可能性，而准备据守占领区，与国民政府展开长期交战。日军准备在 1939 年下半年之前，采取"消极持久战"战略，休整部队，扩充战力，暂停大范围地扩大战区。[③] 这势必要求有一个拥有足够实力的"新政权"，作为日本在华的代理人，从速控制占领区，促进日本消化已有战果，减少后续投入。

---

① 起先，寺内等人对同国民政府交涉一事坚决反对。「事変収拾をめぐる外務、陸軍、海軍三省次官懇談記録」、1938 年 1 月 29 日、『日本外交文書・日中戦争』、259 頁。

② 「時局の新段階　近衛首相講演〈写〉」、『東京朝日新聞』朝刊、1938 年 1 月 22 日、10 面。

③ 「昭和 13 年以降ノタメ戦争指導計画大綱案」、1938 年 1 月 20 日、「JACAR（アジア歴史資料センター）Ref. C12120056000, 支那事変戦争指導関係綴其の1昭和 12 年 7 月～昭和 13 年 11 月（防衛省防衛研究所）」

从日本的"政略"上来说,日本需要有一个自己承认的"中国中央政府",来从法律上确认侵华权益,并收买人心,离间抗日力量,在沦陷区建立统治秩序并扩大之。日军扶植了华北、华中两个伪政权,企图以此取代国民政府,进而"收拾事变"。对于中国"新旧政权的交替",日本媒体宣扬乐观情绪,[1]认为"虽然维新政府刚刚成立,相关工作可能还未就绪,但随着徐州方面的战事告一段落,很可能两政府的合并会提前进行"。[2] 在年内将成立统一的"中央政府":"在选出大总统的同时,正式成立中央政府,引导完成国家统一。"[3]

然而,此时日本战略和政略存在的矛盾和隐患,决定了日本在此后所面临的问题。集中梳理了这些矛盾和隐患的,有一份外务省的报告书,作者是负责对华事务的东亚局长石射猪太郎。报告书得到了时任外相的宇垣一成的赞同,宇垣认为,这份报告的观点和自己基本一致。[4] 这份报告书梳理了发表第一次近卫声明以来,日本对华政策的得失,对日本当局的多项重要政策进行了分析和批评。虽然石射本人在不久后离开对华决策圈,但石射的这份报告,不仅较为全面,而且其观点较为务实,根据后续历史的发展,证明了报告书中的很多看法和建议,对日本未来的对华政策有着较为切实的预判,其中反映的问题,也在后来对汪伪政权问题的处理上表现得非常明显。

---

① 「新旧支那政権盛衰の姿/中支新政権」、『東京朝日新聞』朝刊、1938年4月5日、3面。
② 「日本の対支新政策」、『東京朝日新聞』朝刊、1938年4月24日、3面。
③ 「本年中に統一政権　南北合流、民主連邦国家か」、『東京朝日新聞』朝刊、1938年5月30日、2面。
④ 「対支和平工作」の経過、『宇垣日記』、朝日新聞社、1956年、328頁。

由于原文较长,本文拟整理此报告部分主要观点如下:

对国民政府的问题:

"所谓'不以国民政府为对手',首相近卫文麿和外相广田弘毅解释,是比'否认'更为严厉的措施,这给舆论造成了一种绝对化的印象。既然如此,就只能如御前会议决议所言'帝国准备彻底消灭国民政府,或迫使其为临时政府所吸收',并准备利用'政战两略'达成目的,但就算扩大作战范围,甚至攻占国民政府的重要据点汉口,据说国民政府也做好了向云贵方面撤退,继续抵抗的准备,日军能否达成目的是有疑问的。"

对"新政权"的问题:

"在一开始就很清楚,不管实行怎么样的政略手段,都无法让国民政府彻底崩溃,但还是进行了一系列的工作。我方相继成立临时政府和维新政府,确实让国民政府感到了不愉快,尤其是华中政府没有隶属于华北政府,而是准备拥护唐绍仪那样的中国元老,成立一大新政府,进而威胁国民政府。但无论是临时政府还是维新政府,中国人对之热情都不高,根本无法威胁国民政府,相反却在我方内部造成了隔阂,现在两政府无法深入中国社会,就算合并了,也并不会发挥威胁的力量。"

对国民政府内部的分化问题:

"汪精卫、何应钦、张群、孔祥熙等所谓知日派,曾多次被我方传说有和平之意。如果能拉拢其加入,则可以给国民政府造成巨大打击,在战前同蒋介石视若仇雠的广西派李宗仁、白崇禧等人,如果能揭竿而起,也会对抗日统一战线造成巨大打击。然而,一旦要来真的,现役将领们不是顾及大义名分,就是和蒋介石关系密切,还有碍于自己向来的抗日主张(如汪精卫一旦来投,就会和自己政治生命源泉的国民党相脱离),何应钦、张群就背叛了蒋介石多年来对自己的信任,李、白会背叛自己多年来的政治主张。而且对于他们来说,'满洲国'的现状,以及临时、维新政府受日本控制的前车之鉴,让他们难以信任日本,除非向他们保证,日本不会把你们当作傀儡,并在应该遵守之处遵守约定,否则不管做多少工作,也不会有任何效果。"

对中国抗日形势的认识:

"不得不承认,在战争初期,我方以为给予中国决定性打击,就可以结束战局,结果在未曾有的大战之后,还是陷入了持久战,现在国民中的有识之士也看到,就算打下武汉,蒋介石也不会投降。我国对中国的抗战力量误算了,尤其是其国内形势、民族自觉、国力提升等。蒋介石的庐山声明中已经提及了在最后关头,要不计战败、牺牲,但我国对此未予以足够重视,结果导致了现在的局面。"

对未来的建议:

"如果还执拗于不以国民政府为对手,那么我军就必须深入云贵等地,这对我国财政而言决难接受,因此必须从速解决事变。可能的解决方法包括 4 种:

第一种,消极论,即减少兵力,缩小占领地区。如果实行此法,会让国民政府以收复失地的名义聚拢民心,我方占领区内治安愈发难以保障,国民政府将借机加强其擅长的游击战,并增强军备,最终我军将不得不与之再次进行大规模战役。我军为了保护交通线,必须付出巨大代价,对解决事变毫无用处,此为下策,不在万不得已之际,不可使用。

第二种,建立中央政权。利用唐绍仪、吴佩孚的威望,整合各政权,建立中央政权,企图使占领地内外中国民众及将领闻风归附,然而实际上,唐、吴不过是旧时代的遗骸而已,并没有号召力。

吴的遗产是四川的将领，但其人心不齐，而且被国民政府严密监视，不可能呼应吴。靠唐、吴树立的中央政府，其孱弱和临时、维新政府将相差不大，这也是迫不得已实行的下策。

第三种，三政权大合流。临时、维新、国民政府大合流，临时、维新政府是以打倒国民党为号召的，而国民政府则将对方视为伪政府，三个政府合流从本质上是矛盾的。而且与国民政府交涉要蒋下野是不现实的，相关工作最终只是暴露了我方底牌。

第四种，以国民政府为对手。如果蒋介石倒台，中国可能陷入无政府状态，共产党可能乘虚得势。共产党背后是苏联，这种情况下我国为收拾事变，可能会付出巨大牺牲，因此最好在攻下武汉前，从大局着眼，与蒋介石交涉。拿出政治的勇气，进行政策大转向，宣布废除'不以国民政府为对手'声明，并更改1月时的过于严厉的条件，准备相对宽松的和平条件。"①

石射在报告中认为，最好的方案，还是转变既定方针，再次与国民政府尝试媾和，随战局变化，这一观点也成为日本高层的选择。

1938年5月，日军攻陷徐州，却未能实现聚歼中国军队主力的目标。日军取得军事进展的同时，战争时间不断拉长，战线扩张，消耗增加，其战略的稳定性随之降低。

根据日本陆军的作战计划，如果与第三国爆发战争，将不得不从中国战场抽身，届时不要说是"解决事变"，甚至已有的占领区也将不得不放弃："在苏联参战之际，将对华作战的主要目标，转变为

---

① 「今後の事变对策に付ての考案」(石射猪太郎提出)(宇垣一成自筆证明)、1938年7月、「JACAR(アジア歴史资料センター)Ref. B02030513300、支那事变关系一件第二卷(A-1-1-343)(外务省外交史料馆)」

确保华北要地,以掩护对苏作战的侧翼。放弃华中,将华中兵力用往'满洲国'。"①而日本海军虽然修订了当年的作战计划,做好与英、美、苏等第三国的作战准备,但对于长期坚持"以一国为对手"的日本海军而言,这是陆军压力下的无奈之举②,并不代表其具备了相应的实力。

日军为应对苏联,不惜放弃华中,说明其军力捉襟见肘,而日军如果向武汉、广州进一步发起进攻,将军事张力发挥到极限,一旦日苏开战,日军整体战局就有崩溃的风险。可以说,这是一场关系日军战略全局的军事冒险。

因此,在进攻武汉、广州之前,日本在加强作战准备的同时,急于从中国战场脱身。如时任文部大臣的木户幸一③所言:"徐州会战后,一方面有必要显示出继续进攻汉口的态势,一方面要考虑终结事变的方法。"④日军计划"解决事变"主要靠"以汉口作战为中心的第一波解决,和通过广东作战的第二波解决",其方法则为"政治军事手段相配合"。⑤

在日本高层,酝酿着又一次的政策转向,即再次接触国民政

① 陆军省部「帝国陸軍作戦計画(案)・支那に対する作戦中露国か参戦せる場合の作戦」、1938 年 3 月 30 日、「JACAR(アジア歴史資料センター)Ref. C14121199200、昭和 13 年度　帝国陸軍作戦計画(案)　昭和 13 年 3 月 30 日(防衛省防衛研究所)」
② 「戦史叢書——大本営海軍部・連合艦隊」(1)、370、371 頁。
③ 木戸幸一系明治维新领袖之一木戸孝允之孙,与近卫文麿关系密切,时任近卫内阁文部大臣、厚生大臣,后于 1940 年起担任内大臣至日本投降,被视为裕仁天皇近臣,"宫中集团"的首脑人物。
④ 木戸幸一著、木戸日記研究会編『木戸幸一日記』(下)、1938 年 5 月 19 日、東京大学出版会、1966 年、645 頁。
⑤ 参謀本部第二課「戦争終結ニ関スル最高指導案」、1938 年 8 月 18 日、「JACAR(アジア歴史資料センター)Ref. C12120056500、支那事変戦争指導関係綴其の 1 昭和 12 年 7 月～昭和 13 年 11 月(防衛省防衛研究所)」

府。发表"不以国民政府为对手"声明的近卫,此时准备与国民政府谋和。5月18日,政友会元老小川平吉会晤近卫,明确向近卫表示,既定方针需要更改,必须要以蒋介石为交涉对手。近卫回答说,发表"不以国民政府为对手"声明,是因为蒋介石没有表现出媾和诚意,如果蒋介石表现出了和平诚意,事情当然可以有所变更。①

为了促成政策的转变,近卫首先进行了人事上的变动。近卫开始"起用陆军内部的原'不扩大'派势力,准备修正一·一六声明(即'不以国民政府为对手'声明)"。5月末,为排除媾和的障碍,宫中重臣势力协助近卫,对内阁中的两个关键职位——陆相、外相进行了人事调整。"不以国民政府为对手"声明的主要推动者——陆相杉山元、外相广田弘毅等被迫辞职,并分别由板垣征四郎、宇垣一成接替。②

日本政局发生巨大变化,其对华方针随之进行了调整,日本政府的立场开始出现软化迹象,并企图借此促使国民政府求和。据木户幸一战后供认,近卫及重臣集团选择板垣做陆相,是因为板垣精通中国事务,并在中国人之中有一定影响,希望借板垣"终结事变"。而选择宇垣做外相,是为了同蒋介石相接触。③ 两个关键职位的人事变动,迅速对日本对华政策产生影响。在板垣替代杉山任陆相后,日本陆军的对华强硬政策得到部分缓和。④ 而宇垣则在近期身居中枢之外,对国民政府态度强硬的言论相对发表较少,这

---

① 1938 年 5 月 18 日日记、小川平吉文書研究会『小川平吉関係文書』、381 頁。

② 秦郁彦「日中戦争の軍事的展開」、『太平洋戦争への道』、朝日新聞社、1963 年、47 頁。

③ 極東国際軍事裁判研究会編『木戸日記・木戸被告人宣誓供述書全文』、平和書房、1947 年、47 頁。

④ 堀場一雄『支那事変戦争指導史』、209 頁。

成了宇垣同国民政府媾和的突出优势。①

　　在这个时候,"政府不以国民政府为对手的声明,对于终结战争来说,是极大的障碍"。② 修正"不以国民政府为对手"声明,成了改组后的近卫内阁首先面临的问题。近卫甚至表示:"我和广田(弘毅)都在打倒蒋介石政权的问题上,话说得太彻底了,因此在转换外交方针之际,我考虑辞职,让宇垣(一成)接任","让宇垣不要公开发表关于'不以蒋政权为对手'的言论"。③

　　1938 年 6 月 24 日,包括新阁员宇垣、板垣的五相会议通过了《今后之中国事变指导方针》,与国民政府媾和做好准备。文件要求,集中国力于"直接解决中国事变","在本年内达成战争目的",强调要在利用军事手段的同时,"借助对国内外的各种措施",甚至"对第三国友好的中介,也根据其具体条件,可酌情应诺"。④

　　·在如何实现同国民政府交涉的问题上,日军考虑将改组后的国民政府,当作日本声明中所言的"新兴政权"对待:"国民政府在进行若干改组,及合并'新政权'后,即将之视作新兴政权来对待。"⑤

　　日本在这一时期,开始密集释放"和平信号",通过多个路径向国民政府透露谈判的意愿。在宇垣一成就任外相之际,中国驻日代理

① 原田熊雄『西園寺公と政局』第七巻、岩波書店、1952 年、5 頁。

② 堀場一雄『支那事変戦争指導史』、186 頁。

③ 原田熊雄『西園寺公と政局』第七巻、5、6 頁。

④ 「今後の支那事変指導方針」、1938 年 6 月 24 日、「JACAR(アジア歴史資料センター)Ref. B02030538600、支那事変関係一件第十四巻(A－1－1－355)(外務省外交史料館)」

⑤ 参謀本部第二課「戦争終結ニ関スル最高指導案」、1938 年 8 月 18 日、「JACAR(アジア歴史資料センター)Ref. C12120056500、支那事変戦争指導関係綴其の1 昭和 12 年 7 月～昭和 13 年 11 月(防衛省防衛研究所)」

大使杨云竹赴外务省,将国民政府外交部部长张群的贺电转交给
石射猪太郎,①再转呈宇垣一成,以此为契机,宇垣一成开始进行针
对国民政府的"和平工作"。② 在上海,总领事日高信六郎向居间的
驻华意大利参事官阿莱克·桑德里尼表示,愿意与国民政府谈判,
对于国民政府与"新政权"的妥协问题,交由中国人自己协商解
决。③ 在香港,驻香港总领事中村丰一同孔祥熙代表乔辅三会
谈。④ 同时,新闻记者神尾茂同张季鸾等各路"线人"展开联系,进
行密集的疏通工作。⑤

　　日本政府态度的缓和,吸引了蒋介石注意,蒋在 6 月 9 日表示:
"倭外务省发言人称其一月十六日所发表不以国民政府为对手之意
义,不过不与往来,并非不承认蒋政权之意,此乃欲自圆其说,以为转
圜之余地乎。"⑥而在汪精卫出走河内之际,蒋介石曾感慨:"六月以
来,宇垣出长外交,本欲与我合理谋和。"⑦由"合理谋和"可见,蒋介
石对日本当局这一时期的谋和活动,并非完全否定,而抱有一定
兴趣。

① 石射猪太郎著、伊藤隆、刘杰编『石射猪太郎日记』、171 页。

② 「对支和平工作」の経過、『宇垣日记』、朝日新聞社、1956 年、326、327 页。

③ 「在上海日高总領事発広田外務大臣宛電報第二一九八号」、1938 年 7 月 14 日、トラ
　ウトマン駐支ドイツ大使仲介ニヨル和平交渉、「JACAR(アジア歴史資料センタ
　ー)Ref. B02030666700、支那事変関係一件/善後措置(和平交渉ヲ含ム)(A-1-1-
　449)(外務省外交史料館)」

④ 对于"孔祥熙工作",杨天石先生进行过详细的考证。详见杨天石《找寻真实的蒋介
　石:蒋介石日记解读》,太原:山西人民出版社 2008 年版。

⑤ 神尾茂在这一时期在香港的"和平工作"充当了中日间联络人的角色,发挥了重要作
　用,其研究价值却一直未能得到重视。其遗著《香港日记》在战后仅由其家属私人出
　版,未能引起学界的重视。神尾茂『香港日记』、神尾真珠子发行、33 页。

⑥《蒋中正"总统"档案——事略稿本》(41),1938 年 6 月 9 日,第 622 页。

⑦《蒋中正"总统"档案——事略稿本》(42),1938 年 12 月 31 日,第 726 页。

然而,对于日本政府而言,要同国民政府重新展开媾和,"不以国民政府为对手"声明始终难以绕过,而要直接"对蒋交涉",更面临着巨大的内部压力,不会轻易公开。因此在公开场合,日本政府仍沿袭对国民政府的原有立场。

1938 年 7 月 7 日,近卫召开卢沟桥事变一周年记者会,在答记者问中,再次确认了"声明不仅不以蒋为对手,而且不以国民政府为对手"的政府立场。但与此同时,近卫表示:"国民政府只有改组组织、改变政策才能和日本对话","蒋下台后,新的政治家为中心的国民政府,进行彻底改造,与维新、临时政府合流,日本可与之进行对话"。①

表面上,近卫的立场仍然秉持了"不以国民政府为对手"的态度。然而,近卫通过设定"新的政治家为中心的国民政府,进行彻底改造"的前提,暗示了日本对国民政府"可与之进行对话"的可能性。

7 月 8 日,日本内阁召开五相会议,通过了《中国中央政府屈服之际的对策》文件,要求在"不动摇不以国民政府为对手的既定方针"的前提下,如果"国民政府表现出诚意",灵活应对,只要"国民政府与新政府合并,并改组政府、改换名称、实行亲日防共政策、蒋介石下野",就接受与国民政府的媾和。②

为了保证媾和工作能够顺利进行,参谋本部第二课提出方案,要求天皇在内的权威支持,以及暴力作为后盾,届时"内奏后,由最

---

① 「近衞首相、記者間一問一答」、1938 年 7 月 7 日、「JACAR(アジア歴史資料センター)Ref. B02030666500、支那事変関係一件/善後措置(和平交渉ヲ含ム)(A-1-1-449)(外務省外交史料館)」

② 「支那現中央政府屈伏ノ場合ノ対策」、1938 年 7 月 8 日、「JACAR(アジア歴史資料センター)Ref. B02030539700、支那事変関係一件第十四巻(A-1-1-355)(外務省外交史料館)」

高当局实行,或奏请颁下圣旨,还要为抓捕反动分子(注:反对媾和者)做好准备".①

　　日本政府虽然决定媾和,但仍然坚守两个条件:"国民政府与新政府合并"和"蒋介石下野"。

　　就"国民政府与新政府合并"一事,由于伪政权是日本为达成自身战略目的而成立的,日本自然可以根据战略需求的变化,对伪政权的问题"灵活处理"。虽然在形式上采取"国民政府与新政府合并",但日本并未表现出为缺乏自立能力的伪政权争取实质上的主导权的强烈意愿。而达成"蒋介石下野"后,日本属意的继任人选之一,是时任国民党副总裁的汪精卫。日本政府曾由驻上海总领事日高信六郎,通过联系渠道向汪精卫等人表示,未来关于华北、华中等"新政权"问题,可以交由汪精卫、王克敏等中国人自己协商解决。② 参谋本部第二课(作战课)也认为,可以让国民政府合并"新政权",而对国民政府"以武士道的精神,既往不咎"。③

　　对于日本当局而言,在避免彻底颠覆"不以国民政府为对手"声明前提下,可以逐渐将"不以国民政府为对手"方针,转变为"不以蒋介石为对手"。陆相板垣征四郎、外相宇垣一成也就此事,逐

---

① 参谋本部第二課「戦争終結ニ関スル最高指導案」、1938 年 8 月 18 日、「JACAR(アジア歴史資料センター)Ref. C12120056500、支那事変戦争指導関係綴其の1 昭和 12 年 7 月～昭和 13 年 11 月(防衛省防衛研究所)」

② 「在上海日高総領事発広田外務大臣宛電報第九六三号」、1938 年 3 月 23 日、トラウトマン駐支ドイツ大使仲介ニヨル和平交渉「JACAR(アジア歴史資料センター)Ref. B02030666700、支那事変関係一件/善後措置(和平交渉ヲ含ム)(A-1-1-449)(外務省外交史料館)」

③ 参謀本部第二課「戦争終結ニ関スル最高指導案」、1938 年 8 月 18 日、「JACAR(アジア歴史資料センター)Ref. C12120056500、支那事変戦争指導関係綴其の1 昭和 12 年 7 月～昭和 13 年 11 月(防衛省防衛研究所)」

渐有意识地进行概念的置换。

1938 年 7 月,板垣征四郎向媒体公开表示,日本的方针是"不以蒋介石为对手"。① 8 月,板垣又声称,虽然"一月十六日的声明绝无丝毫改变",但"如果蒋政权反省,加入新政权麾下,努力建设防共亲日的新中国,我方则将之当作中国政权内部之事,对此不加干涉"。②

就板垣宣布"不以蒋介石为对手"一事,小川平吉询问近卫文麿意见时,近卫表示:"一月的宣言表明不以国民政府为对手,从道理上来说,也可以当作不以蒋介石为对手。"③在同一时期,外相宇垣一成在会见外国记者时,表示如果中国没有根本的变化,则不考虑与之和平。而日本驻香港总领事中村丰一向孔祥熙代表乔辅三解释,宇垣说的这个根本的变化,是指蒋介石必须下野。④

对日本方面急于媾和的人而言,要求蒋介石下台,并非一定要结束蒋的政治生命,而仅为一个不得不履行的仪式。在香港从事"和平工作"的神尾茂曾就相关问题询问过日军参谋次长多田骏,多田表示,蒋介石即使"下野",也仅仅是形式上的:"蒋介石是事变的责任人,所以必须要下一次野,但在不久的将来,如果重新回归,我觉得也没有什么问题。"⑤

就蒋介石下野的具体步骤,参谋本部第二课提出:"要秘密在国内培养关于蒋介石下野的广义的观念","同时向蒋介石提示解

① 1938 年 7 月 2 日日记、小川平吉文書研究会『小川平吉関係文書』、389 頁。

②「蒋の屈伏認定する迄、徹底的に膺懲を期す　板垣陸相・重大時局談」、『東京朝日新聞』朝刊、1938 年 8 月 30 日、2 面。

③ 1938 年 7 月 2 日日记、小川平吉文書研究会『小川平吉関係文書』、389 頁。

④「香港に於ける中村総領事と孔祥熙代表喬輔三間の日支和平に関する会談」、1938年 7 月 23 日、「JACAR(アジア歴史資料センター)Ref. B02030666800、支那事変関係一件/善後措置(和平交渉ヲ含ム)(A-1-1-449)(外務省外交史料館)」

⑤ 神尾茂『香港日記』、1938 年 8 月 4 日、个人发行、1957 年、33 頁。

决事变的条件，和蒋自身'转位'事宜；所谓蒋介石的"转位""蒋介石下野的广义的观念"，指的是"让蒋介石为将来的下野达成口约或密约，在未来暂时隐退或外游"。①也就是说，蒋介石的下野，可以是"暂时"的。

然而，在日本内部无法达成稳固共识，中日双方又缺乏互信的情况下，日本当局坚持要蒋介石下野，又积极向蒋介石发出求和信号，让无意下野的蒋介石感到既不满，又莫名其妙。

7月3日，听闻板垣征四郎"不以蒋介石为对手"的说法后，蒋在日记中写道："敌陆相板垣向外国记者发表倒蒋之声明，是妄想逼余下野，而无攻汉之决心也，然余决不屈服。"②7月8日，蒋又评论道："倭寇一面重申其一月十六日声明有效，非逼我蒋某下野不可，而一面又多方派人来探条件，通消息求和，如此卑劣行为，几无国格可言矣。"③

蒋介石坚决不下野，"不以蒋介石为对手"的媾和无法实现，日本内部随之出现要求让步，不惜"以蒋介石为对手"，从速完成战争的声音。

从事劝降国民政府工作的日军中将坂西利八郎，向东京报告自原北平市长袁良处得到的情报，认为蒋介石独裁权在手，同时极有人望，汪精卫、孔祥熙等"要人"，不过对蒋俯首听命，难以迫蒋下台；而蒋本人认为，抗战已付出莫大牺牲，不能中途而废，不会轻易让步，因此日本要同国民政府媾和，必须削除蒋介石下野的条件。坂西和袁

---

① 参谋本部第二課「戦争終結ニ関スル最高指導案」、1938 年 8 月 18 日、「JACAR（アジア歴史資料センター）Ref. C12120056500、支那事変戦争指導関係綴其の1 昭和 12 年 7 月～昭和 13 年 11 月（防衛省防衛研究所）」
②《蒋中正"总统"档案——事略稿本》(42)，1938 年 7 月 3 日，第 16 页。
③《蒋中正"总统"档案——事略稿本》(42)，1938 年 7 月 8 日，第 34、35 页。

良会谈中值得注意的内容是,坂西表示自己过去与蒋介石会面时,蒋声言"万一日苏间爆发战争,我会为严守中立而竭尽全力,因为如果中国与苏联合作,成为对日战争的打手,那么如果日本胜利的话,中国会为苏联陪葬,如果苏联胜利的话,中国避免不了全国赤化的结局,因此只能是严守中立",坂西当时把蒋介石的发言反馈给了日本高层,但西安事变后,蒋介石失去自由,"从此中日两国之事不堪痛心"。袁良则表示,蒋介石在对各省主席、民政厅长、特别市长的行政会议上,训示"如果中日开战,中国将极为疲敝,一无所得,因此要绝对排斥之,有人希望日苏开战,但一旦日苏间真的爆发战争,那么日苏就会以中国作为主战场,同时中国可能会赤化,因此要极力阻止之,各级行政长官应依此善加处理"。袁良还讲了一个故事,在一场蒋介石主持的宴会上,何应钦、程潜、熊式辉、魏道明等在场,席上军事委员会某职员提议,有人发明了木炭驱动的汽车,可以用于军事,要求军事委员会补助进一步的研究。以军事常识即可知道,战争重于速度,一分一秒皆很重要,而如果用木炭驱动汽车,可以说是落后于时代的。但一旦蒋介石首肯同意给以补助,何应钦等人唯唯诺诺,一言不发,从此也可窥得蒋介石独裁到什么地步。因此日本提出的媾和条件,张群等人是删除了要求蒋介石下野一条才敢呈递给蒋,汪精卫、孔祥熙、张群都是不敢正面提出蒋下野要求的,就算偶然利用政治、财政的专业知识启发蒋介石的吴鼎昌,通常也只能闭眼盲从于蒋。蒋的独裁不但至于军政财界,就算是普通民众,甚至小学生,听到蒋委员长的名号,都会马上起立表示尊敬。[1]

---

[1] 「坂西中将と袁良会見談(要領)」、1938年9月9日、「JACAR(アジア歴史資料センター)Ref. B02030667200,支那事変関係一件/善後措置(和平交渉ヲ含ム)(A-1-1-449)(外務省外交史料館)」

　　坂西呈递的与袁良的上述对话,其用意非常明显,即对上喊
话,主张必须改变日本不以国民政府为对手,要求蒋介石下野的政
策,重新与蒋介石媾和。

　　其他进行"和平工作"的线路,也提出了同样的意见。主持在
香港的"和平工作"的小川平吉,得知外相宇垣一成声称"不以蒋介
石为对手"后,当面告诉宇垣:"和平工作要不以蒋介石为对手,这
是不可能的。"①经过多日考虑,宇垣向小川"明确表示,不会被不以
蒋介石为对手之类的声明所束缚"。②

　　军部也存在着类似的意见。文相木户幸一告诉近卫:"参谋本
部相关部门要求,在必要的情况下,不惜与蒋介石交涉,从而尽早
结束事变。"③参谋本部作战课认为,"'不以国民政府为对手'以及
'蒋介石下野',只是为了方便而采取的对策,并非问题本质,要把
握战争的真正目的,不可拘泥于形式,要方便从事"。④

　　然而,对于同蒋介石交涉,首相近卫的地位非常尴尬。近卫作为
发动侵华战争的首相,又是"不以国民政府为对手"声明的发表者,要
全面更改方针,转而以蒋介石为谈判对手,无疑是对其之前政策的否
定。于是近卫私下向木户表示:"自己组阁后遇到了中国事变,虽然
一直苦心经营,但攻陷南京后的形势分析、一月十六号声明的结果、
成立新政府的效果等方面,事态的发展多与愿望相左。若事态继续
发展,要以蒋介石为对手,那自己就要负上责任,引咎辞职。"木户劝

---

① 1938 年 7 月 16 日日记、小川平吉文書研究会『小川平吉関係文書』、390 頁。
② 1938 年 7 月 25 日日记、小川平吉文書研究会『小川平吉関係文書』、391 頁。
③『木戸幸一日記』(下)、1938 年 8 月 26 日、668 頁。
④ 参谋本部第二課「戦争終結ニ関スル最高指導案」、1938 年 8 月 18 日、「JACAR(アジ
　ア歴史資料センター)Ref. C12120056500,支那事変戦争指導関係綴其の1 昭和 12
　年 7 月～昭和 13 年 11 月(防衛省防衛研究所)」

慰近卫,自己不会赞成宇垣一成的媾和设想:"如果此际以蒋介石为对手,首相辞职,根据宇垣外相的新方针处理新政局,说到底是对我方不利的,结果恐怕会导致国内混乱,从这个结果来看,很可能让人认为我国失败了。"①

"以蒋介石为对手",日本社会能否接受,也是一个问题。正如木户"恐怕会导致国内混乱"的担忧,日本当局向社会宣扬的基本认识,是要消灭国民政府,扶植伪政权,重新"以蒋介石为对手"进行交涉,将遇到巨大阻力。②

就在日本对蒋介石的方针迟疑不决的同时,汪精卫积极与日本当局展开联系。对日本而言,这无疑意味着在国民政府内部,出现了一个新的选择。蒋介石对此感慨:"汪对敌始终联系谋和,使敌对我政府之真意观察差误,六月以来,宇垣出长外交,本欲与我合理谋和,因汪向之乞怜,使其倭阀态度转强,以致粤汉失陷,汪之所为,害己害敌,害国害党,其罪昭著。"③从事后的事态发展来看,蒋的愤怒亦不无道理,日本内部要求改变政策,与蒋和谈、放弃要求蒋下台的声音,逐渐因为汪精卫的投敌,而被日本内部对蒋强硬派要求利用汪"改组国民政府"的呼声所取代。

---

① 『木戸幸一日記』(下)、1938年9月7日、670頁。

② 1938年6月,日本对华智囊机构昭和研究会,就侵华战争问题进行了长达一月的讨论,讨论结果虽然认识到了"持久战"对日本的不利,以及国内、国际局势的紧迫性,但仍建议要"坚持对国民政府击溃消灭的根本方针","积极援助华北政府,将之当作未来的中央政府"。可见不仅战争的狂热情绪影响下的媒体和社会,即使较为理性的研究机构,亦坚持消灭国民政府,扶植傀儡政权的强硬方针。昭和研究会支那问题研究会「支那事変に対処すべき根本方策に就て」、1938年6月、『木戸幸一関係文書』、東京大学出版会、1966年。

③《蒋中正"总统"档案——事略稿本》(42),1938年12月31日,第726页。

第三节 诱降汪精卫

（一）"主和派"汪精卫的动摇

日本政府在"陶德曼调停"中提出苛刻条件后,蒋介石认为,既然媾和已难以实现,相反可以稳定内部情绪:"今可对德大使明言,如倭再提苛刻条件,则拒绝其转达,拒绝倭寇媾和条件,使主和者断念,内部更稳定矣。"①

然而,以汪精卫、周佛海、高宗武等人为代表的"主和派",主张继续对日求和:"陶德曼调停虽成过去,周佛海、陶希圣、高宗武仍然鼓动汪精卫向蒋介石进言'和平'"。②

客观地说,蒋介石本人也没有一概拒绝日本的谋和,而企图采取"刚柔得宜"的措施,利用国际力量灵活应对:"倭寇求和甚急,此时应刚柔得宜,方不失机,言论尤应慎重,对英美俄法,应积极运用,美国反倭形势,日见加强,是于我有利也。"③

但短期内的国际形势,并未向中国期待的方向发展。为了集中力量解决中国问题,日本暂时软化对外立场,力避与第三国发生冲突。1938年7月3日,陆军省向外务省提交文件《陆军关于时局外交的希望》,要求"积极进行各种工作,力避苏联参加本次事变";"促使英国谅解帝国态度,调整在华日英经济状态,使其从速抛弃亲蒋援华政策";对美国则"维持美国现有的中立态度,诱使其向亲

①《蒋中正"总统"档案——事略稿本》(43),1938年1月16日,第62页。
② 罗君强:《伪廷幽影录——对汪伪政府的回忆》,黄美真编:《伪廷幽影录——对汪伪政府的回忆》,东方出版社2010年,第3页。
③《蒋中正"总统"档案——事略稿本》(41),1938年6月28日,第685页。

日发展,特别要强化经济上的友好关系"。①

　　国民政府内的"主和派"认为,期待日本与第三国发生冲突,以转变抗战局势的想法并不现实。正如时任国民党中央宣传部部长的周佛海在战后供述的:"我当时见国际上对中国除了道义上的援助和精神上的同情以外,没有实际的援助,同时中国的国力,当时也赶不及日本,所以我自己对抗战也没有信心。"②

　　得知日本政府发表"不以国民政府为对手"声明的消息后,周佛海与外交部亚洲司司长高宗武商量:"陶德曼调停和平虽告失败,但总要设法打通一条了解日本内心想法的途径。现在日华间的关系完全隔断,这是不行的。"③此后,高宗武便频繁往来于香港、上海、东京之间,从日本方面展开了密切的联系。④

　　除了周佛海、高宗武等人,汪精卫、孔祥熙等国民政府的重要人物,也秘密试探与日谋和的可能性。⑤ 1938 年 3 月,意大利驻华参事官阿莱克·桑德里尼(音译)在同孔祥熙、汪精卫等人接触后,向日方确认,孔、汪等人对"和平"有意,"汉口政府内部颇有动摇"。⑥ 而

---

① 陆军省「時局外交に関する陸軍の希望」、1938 年 7 月 23 日、『日本外交文書·日中戦争』、327—329 頁。

② 周佛海:《简单的自白》(1946 年 9 月),南京市档案馆编:《审讯汪伪汉奸笔录》,南京:凤凰出版社 2004 年版,第 92 页。

③ 今井武夫『日中和平工作:回想と証言 1937—1947』、みすず書房、2009、65 頁。

④ 今井武夫『日中和平工作:回想と証言 1937—1947』、60 頁。

⑤ 就孔祥熙对日谋和的过程及其考量,可参考杨天石:《蒋介石对孔祥熙谋和活动的阻遏——抗战时期中日关系再研究之二》,《历史研究》2006 年第 5 期;对于汪精卫谋和的考量,可参考李志毓:《惊弦——汪精卫的政治生涯》,牛津大学出版社 2014 年版。

⑥ 「在上海日高総領事発広田外務大臣宛電報第九六三号」、1938 年 3 月 23 日、トラウトマン駐支ドイツ大使仲介ニヨル和平交渉、「JACAR(アジア歴史資料センター)Ref.B02030666700,支那事変関係一件/善後措置(和平交渉ヲ含ム)(A-1-1-449)(外務省外交史料館)」

在接触所谓的孔祥熙代表乔辅三时,日本当局也得知:"孔祥熙、汪精卫、何应钦都是和平论者"。①

　　据高宗武回忆,此时的汪精卫,除了不甘久居人下、有着个人投机的企图,也对抗战前景极为悲观:"像当时大多数中国人一样,他深信中国无法战胜日本。日本军队迅速占领一个个中国城市,几百万中国民众颠沛流离,欧战尚未爆发,英美还在供应日本物资帮助侵略,中国的前景一片黯淡。"②而从汪精卫的公开发言中,也可以看出其自认的求和理由,是相信抗战无法取得胜利。汪精卫在抗战初期时的看法,从其于1937年8月3日发表的《大家要说老实话,大家要负责任》这一演讲中,便可见其对抗战前景心态消极,准备投敌媾和之意。

　　本篇讲演的核心主题是,对抗战"大家要说老实话,大家要负责任"。汪精卫自己所谓的"老实话",认为"几年以来,人民所供给的血汗,实在是不少了,除了以法定贡献,供给国家之外,还有许多的义务捐以至娱乐捐,其于责任可谓已尽,然以此之比较日本,对于所谓华北事变经费追加预算,一动笔就是四万万圆,其相去又如何呢?"③

　　对中国抗战的前景,汪精卫的基本判断是明知不可为而为之,明知国家必亡而抗战之。汪精卫表示:"中国历史上有两句最痛心的(话):一是郑国说:'臣为韩延数年之命,然渠成亦秦万世

---

① 「香港に於ける中村総領事と孔祥熙代表喬輔三間の日支和平に関する会談」、1938年7月23日、「JACAR(アジア歴史資料センター)Ref. B02030666800、支那事変関係一件/善後措置(和平交渉ヲ含ム)(A-1-1-449)(外務省外交史料館)」

② 高宗武著,陶恒生译:《高宗武回忆录》,北京:中国大百科全书出版社2009年版。

③ 汪精卫:《大家要说老实话,大家要负责任》(1937年8月9日),黄美真、张云编:《汪伪政府资料选编·汪精卫集团投敌》,第177页。

之利也。'明知不能救韩之亡,而徒欲延其数年之命,这样的以人参汤来延最后之喘息,到底不是办法。一是张悌说:'吴亡之际,乃无一人死节,不亦辱乎?'明知不能救吴之亡,而惟欲一死以自尽其心,然想到了自己死了之后,未死的人都要为奴为隶了,这又何能瞑目到底? 也不是办法。然则不能不商量怎样的大家负责任了。"①

对于所谓的"负责任",汪精卫的理解是,负责人先要说老实话,而其所谓的老实话从他所举例子便可见一斑:"兄弟的愚见:以为大家若要负责人,则必先之以大家说老实话,所谓说老实话,是心口如一,心里这样想,口里这样说,这是很要紧的。中国宋末、明末曾两次亡国,其亡国之原因,最大最著的,在于不说老实话,心里所想与口里所说,并不一样,其最好方法,是自己不负责任,看别人去怎样负法。当和的时候,拼命地指摘和,当战的时候,拼命地指摘战,因为和是会吃亏的,战是会打败仗的。最好的方法,还是自己立于无过之地,横竖别人该死。于是熊廷弼传首九边了,袁崇焕凌迟菜市了。此之可悲,不在于其生命之断送,而在其所有办法在这种大家不说老实话,不负责任的空气之中,只有随处碰壁,除了一死塞责之外,简直替他想不出一条出路。宋亡将及百年,明亡将及三百年,这样长时期的亡国之痛,已够受了。"②汪精卫上述指责,重于强调煽动者不负责任,而"说老实话",则要重视实际的情况,那么他认为当时中国的实际情况又是如何呢?

汪精卫认为,面临亡国危机,就是抗战的实际情况:"自十九

① 汪精卫:《大家要说老实话,大家要负责任》(1937年8月9日),黄美真、张云编:《汪伪政府资料选编·汪精卫集团投敌》,第177页。
② 汪精卫:《大家要说老实话,大家要负责任》(1937年8月9日),黄美真、张云编:《汪伪政府资料选编·汪精卫集团投敌》,第177页。

世纪以来,不只武力,一切经济文化皆可为亡人之国的工具。所以国不亡则已,既亡之后,绝无可以复存,除了波兰,因特殊情形,亡而复存外,更无可举之例","和呢,是会吃亏的,就老实的承认吃亏,并且求于吃亏之后,有所以抵偿。战呢,是会打败仗的,就老实的承认打败仗,打了再败,败个不已,打个不已,终于打出一个由亡而存的局面来。这种做法,无他妙巧,只是说老实话而已。这说老实话,不是等闲的,人人能说老实话,才能人人负责任,反之,人人不说老实话,则人人不必负责任,人人不负责任的结果,除了亡国,还有哪一条路?"而对于说老实话的,汪精卫举例表示,"在大战中,俄国败于德国,几乎亡了,德国国土败于协约国,几乎亡了。然足能保存,且能复兴,这都是于垂亡之际,人人下了救亡图存的决心,人人肯说老实话"。① 在当时,全面抗战战火初开,汪精卫自不能明言鼓吹"和平",但其后来对抗战的思路,在此已经非常明确,便是要老实承认吃亏,老实承认战败,这是所谓负责任的前提。

汪精卫后来对所谓和平工作的观念,在这一文章中亦有体现。汪精卫认为:"强国对于弱国的战争,利用自己力量丰富,运用迅速,期以一举而糜烂弱者,使无复有战斗能力。弱国对强国的战争,自知力量不及,但是已经下了决心,就要将所能使用的心力物力,完全使用,不留一点一滴。那么自己的力量,固然使尽,而强国的力量也为之消耗,强国于是便不能不有顾虑了","大抵一个强国对于一个弱国,用兵之始,必以雷霆万钧之力,磨碎于一击之下,当此之际,这一个弱国,惟有硬着头皮,尽力挣扎,挣扎愈久,生存之

---

① 汪精卫:《大家要说老实话,大家要负责任》(1937 年 8 月 9 日),黄美真、张云编:《汪伪政府资料选编·汪精卫集团投敌》,第 177 页。

希望愈多,舍此实无生路".① 从汪精卫的上述分析来看,其认为战争无论长久,强国必胜,弱者必败,但弱者的生存之道,在于让强者不易轻易征服,吞不下咽不下,弱国便有了与强国讨价还价的机会。在这个过程中,既然不能胜强,自然也只能承认吃亏,接受不利于自己的条件,但强国既为强国,自然也不会有战败,只是在弱国的反抗下,得知弱国不会轻易亡国,于是给以弱国不至于亡国的条件。可以说,汪精卫对抗战的定义,在于避免直接亡国,明言可接受屈辱条件。

汪精卫认为,"极度的牺牲是有代价的",现代战争已成全面战争、持久战争形态,将对军事之外的社会各项资源造成打击:"我们也必须知道,现代战争不只是有形之战,而且是无形之战,一个强国平日对于其他强国,虽不以兵力相见,然野心既大,树敌必多,其兵力已有备多力分之苦。何况除了兵力之外,还有经济战、商务战、工业战等等。无形之战,时时刻刻都在性命相搏,丝毫不肯相让,因此之故,一个强国对于一个弱国,为有形之战,以消耗了兵力,以至于财力,则无异对于其他强国发生了破绽,使之得乘间所入。其始只是若干消耗,其终且成为致命之伤,一个强国无论如何的强法,对于此点,决不能无所顾虑的。明白了以上的意义,则可知一个弱国对于一个强国,不得已而应战,极度的牺牲,是万万不能免的,而这种极度的牺牲,绝不是白白葬送了去,纯无效果的。反之,不肯牺牲,牺牲而不肯极度,则强国不但吞食得容易,而且消化得也容易。"②换言之,汪精卫此时提出的御敌之

---

① 汪精卫:《大家要说老实话,大家要负责任》(1937 年 8 月 9 日),黄美真、张云编:《汪伪政府资料选编·汪精卫集团投敌》,第 177 页。
② 汪精卫:《大家要说老实话,大家要负责任》(1937 年 8 月 9 日),黄美真、张云编:《汪伪政府资料选编·汪精卫集团投敌》,第 177 页。

道,是着眼于全面战争对日本整体资源的消耗,从而引发第三国的干预。但对第三国参战的可能性,汪精卫又态度悲观,认为"世界上固然有尊重和平的国家,但只知尊重和平,而不知拿出力量来,与其称为和平之尊重者,毋宁称为和平之嘲笑者。然而拿出力量来是不容易的,第一必先要我们自己拿出力量来;第二所谓路见不平,拔刀相助,虽然是人类应有的道理,然就现在世界上国家民族林立的局面来说,哪一个国家民族不是为自己国家民族的生存而拔刀,哪一个国家民族肯为别个国家民族的生存而拔刀,除非是共同利害,即使是共同利害,而权衡轻重,斟酌缓急,也大有提刀四顾,踟蹰满志之余地。"①这一观点从正面反驳了当时以蒋介石为代表的国民政府内部希望国际干预的声音,指出国际干预是不可靠的。

汪精卫判断中国是弱国,弱不可以胜强,虽然日本面临外患,但是第三国不会真正插手中日战争。如果汪精卫的判断成立,那么中国自然要么抗战失败而亡国,要么争取到日本较宽松、但不可能平等的条件,而汪精卫认为后者为佳。汪精卫表示:"有人说道:'然则以弱敌强,岂不困难?'拿破仑说字典无难字,我们说字典无易字。因为知其难而说是易,那就不免随便的说,随便的做,说既不老实,做又不负责任。反之,知其难而说是难,知其难而仍然向着难去做,那就是说老实的话,做是负责任的做,这决心与勇气,当然增加十倍,即使困难十倍于此,亦可将它打破。我们大家负责任,我们不掩饰,我们不推诿,我们不作高调,以引起无谓的冲动,因为这种冲动,是易于颓丧

---

① 汪精卫:《大家要说老实话,大家要负责任》(1937 年 8 月 9 日),黄美真、张云编:《汪伪政府资料选编·汪精卫集团投敌》,第 177 页。

的;我们不作奢想,以引起无聊的希望,因为这些希望,是易于幻灭的。"①从此也可以看出,汪精卫所谓的说老实的话,就是老实承认中国以弱国的身份无法战胜作为强国的日本,那么就只能"我们守着弱国的态度,我们抱定必死的决心,除非强国放下屠刀,立地成佛"。② 从汪精卫发表"艳电"后的发言亦可以看到,汪精卫认为:"从古到今,对国家负责任的人,只应该为攘外而安内,绝不应该为安内而攘外。"③

总结汪精卫论述的重点,可以得出其以下 3 个结论:

一、中国是弱国,日本是强国,这决定了战争的基本走向,要"说老实话",要"负责任",就是要立足于中弱日强的现实,不奢望抗战的胜利。

二、空谈抗战是不负责任的,如果与日本鱼死网破导致亡国,则复国是艰难的。

三、抗日为的是避免亡国,逼迫日本提出非亡国的条件,如果日本让步,中国不惜以"吃亏"换取媾和。

汪精卫认为,在对外战争不利之际,拒绝求和是"只顾面子,置国家的实际利益于不顾"的行为。④ "国家之目的,在于生存独立,和战不过达此目的之手段,到不得不战时战,到可以和时则和;和

---

① 汪精卫:《大家要说老实话,大家要负责任》(1937 年 8 月 9 日),黄美真、张云编:《汪伪政府资料选编·汪精卫集团投敌》,第 177 页。

② 汪精卫:《大家要说老实话,大家要负责任》(1937 年 8 月 9 日),黄美真、张云编:《汪伪政府资料选编·汪精卫集团投敌》,第 177 页。

③ 汪精卫:《举一个例》(1939 年 3 月 27 日),《中华民国重要史料初编——对日抗战时期》第 6 编"傀儡组织"(三),中国国民党"中央委员会党史委员会"1981 年编印,第 79—81 页。

④ 汪精卫:《复华侨某君书》(1938 年 8 月 9 日),黄美真、张云编:《汪伪政府资料选编·汪精卫集团投敌》,第 392 页。

之可不可,视其条件而定;条件则妨及国家之生存独立,则不可和,条件而不妨及国家之生存独力则可和。"①

　　汪精卫所谓的负责任、说老实话,也成了汪精卫集团投敌的主要理由。如陶希圣向胡适解释自己随汪投敌原因,便是因为蒋介石"眼见国家沦陷到不易挽救的地步,连一句负责的老实话都不能说,幻想支配了一切,我们才下定决心去国",具体则表现在蒋"对于国家处境困难,全不考虑,他的全部计策在提携共产党。他说日本没有兵打仗了,他对于日本的和议,不假思索地拒绝。这样的变动,以及客观的困难,使汪先生及我们都感到一年半的努力进言都成了画饼,更成了罪状"。②

　　正在汪精卫急于与日媾和之际,日本当局调整政策,加强了对国民政府的诱降。

(二) 日本的对华新方针

　　1938 年 11 月 3 日,近卫发表声明,提出"如果国民政府抛弃以前的一贯政策,更换人事组织,取得新生的成果,参加新秩序的建设,我方并不予以拒绝",即"第二次近卫声明"。③ 11 月 30 日,御前会议通过《调整日华新关系方针》,作为日本对华政策最高方针,宽缓了对华条件。

---

① 汪精卫:《举一个例》(1939 年 3 月 27 日),《中华民国重要史料初编——对日抗战时期》第 6 编"傀儡组织"(三),中国国民党"中央委员会党史委员会"1981 年编印,第 79—81 页。

② 陶希圣:《陶希圣致胡适信》(1938 年 12 月 31 日),黄美真、张云编:《汪伪政府资料选编·汪精卫集团投敌》,第 335 页。

③「帝国政府声明」,1938 年 11 月 3 日,「JACAR(アジア歴史資料センター)Ref. B02030574800、支那事変関係一件第三十二巻(A‐1‐1‐373)(外務省外交史料館)」三次"近卫声明"全文见附录。

　　《调整日华新关系方针》出台的背景,是日军在武力进攻效果不彰的前提下,提出的武力之外的补充手段。

　　正如"中国通"小川爱次郎向外务省上书中所表示的,倚重武力,通过军事胜利逼迫国民政府让步的做法,低估了中国反侵略的意志和能力,其局限性已经屡经证实:"当局在一开始就没能认真研究扩大军事行动的后果","扩大军事行动不断起着反效果","当局在占领上海、南京后,意外地发现没有效果;在徐州取得大胜,还是没有起作用",到此只能把"占领武汉,当作制蒋介石死命的最后手段","实际上,由于现在的中国人非常团结,国民政府不但不会崩溃,蒋介石也无法向日本投降"。①

　　在军部内部,参谋本部作战课参谋堀场一雄也认为,日军使用武力,先是"让中国事变失去了短期内解决的机会",而"政府对事态的严峻性完全没有认识,也缺乏必要的决心",加上"战胜而产生的骄慢情绪",结果在持续加大军事投入后,"国家进入了不幸的长期战"。②

　　堀场主张,单靠武力无法解决问题,需要采取政治手段来打开侵华局面。1938年4月,堀场起草了一份"调整日华新关系方案",主张部分缓和媾和对华条件,吸引国民政府接受媾和。6月,原参谋本部中国课长影佐祯昭③调任陆军省军务课长,堀场一雄随即以此为契机,在军部内部推介自己的方案。④

---

①「時局の動向と収拾策(講和大綱)」、1938年7月27日、「JACAR(アジア歴史資料センター)Ref. B02030666500、支那事変関係一件/善後措置(和平交渉ヲ含ム)(A-1-1-449)(外務省外交史料館)」中国通小川爱次郎呈递给外相宇垣一成的讲和大纲。

②堀場一雄『支那事変戦争指導史』、186頁。

③影佐祯昭(1893—1948年),日本陆军中将,曾任上海梅机关(负责扶持、监督汪伪政府的特务机构)机关长,日军驻汪伪政府最高代表等职。

④堀場一雄『支那事変戦争指導史』、196頁。

　　了解堀场提出的方案后,影佐"绝对支持堀场案的趣旨,陆军大臣板垣中将也赞成,因此由我(影佐)担任主任,根据这个案,与陆、海、外、大藏各省的事务当局连日举行会议"。① 1938 年 8 月,在协调各相关部门意见后,"调整日华新关系方针"正式定案。

　　堀场拟定此方案的核心目的,是认清日本所面临的困难,确定日本的对华媾和条件,断绝日军"战争扩大——希冀更多战果——进一步扩大战争"这一恶性循环:"在攻下徐州、汉口之际,由于战果的取得和牺牲的增加,而产生了更大的欲望,要避免这一幕重演","预防产生攻下南京时那样的纠纷"。②

　　方案的审订者影佐祯昭也认为,对华媾和应该有一个确定的条件,才可能成功诱使国民政府接受之,自己推动这一方案的考量是:"1938 年 6 月……从这个时候起,在陆军省与参谋本部之间,渐有必须早日决定规范中日关系之条件的意见。因为鉴于国民政府的态度,这将是相当长期战争的情势。战争拖长,牺牲者一增,日本人对中国的要求一定增加,这是人情之常,要求一提高,中日间的和平当然愈来愈困难。和平愈困难,情势将愈来愈严重。换句话说,情势的进展与要求的增加互为因果,愈演愈烈,实无止境。"③

　　堀场方案要求,限制新增加的对华条件,实际上回归发表"不以国民政府为对手"声明前的媾和态势:"解决事变的条件,要限制在一月份提出的和平条件之内",而且"要有加以果断裁量的余地"。④

----

① 影佐祯昭:《我曾经走过的路》,陈鹏仁编著:《汪精卫降日密档》,台北:联经出版事业公司 1999 年版,第 19 页。

② 堀場一雄『支那事変戦争指導史』、190、191 頁。

③ 影佐祯昭:《我曾经走过的路》,陈鹏仁编著:《汪精卫降日密档》,第 18 页。

④ 堀場一雄『支那事変戦争指導史』、190、191 頁。

　　“调整中日新关系方针”所提出的条件,是汪精卫集团同日本方面签订的"重光堂密约",以及近卫文麿所发表的"第三次近卫声明"的基础。本方案的推动者影佐自称,这一份方案的宗旨是"中日两国本于道义,以发展充实其本质为基础,两国在政治、经济、军事、文化等各方面,寻求基于互惠平等之原则的提携合作"。[1]

　　然而实际上,日本当局拟定《调整日华新关系的方针》的真正目的,完全是为了获取侵华权益、确认侵华要求,同影佐所谓"中日两国本于道义"的精神大相径庭。

　　在御前会议上,日军统帅部说明了《调整日华新关系的方针》的提案理由,主要包括以下 3 点:

　　"一、建设至少包括华北的基础国防圈,在国防、经济上,将华北与日满结合为一环。

　　二、巩固应对下场战争的战略态势,使中国与日本共同防共,以应对下场对苏战争。为准备对苏作战,需要赋予华北在军事及政治上的特殊地位。为了获取南洋的资源,需要掌握华南沿岸的岛屿据点,在对英战争之际,此类据点也可以当作日华共同防卫的前进基地。

　　三、为防止中日再战,需要在恢复治安之前,保持对我有利的战略态势,需要在华北和上海、南京、杭州三角地带驻兵。"[2]

　　而日本政府方面的提案理由主要包括:

　　"第一轮目标,将华北当作国防圈的一环,使帝国具有建设东

---

① 影佐祯昭:《我曾经走过的路》,陈鹏仁编著:《汪精卫降日密档》,第 19 页。
② 「日支新関係調整方針立案ニ関スル御説明(統帥部側)」、「JACAR(アジア歴史資料センター)Ref. B02030548700、支那事変関係一件第十八巻(A-1-1-0-30_018)(外務省外交史料館)」

亚新秩序的实践能力;第二轮目标,促使东亚以我皇道为中核,摆脱对英美的依存。

促进日满华国防经济全面结合。华北作为帝国基础国防圈的一部分,需要在国防经济上与日满强力结合。长江下游地区作为中日经济的强力结合点。"①

11月30日,《调整日华新关系方针》经御前会议通过,其主要内容包括:

"日满华三国应在建设东亚新秩序的理想之下,作为友好邻邦互相结合,并以形成东亚和平的轴心为共同目标。为此,决定基本事项如下:

一、制定以互惠为基础的日满华一般合作的原则,特别要制定善邻友好、防共、共同防卫和经济合作的原则。

二、在华北和蒙疆划定国防上、经济上(特别是有关资源的开发利用方面)的日华紧密结合地区。在蒙疆地方,除上述外,特别为了防共,应取得军事上、政治上的特殊地位。

三、在长江下游地带,划定日华在经济上的紧密结合地区。

四、在华南沿海的特定岛屿上取得特殊地位。"②

显然,《调整日华新关系的方针》主要着眼于确保日本侵华利益,扩大控制在华利权,同时裹挟中国与日本的对外战争相结合,为日本发起新的战争打下基础,与所谓的"道义""互惠平等"南辕北辙。

---

① 「日支新関係調整方針立案ニ関スル御説明(政府側)」、「JACAR(アジア歴史資料センター)Ref. B02030548800、支那事変関係一件第十八巻(A-1-1-0-30_018)(外務省外交史料館)」

② 《调整日华新关系的方针》,黄美真、张云编:《汪伪政府资料选编·汪精卫集团投敌》,第298页。

即便如此,堀场拟定的《调整日华新关系的方针·附件》方案中,对媾和条件所做出的少数所谓"让步",仍然在日军内部引发了反对声音,最终不得不加以修正。方案中原本要求"不强求国民政府立即履行承认满洲国的手续",但在"满洲事变相关人物的强硬要求下",更改为要求国民政府承认"满洲国";而为了均衡日军内部各方的利益,原方案中准备"顺从中国统一趋势"的意见被删去,更改为"根据分治合作主义构建新中国的政治形态",尤其是根据关东军的要求,强调了"蒙疆为高度防共自治区域",根据海军的要求,规定"上海、青岛、厦门各自根据既定方针,成立特别行政区";财政部门要求中国对日本的驻兵负有财政责任,交通、经济等部门则要求与自身相关的各项权益。[1] 日本各方在各自塞进自身要求的前提下,互相妥协,形成了一个拼凑的要求清单。《调整日华新关系的方针·附件》最终要求,承认"满洲国",日军在华北和"蒙疆"驻扎"防共"军队,在确立治安之前,在华北、南京、上海、杭州三角地带继续驻军,向中国军队派遣顾问、供给兵器,华北、"蒙疆"的资源对日本提供特殊便利,赔偿日本国民在中国所受损失等。[2]

就算是这样一份囊括军事、政治、经济等各方面侵略要求的清单,在日本当局眼中仍嫌不足。[3] 枢密院议长平沼骐一郎就对此方

---

[1] 堀場一雄『支那事変戦争指導史』、192—195 頁。

[2]《调整日华新关系的方针·附件》,黄美真、张云编:《汪伪政府资料选编·汪精卫集团投敌》,第 298—301 页。

[3] 虽然《调整日华新关系的方针》,以及以此为基础形成的第三次近卫声明,显而易见是一份囊括各方面条件的侵略要求,在当时处于侵华狂热之中的日本,却被视为"软弱",正如今井武夫在战后感慨:"如果在战后的今天,通读第三次近卫声明,难免会感到(日本)单方面的高压的立场,但在发表之时,却被很多人视为软弱外交。"今井武夫『日中和平工作:回想と証言 1937—1947』、みすず書房、2009 年、80 頁。

案表示:"国家付出了巨大牺牲,支出了大量国帑,外征将士舍命尽忠,而后方民众忍苦耐劳,服务国家,我国国民因为付出如此大的牺牲,很可能期待更高的要求,小心国民对此结果不满,出现导致社会不稳之举。"①

所谓日本国民所期待的"更高的要求",如影佐祯昭所言:"一般国民的想法大多是:中日事变牺牲的代价是获得领土或者统治权……在政府和军部,也有不少人具有此种思想。在这种环境之下,要决定表面上很软弱但从大局着眼的对华处理方针,实在很不容易。"②

所谓"从大局着眼",指的是优先满足日本的宏观战略需要,而非直接利益诉求。然而,《调整日华新关系的方针》通过一个多月后,其支持者首相近卫文麿即宣布辞职,继任者正是对其条件抱有不满的平沼骐一郎。正如影佐所言:"这个从大局着眼的思想(注:指"调整中日新关系方针"),随更换内阁和主办事务当局,其热情也有所消减,其思想和政策也不得不受到影响。"③对日本当局而言,由于其侵略要求仍高于《调整日华新关系的方针》所提的条件,日本对中国方面提出的条件,可能会比《调整日华新关系的方针》更加严厉,这一方针能否得到贯彻,存在着不确定因素。

参谋本部作战课乐观地认为,在攻陷武汉、广州前后,预期国民政府会提出和议,对此需要"贯彻战争指导方针,尤其是调整日

---

① 平沼骐一郎「御前会議二於ケル意見陳述ノ内容」、1938 年 11 月 30 日、「JACAR(アジア歴史資料センター)Ref. B02030543200、支那事変関係一件第十五巻(A-1-1-0-30_015)(外務省外交史料館)」

② 影佐祯昭:《我曾经走过的路》,陈鹏仁编著:《汪精卫降日密档》,第 19 页。

③ 影佐祯昭:《我曾经走过的路》,陈鹏仁编著:《汪精卫降日密档》,第 19 页。

华新关系方针"来应对。① 由于国民政府坚持继续抗战,《调整日华新关系的方针》及其条件变化,成了日本自我满足的产物,但对汪精卫而言,这份方针的内容变化对其投敌,以及未来的日汪关系,产生了重要影响。

日本当局要与国民政府谋和,提出的前提条件是蒋介石下野。然而,日本驻上海总领事馆副领事、特务机关"岩井公馆"负责人岩井英一在赴香港视察后,根据一系列在香港获取的情报判断,如果蒋介石不愿下台,无论是日本,还是国民政府中的"和平派",都无法逼迫蒋介石下台:"只要我军持续军事行动,中国内部就保持团结,抗日意识继续高涨,谁也无法讨论和平问题,更不可能因日本方面逼迫,而让蒋介石下台","中国方面也很难自发地让蒋介石下台"。②

以蒋介石下野为前提的谋和活动,日本当局并无足够的成功把握。然而,日本政府内部,早在侵华战争开始之际便认为,战争的持续,会引发"中国内部发生动摇",可能进而"导致蒋政权瓦解"。③ 能否利用国民政府内部的动摇,促使国民政府崩溃,或至少削弱其抗战力量,成了日本当局的重要战略目标。为实现这一目标,日军开始了针对国民政府的"谋略工作"。

---

① 参謀本部第二課「秋季作戦ヲ中心トスル戦争指導要領(第二案)」、1938 年 8 月 10 日、「JACAR(アジア歴史資料センター)Ref. C12120074400、支那事変戦争指導関係資料(大本営陸軍部の部)昭和 12 年 5 月 29 日〜昭和 15 年 12 月 2 日(防衛省防衛研究所)」

②「蒋介石政権の動向に関する岩井副領事の香港視察報告」、1938 年 6 月 29 日、『日本外交文書・日中戦争』、303 頁。

③「北支時局収集に関する外務省の意見」、1937 年 7 月 30 日、「JACAR(アジア歴史資料センター)Ref. B02030512700、支那事変関係一件第二巻(A-1-1-343)(外務省外交史料館)」

(三) 日军对华的"谋略工作"

所谓"谋略",指的是利用各种手段"获取及消灭敌方各种势力"①,也就是"为了促使中国屈服,而运用的军事手段之外的工作"。②

日军的"谋略工作",以军部为主导,以促使中国屈服为目标,以综合军事作战之外的多种方式为主要手段,对抗战阵营进行分化、诱降,根据军部要求:

根据 1938 年 6 月 24 日成案的《适应时局的对中国的谋略》,"谋略"的具体内容包括:

"一、起用中国第一流人物,削弱中国现中央政府和中国民众的抗战意识,同时,酝酿建立稳固的新兴政权。

二、促进对杂牌军的拉拢归顺工作,设法分化、削弱敌人的战斗力。

三、利用、操纵反蒋系统的实力派,在敌人中间建立反蒋、反共、反战的政府。

四、推进回教工作,在西北地方划定由回教徒形成的防共地区。

五、设法造成法币的崩溃,取得中国在国外资金,由此在财政上使现中央政府自行消灭。

---

① 省部决定「戦争指導上ノ見地ヨリ現下諸案件処理ニ関スル準拠」、1939 年 3 月 30 日、「JACAR(アジア歴史資料センター)Ref. C12120074900、支那事変戦争指導関係資料(大本営陸軍部の部)昭和 12 年 5 月 29 日〜昭和 15 年 12 月 2 日(防衛省防衛研究所)」

② 戸部良一『日本陸軍と中国——「支那通」にみる夢と蹉跌』、講談社、1999 年、204—205 頁。

六、为了便于完成以上工作,应进行必要的策略性的宣传。"①

1938年7月8日,日本召开五相会议,除了通过针对与国民政府谋和工作的《中国中央政府屈服之际的对策》,还通过了《中国中央政府拒绝屈服之际的对策》,要求:"从政治、经济、思想上全方位压缩中国现中央政府的生存空间,从政略、谋略上促使其迅速崩溃。"②

7月12日,五相会议正式通过《适应时局的对中国的谋略》,加强对国民政府的分化工作。

"谋略工作"针对的重要对象之一,是担任国民政府外交部亚洲司司长的高宗武。卢沟桥事变后,一直积极探听"和平"口风的高宗武,同"满铁"南京事务所所长西义显、"满铁"特派员伊藤芳男、同盟通讯社上海支局局长松本重治等人频频联系。在对日媾和的问题上,高宗武与蒋介石、汪精卫的关系极为复杂。③

1938年7月5日,高宗武到达日本,逗留至7月9日,与日本陆相板垣征四郎、参谋次长多田骏等人进行了会谈。④

蒋介石在此时意识到,日本对媾和时而强硬,时而圆滑的政策,除了为诱使自己接受媾和,也有可能是为了同时威逼利诱国民政府内部的其他人物,一个可能的对象,就是积极联系日本方面的高宗武。蒋介石认为,"近卫今又非正式声明其一月十六日不以国

①《适应时局的对中国的谋略》(1938年7月12日),黄美真、张云编:《汪伪政府资料选编・汪精卫集团投敌》,第89页。

②「支那现中央政府ニシテ屈伏セサル場合ノ対策」、1938年7月8日、「JACAR(アジア歴史資料センター)Ref. B02030539800、支那事変関係一件第十四卷(A-1-1-355)(外務省外交史料館)」

③ 相关研究可参考,陶恒生:《高陶事件始末》,北京:中国大百科全书出版社2012年版;杨天石:《找寻真实的蒋介石》,北京:华文出版社2010年版等。

④ 今井武夫『日中平和工作:回想と証言1937—1947』、62頁。

民政府为对手宣言为有效,半月来此种声明层见叠出,足见其贼胆心虚,与虚声恫吓之拙计欲盖弥彰,其必为欺诈高某(注:宗武)而设之也"。①

在访日期间,高宗武认为,蒋介石不太可能会接受日方媾和建议。根据参与会谈的今井武夫回忆:"高似乎对于以蒋介石为中心解决日华两国间的事变的方案已经死了心,他改变态度不再提出这个主张。"②

高宗武在不认为蒋介石会讲和的情况下,赴日探听消息,其背后的支持者,是周佛海等为代表、主张对日媾和的拥汪派。在高宗武赴日前夕,周佛海"应汪先生之宴,座仅希圣、思平、博生及余四人,谈宇垣对华外交形势,咸主对日适可而止",汪精卫为首的诸人对与日媾和一事达成了共识。③

然而,对于日本的态度,周佛海等人并不了解,担忧日本"不仅不以蒋政权为对象,且不以国民政府为对象;即使蒋氏下野,亲日政治家出主政权,亦不与国民政府交涉。是则一线和平希望亦已断绝矣"。④ 而高宗武访日期间,恰逢日本决定进行分化国民政府的"谋略工作"之际,于是高宗武返回香港后,撰写报告转交周佛海,"周佛海根据高宗武的报告,知道日本政府为了寻求和平希望汪兆铭出马的念头并未打消"。⑤

根据汪精卫的要求,周佛海将高宗武的报告转交给了蒋介石,

①《蒋中正"总统"档案——事略稿本》(42),1938年7月14日,第57页。
② 今井武夫『日中平和工作:回想と証言1937—1947』、62頁。
③ 周佛海著,蔡德金标注:《周佛海日记全编》(上编),北京:中国文联出版社2003年版,第139页。
④ 周佛海著,蔡德金标注:《周佛海日记全编》(上编),第142页。
⑤ 今井武夫『日中平和工作:回想と証言1937—1947』、62頁。

试探蒋介石态度。① 结果蒋对高宗武私自同日本的交涉,表现得极为反感。蒋介石得知"高宗武擅自赴倭活动,在倭逗留一星期,回港作成日记及会谈记录等件,函呈来汉",便颇为不悦,在审阅高宗武的报告后更是认为,"其误事不浅也"。②

在蒋介石否定了高宗武的报告后,10 月,日军攻向武汉、广州,企图"通过积极作战,增加中国现中央政府的挫败感,诱导其自我崩溃或失去抵抗意志"。③ 日军在军事上取得的进展,让汪精卫、周佛海等人愈加失去抗战意志,逐渐下定了对日媾和的"决心"。

日军的进攻,进一步加强了汪精卫等人的挫败感,迫切希望对日媾和。10 月 21 日,广州失陷;26 日,武汉失陷;11 月 13 日,为防止日军占领,国民政府采取焦土政策,焚毁长沙,抗战战局一步步愈加严峻。汪精卫回忆:"我对于觅得和平的意见,在会议里,不知说过多少次了,到了广州丢了,长沙烧了,我的意见,更加坚决,更加期其实现。"④

10 月底,"汪精卫、周佛海等人经过连日密商,汪下定了最后的决心,派遣高宗武、梅思平同日方协商条件"。⑤

根据周佛海等人的判断,日本侵华战局僵持,迫使其不得不软化立场,正是媾和的时机:"今后华南又将发生战事,战线愈长,

---

① 今井武夫『日中平和工作:回想と証言 1937—1947』、62 頁。

②《蒋中正"总统"档案——事略稿本》(42),1938 年 7 月 22 日,第 81、82 页。

③「支那現中央政府ニシテ屈伏セサル場合ノ対策」、1938 年 7 月 8 日、「JACAR(アジア歴史資料センター)Ref. B02030539800、支那事変関係一件第十四巻(A‐1‐1‐355)(外務省外交史料館)」

④ 汪精卫:《复华侨某君书》(1939 年 3 月 30 日),黄美真、张云编:《汪伪政府资料选编·汪精卫集团投敌》,第 391 页。

⑤「高及梅来滬の経緯」、1938 年 11 月 15 日、「JACAR(アジア歴史資料センター)Ref. C11110698700、渡辺工作の現況 昭和 13 年 11 月(防衛省防衛研究所)」

应付固益难,然敌亦非增加兵力不可也。据最近情形测之,敌之增兵殊非易事",①但蒋介石成了媾和的障碍:"惟日本不能取消一月十六号声明,而蒋先生又不能,且不可下野,和将从何谈起?"②

于是,汪精卫、周佛海等人自行越过蒋介石,直接派人同日本就媾和条件进行交涉。

高宗武、梅思平与影佐等人的交涉,开始于 1938 年 10 月。同月,日军攻陷武汉、广州,认为"对华大作战随着广东和武汉的陷落而告一段落",暂时放弃了大规模的军事进攻。③ 相对应的,日军计划"利用秋季作战的成果,竭尽各种措施,促进事变的早日解决"。

对于日本而言,攻陷武汉、广州能否影响到国民政府的权力结构,有着重要意义:"以汪精卫目前的实力,无法取代蒋,但日军攻陷武汉后,蒋将威信大减,汪派将借机抬头。"④主张抗战的蒋介石下台,汪精卫为代表的主和派上台是最有利的结果,只有在"如果无法期待能替代蒋之人,则不得已以蒋或者其代理者为停战的对手"⑤,"不得已之际,停战以蒋为对手,停战后蒋负起责任

---

① 周佛海著,蔡德金标注:《周佛海日记全编》(上编),第 181 页。

② 周佛海著,蔡德金标注:《周佛海日记全编》(上编),第 188 页。

③「国家総動員強化二関スル件」,1938 年 10 月 23 日,《日本外交文書・日中戦争》、401 頁。

④「在上海日高総領事発宇垣外務大臣宛電報第二一九八号」,1938 年 7 月 14 日、トラウトマン駐支ドイツ大使仲介ニヨル和平交渉「JACAR(アジア歴史資料センター)Ref. B02030666700,支那事変関係一件/善後措置(和平交渉ヲ含ム)(A-1-1-449)(外務省外交史料館)」

⑤ 大本営陸軍部「蒋及国民政府ノ処理二関スル準備」,1938 年 11 月 12 日、「JACAR(アジア歴史資料センター)Ref. B02030549200、支那事変関係一件第十八巻(A-1-1-0-30_018)(外務省外交史料館)」

下台"。①

　　然而,武汉会战后,蒋介石并未随军事挫折而失势,汪精卫为代表的"和平派"也没能掌握国民政府的权力。日本要同国民政府媾和,仍然只能以蒋介石为对象,其结果难以确定。

　　因此,日军将对国民政府的"工作"分为两条线,一条是"竭尽政略、谋略及外交上的各种手段,促进抗日政权的崩溃",一条是"如有可能,同时利用促使其屈服的手段"。② 而"利用高宗武一派,进行获得新官僚和民众的工作",属于"在作战行动外,促使国民政府崩溃的各项方策"之一。③ 正如参与此项"工作"的外务省书记官田尻爱义所言,诱降汪精卫的"谋略工作",目的不是与国民政府媾和,而是为了削弱国民政府的计谋:"(与高宗武的交涉)不是直接同重庆进行和平交涉的正道,而是进行军部所擅长的谋略的邪道。"④

　　在田尻爱义"根据有田外相的指示","前往军方"准备参与相关工作之际,田尻询问影佐祯昭,当下对汪进行的交涉,最终目的是同国民政府进行交涉,还是为了实现削弱国民政府的战略目的,所进行的"谋略工作"。影佐证实,这是"谋略工作",并简要介绍这

---

① 大本営陸軍部「停戦許容条件」、1938 年 11 月 12 日、「JACAR(アジア歴史資料センター)Ref. B02030549200、支那事変関係一件第十八巻(A-1-1-0-30_018)(外務省外交史料館)」

② 大本営陸軍部「昭和 13 年秋季以降戦争指導方針」、1938 年 11 月 18 日、「JACAR(アジア歴史資料センター)Ref. C12120058100、支那事変戦争指導関係綴其の2 昭和 13 年 1 月～昭和 17 年 11 月(防衛省防衛研究所)」

③ 大本営陸軍部「昭和 13 年秋季以降戦争指導方針」、1938 年 11 月 18 日、「JACAR(アジア歴史資料センター)Ref. C12120058100、支那事変戦争指導関係綴其の2 昭和 13 年 1 月～昭和 17 年 11 月(防衛省防衛研究所)」

④ 田尻愛義『田尻愛義回想録:半生を賭けた中国外交の記録』、68 頁。

一"谋略工作"的内容：

"先将汪精卫从重庆引诱到河内，再将其送到广东腹地，或重庆势力圈这样的未占领地内，借汪精卫来对当地的中国军队，如张发奎等，进行怀柔工作，使之成为反重庆的、亲日和平的一个据点。然后宣传和平的迫切性，以及近卫声明这样的日本的公正态度，同时利用汪怀柔的军队的实力，对重庆方面发起挑战，打击其战斗意志，使蒋介石陷于不得不投降的境地。"①

可以看到，日本此时诱降汪精卫，属于与国民政府媾和相对立、分离的另一条线——"谋略"，其最终目的并非同汪精卫媾和，亦非借助汪精卫来建立"中央政府"，而着眼于通过汪精卫的出逃，分化抗战力量，迫使蒋介石投降。也就是说，日军的目标并不在汪精卫身上，而在于利用汪精卫来削弱国民政府。

首相近卫文麿也认为，汪精卫脱离重庆仅仅是一个开始，可以带来连锁反应："原先以为，随着汪精卫脱离重庆，以及发表在中日平等原则下、放弃领土要求和赔款的宽大的调整国交方针的影响，很快又会有人脱离重庆。"②也就是说，近卫诱降汪精卫的根本目的，是实现"谋略工作"目标，削弱国民政府，而非请汪精卫出马收拾局面，建立统合各傀儡政权的"新政权"。正如近卫内阁的书记官长风见章所回忆的："不得不说的是，在这个时候，近卫做梦也没想到，会以汪为中心建立新政权。"③

然而，汪精卫集团的自视，则与日本当局的考量有所偏差，误以为日本当局已决定由汪精卫来与日本媾和、收拾局面，成为新的

---

① 田尻愛義『田尻愛義回想録：半生を賭けた中国外交の記録』、67頁。
② 近衛文麿『平和への努力——近衛手記』、13頁。
③ 風見章『近衛内閣』、日本出版共同、1951年、178頁。

政府首脑。汪精卫集团中的陈春圃曾表示:"到了这步田地,蒋何尝不想结束战争,但是结束不了,人家不要他。现在日本人心目中宁可要汪,不要蒋。"①

　　这种观念在高宗武同今井武夫的交涉中,更是得到了集中体现。高宗武提交的《中国方面的行动计划》提出,汪精卫准备发起"和平运动",在两广、云南、四川成立"新政府"。② 高宗武要求,"新政府"成立后,取消"临时""维新"政府,由"新政府"收纳"两政府成员中善良者"。③ 在签订"重光堂密约"之际,高宗武再次提出,"新政府"成立后如果与"临时""维新"两政府同等地位,则难以组织中央政权。④ 显然,汪精卫集团自居为组织"新中央政权"的主导力量,要求整合其他傀儡政权。这与其自称的与日本秘密谈判,替国民政府做和平试探的说法⑤并不一致,也与日本当局对其的定位有

---

① 陈曙风:《汪精卫投日前后侧记》,黄美真、张云编:《汪伪政府资料选编·汪精卫集团投敌》,第 193 页。

② 「支那側挙事計画」,1938 年 11 月 15 日,「JACAR(アジア歴史資料センター)Ref. C11110698800、渡辺工作の現況　昭和 13 年 11 月(防衛省防衛研究所)」

③ 「臨時、維新両政府取扱い問題」,本章亚资中心未单独录出,前后两部分分别位于如下两份文件之中:「日支協議の内容」,1938 年 11 月 15 日,「JACAR(アジア歴史資料センター)Ref. C11110698800、渡辺工作の現況　昭和 13 年 11 月(防衛省防衛研究所)」;「高宗武、梅思平等今後の行動予定」,1938 年 11 月 15 日,「JACAR(アジア歴史資料センター)Ref. C11110699000、渡辺工作の現況　昭和 13 年 11 月(防衛省防衛研究所)」

④ 「協議以外支那側意見」,1938 年 11 月 21 日,「JACAR(アジア歴史資料センター)Ref. C11110699600、渡辺工作の現況　昭和 13 年 11 月(防衛省防衛研究所)」

⑤ 抗战胜利后,周佛海为推脱罪责,表示当时的考虑是"以为和未必不是一条路,但是苦于无人去试探,最高统帅绝对不肯,而且不宜松口。现在汪既然愿意去冒不韪,何妨试他以下? 如果失败,不过牺牲几个人,万一成功,于国家的利益就太大了"。周佛海:《简单的自白》(1946 年 9 月),南京市档案馆编:《审讯汪伪汉奸笔录》,第 93 页。汪精卫也公开表示,"我所以愿意出国,是表明要主张得蒙采纳,个人不成 (转下页)

所偏差。

在日本当局内部,诱降汪精卫被当作日本军方主导的"谋略工作"的一部分,然而,日本高层对"谋略工作"所能达成的效果分歧很大,更不要说决定由汪精卫主导"新中央政府"了。首相近卫虽然参与诱降,但对汪精卫并无信心,并在汪准备离开重庆之际表示,"可以想象,就算汪精卫顺利脱离重庆,集合追随自己的同志,蒋介石照样有可能卷土重来"。① 12 月 12 日,近卫又告诉文相木户幸一:"陆军方面进行的谋略工作,很难起什么效果。"②

近卫的意见在日本高层具有相当的代表性,虽然军部积极进行"谋略工作",但政界首脑,乃至裕仁天皇本人,都对此不抱太大希望。木户幸一认为,"汪精卫脱离重庆,不会对时局产生太大影响,汪精卫是亡命也好,逃跑也好,都起不了甚么作用"。③ 内大臣汤浅仓平则针对近卫的担忧表示:"总理所担心的谋略工作,还是不要在意的好,谋略这种东西,成功的也有,不成功的也有,尤其以中国为对手,结果是难以预判的。此事我也上奏了陛下,陛下也说:'谋略这种东西是靠不住的,原则上是成不了的,成才是奇怪。'"④

(接上页)问题"。汪精卫:《举一个例》(1939 年 3 月 27 日),黄美真、张云编:《汪伪政府资料选编·汪精卫集团投敌》,第 156 页。今井武夫和影佐祯昭则分别在《今井武夫回忆录》和《我曾经走过的路》中,对汪精卫集团此时成立"新政府"的准备语焉不详,影佐更是表示,汪精卫是在逃离河内的船上,才表示要成立"新政府"的。汪精卫个人对此何种看法以难考证,但高宗武等人向日方提交的经过汪精卫首肯的条件和计划,是清楚表明,早已准备成立"新政府"。以此为前提,其接下来的行动亦顺理成章。

① 原田熊雄『西園寺公と政局』第七卷、235 頁。
② 『木戸幸一日記』(下)、1938 年 12 月 12 日、687 頁。
③ 原田熊雄『西園寺公と政局』第七卷、242 頁。
④ 原田熊雄『西園寺公と政局』第七卷、234 頁。

　　就算是直接进行诱降汪精卫工作的军部,暂时也没有按照汪精卫集团希望,由汪精卫主导成立"新中央政府"的打算。

　　1938 年 11 月 24 日,陆军次官向华北方面军参谋长、华中派遣军参谋长、土肥原贤二传达了《建立中国新中央政府工作要领》。在这一份文件中,虽然"包括了汪兆铭和影佐大佐等在《和平试行方案》签字后,呼应汪兆铭的和平声明所做的大部分措施",但并未明言汪精卫集团在其中的位置,且坚持扶植"既定政权"成立"新中央政府"的方针,汪精卫集团仅为其所要包括的"各种势力"之一部:"既成政权要逐步吸收各种势力,或与其合作,聚真正中央政府之大成;既不可轻视既成政权而建立新中央政府,亦不可仅以既成政权来组织新中央政府。"[1]

　　日本当局并不打算将组建"新中央政府"一事交予汪精卫,但也不希望过早展示底牌,影响汪精卫的投日意志。因此对汪精卫集团取消"临时、维新政府"的要求,与之交涉的今井武夫认为"本件已超出谋略的范围,但从谋略的角度来看,若能满足其起义,亦属可行,目前并无极力争论的必要"。[2] 所谓"谋略的角度",意即暂与汪精卫虚与委蛇,优先"满足其起义",即诱其

---

[1] 「支那新中央政府樹立に関する件」、1938 年 11 月 24 日、「JACAR(アジア歴史資料センター)Ref. C04120903100、昭和 14 年「陸支受大日記第 24 号 2/2」(防衛省防衛研究所)」

[2] 「臨時、維新両政府取扱い問題」、本章亚资中心未单独录出,前后两部分分别位于如下两份文件之中:「日支協議の内容」、1938 年 11 月 15 日、「JACAR(アジア歴史資料センター)Ref. C11110698800、渡辺工作の現況　昭和 13 年 11 月(防衛省防衛研究所)」;「高宗武、梅思平等今後の行動予定」、1938 年 11 月 15 日、「JACAR(アジア歴史資料センター)Ref. C11110699000、渡辺工作の現況　昭和 13 年 11 月(防衛省防衛研究所)」

投降。

汪精卫集团同日本当局,就这样带着不同的预期,开始了下一步的行动。

(四) 日汪"重光堂密约"

劝降汪精卫的工作,虽然由军部主导,但也得到政府方面密切协同。影佐祯昭、今井武夫等人与汪精卫集团的交涉,"其一切经过,每次都由陆军大臣报告五相会议,并获得其同意"。① 而外务省也提供了重要协助,根据高宗武等人与影佐等人的计划,香港是汪精卫集团脱离重庆后的重要活动地点,但日军活动并不自由:"为了实行对汪谋略,要将香港当作汪一派活动的中心,但在占领广东后,我国军人无法进入英领香港活动,因此希望外务省的协助。"②为了确保计划能够顺利进行,高宗武要求,日本应将驻香港总领事换成与自己"互通腹心"的田尻爱义。高宗武的要求很快通过影佐祯昭,传达到陆相板垣征四郎处,板垣征四郎转述给外相有田八郎,有田"当即批准任命"。田尻本人判断,外务省之所以参加、配合劝降汪精卫的工作,"有着增强未来的发言权的考虑"。③

在公开场合,以首相近卫文麿为首的日本政府发表各项声明,为诱降汪精卫做出铺垫,而军部则秘密与汪精卫集团直接交涉。

11 月 12 日至 14 日,梅思平、高宗武等人奉汪精卫之命,就"和平条件"同影佐祯昭、今井武夫等人进行讨论。

---

① 影佐祯昭:《我曾经走过的路》,陈鹏仁编著:《汪精卫降日密档》,第 21 页。
② 田尻愛義『田尻愛義回想録:半生を賭けた中国外交の記録』,68 頁。
③ 田尻愛義『田尻愛義回想録:半生を賭けた中国外交の記録』,68 頁。

根据汪精卫集团的行动计划,日汪间就"和平条件"达成共识后,汪精卫将寻求借口离开重庆前往昆明,日本政府随即公布"和平条件",汪则声明与蒋介石断绝关系,再乘飞机赴河内,在之后转至香港,发表收拾时局的声明,掀起"和平运动"。与此同时,云南军队首先反蒋独立;四川军队接着起来响应。[①]

对于把诱降汪精卫当作"谋略工作"的日本来说,汪精卫的"和平运动"能否吸引实力派参加,能在多大程度上削弱国民政府,是问题的核心。而对于汪精卫集团而言,日本政府的"和平条件"是否可以接受,则是其投敌的重要前提。

日本当局曾构想,在诱降汪精卫、孔祥熙等"和平派"人物时,要提出较为宽大的条件,以吸引对方接受。宇垣曾交代驻香港总领事中村丰一,在进行"和平工作"之际,要向对方表示"日本国民视蒋介石为仇敌和对手,蒋下野,另组亲日反共政府,可以作为友邦,谈判较为宽大的条件"。[②] 外务省拟定的《对中国和平论者交涉要点》也要求,要向对方表示:"只有蒋介石下野,才能缓和日本国民情绪,给予中国较为宽大的和平条件。"[③]

本着这种给汪"较为宽大的和平条件"的要求,11 月 20 日,日本方面代表影佐祯昭、今井武夫,与汪方代表高宗武、梅思平在双方谈判地点,即日军土肥原机关长土肥原贤二私宅重光堂签订协

① 「支那側挙事計画」、1938 年 11 月 15 日、「JACAR(アジア歴史資料センター)Ref. C11110698800、渡辺工作の現況　昭和 13 年 11 月(防衛省防衛研究所)」

② 「日支和平交渉に関する件」、1938 年 8 月 6 日、「JACAR(アジア歴史資料センター)Ref. B02030666800、支那事変関係一件/善後措置(和平交渉ヲ含ム)(A-1-1-449)(外務省外交史料館)」

③ 「対支那和平論者交渉要旨」、1938 年 8 月 5 日、「JACAR(アジア歴史資料センター)Ref. B02030666800、支那事変関係一件/善後措置(和平交渉ヲ含ム)(A-1-1-449)(外務省外交史料館)」

议,即所谓"重光堂密约"。①　"重光堂密约"确定"中国承认满洲国",在经济方面"承认日本的优先权,特别是华北资源的开发和利用方面给予日本特殊的方便",赔偿日本侨民损失等。对汪精卫集团而言,密约确保在两年内撤军,撤销治外法权等,也算是一定程度的"让步"。在同日本方面的交涉中,梅思平"和高宗武自行计议:此等条款固为严酷,然……未始不可以此为谈判之基础",②消息传回重庆,周佛海也"觉得有这样的条件似乎可以和了",③汪精卫对此认为,"中国的国力已不能再战了,非设法和平不可了";④"熟虑之后,以为国民政府即以此为根据,与日本政府交换诚意,以期恢复和平"。⑤　显然,汪精卫认为,这样的条件是可以接受的。

就"重光堂密约"的具体条件,汪精卫向陈公博表示,"中日和平已经成熟,近卫已表示了几个原则:一、承认满洲国。二、内蒙共同防共。三、华北经济合作。四、取消租界及领事裁判权。五、相互不赔款。中国如答应,则日本于两年内撤兵",并认定其相对宽大。⑥

---

① 全文见附录。「日华协议记录」、1938 年 11 月 20 日、「JACAR(アジア歴史資料センター)Ref. C11110699400、渡辺工作の現況　昭和 13 年 11 月(防衛省防衛研究所)」

② 梅思平:《和平运动始末记》(1945 年 12 月 15 日),南京市档案馆编:《审讯汪伪汉奸笔录》,第 396、397 页。

③ 周佛海:《简单的自白》(1946 年 9 月),南京市档案馆编:《审讯汪伪汉奸笔录》,第 93 页。

④ 陈公博:《八年来的回忆》(1945 年 11 月),南京市档案馆编:《审讯汪伪汉奸笔录》,第 10 页。

⑤ 汪精卫:《艳电》(1938 年 12 月 29 日),黄美真、张云编:《汪伪政府资料选编·汪精卫集团投敌》,第 89 页。

⑥ 陈公博:《八年来的回忆》(1945 年 11 月),南京市档案馆编:《审讯汪伪汉奸笔录》,第 7 页。

以"重光堂密约"为基础,汪精卫向日本方面提出,对密约的部分内容,希望保留继续协议的余地,并希望在近卫声明中,添加对中国经济不进行垄断,不干涉内政的意思。①

客观地说,由于堀场一雄制订"调整中日新关系方针"的重要宗旨,在于将"解决事变的条件,限制在一月份提出的和平条件之内"。② 而据此而成的"重光堂密约"的条件,对中国而言,虽然仍是一份卖国条文,但相较"陶德曼调停"日方第二次提出的条件,并未更为严苛。尤其是不赔款、两年内撤兵的条文,是吸引汪精卫集团投敌的重要条件。

然而,作为日本陆军的"谋略工作"的一部分,"重光堂密约"的主要目的是引诱汪精卫从速投日,其双方的签订人,也并非中日当局的正式代表,密约并不具有真正的国际法效力,无法保证日本当局会切实履行。正如周佛海在战后供述中所表示的,在"重光堂密约"上签字的,"高、梅固然不能代表中国,影佐、今井又哪里能代表日本?"③

比如,关于"在两年内撤兵"的条件,汪精卫认为事关重大,以此作为自身煽动国内"和平"舆论的重要凭借:"其尤要者,日本军队全部由中国撤去,必须普遍而迅速,所谓在防共协定期间内在特定地点允许驻兵,至多以内蒙附近之地点为限。此为中国主权及行政之独立完整所关,必须如此,中国始能努力于战后之休养,努

---

① 「渡邉工作の現況(第 3 号)」、1938 年 12 月 6 日、「JACAR(アジア歴史資料センター)Ref. C12120078500、渡辺工作の現況(第 3 号及第 4 号)昭和 13 年 12 月 6 日(防衛省防衛研究所)」

② 堀場一雄『支那事変戦争指導史』、190、191 頁。

③ 周佛海:《简单的自白》(1946 年 9 月),南京市档案馆编:《审讯汪伪汉奸笔录》,第93 页。

力于现代国家之建设。"①

　　然而,日本陆军准备长期在华驻军,并无意按照"重光堂密约"为撤军时间设定限制,也无意为"谋略工作"而"软化立场"。12 月8 日,陆军省次官向华北方面军、华中派遣军参谋长发去电报,确认对华"新方针"并不会动摇长期驻军的底牌。电报中表示,近卫"准备在 11 日左右,于大阪以'总理谈话'的形式,发表御前会议通过的'调整日华新关系方针'的概要","谈话中可能包含'希望无需为确保治安而长期驻兵'的口吻,如果根据前后关系冷静判断的话,此事可谓理所应当,要避免让人误以为系我方软化立场,带来占领区之内民众的动摇,烦请将此点贯彻于下属部队,及对既成政权的指导中"。②

　　即便是"无需长期驻兵的口吻",最终也未能反映在近卫文麿发表的声明中。正如影佐祯昭所言,关于撤军,"这个问题在日本国内非常微妙","一提到撤兵便刺激日本一般国民",因此在之后发表的近卫声明中,"省略了撤兵的文字,这是由于陆军的要求所致"。③ 而据参与诱降汪精卫的犬养健回忆,自己曾就此问题向近卫求援,向陆军施加压力,近卫则表示"不行啊,不起作用"。④ 而实际上,近卫自己已经决定,"治安不恢复,则不撤兵"。⑤

　　另一方面,对日本能否诚实履约,汪精卫集团并无把握,亦无制

① 汪精卫:《艳电》(1938 年 12 月 29 日),黄美真、张云编:《汪伪政府资料选编·汪精卫集团投敌》,第 89 页。
② 「日支新関係調整方針の発表に関する件」、1938 年 12 月 8 日、「JACAR(アジア歴史資料センター)Ref. C04120817000、昭和 14 年「陸支受大日記第 17 号 1/3」(防衛省防衛研究所)」
③ 影佐祯昭:《我曾经走过的路》,陈鹏仁编著:《汪精卫降日密档》,第 22 页。
④ 犬养健著,任常毅译:《诱降汪精卫秘录》,南京:江苏古籍出版社 1996 年版,第 74 页。
⑤ 1938 年 12 月 12 日日记、小川平吉文書研究会『小川平吉関係文書』、430 頁。

约对方的筹码。而"和平工作"能否成功,能否拉拢"实力派"支持,也仍然是一个未知数。面对未来的不确定性,以及投敌所违背的民族大义,汪精卫内心充满矛盾迟疑,对未来茫然无措。在与日方联系的过程中,周佛海在日记中记下:"晚赴汪宅便饭,并商谈时局。实难决疑定计,实非易事也。"①甚至在"重光堂密约"已经签订后的 11 月 26 日,还出现了"汪忽对过去决定一概推翻,云须商量。余等(周佛海等)以冷淡出之,听其自决,不出任何意见"的情况。② 为了确认日本提出的"和平条件",周佛海等人要求对方"把这个条件阁议通过","还要御前会议通过","由总理大臣发表宣言,公诸世界",对方"居然都答应了",③汪精卫集团由此才得以坚定了投敌决心。

(五) 汪精卫投敌与发表"艳电"

12 月 4 日,高宗武、梅思平向日方通报,汪精卫已接受条件,准备开始"行动",日方表示没有异议。④ 汪精卫预定于 12 月 6 日离开重庆,然而由于蒋介石的突然返回重庆,汪精卫暂停出走计划,近卫原定于 11 日发表声明的计划也随之延后,这让日本不仅怀疑汪精卫的企图是否已经暴露,并且"出现了怀疑中(汪)方诚意的倾

---

① 周佛海著,蔡德金标注:《周佛海日记全编》(上编),第 188 页。

② 周佛海著,蔡德金标注:《周佛海日记全编》(上编),第 201 页。

③ 周佛海:《简单的自白》(1946 年 9 月),南京市档案馆编:《审讯汪伪汉奸笔录》,第 93 页。最终日本当局言而无信,犬养健后来在"北光丸"上对汪精卫的观察:"由于日本政府发表近卫声明时,对理应明确表示军队撤退日期这一重要的条款却只字不提,这对汪精卫来说,似乎是一个相当大的打击。"犬养健著,任常毅译:《诱降汪精卫秘录》,第 121 页。

④「渡邉工作の現況(第 3 号)」、1938 年 12 月 6 日、「JACAR(アジア歴史資料センター)Ref. C12120078500、渡辺工作の現況(第 3 号及第 4 号)昭和 13 年 12 月 6 日(防衛省防衛研究所)」

向"。① 最终,为了早日实现出逃,汪精卫在竭力掩饰意图的同时,准备冒险行动。12 月 16 日,汪精卫还与蒋介石"谈党政问题",②而 18 日,汪精卫自重庆乘机赴昆明,再于次日乘机赴河内。

在日本方面,11 月 30 日,御前会议通过"调整中日新关系方针";12 月 22 日,确认汪精卫到达河内的消息后,近卫发表第三次近卫声明,提出"日满华三国应以建设东亚新秩序为共同目标而联合起来,共谋实现相互善邻友好、共同防共和经济合作",并将之作为"同新生的中国调整关系的总方针"。③

汪精卫离开重庆国民政府,即在形式上脱离了国民党,这对汪精卫而言是一场巨大冒险。汪精卫长期以来并无嫡系部队,亦未能控制地方,其威望和号召力来源于在国民党内的号召力。正如日本外务省的石射猪太郎所观察的,一旦汪精卫投向日本,那么"就会和自己政治生命源泉的国民党相脱离"。④ 而据陈公博自称,自己曾向汪精卫表示过反对意见:"我当时对汪先生陈述几个理由……尤其不赞成的是汪先生离开重庆。我的大原则是'党不可分,国必统一'。"⑤实际上也是担心汪精卫离开重庆,会失去其来自国民党的政治基础。

---

① 「渡辺工作の状況(第 4)」、1939 年 1 月 15 日、「JACAR(アジア歴史資料センター)Ref. C12120078600、渡辺工作の現況(第 3 号及び第 4 号)昭和 13 年 12 月 6 日(防衛省防衛研究所)」

② 《蒋中正"总统"档案——事略稿本》(41),1938 年 12 月 16 日,第 674 页。

③ 《今井武夫回忆录》,第 95 页。

④ 「今後の事変対策に付ての考案(石射猪太郎提出)(宇垣一成自筆証明)」、1938 年 7 月、「JACAR(アジア歴史資料センター)Ref. B02030513300、支那事変関係一件第二巻(A‐1‐1‐343)(外務省外交史料館)」

⑤ 陈公博:《八年来的回忆》(1945 年 11 月),南京市档案馆编:《审讯汪伪汉奸笔录》,第 10 页。

　　汪精卫到达河内后,于12月28日,首先向重庆方面拍发《致中央常务委员会国防最高会议书》,陈述自身观点,表示"现在中国之困难在如何支持战局,日本之困难在如何结束战局,两者皆有困难,两者皆自知及互知之,故和平非无可望。外交方面,期待英美法之协助,苏联之不反对,德义之不作难,尤期待日本之觉悟。日本果能觉悟中国之不可屈服,东亚之不可独霸,则和平终将到来","今日方声明,实不能谓无觉悟","今日方既有此觉悟,我方自应答以声明,以之为和平谈判之基础,而努力折冲,使具体方案得到相当解决,则结束战事以奠定东亚相安之局,诚为不可再失之良机矣"。①

　　对于汪精卫煽动国民政府内部分化,蒋介石已有预料,并做好了相关准备。12月21日,蒋介石刚刚得知汪精卫到达河内之际,还感慨"此事殊所不料,当此国难空前未有之危局,不顾一切,借口不愿与共党合作,拂袖私行,置党国于不顾,岂是吾革命党员之行动乎,痛惜之至,惟望其能自觉回头耳"。② 然而,王宠惠、陈布雷等人希望汪精卫"回头"的劝说,相继遭到汪精卫拒绝。③

　　为了防止汪精卫出逃的影响扩大,12月23日,蒋介石决定调查"广东军人是否受汪影响","政府内部受汪影响之人几何",并准备"速定全会开会日期","对汪叛党之制裁"。④

---

① 汪精卫:《致中央常务委员会国防最高会议书》(1938年12月28日),黄美真、张云编:
　　《汪伪政府资料选编·汪精卫集团投敌》,第371页。
②《蒋中正"总统"档案——事略稿本》(42),1938年12月21日,第689页。
③「渡辺工作の状況(第4)」、1939年1月15日、「JACAR(アジア歴史資料センター)
　　Ref. C12120078600、渡辺工作の現況(第3号及び第4号)昭和13年12月6日(防衛省
　　防衛研究所)」
④《蒋中正"总统"档案——事略稿本》(42),1938年12月23日,第697页。

　　蒋介石准备在汪精卫发表响应声明之前,先行"发表文告,使其卖国奸计不售,亦所以挽救其政治生命"。① 12 月 26 日,重庆国民党纪念周上,蒋介石发表长达 6000 字的谈话,表示近卫声明是日本搅乱中国内部的阴谋,决不可为之所惑,必须坚持抗战到底,并且表明,汪精卫赴河内的行动,纯属个人行为,与国民政府绝对无关。②

　　12 月 29 日,汪精卫在河内发表"艳电",公开要求国民政府以近卫第三次声明中的"善邻友好、共同防共、经济提携"为根据,与日本媾和。从这份汪精卫投敌的标志宣言中,也能看到汪精卫一贯的对中日战争的看法。首先,汪精卫分析抗战原因,提出中国目的是"先谋北方各省之保全,再进而谋东北四省问题之合理解决,在政治上以保持主权及行政之完整为最低限度,在经济上以互惠平等为合作原则","中国认为此种希望不能实现,始迫而出于抗战"。③ 但汪精卫分析日本的新条件认为,日本宣布"善邻友好,并郑重声明日本对中国无领土之要求,无赔偿军费之要求,日本不但尊重中国主权,且将仿明治维新前例,以允许内地居住,营业之自由为条件,交还租界,废除治外法权,俾中国能完成其独立。日本既有此郑重声明,则吾人依于和平方法,不但北方各省可以保全,即抗战以来沦陷各地亦可收复,而主权及行政之独立完整亦得以保持;如此吾人遵照(临时代表大会)宣言谋东北四省问题之合理

---

① 《蒋中正"总统"档案——事略稿本》(42),1938 年 12 月 24 日,第 699、700 页。
② 「渡辺工作の状況(第 4)」、1939 年 1 月 15 日、「JACAR(アジア歴史資料センター)Ref. C12120078600、渡辺工作の現況(第 3 号及第 4 号)昭和 13 年 12 月 6 日(防衛省防衛研究所)」
③ 汪精卫:《艳电》(1938 年 12 月 29 日),黄美真、张云编:《汪伪政府资料选编・汪精卫集团投敌》,第 373 页。

解决,实为应有之决心与步骤"。①

从上述内容可以看出,汪精卫对日本政府的声明作出了颇为天真且具相当迷惑性的解读,近卫声明中虽然表示尊重中国主权,但并未表明视东北各省为中国主权范围之内,汪所谓东北四省问题之合理解决纯属其自身虚妄之想。日本虽然在此后并未对汪索赔军费,亦未对华北各省提出领土要求,但并不意味着其放弃对华控制权,所以所谓主权及行政之独立完整条件,实际上可谓主权并不完整,而行政更是全无独立性可言。此外虽然日本提及交还租界与废除治外法权,但并未提及时期,亦可视为空头支票。

除了第一点,汪精卫还提出了第二点"共同防共",系"日本政府既已阐明,当以日德意防共协定之精神缔结中日防共协定,则此种顾虑可以消除,防共目的在防止共产国际之扰乱的阴谋,对苏邦交不生影响。中国共产党人既声明愿为三民主义之实现而奋斗,则应即彻底抛弃其组织及宣传,并取消其边区政府及军队之特殊组织,完全遵守中华民国之法律制度"。② 从这一点分析来说,反共固然是日蒋汪共同的立场,但是所谓对苏邦交不生影响之点自不可能,如前所言,日本全面侵华有着对苏作战的考量因素影响。第三点是"经济提携",如汪自己所言,"吾人以政治纠纷尚未解决,则经济提携无从谈起",此点的决定前提是第一点的政治内容,汪对第一点的分析不符合事实,此点结果自然毋庸赘言,不可能实现汪所谓"按照中日平等之原则,以谋经济提携之实

① 汪精卫:《艳电》(1938 年 12 月 29 日),黄美真、张云编:《汪伪政府资料选编·汪精卫集团投敌》,第 373 页。
② 汪精卫:《艳电》(1938 年 12 月 29 日),黄美真、张云编:《汪伪政府资料选编·汪精卫集团投敌》,第 373 页。

现"的期望。①

汪精卫正基于上述对日本的判断,宣布"兆铭经熟虑之后,以为国民政府即以此为根据,与日本政府交换诚意,以期恢复和平"。② 国民党随之迅速做出对应,1939 年 1 月 1 日,国民党召开紧急中央执委、监委联席会议,通过了将汪永远开除出党的处分决定。③ 当夜,汪精卫"得到情报,知道重庆方面在策划剥夺我和同志们的国民党籍。对于这个情报,我和曾仲鸣俱颇黯然,这一晚,大家都沉思了一晚"。④

国民政府迅速反应,通过明确立场、果断责罚,对汪精卫的"求和行为"进行彻底否定,对国民政府内部其他可能附和汪精卫的人形成了有效震慑。在社会舆论方面,汪精卫于 1 月 8 日,发表自我辩解的声明后,在香港的各华文报纸,均采取了封杀的态度,国民政府则"发起全国媒体总动员,对汪进行猛烈抨击"。⑤

由于在签订"重光堂密约"之际,考虑到防止"汪精卫的立场被当作汉奸,而造成不利局面",高宗武等人请求"日本方面在最初阶段,暂不过分进行支援汪等的宣传"。⑥ 结果,中国舆论举国抨击汪

---

① 汪精卫:《艳电》(1938 年 12 月 29 日),黄美真、张云编:《汪伪政府资料选编·汪精卫集团投敌》,第 373 页。

② 汪精卫:《艳电》(1938 年 12 月 29 日),黄美真、张云编:《汪伪政府资料选编·汪精卫集团投敌》,第 373 页。

③ 犬养健著,任常毅译:《诱降汪精卫秘录》,第 82 页。

④ 汪精卫:《河内的正月》(1940 年),黄美真、张云编:《汪伪政府资料选编·汪精卫集团投敌》,第 441 页。

⑤ 「渡辺工作の状況(第 4)」、1939 年 1 月 15 日、「JACAR(アジア歴史資料センター)Ref. C12120078600、渡辺工作の現況(第 3 号及第 4 号)昭和 13 年 12 月 6 日(防衛省防衛研究所)」

⑥ 「協議以外支那側意見」、1938 年 11 月 21 日、「JACAR(アジア歴史資料センター)Ref. C11110699600、渡辺工作の現況　昭和 13 年 11 月(防衛省防衛研究所)」

精卫出走行为的同时,日本舆论却对此保持克制,并未公开予以支持。《朝日新闻》的相关报道,事关对汪立场之处,多借用中国媒体的内容,仅表示汪精卫出走对日本有利,少有支援之意,如"大公晚报报道……有传言说汪先生要对日进行和议,或者要赴北京就任临时政府的领袖";①并暗示汪精卫计划已久:"据当地华侨上层表示,汪精卫从重庆出走,绝非突然发起的行动。"②

在汪精卫发表艳电,明确求和立场之后,日本舆论也努力撇清汪精卫与日本的关系。汪精卫发表"艳电"之际,朝日新闻全文发表"艳电"内容,却并未作出评论。③ 在之后的社论中,虽然评价汪精卫的行动是"为了东亚的大局,奋起大勇猛心的结果",但同时强调"汪精卫一派脱离重庆政府,很明显是国民政府内斗的结果"。④

为了避免国人将自己视为汉奸,汪精卫请求日本避免公开对其进行援助,但其声明又未能得到广泛响应,而此时"对华新方针"与诱降汪精卫的重要推动者,日本首相近卫文麿突然宣布辞职,导致汪精卫集团愈发陷入孤立之中。

综上所述,由于日本扶植的伪政权实力薄弱,日军的侵华战局推进艰难。在武汉会战后,日本政府重新考虑诱降国民政府,先后出台了"第二次近卫声明"、《调整中日新关系方针》等宣言和文件,加强政治诱降。

在政治诱降的同时,日本同步进行了"谋略工作",主要目的是

---

① 「汪の帰還を要請」、『東京朝日新聞』朝刊,1938 年 12 月 29 日,2 面。
② 「注目の的、汪兆銘、河内に滞在か　匿名で某支那人宅に」、『東京朝日新聞』朝刊, 1938 年 12 月 29 日,2 面。
③ 「蒋介石等一派に対し、汪兆銘、重大声明発表　"速かに抗戦を止めよ"/汪兆銘声明 全文」、『東京朝日新聞』朝刊,1938 年 12 月 31 日,2 面。
④ 「汪兆銘脱離の影響」、『東京朝日新聞』朝刊,1939 年 1 月 9 日,3 面。

分化和削弱国民政府。高宗武被当成日军"谋略"的对象,进而又拉拢到了"主和派"的代表人物汪精卫。在一开始,日军将"汪精卫工作"当作"谋略工作"的一部分,寄希望于通过汪精卫投日,分化抗战阵营,削弱国民政府的实力。日本并以"谋略"的角度,同汪精卫集团签订了"重光堂密约",立足于吸引汪精卫集团投日,并带来连锁反应,拉拢各地方实力派参加。不过日本暂无以汪精卫为中心成立"新中央政府"的确定方案,这与汪精卫集团的期待和自我定位是不同的,也导致了汪精卫投日后,一段时间内日本对汪政策的混乱。

第二章 扶植汪伪政权成立
（1939 年 1 月—1940 年 3 月）

汪精卫投日后，日本首相近卫文麿突然辞职，日本政局发生的剧烈变动，让日本的对汪政策面临出现断层的危险。而汪精卫发表"艳电"后，应者寥寥，对抗战阵营的削弱极为有限，这意味着从"谋略"的角度来看，"汪精卫工作"是不成功的，汪精卫的投日并未带来日本期待的结果。

那么，要不要将"汪精卫工作"，由"谋略工作"转入"政略工作"，将对汪政策的重点由利用汪精卫拉拢实力派，分化抗战阵营，转为利用汪精卫组织伪政权？日本新上台的平沼骐一郎内阁迟迟没有作出决定，而对汪精卫采取了"静观"的态度，这一时期内，日汪间无法得到充分的互相沟通，日本的对汪政策也迟迟无法确定，处于混乱之中。

汪精卫在河内遭遇未遂刺杀，促使日本政府不得不重新审视对汪政策，确定在无法达成"谋略"目标前提下的对汪方案。在将汪精卫从河内接到上海后，以汪精卫为中心成立"新中央政府"的问题，也被提上了日本政府的日程表。

第一节　近卫内阁的更迭及对汪态度的转变

（一）近卫内阁的更迭

由于侵华决策连连失误，侵华战争陷入泥潭，让日本首相近卫文麿极为沮丧，近卫不但对继续进行侵华持久战缺乏信心，在陆军要求的与德、意缔结同盟的问题上，近卫也要处理极为复杂的各方关系，身心俱疲，于是下定了辞职决心。此时的近卫，陷入了"国家到底要去什么方向，到底怎么办，自己也不知道"①的迷茫之中。他表示："各方面的情况都很难说会进展顺利，可以说是陷入困境，因此打算借进入长期建设的阶段而辞职。"②

近卫的辞职决心，早在汪精卫投日之前已经下定，据近卫内阁书记官长风见章回忆，"早在（1938年）10月下旬，我（风见章）就应近卫的要求，为其起草辞职声明"。③

根据近卫的计划，发表第二次近卫声明，主要是为了通过发表新的声明，缓和"不以国民政府为对手"的第一次近卫声明。④ 近卫修正自身在之前确定的政策，将之作为任期的收尾工作，准备在"决定新国策"的同时，进行辞职的准备，计划在11月末辞职，将后续工作留给下一任首相。但正在此时，针对汪精卫的"谋略工作"，在近卫辞职前获得了进展。近卫"确定汪精卫准备脱离重庆的情报，是在11月中旬，在这个时候，汪精卫已经完全做好了脱离重庆

---

① 原田熊雄『西園寺公と政局』第七卷、235 頁。

② 『木戸幸一日記』（下）、1938 年 12 月 12 日、687 頁。

③ 風見章『近衞内閣』、170 頁。

④ 近衞文麿『平和への努力——近衛手記』、12 頁。

的准备,计划在 11 月下旬或 12 月中旬行动"。①

　　由于形势发生了变化,多名内阁成员明确表示,反对近卫辞职,要求近卫等到汪精卫离开重庆后再行决定。文相木户幸一表示,"现在最大的责任人是发兵六十万到海外的陆相,与陆相没有充分谅解就辞职,会让陆相陷入困境,而且情报显示,18 日,汪精卫要脱离重庆";而陆相板垣征四郎则劝阻近卫:"中国事变处于现在的阶段,特别是在汪精卫的进退的关键时刻,内阁绝对不能变化,不管怎样,请先等到 18 日再说。"②

　　近卫虽然接受了其他内阁成员的劝告,暂时放弃了辞职计划。但得知汪精卫顺利逃出重庆后,近卫又开始积极准备辞职,并拟请枢密院议长平沼骐一郎接任,但甚至平沼也认为:"在汪精卫已经脱离重庆,正在进行谋略工作的今天,近卫的辞职,从信义上来看也是不可以的。"③12 月 29 日,文相木户幸一、藏相池田成彬、陆相板垣征四郎等汇集近卫宅邸,力劝近卫放弃辞职之意,其中,"板垣根据谋略的进展,国际形势等,力求近卫改变主意,但近卫决心不为所动"。④

　　1939 年 1 月 4 日,近卫正式向天皇呈递辞呈,近卫内阁随之解散。⑤ 为了保持政策的连续性,包括陆相、海相、外相等近卫内阁大多数成员加入了接任的平沼骐一郎内阁。

　　近卫的辞职,对"汪精卫工作"是一个巨大的打击。对于刚刚脱离国民政府的汪精卫集团而言,近卫的辞职,不仅意味着失去了

---

① 風見章『近衛内閣』、171 頁。

② 『木戸幸一日記』(下)、1938 年 12 月 14 日、687—688 頁。

③ 『木戸幸一日記』(下)、1938 年 12 月 26 日、690 頁。

④ 『木戸幸一日記』(下)、1938 年 12 月 29 日、691 頁。

⑤ 『木戸幸一日記』(下)、1939 年 1 月 4 日、693 頁。

交涉工作的日方负责人,更疑惧日方条件可能生变。周佛海认为,近卫辞职的原因,可能是遭到强硬派的攻击:"(近卫声明)发表后被各方攻击,被迫辞职。"①

日本军部则认为:"总理辞职这样的做法,可以说是在国家存亡之际,放置调整中日新关系的所谓近卫声明不管,为了保存自身而逃跑。对此战争指导当局评论道:'无定见、无责任、无反省的三无原则,成了当世的风潮,近卫总理扔下百万大军,自己逃亡了。'"②"重光堂密约"的日方签字者影佐祯昭也感慨:"近卫竟也奇怪地干出这种事来啦,他把汪先生这样的中国元老拉到河内,而他却立即辞职,这简直没有一点儿国际信义啦!"③

(二) 对汪精卫的冷遇

在近卫辞职之后,汪精卫集团的活动,也陷入了停滞。

负责"渡边工作",即"汪工作"的今井武夫,为了促使日本当局重视"汪工作",在报告中强调:"汪精卫的行动,对重庆国民政府和一般民众,可以说都产生了晴天霹雳般的冲击,获得了比预期更好的效果",并判断"财界有着期待和平的气氛,对汪抱有赞赏之意,第三党同国家社会党有逐步参加汪的倾向","可以期待其他的反共主义者,可以在未来像汪一样脱离重庆","相信国民政府的分裂是不可避免的"。今井武夫还认为,"虽然龙云向蒋介石报告了汪精卫的出走,并向蒋介石效忠,但相信这是方便举兵的权宜之计"。此时,除了龙云,汪精卫还在同"潘文华、邓锡侯、刘文辉、张发奎

---

① 周佛海:《简单的自白》(1946 年 9 月),南京市档案馆编:《审讯汪伪汉奸笔录》,第94 页。

② 堀场一雄『支那事変戦争指導史』、241 页。

③ 犬养健著,任常毅译:《诱降汪精卫秘录》,第 77 页。

等”,进行联系,陈公博等人则在香港联系李宗仁、白崇禧等人,“相信这是暴风雨前的宁静”。“我方可以将‘汪声明’作为大义名分,将对各军阀的工作,万川归海,汇聚到汪工作之下”。①

今井报告竭力强调“汪工作”有希望,其背景是由于汪精卫的出走,不见削弱抗战阵营的成效,汪精卫自身也缺乏武装力量。逃到河内的汪精卫等人,处于孤立无援的状态。

外务省的驻香港总领事田尻爱义得知“汪事实上处于软禁状态”,“陷入了连逃出河内都不可能的苦境,我在香港万般焦急,但却毫无办法”。② 而汪精卫准备,“在日军逼近西安、宜昌时,再次发表声明”。③ 日本军方却并没有如汪精卫所愿,发起相应的进攻行动。

汪精卫进一步的行动计划,建立在日军发起新的大规模作战行动的基础上,然而,此时日军正准备进入战略收缩期。在武汉会战后,日军就计划“巩固持久战的态势”。④ 而确立持久战态势的期限“在 1939 年中期”,这就要求“避免扩大战线,将作战兵力控制在最少限度”。⑤ 根据 1939 年 6 月陆军省和参谋本部达成的共识,要

① 「渡辺工作の状況(第 4)」、1939 年 1 月 15 日、「JACAR(アジア歴史資料センター)Ref. C12120078600、渡辺工作の現況(第 3 号及第 4 号)昭和 13 年 12 月 6 日(防衛省防衛研究所)」

② 田尻愛義『田尻愛義回想録:半生を賭けた中国外交の記録』、69 頁。

③ 今井武夫「渡辺工作(第 2 期計画)」、1939 年 2 月、「JACAR(アジア歴史資料センター)Ref. C11110699800、渡辺工作の現況　昭和 13 年 11 月(防衛省防衛研究所)」

④ 「昭和 13 年秋季以降戦争指導方針」、1938 年 11 月 18 日、「JACAR(アジア歴史資料センター)Ref. C12120058100、支那事変戦争指導関係綴其の 2 昭和 13 年 1 月～昭和 17 年 11 月(防衛省防衛研究所)」

⑤ 「昭和 13 年以降対支処理方策」、1938 年 12 月 6 日、「JACAR(アジア歴史資料センター)Ref. C12120057300、支那事変戦争指導関係綴其の 1 昭和 12 年 7 月～昭和 13 年 11 月(防衛省防衛研究所)」

求在当年年底,将关内的 85 万侵华日军削减至 70 万人。[1]

汪精卫对日求和的行为,既有悖于民族大义,又缺乏日军军事方面的策应。结果,在河内的几个月时间里,汪精卫没能动员到一兵一卒随自己投敌。与近卫当初的计划相比,"除了汪精卫,何应钦等人均未脱离重庆,预想最终落空了"。[2] 而日本驻香港总领事田尻爱义,在提供资金支持,由陈璧君、周佛海、陈公博等人"策反张发奎等部队"的行动失败后,感慨汪精卫的行动"不但完全没有起谋略上的效果,而且香港一般舆论,都对汪精卫这样的叛徒不以为然","针对重庆工作的和平宣传,完全被重庆方面击溃了,日本的期望落空了"。[3]

与日本当局预想相反的是,蒋介石正好可以利用汪精卫的出走,清算国民政府内部对日求和的思想,树立自身抗战权威:"汪既脱离党国,此后政府内部纯一,精诚团结,敌倭对我挑拨离间与其利诱屈服之企图根本消除,吾知倭寇不久必将向我屈服矣。"[4]

由于分化国民政府效果不彰,"汪工作"对日本而言,"谋略"价值大大降低,而在日本政府更迭后,"汪工作"有着随近卫的辞职而人亡政息的倾向。

1939 年 1 月 15 日,今井武夫奉命返回东京,在提交关于"汪工作"的报告后,被调离"汪工作",并于 2 月上旬"协助土肥原中将做孔祥熙的工作"。3 月,今井被任命为参谋本部中国课长,更是"难

---

① 日军同时决定,1940 年末削减兵力至 50 万人,1941 年末至 40 万人,其后也保持此规模。但在年末制定预算之际,参谋本部改变意见,坚决反对减少兵力。『戦史叢書——支那事変陸軍作戦』(3)、150—152 页。

② 近衛文麿『平和への努力——近衛手記』、13 页。

③ 田尻愛義『田尻愛義回想録:半生を賭けた中国外交の記録』、69—70 页。

④《蒋中正"总统"档案——事略稿本》(41),1938 年 12 月 31 日,第 726 页。

以直接参与自从汪兆铭逃到河内之后的活动了"。① 一直到4月，"汪精卫工作"一事，才由"卸任了军务课长能够自由地行动的影佐大佐，接替了我(今井)"。② 中间的几个月，除今井在2月份从高宗武处"听取了汪兆铭派的内部情况，并对今后进行的工作的要点进行了协商"③，汪日双方鲜有直接联系。

　　作为日本新首相的平沼骐一郎，就任后在表明"继承近卫公的政策，保持我对华对外方针稳固不变"的同时，强调"兴亚外交的主流不会被一时的偶发事件所左右"，不会为"为汪一人的动向"而有所改变，④而对于汪精卫，"应该暂时等待和旁观"。⑤

　　日本对汪精卫的行动反应冷淡，主要有以下几个原因。

　　第一，近卫文麿是诱降汪精卫工作的主要推动者，也是与汪精卫相呼应的近卫声明的发表者，近卫的突然辞职，如前文所言，会不可避免地对诱降汪精卫工作造成直接影响。

　　第二，日汪间的谈判和日汪关系，至此一直保持在秘密状态。关于同汪精卫的谈判，日本当局将之列为绝密，日本内阁多数阁僚对此亦不知情。⑥ 在日汪签订"重光堂密约"之际，汪精卫集团要求日方对日汪关系保密，以防止汪精卫被当成汉奸。⑦ 而汪精卫发表

----

① 今井武夫『日中平和工作：回想と証言 1937—1947』、83頁。

② 影佐接替今井负责对汪工作后，今井仍然保持着对这一工作的参与。今井武夫『日中平和工作：回想と証言 1937—1947』、83頁。

③ 今井武夫『日中平和工作：回想と証言 1937—1947』、83頁。

④「週間外交/興亜、防共外交不動　汪声明に支那側動く」、『東京朝日新聞』朝刊，1939年1月9日，2面。

⑤ 引自小川同平沼的会谈。1939年1月17日日记、小川平吉文書研究会『小川平吉関係文書』、438頁。

⑥ 1938年12月12日日记、小川平吉文書研究会『小川平吉関係文書』、429頁。

⑦「渡辺工作の現況」、1938年11月、「JACAR(アジア歴史資料センター)Ref. C11110698500、渡辺工作の現況　昭和13年11月(防衛省防衛研究所)」

求和声明后,与汪精卫集团对接的日方人员今井武夫向东京报告,汪精卫出走与日本的关系尚未泄露:"中国一般人对汪抱有两分的立场,要么认为其将取得相当的成功,要么认为其很难东山再起。无论何种意见,均不知道汪精卫和日本方面的关系,都是一些从表面看问题的想法";因此,需要将相关工作保持在秘密状态:"出于展开其他工作的需要,固然要对汪进行大力援助,但决不可过早暴露日本与汪的关系,不然可能将中国人逼到对立面。对汪相关工作者要守口如瓶,决不能被一般中国人知道与汪精卫的关系。"①

第三,根据日汪间的计划,汪精卫发起"和平运动",主要由汪精卫集团在暗中进行。虽然汪精卫出走后,中国舆论呈现一边倒的态势,日本舆论则保持中立,汪精卫在舆论上处于不利地位,但汪精卫"与其说(重视)对表面的宣传,不如说更(重视)暗中的获取同志运动"。② 因此,"汪兆铭(精卫)相信自己能够有西南派、云南、四川及政府内的同志呼应,于是拒绝了日本的援助,独自进行这种方策的推进,暂居河内等待机会"。③

第四,日本当局对汪精卫是否可信,始终抱有一定疑虑。即便是大力推动诱降汪精卫的近卫文麿本人,也在汪精卫延迟出走之际担心,"是否遭到了汪的欺骗"。④ 而近卫的继任者平沼骐一郎,更是认为:"汪精卫在行动之前,很可能就是得到了蒋介石的谅解,

---

① 「渡辺工作の状況(第4)」、1939 年 1 月 15 日、「JACAR(アジア歴史資料センター) Ref. C12120078600、渡辺工作の現況(第 3 号及第 4 号)昭和 13 年 12 月 6 日(防衛省防衛研究所)」

② 「渡辺工作の状況(第4)」、1939 年 1 月 15 日、「JACAR(アジア歴史資料センター) Ref. C12120078600、渡辺工作の現況(第 3 号及第 4 号)昭和 13 年 12 月 6 日(防衛省防衛研究所)」

③ 堀場一雄『支那事変戦争指導史』、233—234 頁。

④ 1938 年 12 月 11 日日記、小川平吉文書研究会『小川平吉関係文書』、429 頁。

因此对于这样的时局,应该暂时等待和旁观。"①驻香港总领事田尻发给外务省的情报一度也认为:汪精卫集团的脱逃出乎意料地顺利,而与蒋的互动又极为复杂,因此"虽然无法得出汪的行动是受命于蒋的结论,却也无法排除汪遭到蒋利用的可能性"。②

第五,日本当局很难在"和平条件"上做出让步,亦很难公开对"重光堂密约"的条款做出承诺。小川平吉曾向近卫表示,虽然和汪精卫达成了密约,但"汪精卫之外的中立派,尚不知内情",因此"应该说明更加详细的政策方针"。但近卫表示,"这要看声明(注:第三次近卫声明)的反响如何,而且据说,军部的少壮派对条件极为不满"。③ 结果,近卫在辞职前,并未公开发表"重光堂密约"的具体条件,而对汪精卫态度消极的平沼骐一郎,在继任首相后,也未有实际的呼应汪精卫的声明或行动。

在这样的情况下,远未达成日本期望的汪精卫集团还企图在"日方认为汪为收拾时局最恰当之人"之际,"以双十节为期,在南京组织新政府","立即取消临时、维新政府,其人员为新中央政府所吸收"④,这与日本当局的计划相去甚远,而日本当局的态度,也让汪精卫等人感到了失望和迷惘。

---

① 小川平吉在同平沼骐一郎密谈中国局势之际,小川表示,相信蒋对日和平的意愿仍然非常充分,只是正在做求和后对付共产党的准备,而平沼表示深有同感,自己可以断言,汪精卫在行动之前,很可能就是得到了蒋介石的谅解,因此对于这样的时局,应该暂时等待和旁观。1939 年 1 月 17 日日记、小川平吉文書研究会『小川平吉関係文書』、438 頁。

② 「田尻総領事発有田外務大臣宛電」、1938 年 12 月 26 日、「JACAR(アジア歴史資料センター)Ref. B02031742600、支那事変ニ際シ支那新政府樹立関係一件/汪精衛関係第二巻(A-6-1-1-8_5_002)(外務省外交史料館)」

③ 1938 年 12 月 30 日日記、小川平吉文書研究会『小川平吉関係文書』、433 頁。

④ 今井武夫「渡辺工作(第 2 期計画)」、1939 年 2 月、「JACAR(アジア歴史資料センター)Ref. C11110699800、渡辺工作の現況　昭和 13 年 11 月(防衛省防衛研究所)」

　　近卫的突然辞职,严重打击了正期待近卫文麿采取下一步行动的汪精卫集团。近卫宣布辞职的正式理由是"中国事变进入长期建设的新阶段(注:意味着前期的军事进攻势头可能钝化),随着迈入圣战第三年的新春,应由新的内阁来担当事变新阶段的时局",①日本媒体对此解读为"逐渐失去威慑力的近卫内阁退场,新内阁出场,可以强化我国政治体制,应对事变的新阶段"。② 从另一个方面解读,所谓"逐渐失去威慑力的近卫内阁",变相承认了近卫内阁无力解决中国问题。对此今井武夫注意到"中国各报纸均认为,帝国政变是日本战力减退,内外陷入困局,为打开局面,近卫内阁不得已总辞职",结果"在香港的同志都出现了失望的情绪"。③

　　汪精卫集团离开重庆后,日本方面几乎断绝了同其的来往,这固然是保密的需要,但也让汪精卫集团完全无法知道日本的态度和计划,也无法与日本配合,展开行动。在河内的汪精卫本人,是在曾仲鸣遇刺身亡后,才"第一次面会日本方面的人",④而周佛海"从二十七(1938)年十二月二十八日一直到二十八(1939)年四月中旬,没有一点活动,也没有见过一个日本人"。⑤ 而且日本当局在发表第三次近卫声明后,便没有发表进一步的声明,也没有公开对华媾和具体条件,结果汪精卫等人"在当时,日本方面的意见,我们

①「近衛内閣遂に総辞職」、『東京朝日新聞』夕刊,1939 年 1 月 5 日,1 面。
②「対支国策動かず」、『東京朝日新聞』夕刊,1939 年 1 月 5 日,1 面。
③「渡辺工作の状況(第 4)」、1939 年 1 月 15 日、「JACAR(アジア歴史資料センター)Ref. C12120078600、渡辺工作の現況(第 3 号及第 4 号)昭和 13 年 12 月 6 日(防衛省防衛研究所)」
④ 汪精卫:《述思》(1941 年 8 月 10 日),黄美真、张云编:《汪伪政府资料选编·汪精卫集团投敌》,第 444 页。
⑤ 周佛海:《简单的自白》(1946 年 9 月),南京市档案馆编:《审讯汪伪汉奸笔录》,第 94 页。

也不明白,近卫声明是原则,日本方面,在具体上将如何,完全不明了"。① 日本方面也"虽然高宗武来日",但"全无来自汪精卫本人的报告"。② 平沼骐一郎要"暂时等待和旁观",而汪精卫等人也决定"暂守沉默,静观事态"。③

在这样的背景下,发生了军统刺汪未遂的事件,正是这一事件,促使日本对汪政策发生了转变。

(三) 自河内"营救"汪精卫

汪精卫到达河内后,今井武夫认为,法国殖民当局对汪并无恶感,汪的安全有所保证:"汪在河内,河内当局虽然没有明确表示予以方便的态度,但对刺客等事加以警戒,表现出了好意,可以说没有太大的不便。"④1939 年 2 月,在同高宗武会谈后,今井仍认为:"汪在法属印度支那,有充分保护。"⑤

然而,1939 年 3 月 21 日凌晨,军统特务潜入河内汪精卫寓所,实施刺杀,汪精卫虽然逃过一劫,但其秘书曾仲鸣中弹身亡。

由于与汪精卫长时间缺乏联系,日本当局对汪精卫的处境认识极为混乱,很难迅速决定统一的下一步的应对方案。

---

① 汪精卫:《河内的正月》(1940 年),黄美真、张云编:《汪伪政府资料选编·汪精卫集团投敌》,第 441 页。
② 外相有田八郎所言。1939 年 2 月 16 日日记、小川平吉文書研究会『小川平吉関係文書』、444 頁。
③ 汪精卫:《河内的正月》(1940 年),黄美真、张云编:《汪伪政府资料选编·汪精卫集团投敌》,第 441 页。
④「渡辺工作の状況(第 4)」、1939 年 1 月 15 日、「JACAR(アジア歴史資料センター)Ref. C12120078600、渡辺工作の現況(第 3 号及第 4 号)昭和 13 年 12 月 6 日(防衛省防衛研究所)」
⑤ 今井武夫「渡辺工作(第 2 期計画)」、1939 年 2 月、「JACAR(アジア歴史資料センター)Ref. C11110699800、渡辺工作の現況　昭和 13 年 11 月(防衛省防衛研究所)」

　　内阁情报部的情报认为,刺客很可能"一开始针对的目标就是曾仲鸣",而非汪精卫,目的是威慑汪精卫的追随者,分化汪精卫阵营。① "蒋计划通过针对汪的追随者的恐怖行动,动摇汪一派,迫使其放弃分化国民党的对西南派的工作,使汪失势,只能被迫出游国外"。②

　　无论是刺客的目的是刺汪还是刺杀他人,此时"总之形势极为险恶,汪一派的处境极为困难",③日本当局无法持续对汪精卫"暂时等待和旁观"的政策,需要紧急做出应对。

　　3月末,汪精卫通过高宗武向日本方面发出请求,表明准备离开河内,请求日本方面准备船只。④ 日军中央准备"将汪带到台湾避难",而汪本人"似乎希望能前往上海"。⑤ 为了协助汪精卫脱离危险,陆相板垣征四郎向影佐祯昭下令,要求"从河内救出汪,将其带到安全地带",至于要去的地方,"上面指示要考虑到汪的安全和

---

① 「汪兆銘派内部に動揺か」、1939 年 3 月 31 日、「JACAR（アジア歴史資料センター）Ref. A03024429900、各種情報資料・情報（国立公文書館）」

② 「汪派の立場困難か」、1939 年 4 月 1 日、「JACAR（アジア歴史資料センター）Ref. A03024430500、各種情報資料・情報（国立公文書館）」实际上,据军统实际参与刺汪者陈恭澍、沈醉的回忆,刺杀目标确系汪精卫,误中副车而击毙曾仲鸣。沈醉:《我所知道的戴笠》,北京:群众出版社 1979 年版;陈恭澍:《河内汪案始末》,台北:传记文学出版社 1983 年版。

③ 「汪派の立場困難か」、1939 年 4 月 1 日、「JACAR（アジア歴史資料センター）Ref. A03024430500、各種情報資料・情報（国立公文書館）」

④ 「香港電第三七零号」、香港機関発次長宛電、1939 年 3 月 31 日、「JACAR（アジア歴史資料センター）Ref. B02031726900、支那事変ニ際シ支那新政府樹立関係一件/支那中央政権樹立問題（臨時維新政府合流問題連合委員会関係、呉佩孚運動及反共、反蒋救国民衆運動）第二巻（A-6-1-1-8_3_002）（外務省外交史料館）」

⑤ 「田尻総領事より有田外務大臣宛電」、1939 年 3 月 29 日、「JACAR（アジア歴史資料センター）Ref. B02031743500、支那事変ニ際シ支那新政府樹立関係一件/汪精衛関係第二巻（A-6-1-1-8_5_002）（外務省外交史料館）」

运动的方便,以及尊重汪的意思以行动"。① 同时,考虑到"高宗武所说的似乎总同汪的有所出入,必须由影佐大佐亲自同汪会面",②影佐还负有确认汪精卫的下一步计划的任务。

由于缺乏同汪精卫的直接联系,日本当局除了通过香港方面获取的情报,对汪精卫本人的意愿,未来的计划,乃至具体的应对方式都不甚了了,甚至无法确定汪精卫与国民政府,尤其是蒋介石的真实关系。在影佐祯昭列席五相会议,报告"救出汪精卫计划"并请示之际,还有阁员"认为汪的逃出重庆,可能有蒋氏暗中的理解",影佐自己"也赞成其看法,并希望是这样"。③

根据计划,影佐祯昭化名为河村定雄,以日本糖业联合会出差员工的名义,携众议员犬养健、兴亚院书记官矢野征记,于4月16日抵达越南,在绝密状态下同汪精卫展开接触。④

在河内,影佐同汪精卫会谈时,"汪蒋默契说"遭到了汪精卫亲自否定,汪表示,蒋介石"不可能实行和平"。⑤ 汪精卫还表示,"已下定决心,从速前往安全且便于发展运动的地点——上海",对于影佐呈递的外相有田八郎、陆相板垣征四郎等人的书信,汪精卫表示"目前忙于准备赴上海事宜,到上海后,待稍有安顿,再行呈上

---

① 影佐祯昭:《我曾经走过的路》,陈鹏仁编著:《汪精卫降日密档》,第23页。

② 「香港電第三七零号」、香港機関発次長宛電、1939年3月31日、「JACAR(アジア歴史資料センター)Ref. B02031726900、支那事変ニ際シ支那新政府樹立関係一件/支那中央政権樹立問題(臨時維新政府合流問題連合委員会関係、呉佩孚運動及反共、反蒋救国民衆運動)第二巻(A-6-1-1-8_3_002)(外務省外交史料館)」

③ 影佐祯昭:《我曾经走过的路》,陈鹏仁编著:《汪精卫降日密档》,第23页。

④ 「汪一件」、田尻総領事より有田外務大臣宛電、1939年4月1日、「JACAR(アジア歴史資料センター)Ref. B02031726900、支那事変ニ際シ支那新政府樹立関係一件/支那中央政権樹立問題(臨時維新政府合流問題連合委員会関係、呉佩孚運動及反共、反蒋救国民衆運動)第二巻(A-6-1-1-8_3_002)(外務省外交史料館)」

⑤ 影佐祯昭:《我曾经走过的路》,陈鹏仁编著:《汪精卫降日密档》,第24、25页。

回信"。①

　　根据汪精卫的要求,影佐等人开始准备接应汪精卫等人前往上海。4 月 21 日,影佐离开河内,前往接应的"北光丸"上,而汪精卫定于 25 日黎明出发,准备共同赴沪。②

　　然而,22 日,参谋本部却通过外务省发去电报,表示虽然前往上海亦可,但需稍待时日:"大阪(上海)之状况尚不安妥,竹内(汪精卫)先生目前并不适当前来,在当地准备妥当之前(约需五六十日),暂居青岛为妥当。"③

　　23 日下午,日本驻河内总领馆派人告知已在海防的影佐,影佐却仍坚持要先去上海,可以让矢野征记利用最近交通先到上海,协助上海方面进行准备。④

　　25 日,汪精卫乘船离开河内,准备前往上海。同日,在上海的土肥原机关成员晴气庆胤向参谋本部发去电报,请求紧急通知影佐,"尽量延迟汪赴沪事宜",原因是"目前上海并不安全,亦不便于

---

① 「汪一件」、河内総領事館発外務省宛電、1939 年 4 月 19 日、「JACAR(アジア歴史資料センター)Ref. B02031726900、支那事変ニ際シ支那新政府樹立関係一件/支那中央政権樹立問題(臨時維新政府合流問題連合委員会関係、呉佩孚運動及反共、反蔣救国民衆運動)第二巻(A-6-1-1-8_3_002)(外務省外交史料館)」

② 矢野征記「渡辺工作現地報告」、1939 年 5 月 15 日、「JACAR(アジア歴史資料センター)Ref. B02031743900、支那事変ニ際シ支那新政府樹立関係一件/汪精衛関係第三巻〔矢野記録〕(A-6-1-1-8_5_003)(外務省外交史料館)」

③ 参謀本部第二部長発、外務省に依頼、河内影佐大佐宛「竹内工作ノ件(極秘電)」、1939 年 4 月 22 日、「JACAR(アジア歴史資料センター)Ref. B02031727200、支那事変ニ際シ支那新政府樹立関係一件/支那中央政権樹立問題(臨時維新政府合流問題連合委員会関係、呉佩孚運動及反共、反蔣救国民衆運動)第二巻(A-6-1-1-8_3_002)(外務省外交史料館)」

④ 矢野征記「渡辺工作現地報告」、1939 年 5 月 15 日、「JACAR(アジア歴史資料センター)Ref. B02031743900、支那事変ニ際シ支那新政府樹立関係一件/汪精衛関係第三巻〔矢野記録〕(A-6-1-1-8_5_003)(外務省外交史料館)」

发起运动","敌方对汪一派镇压极为激烈,根据租界的现状,运动
不可能取得进展","不可让唐绍仪事件重演",其次"本工作要在事
前与既有政权充分沟通协调","汪不宜立即来沪"。①

　　然而,对晴气庆胤不可操之过急的意见,日本当局已无暇从容
考虑。4月25日,日本当局自河内领事馆收到报告,表明汪精卫面
临局势极为险恶,已无从容讨论的余地,必须从速前往上海:"蓝衣
社针对汪的有组织行动极为炽烈,可能发生第二次刺杀行动,形势
极为危急,即便影佐等人从速乘船离开,也只能随机应变,预定计
划的成功只能是听天由命,一旦机会稍纵即逝,本工作就没有了未
来。因此,虽然外务省电报表示上海方面情况并不允许前往,但基
于大局,为了达成大方针,中央应设法采取措施。"②

　　在这样的背景下,日本当局只能接受汪精卫前往上海。4
月30日,晴气庆胤报告,"迎接汪精卫登陆、汪精卫住处警戒等
工作,在极密的状态下顺利进展,最晚在四日内能够完成",汪
精卫等人得以不经青岛,直接前往上海。③ 5月初,汪精卫等

①「中支第二〇三號電」、第二部長へ晴氣少佐より、1939年4月25日、「JACAR(アジ
　ア歴史資料センター)Ref. B02031727200、支那事変ニ際シ支那新政府樹立関係一
　件/支那中央政権樹立問題(臨時維新政府合流問題連合委員会関係、呉佩孚運動及
　反共、反蒋救国民衆運動)第二巻(A-6-1-1-8_3_002)(外務省外交史料館)」
②「河内電第五六號」、白井へ門松より、1939年4月25日、「JACAR(アジア歴史資料
　センター)Ref. B02031727200、支那事変ニ際シ支那新政府樹立関係一件/支那中央
　政権樹立問題(臨時維新政府合流問題連合委員会関係、呉佩孚運動及反共、反蒋救
　国民衆運動)第二巻(A-6-1-1-8_3_002)(外務省外交史料館)」
③「白井少佐へ晴氣少佐より」、1939年4月30日、「JACAR(アジア歴史資料センタ
　ー)Ref. B02031727300、支那事変ニ際シ支那新政府樹立関係一件/支那中央政権樹
　立問題(臨時維新政府合流問題連合委員会関係、呉佩孚運動及反共、反蒋救国民衆
　運動)第二巻(A-6-1-1-8_3_002)(外務省外交史料館)」

抵沪。①

第二节　决定扶植汪精卫政权与接待汪访日

（一）成立"汪精卫政权"方案的提出

曾仲鸣遇刺身亡事件，给了汪精卫很大的冲击。如国民政府外交部部长王宠惠便认识到"在曾仲鸣事件后，汪兆铭的态度很难再发生转变，现在汪和当局，都将各自走向极端"。② 对汪精卫而言，"走向极端"便是公开彻底和重庆国民政府决裂，自己加速另组对立的"新中央政府"。

但汪精卫集团并非于此才开始准备成立"新政权"。自重光堂会谈起，汪精卫集团便将"建立新政府"，合并"维新""临时"两个伪政府，当作未来行动的重要选项。1939 年 2 月，高宗武访日之际，曾向今井武夫传达了汪精卫提出的 3 个方案：一是日本以蒋介石为对手；二是以第三者作为收拾时局之人；三是以汪精卫收拾

---

① 据影佐的回忆，汪精卫等人抵达上海是 5 月 6 日，晴气的回忆则为 5 月 8 日。据影佐发给参谋本部的电报，其计划到达时间为 6 日，实际 8 日上岸。「渡辺工作関係電報」、1939 年 5 月 2 日、「JACAR（アジア歴史資料センター）Ref. B02031727200、支那事変ニ際シ支那新政府樹立関係一件/支那中央政権樹立問題（臨時維新政府合流問題連合委員会関係、呉佩孚運動及反共、反蒋救国民衆運動）第二巻（A－6－1－1－8_3_002）（外務省外交史料館）」

② 「王寵惠二十五日發王正廷宛電報要領」、第五四七號電、有田外務大臣へ田尻総領事より、1939 年 4 月 26 日、「JACAR（アジア歴史資料センター）Ref. B02031727200、支那事変ニ際シ支那新政府樹立関係一件/支那中央政権樹立問題（臨時維新政府合流問題連合委員会関係、呉佩孚運動及反共、反蒋救国民衆運動）第二巻（A－6－1－1－8_3_002）（外務省外交史料館）」

时局。①

　　在河内与影佐的会面中,汪精卫表示,自己仍然准备根据上述
3 个方案中,日本选中的任何一个方案行动。然而,汪精卫否认蒋
介石有与日媾和的意愿,又表明如果日本选择第二个方案,自己则
只能以"在野之身"进行协助②,意即不会公开参与,实际上要求日
本采取第三套方案,即以汪精卫自己为中心,成立"新中央政府"。

　　汪精卫认为,自己发表"艳电"以来所进行的宣传与日媾和的
"和平运动",效果不彰,未能吸引"和平派"的归附,因此需要更弦
易辙,直接成立"新政府"。汪精卫向影佐表示:"现在中央政府逃
入重庆,中国民众失去了能同日本讲和的代表,重庆方面和全中国
的和平派也没有可依靠的中央政府,因此需要建立安定民心、进行
和平交涉的中央政权,并得到日本的承认,负责和平交涉。"③

　　在前往上海的途中,汪精卫同影佐就成立"新政府"问题,再次
进行详谈。汪精卫说:"以往,和平运动的展开,系以国民党员为中
心组织和平团体,以言论指出重庆抗日理论之所以错误,宣扬和平
是拯救中国和东亚的唯一方法,逐渐扩大和平阵营,以转变重庆的
想法。但仔细思考结果,我觉得要只靠言论来改变重庆的态度,是
非常困难的。于是我得出这样的结论:即不如进一步建立和平政
府……因此如果贵国政府没有异议的话,我想变更从前的计划,希

---

① 今井武夫「渡辺工作(第 2 期計画)」、1939 年 2 月、「JACAR(アジア歴史資料センタ
　ー)Ref. C11110699800、渡辺工作の現況　昭和 13 年 11 月(防衛省防衛研究所)」

② 矢野征記「渡辺工作現地報告」、1939 年 5 月 15 日、「JACAR(アジア歴史資料センタ
　ー)Ref. B02031743900、支那事変ニ際シ支那新政府樹立関係一件/汪精衛関係第三
　巻〔矢野記録〕(A - 6 - 1 - 1 - 8_5_003)(外務省外交史料館)」

③ 矢野征記「渡辺工作現地報告」、1939 年 5 月 15 日、「JACAR(アジア歴史資料センタ
　ー)Ref. B02031743900、支那事変ニ際シ支那新政府樹立関係一件/汪精衛関係第三
　巻〔矢野記録〕(A - 6 - 1 - 1 - 8_5_003)(外務省外交史料館)」

望建立和平政府。"

日本当局一直将"汪精卫工作"当作一项"谋略行动",并未认真考虑成立以汪为中心的"新政府",也没有做好相应准备。作为对汪工作负责人的影佐明白:"我的任务只是要把汪氏带往安全地带,对他的计划,我不能表示意见,所以我回答他说'我照会政府的意见后再行奉告。'"影佐在回忆录中称,此时自己的想法是,"将来日本在实际政策上很难照近卫声明做的话,建立政府失败的可能性还是很大,所以不如不建立政府来做和平运动比较好"。①

然而,据驻香港总领事田尻爱义回忆,此时的影佐,已经决心推动汪精卫成立"新政府"。在田尻赶到上海与刚刚登陆的影佐会合时,影佐表示:汪的出路有 3 条,一是下野外游;二是留在上海等日本占领区,用言论呼吁和平;三是成为统合日本占领区的新政府的首脑。自己和汪商议的结果,认为应该选择第三条路,即汪精卫出马建立"新政府"。②

对于如何对待汪精卫的问题,在同影佐商议之前,田尻早有自己的看法。4 月中旬,在向外相有田八郎提交的报告中,田尻认为,汪精卫进行的"和平运动",其对军事方面的影响,可以说是"自我满足的程度,就算和'实力派'有着密切联系,其最后发动,也要等我军先进行相应的军事行动,根据现在的情况,就算往好里说,其成功的可能性也不到百分之五十,因此对汪政策必须有所转变"。而对于汪精卫成立"新政府"的情况,田尻也极不乐观,认为如果在占领地成立政府,"汪就完全成了汉奸,不要说是对重庆政府宣传半信半疑的人,就算一直倾向于反战救国的人,也无法去追随汪

① 影佐祯昭:《我曾经走过的路》,陈鹏仁编著:《汪精卫降日密档》,第 26、29 页。
② 田尻愛義『田尻愛義回想録:半生を賭けた中国外交の記録』、68 頁。

了,对重庆的分化工作势必要从头开始";因此田尻主张,还是要"利用汪发表和平声明的影响",设法保持其表面上的中立身份,继续分化国民政府。①

在影佐营救汪精卫之后,田尻仍然认为,汪精卫集团不具备足够的利用价值。田尻在向外务省的报告中表示,情报显示"汪一派不要说是张发奎和西南派了,连集中力量进行工作的对象——龙云和薛岳也不会起兵,汪一派对此极为焦虑,不知如何面对和平工作的中途挫折,虽然汪仍有坚决决心,但其在香港的同志已经产生动摇"。②

因此田尻回答影佐,不应选择组建政府的第三条路,而应选择第一条路,对汪精卫"厚礼回报,建议外游",结果影佐对此并不赞同。③

在田尻的记载之外,根据小川平吉日记可以确认,影佐甚至早在 1939 年 3 月 23 日,在同小川的会面中,就透露希望"以汪为中心,联合李、白,建立包括南北政府、吴佩孚等在内的新政府",当然,这一时期,扶植汪精卫成立"新政府"的时机远未成熟,小川不禁感叹:"影佐真是令人意外的理想主义者啊"。④　但可以由此看

---

① 「第四七五號電」、有田外務大臣へ田尻総領事より、1939 年 4 月 14 日、「JACAR(アジア歴史資料センター)Ref. B02031727200、支那事変ニ際シ支那新政府樹立関係一件/支那中央政権樹立問題(臨時維新政府合流問題連合委員会関係、呉佩孚運動及反共、反蒋救国民衆運動)第二巻(A-6-1-1-8_3_002)(外務省外交史料館)」

② 「第五三二號電」、有田外務大臣へ田尻総領事より、1939 年 4 月 25 日、「JACAR(アジア歴史資料センター)Ref. B02031727500、支那事変ニ際シ支那新政府樹立関係一件/支那中央政権樹立問題(臨時維新政府合流問題連合委員会関係、呉佩孚運動及反共、反蒋救国民衆運動)第二巻(A-6-1-1-8_3_002)(外務省外交史料館)」

③ 田尻愛義『田尻愛義回想録:半生を賭けた中国外交の記録』、71 頁。

④ 1939 年 3 月 23 日日記、小川平吉文書研究会『小川平吉関係文書』、458 頁。

到,影佐所扮演的角色,绝非简单的日本当局与汪精卫集团之间的中介人,对于成立以汪精卫为中心的"新政府"的计划,影佐自称的"我的任务只是要把汪氏带往安全地带,对他的计划,我不能表示意见","不如不建立政府来做和平运动比较好",并不符合实际,相反,早在汪精卫亲自表态之前,影佐就是由汪精卫牵头成立"新政府"工作的大力推动者。汪精卫集团的投日组府活动,在汪精卫本人的意志之外,得到了日本当局,尤其是影佐个人的大力推动。

抵沪之初,汪精卫仍准备在公开场合,以表面上中立的身份进行"和平运动",因此主张住处"一定要在沪西,因为在那里不受日本人牵制,中国人可以自由出入",①企图隐藏对日本的依附关系。但影佐通过让汪精卫"从丁默邨等人处认识到了上海的实际情况",使汪精卫"只能暂时放弃在上海进行运动的方案,等待丁默邨等人的工作(注:肃清租界军统等势力,确保汪精卫能安全活动的环境)奏效"。② 影佐还提议"暂时住到陆战队的宿舍里去","汪听取了影佐大佐的意见,并根据他的意见作出决定"。③

在日军控制范围内,汪精卫夫妇只能完全根据日方要求行事,陈璧君认为"汪兆铭受到日本兵监视,成了傀儡"。④ 这个时候的汪

---

① 晴气庆胤著,朱阿根、孙志民、毛良鸿译:《沪西"七十六号"特工内幕》,上海:上海译文出版社 1985 年版,第 103、104 页。

② 影佐、今井大佐より「渡辺工作関係電報」、1939 年 5 月 8 日、「JACAR(アジア歴史資料センター)Ref. B02031727200、支那事変ニ際シ支那新政府樹立関係一件/支那中央政権樹立問題(臨時維新政府合流問題連合委員会関係、呉佩孚運動及反共、反蒋救国民衆運動)第二巻(A-6-1-1-8_3_002)(外務省外交史料館)」

③ 晴气庆胤:《沪西"七十六号"特工内幕》,第 103、104 页。

④ 晴气庆胤:《沪西"七十六号"特工内幕》,第 103、104 页。

精卫,既无法借表面中立的身份四处活动,又无从了解日本当局下一步的计划,结果"只有以停止政治活动来消磨时光"。[1] 因此,汪精卫向影佐等人提出"希望利用此段时间,尽快赴东京与日本政府负责人直接进行意见交换,以决定下一步的行动"。[2]

汪精卫急于前赴东京,重要动因是其汉奸的身份已经在国内舆论中坐实。在汪精卫抵沪之前,上海便流传着"汪逆精卫……最近竟率同党羽潜来上海、匿迹虹口狄思威路、拟与伪'华中维新政府'合作、完成其傀儡迷梦"[3]、"计划种种阴谋,及向某方(注:日本)献策"[4]的传言。

1939年5月,汪精卫不但抵达上海,而且居住在了租界之外的日本控制区,这意味着放弃了表面上的"中立"身份,将"和平运动"与日本的关系半公开化。

既然与日本的关系业已无法保密,赴日争取日本当局的支持,尤其是请求首肯汪成立"新中央政府"的计划,成了汪精卫集团迫切的要求。

经过连日讨论后,汪精卫集团总结了4项主要方针,并通过今井武夫报告给陆相和参谋次长:

1. 宣传战的效果不彰,考虑在今后自行成立"和平政府",实现中日合作,用事实向国民证明抗战的无意义,因此,希望日

---

① 晴气庆胤:《沪西"七十六号"特工内幕》,第106页。

② 影佐、今井大佐より「渡辺工作関係電報」、1939年5月8日、「JACAR(アジア歴史資料センター)Ref.B02031727200、支那事変二際シ支那新政府樹立関係一件/支那中央政権樹立問題(臨時維新政府合流問題連合委員会関係、呉佩孚運動及反共、反蒋救国民衆運動)第二巻(A-6-1-1-8_3_002)(外務省外交史料館)」

③《传汪逆党羽又拟组民国新闻社》,《申报》(上海版),1939年4月24日,第10版。

④《汪精卫抵沪》,《申报》(上海版),1939年5月1日,第9版。

本政府能够贯彻第三次近卫声明，显示日本政策非侵略政策。

2. 成立"和平政府"，就要组织军队，但不与国民政府军发生战斗，而努力促进重庆政府从抗日向和平的转向，一旦实现两政府的合流，自己准备下野。

3. 要成立"和平政府"，需亲自渡日，同日本各方要人交换意见，再下最后决心。

4. 万一决定成立政府，则继承中华民国法统，作为国民政府，以还都作为政府成立之形式，采用三民主义，以青天白日旗为国旗。①

由此可见，汪精卫赴日所要提出的核心课题，就是成立"和平政府"。而对于一直将"汪工作"当作分化国民政府的"谋略工作"的日本当局而言，汪精卫既然已经公开投日，已难再作壁上观，只能将汪纳入日本扶植"新中央政府"的计划之中。这就要进行重大调整，改变对汪精卫工作"谋略工作"的定位。

（二）以汪精卫成立"新中央政权"方针的确定

据影佐回忆，访日一事是汪精卫主动提出的，自己不过担任了联络人的作用。汪"将拟妥和平工作计划和研究对日本的要求事项，一完成这些就访问日本，希望我（影佐）与日本政府联络，我当即答应"。② 但一个不能排除的可能性是，汪精卫提出访日，进而借此说服日本当局支持自己成立"新中央政府"，实际上是受了影佐祯昭、今井武夫等负责"汪工作"的陆军中层军官的

① 据以下内容整理：『支那事変陸軍作戦史』第二巻、276 頁；岡田酉次『日中戦争裏方記』、東洋経済新報社、1975 年、198 頁。
② 影佐祯昭：《我曾经走过的路》，陈鹏仁编著：《汪精卫降日密档》，第 30 页。

怂恿。

奉外相有田八郎之命参与"汪工作"的驻香港总领事田尻爱义向外务省报告："少壮阶级同竹内(汪精卫)交换意见后,准备以竹内为领袖组织政府,并要求立即承认",作为"汪工作"主要推动者之一的今井武夫,准备将"竹内工作"转换为"政治工作",成立"新中央政府";①而在回忆录中,田尻记录此事的另一个主要推动者影佐祯昭表示"汪精卫同日本的关系,就要看日本怎么对待他了,自己希望在这一点上说服军部的首脑"。②

在汪精卫提出访日的同时,日本当局也期待能够借汪精卫的来访,一探汪精卫的真实意图,决定下一步计划。

早在汪精卫准备离开河内的4月12日,日本外务省东亚局第一课长即与参谋本部第八课长就应对汪精卫事宜进行了讨论。参谋本部方面认为,经过与重庆国民政府一系列的论战,汪精卫"汉奸的立场已经坐实,再想要隐瞒我方与汪精卫的关系,非常困难","不如让其直接到东京,了解其本人的真实意图"。③

5月9日,影佐祯昭与今井武夫向日本中央上书,表示汪精卫准备尽快访日："汪赴日之真意,为表示出马之决心,在表达诚意的

---

① 田尻総領事「竹内工作二関スル今井大佐トノ会談記」、1939年5月16日、「JACAR(アジア歴史資料センター)Ref. B02031727500、支那事変二際シ支那新政府樹立関係一件/支那中央政権樹立問題(臨時維新政府合流問題連合委員会関係、呉佩孚運動及反共、反蒋救国民衆運動)第二巻(A-6-1-1-8_3_002)(外務省外交史料館)」

② 田尻愛義『田尻愛義回想録:半生を賭けた中国外交の記録』、71頁。

③ 「汪精衛一件」、1939年4月13日、「JACAR(アジア歴史資料センター)Ref. B02031727200、支那事変二際シ支那新政府樹立関係一件/支那中央政権樹立問題(臨時維新政府合流問題連合委員会関係、呉佩孚運動及反共、反蒋救国民衆運動)第二巻(A-6-1-1-8_3_002)(外務省外交史料館)」

同时,就收拾时局事宜,与日本当局进行坦率的意见交换","希望
从速乘机前往东京"。①

收到影佐祯昭与今井武夫的上书后,日军内部随即紧急展
开讨论:"对于今井大佐来电中汪精卫访日的要求,参谋本部相
关人员召开了会议,会上有人认为应当同意,有人认为时候尚
早,结果达成一致,先确定汪精卫来访的真实意图。"②外务省则
认为:"竹内(汪精卫)在原则上,有着与帝国关于处理中国事变
和中日新关系调整的根本方针一致的意见、抱负,且有着自己
出面收拾时局的决心(为确认这一内容,邀请竹内前往
东京)。"③

汪精卫访问日本,与成立以汪精卫为首的"新中央政府",正式
提上了日本当局的日程。

5月15日,负责"谋略工作"的大本营陆军部第八课制订了《指
导"汪""吴"工作腹案》,要求以汪精卫访日为契机,推动"新中央政
府的成立",决定"联合吴佩孚等实力派,与既成政权合作,建立汪

---

① 影佐、今井大佐より「渡辺工作関係電報」、1939 年 5 月 9 日、「JACAR(アジア歴史資
　料センター)Ref. B02031727200、支那事変ニ際シ支那新政府樹立関係一件/支那中
　央政府樹立問題(臨時維新政府合流問題連合委員会関係、呉佩孚運動及反共、反蒋
　救国民衆運動)第二巻(A-6-1-1-8_3_002)(外務省外交史料館)」

② 外務省「渡辺工作一件、臼井大佐との連絡要領」、1939 年 5 月 9 日、「JACAR(アジア
　歴史資料センター)Ref. B02031727200、支那事変ニ際シ支那新政府樹立関係一件/
　支那中央政権樹立問題(臨時維新政府合流問題連合委員会関係、呉佩孚運動及反
　共、反蒋救国民衆運動)第二巻(A-6-1-1-8_3_002)(外務省外交史料館)」

③ 「竹内対スル方針大綱」、1938 年 5 月 13 日、「JACAR(アジア歴史資料センター)
　Ref. B02031727500、支那事変ニ際シ支那新政府樹立関係一件/支那中央政権樹立問
　題(臨時維新政府合流問題連合委員会関係、呉佩孚運動及反共、反蒋救国民衆運動)
　第二巻(A-6-1-1-8_3_002)(外務省外交史料館)」

政府"。①

　　扶植汪精卫为首的"和平政府",仅凭"谋略"机关是无法决定的:"汪精卫来访之际,要同我政府首脑讨论成立新中央政权等问题,这已经超过了谋略的范围,是我对华政策上极为重要的问题,需要五省会议(注:五相会议)商议通过。"②然而,扶植汪精卫成立政府一事,日本高层尚未充分讨论,"五相会议要事较多,五月二十五日之前不会有结果"。③ 而汪精卫预计到达东京的日期是 5 月 31 日,留给日本当局确定对汪政策的时间极为

---

① 方案关于"汪工作"的详细内容如下:指导的要点:在目前阶段,我方的指导主要着眼于获取重庆政府诸势力的要人,以此准备相应实力,建立强力的政府。指导的要领:1. 坚持既定方针;2. 联合吴佩孚等实力派,与既成政权合作,建立汪政府,在此之前,先指导吴汪的合作;3. 汪政府作为未来的中央政府,建立类似于准备委员会性质的机构,名称内容等根据与汪的协议决定;4. 汪政府主张反共、反苏、和平,考虑到工作的方便,口号中不提倡反蒋;5. 不许升青天白日旗;6. 国民党和三民主义放弃"容共"抗日,则对其存在不加妨碍。大本营陆军部第八课「「汪」、「呉」工作指導腹案」、1939年 5 月 15 日、「JACAR(アジア歴史資料センター)Ref. B02031727500、支那事変ニ際シ支那新政府樹立関係一件/支那中央政権樹立問題(臨時維新政府合流問題連合委員会関係、呉佩孚運動及反共、反蒋救国民衆運動)第二巻(A-6-1-1-8_3_002)(外務省外交史料館)」在后来,方案又添加了"尽量在汉口、广东等尚未成立政权之地,树立汪政权"等内容。「「汪」、「呉」工作指導腹案」、1939 年 5 月 27 日、「JACAR(アジア歴史資料センター)Ref. B02031727800、支那事変ニ際シ支那新政府樹立関係一件/支那中央政権樹立問題(臨時維新政府合流問題連合委員会関係、呉佩孚運動及反共、反蒋救国民衆運動)第二巻(A-6-1-1-8_3_002)(外務省外交史料館)」

② 外務省「渡辺工作一件、臼井大佐との連絡要領」、1939 年 5 月 9 日、「JACAR(アジア歴史資料センター)Ref. B02031727200、支那事変ニ際シ支那新政府樹立関係一件/支那中央政権樹立問題(臨時維新政府合流問題連合委員会関係、呉佩孚運動及反共、反蒋救国民衆運動)第二巻(A-6-1-1-8_3_002)(外務省外交史料館)」

③ 田尻総領事「竹内工作二関スル今井大佐トノ会談記」、1939 年 5 月 16 日、「JACAR(アジア歴史資料センター)Ref. B02031727500、支那事変ニ際シ支那新政府樹立関係一件/支那中央政権樹立問題(臨時維新政府合流問題連合委員会関係、呉佩孚運動及反共、反蒋救国民衆運動)第二巻(A-6-1-1-8_3_002)(外務省外交史料館)」

紧张。

　　在汪精卫赴日前,日本当局要在有限的时间内,重新确立对汪政策。在军部推动下,日本高层对汪政策迅速转变,由原有的静观态度,转向支持扶植汪精卫成立政府。这样政策的急转弯,不可避免地会引发反对意见的出现。

　　参谋本部第八课长臼井茂树认为,参谋本部内部还没有对汪精卫的政策达成一致。[①] 制订《调整日华新关系方针》的参谋本部作战课参谋堀场一雄是反对意见的代表。如前文所言,汪精卫在河内之时,就曾提出 3 个给日本的备选方案,一是同重庆政府讲和,二是扶植国民党之外其他政权,三是由自己成立政权。堀场主张,采取第一案最为适宜,因为实施第三案的话,就会出现一个同国民政府两相对立的政权,很可能完全陷入对华持久战。而汪精卫在脱离重庆之际,由于认为能得到全天下的呼应,不惜一意孤行,甚至回避同日本的联系,结果在河内无法成事,只能到上海接受日军庇护,此次更到了来日本乞求直接援助的地步,因此,堀场对汪精卫的价值产生了怀疑。[②]

　　堀场的反对意见的核心,是担心日本扶植汪精卫,会造成一个缺乏实力的汪精卫政府,和具有继续抗战实力的重庆政府对峙的局面,使日本长期陷于侵华战场。

　　外务省方面的田尻爱义,也因类似的理由反对成立汪精卫政

① 田尻総領事「竹内工作二関スル今井大佐トノ会談記」、1939 年 5 月 16 日、「JACAR（アジア歴史資料センター）Ref. B02031727500、支那事変二際シ支那新政府樹立関係一件/支那中央政権樹立問題(臨時維新政府合流問題連合委員会関係、呉佩孚運動及反共、反蒋救国民衆運動)第二巻(A‐6‐1‐1‐8_3_002)(外務省外交史料館)」
② 堀場一雄『支那事変戦争指導史』、時事通信社、1962 年、265 頁。

府。① 为了贯彻自己的主张，田尻向从事"和平工作"、能够直接联系日本最高层的小川平吉提出了请求。据小川日记记载，"田尻认为，对于龙云、薛岳等热心于和平运动者，汪派亦毫无办法，汪的运动到底是没有前途的，因此希望能够向东京方面上言";②"田尻表示，影佐等人希望能推出汪，在华中建立新的有力的政府，但汪到现在都无法伸展手脚，也就是说只能作为日本的傀儡，背着汉奸的恶名在日本保护下活动"。③

　　5月16日，田尻在东京同今井武夫会面，田尻强调"竹内(汪精卫)是否具有作为中央政府领袖的实力，还是一个问题"，而今井却强调，"要承认中央政府的时候，中央政府的实力才成为一个问题，你多虑了"。二人在外出吃午饭之际，又偶遇作战课的堀场一雄，堀场提出了与田尻类似的意见，今井却说"我见陆相时，只会报告我的意见，不会传达你的意见"，二人发生了争执。④

　　在今井等人的活动下，陆军首脑最终决定，支持今井的要求：

---

① 田尻曾向影佐表示："在日本的占领地，北京的王克敏也好，南京的梁鸿志也好，都是为了协助日军进行占领地行政，并非专门要对抗蒋介石。但汪精卫在脱离重庆之前，就很反感傀儡政府，现在却要统合占领地的政府，以自己为首，这要怎么解释呢？据我所看，汪放弃了中国人的和平幸福的目标，专心于自身的利害，建立统合整个占领地区的政府，完全是为了对抗蒋介石。反复背叛的汪，此时无法保证不会背叛日本。我认为最好的方法，就是作为对他响应我军谋略的报答，让其下野外游。重庆政府作为中国民族主义代表的地位是不可动摇的，因此一定要以重庆政府为对手。如果让中国分裂对立，放弃与重庆政府交涉，我不会参与此事。"田尻愛義『田尻愛義回想録：半生を賭けた中国外交の記録』、71頁。

② 1939年4月25日日记、小川平吉文書研究会『小川平吉関係文書』、468頁。

③ 1939年5月7日日记、小川平吉文書研究会『小川平吉関係文書』、474頁。

④ 田尻総領事「竹内工作二関スル今井大佐トノ会談記」、1939年5月16日、「JACAR(アジア歴史資料センター)Ref. B02031727500、支那事変二際シ支那新政府樹立関係一件/支那中央政権樹立問題(臨時維新政府合流問題連合委員会関係、呉佩孚運動及反共、反蒋救国民衆運動)第二巻(A-6-1-1-8_3_002)(外務省外交史料館)」

"今井武夫向陆相、参谋次长报告后……讨论的结果,陆军和政府都决定迎接汪精卫到东京。"①堀场在《中国事变战争指导史》中,表示参谋本部原认为以采取第一方案,即对重庆国民政府斡旋的方案为宜,却最终在急于求成的情绪下,"竟选择了第三方案,即成立新中央政府的方案",自己曾向参谋次长建议采取第一方案,结果"次长惊叹地说:'这样的提案,会让现在的情势陷入混乱'"。②

在日本当局内部,决定对汪方针的各方,首要的当然是主导对华政策的日本陆军。陆军之外,海军和外务省方面同样对"汪工作"态度趋于积极。

作为"谋略工作"的"汪工作",乃至整体对华政策,主要由日本陆军主导,服务于陆军的战略目的。然而,如果"汪工作"由"谋略工作",转化为"成立新中央政府工作",那么海军、外务等部门,就可能以之为契机,积极参与相关工作,进而扩大在对华事务上的发言权。

在海军方面,海军战略准备"南进",重视华中、华南,对陆军重视华北,扶植"临时政府"的方针不以为然。③ 而汪精卫自身为广东人,其活动地域又在华中华南,因此海军积极推进"汪工作"。④ 1939 年 6 月 2 日,海军省军务局长井上成美提出了"极力对汪提供支持"的方针。⑤ 与之同时,海军还要求特别注意"陆军,特别是当地各机关排他性的、争夺功名的老作风"。⑥

---

① 『戦史叢書——支那事変陸軍作戦』(2)、276 頁。

② 堀場一雄『支那事変戦争指導史』、261、265 頁。

③ 樋口秀実『日本海軍から見た日中関係史研究』、芙蓉書房、2002 年,263 頁。

④ 樋口秀実『日本海軍から見た日中関係史研究』、264 頁。

⑤ 樋口秀実『日本海軍から見た日中関係史研究』、262 頁。

⑥ 海军省军务局长《关于建立中央政府的文件》(1939 年 6 月 2 日),黄美真、张云编:《汪精卫国民政府成立》,上海:上海人民出版社 1984 年版,第 79 页。

　　外务省也希望能够参与到"汪工作"之中,而非坐视华北方面军控制的"临时政府"成为"中央政权"。要同中国"调整国交",依照常理本应由外务省负责,但陆军省曾同华北方面军达成共识,确定"本次事变所获成果,主要通过与华北政权(中央政权)签订协定而获得",华北方面军引述"满洲国"旧例,认为"华北政务指导应一直由军司令官负责,文官则置于其下",坚持对"临时政府"的直接掌控。①

　　因此,为了"增强未来的发言权",外务大臣有田八郎委派田尻爱义到汪精卫集团的活动中心香港,直接参加"汪工作"。② 汪精卫到达上海后,外务省又向陆军提出,希望长期以来搜集"汪工作"相关情报,协调香港汪精卫集团成员活动的田尻爱义,能够深入参与相关工作:"田尻总领事目前也在上海,由于此人与本件工作有着密切关系,在今后,他的协助也必不可少。"③

　　与之同时,外务省东亚局迅速起草方案,要求"帝国支持以竹内为领袖,成立新中央政府,与之签订调整两国国交的协定,合作建设新生中国"。④

---

① 军事课「政务指导に関する中央部意见」、1938 年 1 月 6 日、「JACAR(アジア歴史資料センター)Ref. C11110930500、北支那作戦史要-北支那方面軍　3/3　昭和 12 年 9 月 1 日〜昭和 13 年 5 月 31 日(防衛省防衛研究所)」

② 田尻愛義『田尻愛義回想録:半生を賭けた中国外交の記録』、68 頁。

③ 外務省「渡辺工作一件、臼井大佐との連絡要領」、1939 年 5 月 9 日、「JACAR(アジア歴史資料センター)Ref. B02031727200、支那事変ニ際シ支那新政府樹立関係一件/支那中央政権樹立問題(臨時維新政府合流問題連合委員会関係、呉佩孚運動及反共、反蒋救国民衆運動)第二巻(A-6-1-1-8_3_002)(外務省外交史料館)」

④ 「竹内対スル方針大綱」、1938 年 5 月 13 日、「JACAR(アジア歴史資料センター)Ref. B02031727500、支那事変ニ際シ支那新政府樹立関係一件/支那中央政権樹立問題(臨時維新政府合流問題連合委員会関係、呉佩孚運動及反共、反蒋救国民衆運動)第二巻(A-6-1-1-8_3_002)(外務省外交史料館)」

1939 年 5 月 27 日,军部与外务省协调后,起草了《"汪工作"指导相关之件》,规定了将"汪工作"转化为"成立新中央政府工作"的基本方针,其具体内容主要包括 6 条:

一、"新中央政府"以汪、吴、现有政权,更弦易辙的重庆政府为构成分子,其互相关系作为中国方面自己的问题。

二、"新中央政府"应根据"调整日华新关系"相关原则,正式调整中日"国交"。

三、立足于战争指导全局的不同阶段,自主决定新中央政府的构成与成立的时间。

四、中国将来的政治形态为分治合作。

五、国民党及三民主义,如果放弃"容共"抗日方针,奉行亲日满反共方针,则不妨碍其存在。

六、重庆政府如果放弃"容共"抗日政策,进行人事调整,接受上述第一、第二项要求,则可认定其为屈服,将之当作构成新中央政府的一份子。①

这一文件后更名为《成立中国新中央政府的方针》,成为日本扶植以汪精卫为首的"新中央政府"的政策基础。

确定了成立"新中央政府"的方针后,考虑到日军内部的反对意见需要统一,5 月末,军部发出通知,要求陆军方面相关的参谋长或参谋副长、海军的相关军官,自 1939 年 6 月 1 日起,在东京召开

---

① 经总结整理,文字有删减。陆军省部「五相会議提出案「汪」工作指導ニ関スル件」、1939 年 5 月 27 日、「JACAR(アジア歴史資料センター)Ref. B02031727800、支那事変ニ際シ支那新政府樹立関係一件/支那中央政権樹立問題(臨時維新政府合流問題連合委員会関係、呉佩孚運動及反共、反蒋救国民衆運動)第二巻(A-6-1-1-8_3_002)(外務省外交史料館)」

会议,讨论"处理竹内工作的问题"。①

　　这场会议于陆军省第一会议室召开,其重要目的是统一日军内部,尤其是作为直接的利益相关方的华北、华中日军,对以汪精卫为中心成立"新中央政权"的意见。

　　会议上,华北方面军、华中派遣军共同向军部提出了自身对"汪工作"的计划,即《"汪"工作指导要领案》。这一方案基本认同了军部准备以汪精卫为首建立"新中央政府"的方针。这让今井武夫极为意外:"虽然会议内容极为重要,但平日里就细节问题也要争个不停的各军参谋,却毫无波澜,几乎无条件接受了决定,真是完全出乎人的意料。"②今井武夫分析,这应该是因为事变久不能解决,日军众人皆有泥足深陷之感,认识到了单凭武力无法解决事变的现实,因此汪精卫成立"和平政府"的计划,便正符合了日军迫切打开时局的期望。③

　　正因为此,《"汪"工作指导要领案》急切要求早日成立"新中央政权",明确提出其时期应"在本年双十节之前",即4个月内,并同意"新政权要人的人选和运用,大部分交给汪处理,尽量避免进行干涉"。④

　　然而,就汪精卫将成立的"新中央政府"的实力问题,军部与华中、华北日军产生了分歧。

　　如前文所言,日军之所以成立伪政权,一项重要的考量,即为协

---

① 「竹内工作一件」、有田外務大臣発、田尻総領事、三浦総領事宛、電第一一四一号「竹内工作一件」、1939年5月27日。

② 今井武夫『日中平和工作:回想と証言1937—1947』、86頁。

③ 今井武夫『日中平和工作:回想と証言1937—1947』、87頁。

④ 北支、中支合同案「「汪」工作指導要領案」、1939年6月2日、「JACAR(アジア歴史資料センター)Ref.B02031728300、支那事変ニ際シ支那新政府樹立関係一件/支那中央政権樹立問題(臨時維新政府合流問題連合委員会関係、呉佩孚運動及反共、反蒋救国民衆運動)第三巻(A-6-1-1-8_3_003)(外務省外交史料館)」

助日军统治占领区,使日军自侵华战场得以脱身,而原定为"新中央政府"的"临时政府"全无实力,日军才推动了离间国民政府的"汪工作"。然而,正如会议上参谋本部第二部部长①的报告所言,"本部认为,在离间重庆工作上,汪有所欠缺",②承认"汪工作"作为"谋略工作",效果不彰,并未能自重庆国民政府处拉拢来相应的实力。

为了能使"新中央政府"具备相应实力,无论是军部还是华北、华中日军的方案,都对汪精卫为首脑的"新中央政府"人事方面的开放性进行了要求:向前,要包括已有的"既成政权",向后,要包括未来可能加入的吴佩孚等实力派,以及对日屈服的国民政府。

但这一计划显然无法给出明确的时间界限,华北、华中日军认为,过度期待重庆政府屈服一事并不现实,因此即便汪精卫自身全无实力,在日军的控制下"傀儡化",也要从速成立"新中央政府"。

军部方面则强烈希望中央政府"非傀儡化"③,通过包括"谋略工作"在内的各种手段,来促进重庆政府的转向,来使"新中央政权"具备相应的实力,因此,要求给予成立"新中央政权"足够的准备时间。④

---

① 参谋本部第二部下属的负责谋略工作的第八课,负责包括"汪工作"在内的各项对华"谋略工作"。

② 「対支謀略二関スル第二部長口演要旨」、1939 年 6 月 2 日、今井武夫『日中平和工作:回想と証言 1937—1947』、279、280 頁。

③ 笔者注:即能够不依靠日军独立存在,便利日军从侵华战场脱身,而非独立自主。

④ 「現地中央懇談事項」、1939 年 6 月 2 日、「JACAR(アジア歴史資料センター)Ref.B02031728300、支那事変二際シ支那新政府樹立関係一件/支那中央政権樹立問題(臨時維新政府合流問題連合委員会関係、呉佩孚運動及反共、反蒋救国民衆運動)第三巻(A-6-1-1-8_3_003)(外務省外交史料館)」

在会议上,军部提出的用来使"新中央政府"具备相应实力的主要的"谋略工作",包括"汪(精卫)""吴(佩孚)""李(宗仁)、白(崇禧)""华侨工作"4 项,尤其是"对于离间军权相关的工作,仍对吴的出马抱有相当的期待,希望能实现汪、吴合作"。第二部长的报告要求,在确保"汪工作"优先权的前提下,这 4 项工作齐头并进,将其余的各项"谋略工作"统一到这 4 项工作中。①

然而,在会议上,负责"吴工作"的大迫通贞少将表示,"吴佩孚如果是和汪合作的话,愿意出马,如果是要居于汪之下,由国民党单独成立中央政府则不会出马";而负责"李、白工作"的和知鹰二大佐报告:"如果日本将汪当作傀儡,则李、白不会出马。"②在日本已既定汪精卫为"新中央政府"首脑,对其进行严密控制的政策下,上述"工作"的成功并非易事。

有趣的是,正是这些关系到"新中央政权"未来实力的"工作"难以成功,相反推动了汪精卫为首的"新中央政权"的成立。

在外务省方面,一向对"汪工作"成效保留意见,主张对蒋"和平工作"的驻香港总领事田尻爱义,也一改反对意见,"认为汪的新政府成立之际,蒋可能会断然进行和平"。③ 5 月 31 日,田尻致电外务省,表示由于国民政府抗战之意坚决,迫降蒋介石,乃至离间孔祥熙、李宗仁、白崇禧等人,都"绝非易事",因此"时光荏苒,机不

---

① 「对支谋略二関スル第二部長口演要旨」、1939 年 6 月 2 日、今井武夫『日中平和工作:回想と証言 1937—1947』、279—280 頁。

② 「现地中央懇談事項」、1939 年 6 月 2 日、「JACAR(アジア歴史資料センター)Ref. B02031728300、支那事変二際シ支那新政府樹立関係一件/支那中央政権樹立問題(臨時維新政府合流問題連合委員会関係、呉佩孚運動及反共、反蒋救国民衆運動)第三巻(A-6-1-1-8_3_003)(外務省外交史料館)」

③ 小川与田尻的会谈。1939 年 6 月 13 日日记、小川平吉文書研究会『小川平吉関係文書』、490 頁。

可失，我对华方策惟有一途，即以汪为中心，进而从速成立占领区的统一政权，作为新中央政府之母体，强化整备各地方政权（尤其以广东最为必要），获取防共国家群之承认，借此使战争成为中国之内乱，分裂重庆阵营"。①

这一急于求成的情绪深刻影响了外务省。在军部召开的此次会议上，陆军省军务局长发表了外务省东亚局递交的意见，其中要求"以双十节为目标，从速成立新中央政府"，"不能等完成相关准备工作，让其具有相应实力才成立新中央政府，要先以汪工作为基干，吸收中国各派别，巩固政府基础，来促进重庆国民政府的崩溃"。②

甚至连主持对蒋"和平工作"的小川平吉，虽然反对"汪工作"，却也在这一时期认为，推动汪精卫成立"新中央政府"，可以反作用于"和平工作"。小川在同田尻爱义的会谈中，表示"我认为宋美龄等人（原注：恐怕蒋也是相同的意思），对于汪同日本的公开合作非常担忧，推动汪的事业的副产物，可能是加速蒋走向和平"③，小川

---

① 田尻総領事発、有田外務大臣宛電第六八一号「汪工作ニ関スル件」、1939 年 5 月 31 日、「JACAR（アジア歴史資料センター）Ref. B02031727900、支那事変ニ際シ支那新政府樹立関係一件/支那中央政権樹立問題（臨時維新政府合流問題連合委員会関係、呉佩孚運動及反共、反蒋救国民衆運動）第二巻（A－6－1－1－8_3_002）（外務省外交史料館）」对于这一时期的动摇，田尻爱义在自己的回忆录中并不承认，相反表示自己一贯反对成立汪精卫为首的政府，为此回到外务省请求暂缓成立"新中央政府"，却晚了一步，方针已定。田尻愛義『田尻愛義回想録：半生を賭けた中国外交の記録』、71 頁。

② 外務省東亜局「新中央政府樹立方針ニ関スル意見」、1939 年 6 月 3 日、「JACAR（アジア歴史資料センター）Ref. B02031728300、支那事変ニ際シ支那新政府樹立関係一件/支那中央政権樹立問題（臨時維新政府合流問題連合委員会関係、呉佩孚運動及反共、反蒋救国民衆運動）第三巻（A－6－1－1－8_3_003）（外務省外交史料館）」

③ 1939 年 6 月 13 日日記、小川平吉文書研究会『小川平吉関係文書』、490 頁。

还在交涉对手杜石山要求"阻止新政府成立"时,表示"组织汪兆铭为首的新政府,是日本政府的方针,我无法去阻止,如果担忧此事,从速实现和平即可"。①

正如堀场一雄在《中国事变作战指导史》中所言,在此时,"汉口作战以来已经过了半年,战事停滞不前,各方极为焦躁,对扭转形势、出现新局面极为期待,在这样的情绪的支配下,缺乏冷静讨论各种方案的空间",最终选择了支持汪精卫成立"新中央政府"。② 接触重庆方面的萱野长知也接到小川的通知,表示"东京的空气正热衷于拥立汪,和议成了不适当之事,需要暂时等待时机"。③

在这种普遍的急切情绪下,从汪精卫抵达上海,到其访日前夕,短短的一个月内,日本当局各方变更计划,共同推动了成立汪精卫为首脑的"新中央政府"工作。

6月6日,《成立中国新中央政府的方针》在五相会议上得以通过,甚至原本担忧"吴佩孚、王子惠④、汪兆铭之事,均不足以收拾时局,除了和蒋和平,别无他途"⑤的首相平沼骐一郎,也并未加以反对。从此,"汪工作"由日本陆军主导的一项"谋略工作",正式成为了日本国家意志的体现,平沼表示,"对汪的直接工作,向来都由陆军方面主导……今后希望各关系方面,都能予以

---

① 1939年6月10日记、小川平吉文書研究会『小川平吉関係文書』、488頁。

② 堀場一雄『支那事変戦争指導史』、261頁。

③ 1939年6月28日记、小川平吉文書研究会『小川平吉関係文書』、493頁。

④ 王子惠,时任伪维新政府实业部部长,与孔祥熙关系密切,平沼此处提出王子惠,有可能对应的是其背后的孔祥熙。

⑤ 1939年3月21日记、小川平吉文書研究会『小川平吉関係文書』、457頁。

充分协助"。①

　　然而,是否要等待"新中央政府"具有相应实力,再使其正式成立,这一问题却未能得到明确答案。日本确定了推动汪精卫去成立"新中央政府"的方针,却并未确定稳固不变的对这一政府的态度:"中央政府具备人的要素和基础实力,将是决定帝国态度的要素。"②正如今井武夫此时所言,"要承认中央政府的时候,中央政府的实力才成为一个问题",③在后来,日本面对"承认中央政府"之际,"中央政府的实力",仍然作为一个难以逾越的问题,动摇着日本的对汪政策。

(三) 接待汪精卫访日

　　1939 年 5 月 28 日,汪精卫集团就成立"新中央政府"的具体程序和方法,向日本当局提出了《中国方面提出的关于收拾时局的具体办法》。这一方案以汪精卫为首的"国民党"为核心,主张实行修订后的"三民主义",收罗包括"既成政府"在内的各种势力。其内容包括召开国民党全国代表大会、召开中央政治会议、国民政府回

----

① 「総理大臣挨拶」、1939 年 6 月 7 日、「JACAR(アジア歴史資料センター)Ref. B02031728600、支那事変ニ際シ支那新政府樹立関係一件/支那中央政権樹立問題(臨時維新政府合流問題連合委員会関係、呉佩孚運動及反共、反蒋救国民衆運動)第三巻(A-6-1-1-8_3_003)(外務省外交史料館)」

② 「新中央政府樹立二就軍務局長説明要旨」、1939 年 6 月 3 日、「JACAR(アジア歴史資料センター)Ref. B02031728300、支那事変ニ際シ支那新政府樹立関係一件/支那中央政権樹立問題(臨時維新政府合流問題連合委員会関係、呉佩孚運動及反共、反蒋救国民衆運動)第三巻(A-6-1-1-8_3_003)(外務省外交史料館)」

③ 田尻総領事「竹内工作二関スル今井大佐トノ会談記」、1939 年 5 月 16 日、「JACAR(アジア歴史資料センター)Ref. B02031727500、支那事変ニ際シ支那新政府樹立関係一件/支那中央政権樹立問題(臨時維新政府合流問題連合委員会関係、呉佩孚運動及反共、反蒋救国民衆運動)第二巻(A-6-1-1-8_3_002)(外務省外交史料館)」

归南京等要求。方案还提出"不变更政府法统，不改国旗"。①

　　对于汪精卫集团成立"新中央政府"的程序及内容，军部"整体上对本办法并无异议"。② 日军起初之所以准备成立"新中央政府"是为了取代国民政府，此时却愿意接受继承国民政府法统的"新中央政府"，以汪记"三民主义"、而非日军倾力扶植的"新民主义"等为主导思想，这种"让步"显然不是日军对"国民政府""三民主义"有了重新认识，而在于其实际的战略需要。

　　日军这一战略需要为何，汪精卫集团也非常清楚，因此在方案的开头便开诚布公地表示："收拾时局的要谛，其先决条件在于收揽民心，因此，务必不能抱有凭外力压迫，来变更政体、中断法统。"③

　　换句话说，就是不能轻视国民政府及其支持者的影响力，要"收

---

① 「中国側ノ提出セル時局収拾二関スル具体的辨法」、1939 年 5 月 28 日、「JACAR(アジア歴史資料センター)Ref. B02031727800、支那事変ニ際シ支那新政府樹立関係一件/支那中央政権樹立問題(臨時維新政府合流問題連合委員会関係、呉佩孚運動及反共、反蒋救国民衆運動)第二巻(A‐6‐1‐1‐8_3_002)(外務省外交史料館)」

② 省部決定「「中国側ノ提出セル時局収拾二関スル具体的辨法」二対スル取扱」、1939 年 6 月 5 日、「JACAR(アジア歴史資料センター)Ref. B02031728400、支那事変ニ際シ支那新政府樹立関係一件/支那中央政権樹立問題(臨時維新政府合流問題連合委員会関係、呉佩孚運動及反共、反蒋救国民衆運動)第三巻(A‐6‐1‐1‐8_3_003)(外務省外交史料館)」

③ "收拾时局的要谛，其先决条件在于收揽民心，因此，务必不能抱有凭外力压迫，来变更政体、中断法统(意为现在的法律系统，即以国民政府之名制定的法律制度)。不然，只会给重庆政府和共产党以煽动的口实，人民也会对日本愈加抱有疑心，若以背离之人心为基础，恐怕无论何人，都无法打开局面。"「中国側ノ提出セル時局収拾二関スル具体的辨法」、1939 年 5 月 28 日、「JACAR(アジア歴史資料センター)Ref. B02031727800、支那事変ニ際シ支那新政府樹立関係一件/支那中央政権樹立問題(臨時維新政府合流問題連合委員会関係、呉佩孚運動及反共、反蒋救国民衆運動)第二巻(A‐6‐1‐1‐8_3_002)(外務省外交史料館)」

拾时局",就要利用国民政府原有的一套体系,同重庆国民政府争夺正统性与支持者,这样一来,汪记"国民政府"同重庆国民政府,毫无悬念地将产生一对此消彼长的相互关系,汪记"国民政府"从无到有,进而发展壮大的话,势必会导致重庆国民政府的削弱甚至崩溃。①

　　陆相板垣征四郎向相关人员强调,不能混淆了扶植汪精卫成立"新中央政府"的真正目的:"本次事变之目的,如调整日华新关系方针其中所示,其首要目标当促使重庆政府之屈服乃至溃灭,各项工作皆指向于此。本次所议论之成立新中央政府问题,亦不过为实现上述目标之重要措施而已。"②日军乐观地认为,通过支持汪精卫集团的活动,"帝国期待年内可以出现汪成立的包括重庆在内的中央政府"。③

　　可以看到,日军虽然改变政策,决定利用汪精卫成立"新中央

_____

① 日军在之前成立"既成政权",主要面向中国以北洋遗老为代表的保守势力,其理论主张亦着眼于"传统""保守",但日军将之付诸实践后,证明其在中国市场有限。扶植背负革命符号的汪精卫,主张修正了的"三民主义",则可以直接争夺重庆国民政府的基本盘。

② "本次事变之目的,如调整日华新关系方针其中所示其首要目标当促重庆政府之屈服乃至溃灭,各项工作皆指向于此。本次所议论之成立新中央政府问题,亦不过为实现上述目标之重要措施而已。本工作方面之成果,关系于既成政权与有力人士之结合,与分化、获取重庆诸势力之期待,其结果当亦决定事变未来之形态。因此,吾人确信,获取大量重庆势力,将对处理事变极有助益。"「陆軍大臣口述要旨」、1939 年 6 月 7 日、「JACAR(アジア歴史資料センター)Ref. B02031728600、支那事変ニ際シ支那新政府樹立関係一件/支那中央政権樹立問題(臨時維新政府合流問題連合委員会関係、呉佩孚運動及反共、反蒋救国民衆運動)第三卷(A-6-1-1-8_3_003)(外務省外交史料館)」

③ 对于"如果不得已成立不包含重庆的政府"的情况,日军准备只能以相当的"决心和责任",做好"进行大持久战的准备"。陆軍省軍務局「新中央政府樹立ノ必要ト之レカ決定二関スル帝国ノ態度二就テ」、1939 年 6 月 3 日、「JACAR(アジア歴史資料センター)Ref. B02031728300、支那事変ニ際シ支那新政府樹立関係一件/支那中央政権樹立問題(臨時維新政府合流問題連合委員会関係、呉佩孚運動及反共、反蒋救国民衆運動)第三卷(A-6-1-1-8_3_003)(外務省外交史料館)」

政府",仍带有浓重的原本具有的"谋略"痕迹,重庆国民政府仍是
其重要的着眼点。这注定了汪日之间的关系,绝非在封闭的轨道
中运行,而要不断地受到第三者带来的变量影响,具有汪日双方都
无法掌控的不稳定性。①

　　正因如此,汪精卫要成立的"新中央政府",作为一个实现"促
使重庆政府之屈服乃至溃灭"的"重要措施",而非与日本对等谈判
的交涉对手,在日本确定了对其的基本方针后,汪精卫再来日本与
日方首脑会谈,除了"确定汪精卫成立中央政府的真实意图"②,对
日本的意义就非常有限了。

　　就如何应对汪精卫,日本五相会议通过的《指导"汪"工作腹
案》决定:"(我方)要坚持自主处理事变的方针,使汪服从其根本方
针,此外,让汪畅所欲言自己的想法,给予他前途光明、(我方)对他
无比信赖的印象。特别是要宣示(我方)对建设东亚新秩序、调整
中日关系的信念,处理事变的决心,以及我方的正义和宽容,不要
讨论细节问题。"③

　　这样一来,汪精卫访日同日本高层的会谈,更具有形式化的色
彩,多数日本高层的会谈重点,在于鼓励汪精卫,坚定其组府
"决心"。

---

① 其后蒋介石正是利用此点,利用同日本间的"和平工作",极大地干扰了日本对占领区
　伪政权的扶植工作,进而间接影响了日本对占领区的统治。

② 陆军省军务局「新中央政府樹立ノ必要卜之レカ決定二関スル帝国ノ態度二就テ」、
　1939 年 6 月 3 日、「JACAR(アジア歴史資料センター)Ref. B02031728300、支那事変
　二際シ支那新政府樹立関係一件/支那中央政権樹立問題(臨時維新政府合流問題連
　合委員会関係、呉佩孚運動及反共、反蒋救国民衆運動)第三巻(A‐6‐1‐1‐8_3_
　003)(外務省外交史料館)」

③ 五相会議決定「新中央政府樹立方針」、別紙「「汪」工作指導腹案」、1939 年 6 月 6 日、
　『日本外交文書・日中戦争』、475 頁。

　　自 6 月 10 日起至 6 月 15 日,汪精卫先后与日本首相平沼骐一郎、陆相板垣征四郎、海相米内光政、藏相石渡庄太郎、外相有田八郎进行了会谈,并于 14 日会晤了公爵近卫文麿。

　　在汪精卫同日本各首脑的会谈中,日本方面很少主动论及具体条件,多听取汪精卫陈述,其回答主要着力于空谈"中日亲善",多为对汪精卫的溢美之词,及对其地位的保证:

　　平沼会见汪精卫之际,表示要实现"东洋,尤其是中日两国间的永远和平","对您在此次事变中,为了中日两国而奋起表示敬意,希望继续努力";"对蒋介石这种人","日本国民不能信任他,只要他不与共产党一刀两断,是很难容忍他的","我确信您足以担当成立强力中央政府的全责,在期待其成功的同时,我方将予以充分的援助"。①

　　板垣会见汪精卫之际,表示:"日本国民和当局,数十年来一直以中日亲善为目标加以努力","这里有一点可以明说,日本绝不会有将中国当成印度那样的意思,而是为了解放东洋民族,防止外来侵略,确保东亚永远和平";"本次事变随着军事上取得进展,建立了华北、蒙疆、华中等新政权","但在各地强化中日间的结合,绝不是为了弱化中央政府,相反是通过中日结合,来巩固中央政府的立场"。②

　　米内会见汪精卫之际,表示:"非常敬服您的坚定信念","我对像这样具有名望、见识、手腕,又下了非常决心的您,抱有极大的信

---

① 「平沼首相汪会談要領」、1939 年 6 月 10 日、「JACAR(アジア歴史資料センター)Ref. B02030535900、支那事変関係一件第十三巻(A‑1‑1‑0‑30_013)(外務省外交史料館)」

② 「板垣陸相、汪会談要領」、1939 年 6 月 11 日、「JACAR(アジア歴史資料センター)Ref. B02030535900、支那事変関係一件第十三巻(A‑1‑1‑0‑30_013)(外務省外交史料館)」

赖","在这里我不惮明言,现在的日本政府绝对信赖您,已经决定了支援您完成大业的方针,请您完全放心,巩固信念负起责任"。①

　　石渡会见汪精卫之际,表示:"日本政府决定,只要力所能及,尽管给予您支援,将为此充分努力","作为藏相我可以在这里明言,日本的财政经济状况非常健全","政府声明已经明确,不会要求中国割让领土,赔偿战费","将对中国建立新财政政策进行充分的援助"。②

　　有田会见汪精卫之际,表示:"要把中日间此次的不幸当作机会,实现两国关系的一大转变,为此中国方面必须要有牢固的和平基础,而您毅然奋起,负责成立中央政府,对此以总理为首,我们同僚一致支持。"③

　　近卫会见汪精卫之际,表示:"您继承了孙文的遗志,为了解决日中问题,以巨大的决心奋起,成就您的这一大功,我相信不仅是为了中国,也是为了东亚","我国朝野上下,都对您非常信赖,期待您能为收拾时局尽最大之努力"。④

　　同日本各高层会谈后,6 月 15 日,为了"在回国后,让我同志和

---

① 「米内海相、汪会談要領」、1939 年 6 月 12 日、「JACAR(アジア歴史資料センター)Ref. B02030535900、支那事変関係一件第十三巻(A-1-1-0-30_013)(外務省外交史料館)」

② 「石渡蔵相、汪会談要領」、1939 年 6 月 13 日、「JACAR(アジア歴史資料センター)Ref. B02030535900、支那事変関係一件第十三巻(A-1-1-0-30_013)(外務省外交史料館)」

③ 「有田蔵相、汪会談要領」、1939 年 6 月 13 日、「JACAR(アジア歴史資料センター)Ref. B02030535900、支那事変関係一件第十三巻(A-1-1-0-30_013)(外務省外交史料館)」

④ 「近衛公爵汪会談要領」、1939 年 6 月 14 日、「JACAR(アジア歴史資料センター)Ref. B02030535900、支那事変関係一件第十三巻(A-1-1-0-30_013)(外務省外交史料館)」

国民,能够谅解日本真正尊重中国主权的真实意图",汪精卫向日本当局提出了一份不具有约束力的《关于尊重中国主权原则对日本的希望》来试探日本。汪精卫表示,方案的重要目的是"让日本的真实意图得到中国国民理解,不必以此作为'事实'的根据"①,也就是说通过日本形式上的让步,来欺骗中国民心。

　　这份要求包括内政、军事、经济等三部分,由于汪精卫即将归国,由周佛海留下与日本相关部门进行交涉。汪精卫集团的这份要求中,很多条件明确注明"可以不实现",说明这份"希望"中的条件,是远高于汪精卫集团的谈判底线的。②

---

① 汪兆銘(汪精卫)「中国主権尊重原則に関し日本対する要望」、1939 年 6 月 15 日、「JACAR(アジア歴史資料センター)Ref. B02031728600、支那事変ニ際シ支那新政府樹立関係一件/支那中央政権樹立問題(臨時維新政府合流問題連合委員会関係、呉佩孚運動及反共、反蒋救国民衆運動)第三巻(A‐6‐1‐1‐8_3_003)(外務省外交史料館)」

② 文件主要内容包括(概括整理,不含部分详细条目):1. 内政方面:(1)中日互相实施亲日、亲华教育;(2)日本在中央政府不设置政治顾问,通过中华民国驻日大使的正当渠道进行联系;(3)中央政府不聘用除技术顾问外的日本人职员;(4)在各省、特别市政府不设政治顾问及类似名义的职位,日军撤军之前与地方政府交涉可设临时交涉专员;(5)县政府及普通市政府不聘用日本人职员,设置就涉外事项的交涉秘书[注:(4)(5)条均包括日军在撤并之前,需要地方政府协助者,利用外交方式进行,不可使用命令式文书及口头通知。];(6)撤兵之前日军指定专任人员与地方政府协商;(7)日本机关、个人不可通过直接、间接手段占有操纵各种税收机关;(8)注意防止日本(下级)军民侮辱中国人。2. 军事方面:(1)中央最高军事机关设置顾问团,招募日德意三国军事专家;(2)各种军事教育机关招募日德意顾问教官;(3)各部队内不任用日德意军事顾问,中央最高军事机关派遣顾问临时视察除外;(4)各种兵器制造厂必要之际聘用日德意军事专家和技师;(5)希望还都后中国军队复归中央政府之际,通过协议后日军进行局部撤退,将撤退区域转交复归之部队,若不可则驻扎至其他区域。3. 经济方面:(1)将日本于军事期间所占有中国公私营工厂、矿山,及商店尽快返还,或规定适当合办办法;(2)现在合办公私事业缺乏对固有资产的适当评价, (转下页)

在当时,日本中央为了坚定汪精卫出马成立"新中央政府"的决心,在表面上采取了相当"灵活"的立场。日本当局向周佛海承诺"不干涉内政、尊重外交手续、限制顾问,合办事业中对日方特殊限制,返还没收的房屋及军管工厂等"①,对照汪精卫集团提出的"希望"内容,可以看出,日本在原则上几乎予以全部同意。如影佐回忆:"关于中国政治独立的各种要求事项,经由各省(部会)业务主管审议后,大致同意汪方的主张。"②

然而,在之后的日汪谈判中,日方提出的条件,同这一方案的要求大相径庭,部分地方甚至完全相反,不要说是实际执行,连欺骗中国民心的形式上的让步也几乎阙如。日本当局对未来汪精卫"新中央政府"成立后的条件,表面上是极为"宽大"的,对眼下成立"新中央政权"面临的实际问题,却并不愿做出实质让步,双方很快产生了摩擦。

汪精卫访日的首要目的,是确认日本当局对自身的政策方针。同日本政府各首脑会谈后,汪精卫得以确定了日本当局以其为中

(接上页)应依据客观标准重新评价;(3)对合资经营的公私事业提供日本方面股票,而实际未出资者进行纠正;(4)合资经营的公私事业日方资本额不可超过49%;(5)合资经营的公私事业的最高主权坚决属于中国;(5)中央政府还都南京前,在军事期间南北两组织许可的契约进行再审查,确定其有效无效。汪兆铭(汪精卫)「中国主権尊重原則に関し日本対する要望」,1939年6月15日,「JACAR(アジア歴史資料センター)Ref. B02031728600、支那事変ニ際シ支那新政府樹立関係一件/支那中央政権樹立問題(臨時維新政府合流問題連合委員会関係、呉佩孚運動及反共、反蔣救国民衆運動)第三巻(A-6-1-1-8_3_003)(外務省外交史料館)」

① 堀場一雄『支那事変戦争指導史』、265頁。

② 然而,据影佐祯昭回忆,这份由"周佛海向陆军省提出"的方案,"我已经不大记得其大部分内容"。这很可能是影佐有意的回避,避免这份方案内容同日本当局后来实际作为的巨大反差。影佐祯昭:《我曾经走过的路》,陈鹏仁编著:《汪精卫降日密档》,第35页。

心成立"新中央政权"的方针,但双方在一轮会谈后,仍未触及日本扶植汪精卫的具体条件。

日本陆军是对"汪"工作的主要负责部门,在汪精卫抵日之前,军部就汪精卫集团提出的《中国方面提出的关于收拾时局的具体办法》,虽然在"整体上对本办法并无异议",但在"国旗"以及处理同"既成政权"的关系问题上,则出现了不同意见。①

相较外务省"国旗等问题上尽量考虑汪方意见"的立场,②日本陆军显得更为强硬,坚持要求汪方在"国旗""党旗","上方加上大黄色三角布片,突出'反共救国'等标志","特别是军队,除了黄色的写有'反共救国(和平)'大字的旗帜,均不允许使用";就"新中央政府"的权力结构,要求"中央政府的构成、地方自治的程度,不得违反我既定方针"。③ 这两点同汪精卫集团提出的"希望"有较大的出入。

为了不打乱军部的既定部署,根据陆军省制定的会见计划,严

---

① 省部决定「「中国側ノ提出セル時局収拾二関スル具体的辨法」二対スル取扱」、1939年6月5日、「JACAR(アジア歴史資料センター)Ref. B02031728400、支那事変二際シ支那新政府樹立関係一件/支那中央政権樹立問題(臨時維新政府合流問題連合委員会関係、呉佩孚運動及反共、反蒋救国民衆運動)第三巻(A-6-1-1-8_3_003)(外務省外交史料館)」

② 外務省亜一「「竹内」対スル方針大綱」、1938年5月13日、「JACAR(アジア歴史資料センター)Ref. B02031727500、支那事変二際シ支那新政府樹立関係一件/支那中央政権樹立問題(臨時維新政府合流問題連合委員会関係、呉佩孚運動及反共、反蒋救国民衆運動)第二巻(A-6-1-1-8_3_002)(外務省外交史料館)」

③ 省部决定「「中国側ノ提出セル時局収拾二関スル具体的辨法」二対スル取扱」、1939年6月5日、「JACAR(アジア歴史資料センター)Ref. B02031728400、支那事変二際シ支那新政府樹立関係一件/支那中央政権樹立問題(臨時維新政府合流問題連合委員会関係、呉佩孚運動及反共、反蒋救国民衆運動)第三巻(A-6-1-1-8_3_003)(外務省外交史料館)」

格限定了汪精卫在会谈之际,所能接触的人物范围以及谈论的内容,政府各首脑与汪"会见之际,除影佐大佐及翻译[外务省清水(董三)书记官及中方翻译],他人不得在场","会谈内容参照五相会议通过之《指导汪工作腹案》",将"与将来工作有直接关系的具体事项,交给陆相折冲,防止出现与我方指导不一致的情况"。① 陆军省制定的这一会见计划中,除了要求陆军的影佐祯昭始终参与会见,还将对汪"与将来工作有直接关系的具体事项"的解释权交给陆相,可见日本陆军严控着"汪工作"的进程。

　　6 月 15 日,汪精卫同陆相板垣征四郎进行第二次会谈,已在第一次会谈中进行了寒暄的板垣,在这次会谈中,就部分具体问题,"毫无保留地将日方的希望面告汪氏并交换意见"。② 结果如日方翻译清水董三所记录的:"在以下两点上,(板垣和汪精卫)意见不合:一、军队不用国旗,而使用黄色的'反共和平'旗;二、华中维新政府的机构,以政务委员会或经济委员会的方式,继续存留。"③

　　对于军队不用"国旗"一事,汪精卫认为"无论如何有损体面",要求就技术问题再进行协商④,而对其他"既成政权"的处理,就绝

---

① 陆军省「面接予定」、1939 年 6 月 10 日、「JACAR(アジア歴史資料センター)Ref.
　　B02031728700、支那事変ニ際シ支那新政府樹立関係一件/支那中央政権樹立問題
　　(臨時維新政府合流問題連合委員会関係、呉佩孚運動及反共、反蒋救国民衆運動)第
　　三巻(A-6-1-1-8_3_003)(外務省外交史料館)」
② 影佐祯昭:《我曾经走过的路》,陈鹏仁编著:《汪精卫降日密档》,第 33 页。
③ 清水董三「竹内ノ具体辨法ニ関シ陸相トノ会談」、1939 年 6 月 15 日、「JACAR(アジ
　　ア歴史資料センター)Ref. B02031728900、支那事変ニ際シ支那新政府樹立関係一
　　件/支那中央政権樹立問題(臨時維新政府合流問題連合委員会関係、呉佩孚運動及
　　反共、反蒋救国民衆運動)第三巻(A-6-1-1-8_3_003)(外務省外交史料館)」
④ 「板垣陸相、汪第二次会談要領」、1939 年 6 月 15 日、「JACAR(アジア歴史資料セン
　　ター)Ref. B02030535900、支那事変関係一件第十三巻(A-1-1-0-30_013)(外務
　　省外交史料館)」

不仅是一个"有损体面"的问题了。

　　板垣提出，"中国的政治形态采取分治合作主义为宜"，"具体地说，就是将华北当作日中两国国防、经济上的特殊结合地带，将蒙疆当作国防上的，特别是对苏防御的防共区域，将长江下游地区当作经济上的日中合作最为紧密的地带，有必要将临时、维新两政府原来同日本产生的关系，用某种组织的方式保持下来；而华南沿岸，由于国防上的需要，尤其是海军方面的问题，要考虑两国在国防上的特殊关系"，"对于地方，要给予其应对特殊情况的权限，比如在华北要设立类似于政务委员会的组织，给予其自治权限"。①

　　根据板垣的要求，"蒙疆"、华北、华中、华南，都将成为特殊国土，汪精卫计划成立的"新中央政府"，遑论政治独立、主权完整，甚至连基本主权都无法得到尊重。更关键的是，如果日军将"临时、维新"两政府"以某种组织的方式"保留下来，赋予其广泛权限，那么汪精卫的"新中央政府"无疑便徒具形式，全无权力。因此，汪精卫反复追问板垣，"临时、维新"两政府，如果"以某种组织的方式"保留，那么其"权限问题"如何。在未能得到板垣正面回答后，汪精卫极其失望，对板垣的主张产生了反弹，汪精卫说："如果仅仅废除临时、维新两政府的名称，保留其实体，那么中央政府就有名无实。事实上，中央同地方如果经常就权限发生争执的话，也很难收拾时局。如果日本一定要留下两政府的实体，那么国民党就独自找一块地盘，形成一个政权，等他日时机到来，再去

①「板垣陸相、汪第二次会談要領」、1939 年 6 月 15 日、「JACAR（アジア歴史資料センター）Ref. B02030535900、支那事変関係一件第十三巻（A－1－1－0－30_013）（外務省外交史料館）」

组织中央政府。"①

　　汪精卫这一暂缓成立"新中央政府"的说法,显然是因无法接受板垣所提条件,临时提出的不满表示。虽然板垣并未当即有所表示,但在旁的影佐祯昭则斥责汪精卫:"此前协商之时,你表示要收拾时局,就要从速成立中央政府,今天又说要延期,国民党另找一个地盘进行工作云云,用这样的方法,肯定没能力对抗重庆政府,你现在提出这样的新方案,到底是什么意思?"②

　　争论的结果,汪精卫在华北方面做出让步,但要求在华中方面就"维新政府"事"再行研究"。汪精卫还提及日军撤军问题,希望板垣表示意见,但板垣并未回答,仅提及"希望有机会再行会谈"。③6月18日,汪精卫乘山下汽船公司的轮船离日。

　　汪精卫的访日之行,对于日汪双方而言,最重要的意义在于,就以汪精卫为中心组织"新中央政府"达成了共识,汪精卫关于"召开国民党代表大会""召集中央政治会议"的计划,得到了日方的首肯,汪精卫同日本的关系也逐渐准备公开。

　　在日本方面,虽然未承认同汪精卫之间的默契关系,但自1939年初起,日本当局便有意识地将社会舆论引导向"拥汪"方向。利用类如"认为蒋介石受中共影响较深,恐怕不会轻易谈和,而汪精

①「板垣陆相、汪第二次会談要領」、1939年6月15日、「JACAR(アジア歴史資料センター)Ref. B02030535900、支那事変関係一件第十三巻(A-1-1-0-30_013)(外務省外交史料館)」

②「板垣陆相、汪第二次会談要領」、1939年6月15日、「JACAR(アジア歴史資料センター)Ref. B02030535900、支那事変関係一件第十三巻(A-1-1-0-30_013)(外務省外交史料館)」

③「板垣陆相、汪第二次会談要領」、1939年6月15日、「JACAR(アジア歴史資料センター)Ref. B02030535900、支那事変関係一件第十三巻(A-1-1-0-30_013)(外務省外交史料館)」

卫发出谈和声明后,会在国民党内部引起波澜"的言论,将舆论由"拒蒋",逐步转向"迎汪"。①

汪精卫曾表示:"在东京时,虽然只限于和政府当局者会见,但是最近读了《改造》《中央公论》《文艺春秋》等的论文,可以大体推测得到日本舆论所向。"②

以《文艺春秋》为例,1939 年 2 月,《文艺春秋》发表多篇文章,积极评价汪精卫,主张其行动有利于日本。《东京日日新闻》时评家阿部真之助认为,"汪是为自己祖国而发起行动的,虽然未必一定亲日,但只要汪的态度和日本的利益一致,就应该以足够的雅量对待"。③ 贵族院议员大藏公望则强调:"如果能利用汪兆铭的声望和手腕,那么汪脱离重庆,毫无疑问地将产生巨大效果。"④而外务省政务次官松本忠雄,更是从中国国内国际两方面,评论了汪精卫脱离国民政府,可能对日本产生的积极影响:

国内:"中国的金融资本家,多数的稳健派和一般民众,原先就对汪兆铭的主张存在共鸣。仅凭汪兆铭一派的行动,当然是无法立即掌握抗日中国的大势的,但通过这一投石问路之举,蒋政权方面必然会产生大变动,这是毫无疑问的。"

国际:"英美等第三国原受国民政府宣传,以为国民政府一丝不紊地整顿了抗日体制,中国民众间燃烧着抗日热情。然而如今汪兆铭的行动,势必使他们自抗日中国蒙蔽之中得以觉悟,今后第

---

① 『東京朝日新聞』朝刊,1939 年 1 月 9 日,3 面。
② 影佐机关:《汪精卫与及川司令长官会谈要点》(1939 年 7 月 4 日),黄美真、张云编:《汪精卫国民政府成立》,第 151 页。
③ 阿部真之助「汪兆銘脱出を私は斯う観る」、文藝春秋、1939 年 2 月、時局増刊 17 号。
④ 大藏公望「汪兆銘脱出を私は斯う観る」、文藝春秋、1939 年 2 月、時局増刊 17 号。

三国也必将修正对中国内部之判断。"①

　　日军"中国通"坂西利八郎则就"解决中国事变"问题,撰文表示,日军的战争能力是有限的,"除铁道区域,广泛地区的治安,难以充分维持,因此需要中国自身的努力","甘肃、新疆、四川、福建等地,如果能出现日军不进攻(当地部队),(当地部队)其也不进攻日军,形成一地区的独立,如此的保境安民主义,也能削弱蒋介石政权"。② 这反映了日军正在进行的对华"分化"工作,事实上也为汪精卫的拉拢地方实力派工作,进行了舆论准备。

　　日本媒体对汪精卫的赞赏,汪精卫的赴沪和访日,意味着其投日意向的坐实,中国舆论因此进一步反弹,国民政府也随之加强对汪的公开处分。汪精卫访日之前,《申报》主张"汪如赴东京投降日方,则政府应采取进一步之惩戒办法"。③ 6 月 8 日,国民政府发布对汪精卫的通缉令:"汪兆铭违背国策,罔顾大义,于全国一致抗战之际,潜离职守,妄主和议……竟于上月秘密赴沪,不惜自附于汉奸之列,与敌往还……应即由全国军政各机关,一体严缉,务获依法惩办。"④

　　此时,虽然汪精卫赴沪与赴日均在秘密状况下进行,但其行径以及与日本的关系已完全暴露,汪精卫集团着眼于拉拢分化国民政府军政力量的"和平运动",也逐步演化成新的伪政府的组府运动。

---

① 外务省政务次官松本忠雄「汪兆銘の国府離脱と其影響」、文藝春秋、1939 年 2 月特别号。

② 坂西利八郎「支那事变の解决について」、文藝春秋、1939 年 4 月、時局增刊 19 号。

③《渝报指斥汪精卫》,《申报》(上海版),1939 年 5 月 26 日,第 3 版。

④《國府明令通缉汪精衞》,《申报》(上海版),1939 年 6 月 9 日,第 3 版。

第三节　扶植汪精卫组织"新中央政府"的准备工作

（一）协调汪精卫集团与南北伪政权的关系

1939 年 6 月 7 日，日本陆相板垣在讨论"汪工作"的会议上表示："本工作未来之成果，关系于与既成政权、有力人士之结合，以及分化、获取重庆诸势力之预期。"①除了分化重庆国民政府，汪精卫集团成立"新中央政府"的重要课题，在于整合"既成政权"及日方准备进行"工作"的有力人士。因此，离开日本后，汪精卫一行前往华北，准备会见吴佩孚、王克敏等人。但 1939 年 12 月 4 日，吴佩孚在北平突然死亡。吴佩孚的死亡，让日本失去了一个重要的选择，变相巩固了汪精卫作为"新中央政权"首脑的地位，然而，汪精卫并未能够拥有日本所希望的"实力"。

为了将"亲日派"拉拢到汪精卫麾下，增强汪精卫集团实力，日汪开始公开进行"和平运动"。随着汪精卫的活动逐渐公开，需要一份新的"声明"，以作为"开始实际和运工作之宣言"。

这份声明由汪精卫拟定，但由于其行动系于日军之手，此声明亦要得到日军的"批准"。日军上海土肥原机关（即后来的"梅机关"）在同华中派遣军讨论后，认为这一声明的主要内容应包括以下 4 点：

"1. 近卫声明之后，中日关系步入新阶段，汪屡次就现况出谋

---

① 「陸軍大臣口述要旨」、1939 年 6 月 7 日、「JACAR（アジア歴史資料センター）Ref. B02031728600、支那事変ニ際シ支那新政府樹立関係一件/支那中央政権樹立問題（臨時維新政府合流問題連合委員会関係、呉佩孚運動及反共、反蒋救国民衆運動）第三巻（A-6-1-1-8_3_003）（外務省外交史料館）」

划策,但蒋介石不容进言,只能同蒋介石断绝关系,出面企图收拾时局;

　　2. 国民党率领各党各派,联合努力和平救国;

　　3. 赞赏既成政权向来对处理事变所做努力,表示希望与之合作收拾时局;

　　4. 指出蒋介石强调的撤兵是和平前提这一说法的错误。"①

　　日军不容许汪精卫否定作为日军傀儡的"既定政权",又决定短期内不会从中国撤军,而根据汪精卫的计划,这一声明的目的,是向外界"明确自己的态度,促进全体国民的奋起"。② 汪精卫如果以这一口径拟定声明,不但要宣布投日的态度,还要否定自己在艳电中的日军撤军主张,更将自身同现有的两个伪政权置于同等立场,这无异于主动承认,所谓的"和平救国",实际上是日军新的一场扶植傀儡政权的运动。

　　结果,日汪间协商之后,最终决定,上述第2、3、4点,"在未来的正式宣言中再行发表,本次不加触及"。③

------

① 此四条内容,有顺序不同的版本。上海土肥原機関より次長、次官宛「中支第三二一号」、1939年7月1日、「JACAR(アジア歴史資料センター)Ref. B02031729600、支那事変ニ際シ支那新政府樹立関係一件/支那中央政権樹立問題(臨時維新政府合流問題連合委員会関係、呉佩孚運動及反共、反蒋救国民衆運動)第四巻(A-6-1-1-8_3_004)(外務省外交史料館)」

② 堀内参事官より有田外務大臣宛「第七九三号電」、1939年7月5日、「JACAR(アジア歴史資料センター)Ref. B02031729700、支那事変ニ際シ支那新政府樹立関係一件/支那中央政権樹立問題(臨時維新政府合流問題連合委員会関係、呉佩孚運動及反共、反蒋救国民衆運動)第四巻(A-6-1-1-8_3_004)(外務省外交史料館)」

③ 三浦総領事より有田外務大臣宛「第一八八五号電」、1939年7月7日、「JACAR(アジア歴史資料センター)Ref. B02031729700、支那事変ニ際シ支那新政府樹立関係一件/支那中央政権樹立問題(臨時維新政府合流問題連合委員会関係、呉佩孚運動及反共、反蒋救国民衆運動)第四巻(A-6-1-1-8_3_004)(外務省外交史料館)」

随着声明内容发生变更，"临时、维新"政府对声明的反应也随之变化。日军"原本准备在汪精卫署名发表本文后，由联合委员会在本月十日会议之际，发表声明作为呼应，后决定准备由两政府，各自发表当局谈话"。① 但"由于文章内容发生变更，竹内（汪）表示，不敢期望日本方面和临时、维新两政府对此文有所呼应表示，此次若能由其言论机关对此文表示支持，则已心满意足。下次发表正式宣言之际，通过充分联络，再由两政府发表声明"。②

1939 年 7 月 9 日，汪精卫在上海发表广播演说《我对于中日关系之根本观念及前进目标》，并刊登于 7 月 10 日的复刊号的《中华日报》上。

汪精卫发表声明后，日本舆论、"临时、维新"政府，均表示赞赏与欢迎。《朝日新闻》发表社论表示，"这（汪精卫的声明）与其说是新闻社论，不如说是公开了今后的'前进目标'的一大宣言"，"日本人要认识到，存在着像汪这样从中日共同利益大局出发，坚定贯彻信念的中国政治家，我们要有与汪相呼应，处理这亘古未有之难局的自觉"。③"临时、维新"政府方面，由"维新政府"绥靖部部长任援道表示，"汪先生所主张之事，与我维新政府创立以来，政府同仁所信完全合一，我等同仁欢迎先生，尽全力支援先生"，而"临时政府

---

① 堀内参事官より有田外務大臣宛「第七九三号電」、1939 年 7 月 5 日、「JACAR（アジア歴史資料センター）Ref. B02031729700、支那事変ニ際シ支那新政府樹立関係一件/支那中央政権樹立問題（臨時維新政府合流問題連合委員会関係、呉佩孚運動及反共、反蒋救国民衆運動）第四巻（A-6-1-1-8_3_004）（外務省外交史料館）」

② 三浦総領事より有田外務大臣宛「第一八八五号電」、1939 年 7 月 7 日、「JACAR（アジア歴史資料センター）Ref. B02031729700、支那事変ニ際シ支那新政府樹立関係一件/支那中央政権樹立問題（臨時維新政府合流問題連合委員会関係、呉佩孚運動及反共、反蒋救国民衆運動）第四巻（A-6-1-1-8_3_004）（外務省外交史料館）」

③「汪遂に蒋と断絶」、『東京朝日新聞』朝刊、1939 年 7 月 11 日、3 面。

首脑部"也表示,对汪"全方位支持"。①

不同于汪精卫《艳电》前后尚由汪自主拟定主要内容的声明,汪精卫本次演讲的核心内容,系完全在日本操纵下所为之,代表其纠集投日力量的宣言。这一演说的核心内容,是表示与蒋介石的抗战路线彻底断绝关系,选择"和平"路线,并呼吁各派的加入。在演讲的开始,汪精卫借孙中山为自己投日的行为背书:"总理孙先生告诉我们:'中国革命之成功,有待于日本之谅解',这句话意义重大。日本是东亚一个强国,经济军事文化着着先进,最近几十年,可以说无日本则无东亚……以一个刚刚图谋强盛的中国,来与已经强盛的日本为敌,胜负之数,不问可知","十三年间(1924),孙先生在广州手定国民政府建国大纲,那时候对于中日关系,是照着以上所述方针进行的。十四年间,孙先生逝世,我继承遗志,主持国民政府,对于以上所述方针,兢兢业业,不敢少变"。②

如前文日本外务省原东亚局长石射猪太郎所分析的,汪精卫的核心政治资源在于其与孙中山的关系,及其因此在国民党内对党统的代表性,如果离开国民党汪精卫"就什么也不是了"。无兵无权的汪精卫,曲解孙中山言论作为自己投日的理论基础,说明其"和平运动"的主要针对对象仍然是国民政府的基本盘,与"既成政权"明显不同,但强行将自己投机的投日行为附会为孙中山的长期方针,固然满足了日本在国民政府内部制造内讧的需要,同时也极大地透支了汪的政治信誉,反而削弱乃至毁灭了汪作为孙中山继承人的原有形象。

以孙中山方针继承者自居的同时,汪精卫按日本的事前规定,着

---

① 「汪兆銘声明と中外の反響」,『東京朝日新聞』朝刊、1939年7月11日、3面。

② 汪精卫:《我对于中日关系之根本观念及前进目标》,《中华日报》,1939年7月10日,第1版。

力按照"汪屡次就现况出谋划策,但蒋介石不容进言,只能同蒋介石断绝关系,企图出面收拾时局"的方针进行宣讲。汪表示,"我当初以为蒋介石先生与我是同心的……然而四年之间,我已渐渐的觉得不对了……西安事变发生……则情形更加大变了"。① 汪的叙述显然与日本初始计划的相符,即划分亲日与反共、抗日与亲共两个阵营,试图引诱国民政府内的反共势力停止抗日,加入傀儡政权。因此汪强调"共产党是只知有第三国际,不知有中国的,他受了第三国际的秘密命令,将阶级斗争的招牌收起,将抗日的招牌挂起,利用中国几年来的民族意识,挑动中日战争,这种大当是断乎上不得的"。②

在两方面论证后,汪精卫宣布呼吁各派加入自己"和平运动":"我觉得今日有两条路摆在面前:一条是跟着蒋高调继续抗战,以蒋现有的兵力,不但不足以抵抗日本,并且不足以控制共产党,以蒋现有的环境,虽欲不跟着共产党而不能,这样下去,只有以整个国家民族跟着蒋为共产党的牺牲。另一条路是把总理孙先生的遗志重新的阐明起来,重新的实行起来,对于日本,本著冤仇宜解不宜结的根本意义,努力于转敌为友。第一步恢复中日和平,第二步确立东亚和平。这两条路,前一条是亡国灭种的路,后一条是复兴中国复兴东亚的路。我决定向复兴中国复兴东亚的一条路走,我决定团结同志并团结全国各党各派以及无党无派有志之士,来共同走上这一条路。"③

---

① 汪精卫:《我对于中日关系之根本观念及前进目标》,《中华日报》,1939 年 7 月 10 日,第 1 版。
② 汪精卫:《我对于中日关系之根本观念及前进目标》,《中华日报》,1939 年 7 月 10 日,第 1 版。
③ 汪精卫:《我对于中日关系之根本观念及前进目标》,《中华日报》,1939 年 7 月 10 日,第 1 版。

从汪精卫的声明来看,最后虽然提到了"团结同志并团结全国各党各派以及无党无派有志之士",但仍然以国民政府中孙中山信徒的"同志"为主,并未对"既成政权"着墨太多。日、伪方面均对汪精卫表态支持,但未明言日本与汪既有的联系,以及"临时、维新"政府未来同汪的关系,而以第三者的角度,将之作为汪的个人行动加以评论。一方面,汪精卫集团即将召开国民党"六大",力图拉拢日军占领区及抗战区的国民党员参加,在此时将自己的"和平运动"与日、伪联系起来,无疑不利于其工作。而另一方面,虽然汪精卫得到了日本当局的支持,与"既定政权"的交涉却并不顺利。

如前文所言,日本当局以汪精卫为中心扶植"新中央政府"的决定,是在"汪工作"相关人员的推动下,日军中央在短时间内仓促形成的,并非得到了日军上下的一致支持。缺乏足够支持的汪精卫集团,面对日军在中国占领区的各个利益山头,根本无法伸张其所谓"中央政权"的统一权力。在决定推出汪精卫成立"新中央政权"的前提下,日军中央仍然坚持"中国将来的政治形态为分治合作"。① 而在中国战场的日军,更是要求"在蒙疆、华北、华中、华南、武汉各地组织自治政权","蒙疆、华北、华中以既成政权为母体进行组织"。②

以此为背景,虽然自重光堂会谈起,汪精卫集团就明确要求接

---

① 五相会议提出案「「汪」工作指導二関スル件」、1939年5月27日、「JACAR(アジア歴史資料センター)Ref. B02031727800、支那事変ニ際シ支那新政府樹立関係一件/支那中央政権樹立問題(臨時維新政府合流問題連合委員会関係、呉佩孚運動及反共、反蒋救国民衆運動)第二巻(A-6-1-1-8_3_002)(外務省外交史料館)」

② 北支、中支合同案「「汪」工作指導要領案」、1939年6月2日、「JACAR(アジア歴史資料センター)Ref. B02031728300、支那事変ニ際シ支那新政府樹立関係一件/支那中央政権樹立問題(臨時維新政府合流問題連合委員会関係、呉佩孚運動及反共、反蒋救国民衆運動)第三巻(A-6-1-1-8_3_003)(外務省外交史料館)」

收"临时、维新"政府,但日本在汪精卫赴日之际明确向其表示,要让"临时、维新"政府以某种组织的形式继续存在。

此时的汪精卫,由于未能自国民政府处拉拢来军队和地盘,赤手空拳,完全依靠日本当局赋予自己有限的组织"新中央政权"权限同"临时、维新"政府来交涉。要凭借"临时、维新"政府地盘建立"新中央政权"的汪精卫,自然缺乏底气,反映在其具体的交涉中,汪精卫在同"临时、维新"政府首脑会谈之际,绝少提及自身掌握实力,而多强调日本当局对自己的"重视",以及未来通过分化重庆国民政府得到"实力"的虚幻愿景。

1939 年 6 月 25 日、27 日,汪精卫同王克敏进行了两次会谈。在 25 日的会谈中,据王克敏向喜多诚一的报告,汪精卫论及自己在东京同平沼骐一郎为首的五相、前首相近卫文麿以及松冈洋右等人的会见,强调平沼、近卫对自己的支持,包括"平沼总理表示要'赞成建立强力的独立政府,也能由此让蒋介石陷入困境'",还表示"按照前述的第三条办法,①即由我重新组织国民党,吸引重庆方面人物前来,利用各界人物成立'新中央政府'",是"东京方面讨论的结果"。②

6 月 27 日,在汪精卫同王克敏进行的第二次会谈中。汪精卫向王克敏说明自己可能在未来拥有的实力,包括"我相信在召开国民党代表大会之际可以召集约三百人,现在在重庆的一部分同志也一定会出席,应该可以获得(国民政府)现有军队的五分之二到

---

① 汪精卫强调,自己在河内时便通过高宗武通知日本关于自己的 3 种想法,一是同蒋介石谈判,二是以"既成政权"成立"新中央政府",三是以自己为中心成立"新中央政府"。

② 「王克敏、竹内会談二関スル件」、1939 年 6 月、外務省「日本外交文書・日中戦争 2」、793—794 頁。

五分之三,广东部队张发奎部、薛岳部应该都会来投"等。①

对王克敏而言,汪精卫成立的"新中央政权"立足于南京,在日本对华"分治合作"方针之下,华北准备以"临时政府"为母体,成立"政务委员会",保持原有权限,汪精卫对自身地位的威胁其实并不大。因此会谈中,王克敏表示对汪"全力支持",会谈"收到了良好的效果"。②

与之相对的是,此时被王克敏视为威胁的,不如说是受华北、华中日军的矛盾影响,同"临时政府"争夺权力的"维新政府",以及立足于北平的吴佩孚。王克敏在会谈中向汪精卫表示,"要警戒梁鸿志以联合委员会为中心成立中央政府的企图,而吴佩孚只是为了获取自身地位,到头来没有与之合作的希望",日方也认为,王克敏对吴佩孚的出马抱有警戒。③ 结果,"由于王克敏同吴佩孚势同水火,不愿吴出山,暗中对其加以牵制,也许因为'敌人的敌人就是朋友'(原文为"敵本主義"),王克敏宁愿对汪兆铭的成立政权运动,表示出相当好感"。④

与同王克敏的会见不同,汪精卫在会见"维新政府"首脑之际,双方的沟通并不顺利。6月28日,汪精卫自天津回到上海,29日

---

① 「王克敏、竹内会談二関スル件」、1939年6月、外務省「日本外交文書・日中戦争2」、793—794頁。

② 田代総領事より有田外務大臣「第四〇五号電」、1939年6月26日、「JACAR(アジア歴史資料センター)Ref. B02031729000、支那事変二際シ支那新政府樹立関係一件/支那中央政権樹立問題(臨時維新政府合流問題連合委員会関係、呉佩孚運動及反共、反蒋救国民衆運動)第三巻(A-6-1-1-8_3_003)(外務省外交史料館)」

③ 田代総領事より有田外務大臣「第四〇五号電」、1939年6月26日、「JACAR(アジア歴史資料センター)Ref. B02031729000、支那事変二際シ支那新政府樹立関係一件/支那中央政権樹立問題(臨時維新政府合流問題連合委員会関係、呉佩孚運動及反共、反蒋救国民衆運動)第三巻(A-6-1-1-8_3_003)(外務省外交史料館)」

④ 今井武夫『日中平和工作:回想と証言 1937—1947』、88頁。

会见了梁鸿志,陈群、任援道同席。结果正如日方记录所言:"感觉梁同王克敏不同,王克敏是抱有完全合作的态度,但梁似乎不赞成汪的企图。"①

　　汪精卫和梁鸿志会谈的主要分歧,是"华中特殊性"的问题,与日本要求作为"国防经济紧密结合地带"的华北、"蒙疆"不同,华中在日本的战略定位中,仅为"中日经济结合地带",而汪精卫的"新中央政府"准备定都南京,在之后"维新政府"很难保有"临时政府"那样的独立性。因此会谈中,梁鸿志不谈"维新政府",而紧抓住华北、"蒙疆"不放,通过否认其"特殊性",从而"含蓄地表示希望华中也能得到同样对待",而汪仅强调"蒙疆"、华北的"特殊性"。② 正如参与会谈的日本驻沪总领事三浦义秋观察,"可以看出,梁认为如果认同了华北

① 「汪精衛及梁鸿志会見」、1939 年 6 月 29 日、「JACAR(アジア歴史資料センター)Ref. B02031729700、支那事変ニ際シ支那新政府樹立関係一件/支那中央政権樹立問題(臨時維新政府合流問題連合委員会関係、呉佩孚運動及反共、反蒋救国民衆運動)第四巻(A-6-1-1-8_3_004)(外務省外交史料館)」
② 6 月 29 日汪精卫同梁鸿志的会谈记录(节选):
　梁:听说您在东京会谈中,提出要避免中国的特殊化。
　汪:所谓中国的特殊化是何意?
　梁:及要求取消蒙疆委员会、临时政府,也就是不仅取消上述名称,也要否定政务委员会的设置等。
　汪:蒙疆作为防共地区,有其特殊情况,华北也是特殊地区,为应对特殊情况,应该有特殊机构。
　梁:那设立所谓的特殊机构,不就成了中国主权的障碍么?
　汪表示,梁鸿志的意思,就算不反对成立中央政府,也不承认地方的特殊。梁一直回避维新政府的问题,始终在提蒙疆和临时政府的问题。
　河村(影佐):本次会谈汪、梁都回避华中问题,汪仅强调蒙疆、华北的特殊性,意为反对华中的特殊性,而梁否认蒙疆、华北的特殊性,应该是含蓄地表示希望华中也能得到同样对待。
　本次会谈的结论:本次会谈持续两小时,结果全无结论而终。
　「汪精衛及梁鸿志会見」、1939 年 6 月 29 日、「JACAR(アジア歴史資料　(转下页)

方面的特殊性,就应该在华中也承认维新政府的机构"。①

　　在双方旁敲侧击的试探中,均未明确自身要求的上限和下限。对于梁鸿志提出的"特殊性"问题,汪精卫始终避免正面回答:"竹内表示在中央政治会议之际再做决定,力避就此问题深入,不愿触及维新政府的存废问题。到了最后,竹内表示无论如何,都会尽力使新政府接收维新政府现有职员。"②

　　汪精卫对"维新政府"处理问题的闪烁其词,无疑向"维新政府"诸人证明,汪在这一问题上,并未得到日本中央的全力支持,"维新政府"的态度愈加强硬。在会谈结束之前,在场的温宗尧甚至向汪表示,"如果竹内凭借得到日本信赖,就不顾临时、维新政府之向背,孤注一掷自行其是,那么就准备只和吴佩孚联合吧"。③ 而在7月5日举行的汪、梁第二次会谈中,梁鸿志明确提出对未来"新中央政府"的希望。在梁鸿志就"新中央政府"如何处理"临时、维新"政府问题,提出一系列质问后,"汪精卫从梁的提问中判断,梁

(接上页)センター)Ref. B02031729700、支那事変ニ際シ支那新政府樹立関係一件/支那中央政権樹立問題(臨時維新政府合流問題連合委員会関係、呉佩孚運動及反共、反蒋救国民衆運動)第四巻(A-6-1-1-8_3_004)(外務省外交史料館)」

① 三浦総領事より有田外務大臣宛「第一八一六号電報」、1939年7月1日、「JACAR(アジア歴史資料センター)Ref. B02031729600、支那事変ニ際シ支那新政府樹立関係一件/支那中央政権樹立問題(臨時維新政府合流問題連合委員会関係、呉佩孚運動及反共、反蒋救国民衆運動)第四巻(A-6-1-1-8_3_004)(外務省外交史料館)」

② 三浦総領事より有田外務大臣宛「第一八一六号電報」、1939年7月1日、「JACAR(アジア歴史資料センター)Ref. B02031729600、支那事変ニ際シ支那新政府樹立関係一件/支那中央政権樹立問題(臨時維新政府合流問題連合委員会関係、呉佩孚運動及反共、反蒋救国民衆運動)第四巻(A-6-1-1-8_3_004)(外務省外交史料館)」

③ 三浦総領事より有田外務大臣宛「第一八一六号電報」、1939年7月1日、「JACAR(アジア歴史資料センター)Ref. B02031729600、支那事変ニ際シ支那新政府樹立関係一件/支那中央政権樹立問題(臨時維新政府合流問題連合委員会関係、呉佩孚運動及反共、反蒋救国民衆運動)第四巻(A-6-1-1-8_3_004)(外務省外交史料館)」

希望新中央政府能以维新政府为母体，保持各部长的现有阵容不变，自己担任行政院长"。①

　　梁鸿志不仅对未来在"新中央政府"中的地位提出要求，而且企图抓住日本对华"分治合作"的统治理念，谋求保留华中伪政权，甚至让日军也感到了困扰。华中日军向东京报告："原本梁鸿志已经放弃在华中设立政务委员会的要求，但在平沼首相公开表示中国采取分治合作的政治形态后，梁再次提出要求，因此希望中央在言论方面有所掌控。"②

　　"维新政府"对"新中央政权"的"坐地起价"，说明缺乏实力的汪精卫集团，自身并无慑服"既成政权"的能力。没有自己的"地盘"，让汪精卫集团成立"新中央政府"的工作，面临巨大阻碍。

　　"维新政府"对汪精卫集团强硬态度的背后，是日军对汪精卫集团与"既成政权"关系的定位。早在重光堂会谈之际，汪精卫集团已经提出了取消"临时、维新"政府的要求，今井武夫为"方便谋略"，并未坚持反对意见。但汪精卫逃出河内后，自身全无军政实力，汪精卫访日之前，在与今井武夫等人的会谈时，已经知道很难让日本完全撤销"临时、维新"两政府。③

---

① 「梁鴻志、汪第二次会談要領」、1939 年 7 月 5 日、外務省「日本外交文書・日中戦争2」、793、794 頁。

② 伊集団参謀長「維新政府に対する軍の意見（伊参 4 電第 304 号）」、1939 年 7 月 25日、「JACAR（アジア歴史資料センター）Ref. C04121259200、昭和 14 年「陸支受大日記第 50 号」（防衛省防衛研究所）」

③ 今井武夫曾表示，在同汪方的会谈中，汪精卫同意既成政权不一定非要取消，周佛海则坚持"北方政权可以这样办，维新政府一定要取消"。田尻総領事「竹内工作二関スル今井大佐トノ会談記」、1939 年 5 月 16 日、「JACAR（アジア歴史資料センター）Ref. B02031727500、支那事変二際シ支那新政府樹立関係一件/支那中央政権樹立問題（臨時維新政府合流問題連合委員会関係、呉佩孚運動及反共、反蒋救国民衆運動）第二巻（A-6-1-1-8_3_002）（外務省外交史料館）」

因此,汪精卫集团向日本当局提出的《收拾时局的具体方法》中,在要求"政府必须统一"的同时,就如何处理"既成政权"提出了意见。

这一方案中有两点值得注意:

一是在方式上,方案要求"南北两组织"取消"政府名义",但非完全废除:"国民政府还都南京之际,南北两组织历史使命自动宣告完成,并自行取消政府的名义。"①

二是在方法上,方案不但允诺"新中央政府"收纳"南北两组织"所属人员,并将对其处理问题,置于与其首脑的"讨论"中解决:"毋庸赘言,两组织的高层和在野人才中的适宜人选,将由国民政府收留,借此成立健全的政府,即便是两组织的事务人员,也可以选拔任用,对两组织的处置,自然也要同其首脑进行坦诚讨论。"②

这样的要求,同"重光堂会谈"中的要求比,汪精卫集团作出了后退的姿态。在其背后,不但因为汪精卫集团自身毫无实力,也同日本"分治合作"的方针有关。

1938 年 7 月 15 日,日本五相会议通过《成立中国新中央政府指导方针》,提出"成立中国新中央政府的工作,主要由中国方面进行,帝国从内部进行斡旋,其政治形态采取分治合作主义"。③ 如前

---

① 「中国側ノ提出セル時局収拾二関スル具体的ノ辨法」、1939 年 5 月 28 日、「JACAR(アジア歴史資料センター)Ref. B02031727800、支那事変二際シ支那新政府樹立関係一件/支那中央政権樹立問題(臨時維新政府合流問題連合委員会関係、呉佩孚運動及反共、反蒋救国民衆運動)第二巻(A-6-1-1-8_3_002)(外務省外交史料館)」

② 「中国側ノ提出セル時局収拾二関スル具体的ノ辨法」、1939 年 5 月 28 日、「JACAR(アジア歴史資料センター)Ref. B02031727800、支那事変二際シ支那新政府樹立関係一件/支那中央政権樹立問題(臨時維新政府合流問題連合委員会関係、呉佩孚運動及反共、反蒋救国民衆運動)第二巻(A-6-1-1-8_3_002)(外務省外交史料館)」

③ 「支那新中央政府樹立指導方策」、1938 年 7 月 15 日、「JACAR(アジア歴史資料センター)Ref. B02030518700、支那事変関係一件第三巻(A-1-1-344)(外務省外交史料館)」

所言,日本为避免他国借分裂来介入中国局势,而主张在统一占领区成立"新中央政府",对其下各地则根据日本要求来"分治"。

"分治合作"的重要体现为弱中央、重地方,实际上给予日本按照自身需求,来划分中国疆土的方便。《成立中国新中央政府指导方针》要求,随着成立"新中央政府"工作,将进行中日关系的调整,需要确认日本在中国不同地区,包括华北、华中、"蒙疆"、华南沿海诸岛的不同利益。因此要求"华北、华中、蒙疆等地方政权,各自实行适应其特殊性的广泛的自治"。① 1938 年 11 月 30 日,御前会议上通过的《调整日华新关系的方针》明确要求,将华北、"蒙疆"划定为国防、经济上的"日华紧密结合地区","蒙疆"更同时是在军事、政治上具有特殊地位的"防共地区",长江下游地带,即所谓"华中"则划定日华"经济紧密结合地区",在华南则在沿海的特定岛屿上取得特殊地位。②

可以看出,日本对中国各占领区利益诉求由大到小的排序约为:"蒙疆"、华北、华中、华南。日本对一个地区的利益诉求越大,为方便其进行直接控制,日军在当地扶植的"地方政权"所谓"自治性"便越强,汪精卫"新中央政权"对其实现掌控的可能性就越小。

在汪精卫访日前夕,就其准备成立的"新中央政府"同各地"既成政权"的关系,外务省主张:"临时政府改组为华北政务委员会,在华北赋予其广泛的权限。蒙疆作为高度防共自治区域,承认现有政权的存在和发展。维新政府改组为华中经济复兴委员会(移

---

① 「支那新中央政府樹立指導方策」、1938 年 7 月 15 日、「JACAR(アジア歴史資料センター)Ref. B02030518700、支那事変関係一件第三巻(A-1-1-344)(外務省外交史料館)」

② 《调整日华新关系的方针》,黄美真、张云编:《汪伪政府资料选编・汪精卫集团投敌》,第 298 页。

驻南京之外的地区,如苏州),赋予其关于华中的经济复兴的相当广泛的权限。"①

同赋予华北、"蒙疆"的广泛权限不同,汪精卫的"新中央政府"成立后,外务省准备赋予"维新政府"的权限,限于经济方面。而在日军方面,今井武夫向外务省的田尻爱义表示,如果"既成政权"的问题导致同汪精卫等的谈判濒于破裂,可以在华中保留相当实力的前提下,就取消"维新政权"作出妥协。②

1939 年 6 月 2 日,在军部同华中、华北日军的协商中,华中、华北日军提出《"汪"工作指导要领案》,要求"在蒙疆、华北、华中、华南、武汉各地组织自治政权","蒙疆、华北、华中以既成政权为母体进行组织","各地自治政权基于中央方针,确定与其地方特性相适应的自治程度"。军部对此基本同意,只是以汪精卫集团坚持要"还都南京"为由,要求对华中地区"另行商议"。③ 由此可以看出,华中日军还是希望能够在华中保留"以既成政权为母体进行组织"的"自治政权",而军部则不排除舍弃"维新政权",将华中交给汪精卫成立"新中央政府"。

① 「竹内対スル方針大綱」、1938 年 5 月 13 日、「JACAR(アジア歴史資料センター)Ref. B02031727500、支那事変ニ際シ支那新政府樹立関係一件/支那中央政権樹立問題(臨時維新政府合流問題連合委員会関係、呉佩孚運動及反共、反蒋救国民衆運動)第二巻(A-6-1-1-8_3_002)(外務省外交史料館)」
② 田尻総領事「竹内工作ニ関スル今井大佐トノ会談記」、1939 年 5 月 16 日、「JACAR(アジア歴史資料センター)Ref. B02031727500、支那事変ニ際シ支那新政権樹立関係一件/支那中央政権樹立問題(臨時維新政府合流問題連合委員会関係、呉佩孚運動及反共、反蒋救国民衆運動)第二巻(A-6-1-1-8_3_002)(外務省外交史料館)」
③ 北支、中支合同案「「汪」工作指導要領案」、1939 年 6 月 2 日、「JACAR(アジア歴史資料センター)Ref. B02031728300、支那事変ニ際シ支那新政府樹立関係一件/支那中央政権樹立問題(臨時維新政府合流問題連合委員会関係、呉佩孚運動及反共、反蒋救国民衆運動)第三巻(A-6-1-1-8_3_003)(外務省外交史料館)」

　　汪精卫离日后,周佛海留日继续同日方进行交涉,日方要求,将汪方提出的"取消既成政府名义",修改为"废除既成政府的名称",并称"这是防止'取消名义'被误解为废除既成政府同日本的协定等关系",并依据《调整中日新关系的方针》,对华北、"蒙疆"、华中、华南沿岸特定岛屿,提出了加以不同对待的要求。① 这样一来,虽然日军同意"若中央政治会议不在华中设立委员会,日本对此无异议",②但仍对"既成政权"在未来的权限保留了相当余地。在汪精卫同"既成政权"的交涉中,面对自保其地位的"维新政府",和支持"地方自治"的华中方面军,凭借着军部有限支持的汪精卫显然缺乏底气,在交涉遇挫之后,只能试图另辟途径,那就是在日军控制意愿相对最为薄弱,而汪精卫影响最大的以广东为中心的华南地区,通过获取自身地盘来打开局面。

　　汪精卫发起"和平运动"之初,就多次联络粤系将领,试图拉拢其与自己共同投敌。然而,正是这一系列活动效果不彰,汪精卫才前往上海,准备在日军占领区建立"新中央政府"。但到了这一时期,由于汪精卫受到了既成政权的反弹,加上没有军事和政治的地盘,为了确保对临时、维新两伪政府的发言权,汪精卫只能回过头来,再次寄希望于对粤系的工作,从而创设"华南新政权",并以此为背景成立"新中央政府"。③

　　汪精卫的这一"工作",立足于继续加强分化国民政府,自然得到了军部的欢迎和支持。"陆军方面极期望竹内能在华南拥有并扩大地盘",参谋次长中岛铁藏表示,"竹内君没有自己的地盘,维新临时

① 堀场一雄『支那事变战争指导史』、268頁。
② 堀场一雄『支那事变战争指导史』、268頁。
③ 樋口秀实『日本海军から見た日中関係史研究』、242頁。

两政府则都有自己的地盘,让竹内君感到极为局促,因此一定要在竹内君的故乡华南展开工作,获取地盘以成立中央政权"。①

　　除了陆军中央,对在华南拥有广泛利益,却未能扶植一个代理人的日本海军,以及陆军的华南派遣军而言,如果汪精卫在华南成立政权,无疑会增强在对华事务上的发言权。因此"华南派遣军对竹内的政治工作极为支持,热切希望能够以广东为中心成立华南政权,并进而成为中央政权"。②

　　1939 年 8 月,汪精卫前往广州,当地日军、外务当局对此行抱有极大期望,积极"准备为中国方面军政各派要人及其代表联络竹内君提供侧面的援助"。③ 汪精卫到达广州后,更是夸大其可能取得的"成果"。在同当地日军首脑会面时,汪精卫宣称"中央军中有五分之二是要追随蒋介石行动,五分之三是和平派,只是尚不知日本的真意,只能继续抗战","薛岳、邓龙光、张发奎在我离开河内后,均马上开始积极联系"。④

<hr>

① 矢野領事「執務日誌」、1939 年 8 月、「JACAR(アジア歴史資料センター)Ref. B02031730100、支那事変ニ際シ支那新政府樹立関係一件/支那中央政権樹立問題(臨時維新政府合流問題連合委員会関係、呉佩孚運動及反共、反蒋救国民衆運動)第四巻(A-6-1-1-8_3_004)(外務省外交史料館)」

② 岡崎総領事発、有田外務大臣宛電「第四五九号」、1939 年 7 月 31 日、「JACAR(アジア歴史資料センター)Ref. B02031742600、支那事変ニ際シ支那新政府樹立関係一件/汪精衛関係第二巻(A-6-1-1-8_5_002)(外務省外交史料館)」

③ 矢野領事「竹内君来広前の準備」、1939 年 8 月 10 日、「JACAR(アジア歴史資料センター)Ref. B02031730100、支那事変ニ際シ支那新政府樹立関係一件/支那中央政権樹立問題(臨時維新政府合流問題連合委員会関係、呉佩孚運動及反共、反蒋救国民衆運動)第四巻(A-6-1-1-8_3_004)(外務省外交史料館)」

④ 矢野領事「竹内君来広後の行動」、1939 年 8 月、「JACAR(アジア歴史資料センター)Ref. B02031730100、支那事変ニ際シ支那新政府樹立関係一件/支那中央政権樹立問題(臨時維新政府合流問題連合委員会関係、呉佩孚運動及反共、反蒋救国民衆運動)第四巻(A-6-1-1-8_3_004)(外務省外交史料館)」

根据汪精卫提出的计划，"华南政权不仅要组织政治机关，其主要目的，更是要实力派以保境安民为标榜，与日军进行局部停战，并加以合作支援，将之扩大到华南五省，促进蒋的下野和重庆政府的崩溃"。[①] 其具体到政治方面：

"以成立广东省政府为目标迈进，分为 3 个时期：

1. 第一期。8 月初旬到 9 月末，作为联络时期，需要数名工作员到广东，与香港和内地展开联络。

2. 第二期。9 月初旬国民党全国代表大会后，在广东成立政务委员会，将治安维持会作为下属，组织保安队等，准备成立省政府。预定委员 9 名，3 人为竹内的同志，2 名为张发奎、邓龙光的联系人，其他 4 名为华侨和广东、香港的有力人士。

3. 第三期。中央会议开幕前成立省政府，省长第一人选为张发奎，第二为邓龙光。"

由于急于召开所谓的"国民党六大"，汪精卫无法长期在广东滞留，因此同当地日军达成下一步行动的协议："就相关工作做好布置后，竹内一边进行成立中央政府的工作，一边推进成立华南新政权工作。""竹内在广东对华南工作进行必要的布置后，由其同志留在广东继续工作，竹内回到上海，在国民党全国代表大会结束后，应需要再次来广。""工作重点是张发奎和邓龙光，同时秘密联系李汉魂、吴奇伟、薛岳。针对余汉谋则主要着眼于拉拢其部下军队。陈济棠、许崇智缺乏行动决心，因此主要着眼于陈济棠部下吴

---

① 冈崎総領事より「集団と武（竹）内側との協議事項」、1939 年 8 月 16 日、「JACAR（アジア歴史資料センター）Ref. B02031730400、支那事変ニ際シ支那新政府樹立関係一件/支那中央政権樹立問題（臨時維新政府合流問題連合委員会関係、呉佩孚運動及反共、反蒋救国民衆運動）第四巻（A-6-1-1-8_3_004）（外務省外交史料館）」

质文同竹内的合作,从事拉拢其旧部下的工作。"①

根据汪精卫的计划,在广东"如果一切顺利,可以入手四五个师的军队"。② 然而,"结果,所谓华南新政权的构想,由于无法如所期待的那样,拉拢第四战区副司令余汉谋等华南地方实力派脱离国民政府,结果未取得明显成果而宣告失败"。③

汪精卫在广东的活动,清晰地向日本说明了,汪精卫并不具有分化国民政府乃至促其崩溃的能力。既然在与汪精卫关系最为密切的广东,汪精卫的"工作"也无法取得成效,那么在其他地区,其结果可想而知。

(二) 国内外形势与日本对汪政策的变化

就在汪精卫赴粤活动前后,国际形势与日本国内政局,发生重大变化,亦波及至日本的对汪政策。

日本发动全面侵华战争初期,其外交方针集中于"防范苏联、施压英国、拉拢美国、亲近德意"。④ 是否要将与德意签署

---

① 岡崎総領事より「集団と武(竹)内側との協議事項」、1939年8月16日、「JACAR(アジア歴史資料センター)Ref. B02031730400、支那事変ニ際シ支那新政府樹立関係一件/支那中央政権樹立問題(臨時維新政府合流問題連合委員会関係、呉佩孚運動及反共、反蒋救国民衆運動)第四巻(A-6-1-1-8_3_004)(外務省外交史料館)」

② 矢野領事「執務日誌」、1939年8月、「JACAR(アジア歴史資料センター)Ref. B02031730100、支那事変ニ際シ支那新政府樹立関係一件/支那中央政権樹立問題(臨時維新政府合流問題連合委員会関係、呉佩孚運動及反共、反蒋救国民衆運動)第四巻(A-6-1-1-8_3_004)(外務省外交史料館)」

③ 樋口秀実『日本海軍から見た日中関係史研究』、242頁。

④ 军部提出的外交方针主张:"外交的努力应集中于以下方面:1. 强化防共轴心;2. 促使美国转向亲日,至少使其保持中立;3. 促使英国抛弃亲蒋援华政策;4. 强化对苏谋略,激化其内部斗争。"陸軍省「時局外交に関する陸軍の希望」、1938年1月29日、『日本外交文書・日中戦争』、327—329頁。

的防共协定,升级为针对苏联的军事同盟,自近卫内阁到平沼
内阁一直激烈讨论。然而,在 1939 年 8 月 23 日,德国在事前
同日本完全没有商量的情况下,突然同此同盟针对的对象苏
联签订了互不侵犯条约。① 首相平沼骐一郎随即于 8 月 28 日
宣布"此次苏德缔结互不侵犯条约,欧洲天地出现了复杂怪奇
的新形势,我国有必要为此改变向来之政策,采取更弦易辙的
新政策",率内阁总辞职。②

　　日本开展诱降汪精卫的活动是在近卫内阁当政时期,而确立
成立汪精卫为首的"新中央政府",是在平沼内阁当政时期。平沼
的突然辞职,日本政局的频繁变动,导致其对汪政策也难有从一而
终的稳定性。

　　在 8 月初,木户幸一曾警告板垣征四郎,内阁更易可能不利于
"汪工作"的进行:"汪从重庆脱离后,不久近卫内阁就辞职了,而如
果不顾汪来东京同各个阁僚的商谈成果,在汪成立政权之前,平沼
内阁又辞职的话,无论如何算不上得策。相信尽量在汪政权成立
后,再更易政府为宜。"③

　　然而,最终平沼下台,内阁解散,日本政局的变化,不可避免地动
摇了汪精卫集团对自身前景的预期。为确认日本新政府的对汪态
度,1939 年 10 月 1 日,汪精卫派遣周佛海飞往东京,并随身携带多封

---

① 近衛文麿『平和への努力——近衛手記』、17 頁。
② 「平沼内閣の総辞職」、『大阪朝日新聞』、1939 年 8 月 29 日、神戸大学附属図書館新聞
　　記事文庫。
③ 此时木户担忧板垣因其坚持在三国同盟上的强硬主张而宣告辞职,进而导致平沼
　　内阁崩溃。因此劝诫板垣:"国民已经逐渐疲于战争,好不容易实现了同汪的东京会
　　谈,准备成立汪政权,逐渐走上了有收拾事态的希望的道路,结果不顾东京会谈成果,
　　以及汪工作的进行,如此并不合适。"『木戸幸一日記』(下)、1939 年 8 月 4 日、737 頁。

汪精卫的信件。日本驻沪总领事三浦义秋向外务省建议,"对于回信,建议应该给予其帝国方针稳定的印象"。① 日本军政当局经过协调,决定向周佛海强调,"帝国对华方针以建设东亚新秩序为目标,根据近卫声明明示的既定方针,将成立以汪精卫为核心的新中央政府作为中心的政策,未有丝毫变化",企图"借此消除汪方对帝国对华政策的疑惧之心,促使其强化为成立新中央政府所做的努力"。②

然而,即便日本在表面上保持对汪政策不变,但单就人事变动方面,已经对"汪工作"产生了明显影响。

首先,平沼内阁辞职后,陆相板垣征四郎由畑俊六取代,板垣随即就任新成立的中国派遣军总参谋长,陆军次官山胁正隆被派往华中,担任第三师团长。板垣不仅是诱降汪精卫的《调整日华新关系方针》的积极推动者,也是"汪政权"的积极支持者,并利用陆军大臣一职,为推动成立"汪政权"提供便利。在日本当局决定成立"汪政权"前夕,板垣曾表示:"希望把反对汪的人,调动到与处理事变无关的职位上去。"③随着板垣离开日军中央,其对日军决策的发言权大幅降低。

其次,日苏两军自1939年5月起,在诺门坎爆发冲突,即"诺门

---

① 三浦総領事発、野村外務大臣宛電「第二七八二号」、1939年9月27日、「JACAR(アジア歴史資料センター)Ref. B02031731300、支那事変ニ際シ支那新政府樹立関係一件/支那中央政権樹立問題(臨時維新政府合流問題連合委員会関係、呉佩孚運動及反共、反蒋救国民衆運動)第五巻(A-6-1-1-8_3_005)(外務省外交史料館)」

② 「周仏海応対要領ノ件」、外務、東亜第一課長、十月一日接到、1939年9月30日、「JACAR(アジア歴史資料センター)Ref. B02031731700、支那事変ニ際シ支那新政府樹立関係一件/支那中央政権樹立問題(臨時維新政府合流問題連合委員会関係、呉佩孚運動及反共、反蒋救国民衆運動)第五巻(A-6-1-1-8_3_005)(外務省外交史料館)」

③ 『戦史叢書——支那事変陸軍作戦』(3)、21頁。

坎事件",9月16日,日苏双方签订停火协定,冲突宣告结束。"诺门坎事件"中,日军不但遭受惨重损失,更是在战略上居于劣势,日军对此视为重大失败,并展开追责。在参谋本部,参谋次长中岛铁藏、第一部长桥本群等人被转入预备役。由于皇族担任参谋总长,参谋本部主要由参谋次长与第一部长视事,这一人事变动影响重大,加上板垣的离职,意味着决定扶植汪精卫的日本陆军省、部首脑同时遭到更迭。

日军中央人事的剧变,使其既定的对华政策产生了巨大动摇,"随着对诺门坎事件追责和中国派遣军总司令部的建立,人事发生更替,通过战争当局一年多来努力促成的思想统一,就此打破,顽固强硬派陆续掌权"。① "临时政府"背后的华北方面军,向来对扶植"汪政权"态度消极,而一系列从华北赴日本陆军中央就任的高级军官,包括"秋季从华北回国,新就任陆军中央部要职的阿南(惟几)陆军次官、武藤(章)军务局长,富永(恭次)作战部长等人,向来与汪派没有联系,对无力的汪派全无兴趣"。② 这导致日本扶植"汪政权"的方针,在日军中央缺乏有力的推动者。

在此之际,对"汪工作"的领导权,也随着日军中国派遣军的成立,发生了变化。1939年9月4日,大本营决定在中国新设"中国派遣军",总司令部驻于南京,下辖华北方面军(下辖第一、第二军等)、第十一、第十三、第二十一军及第三飞行集团。随后,日军撤销了原华中派遣军司令部,由原教育总监西尾寿造大将担任中国派遣军总司令官,原陆相板垣征四郎中将担任总参谋长,以统帅中国关内地区的全部部队。而在具体军事执行中,中国派遣军之总

---

① 堀場一雄『支那事変戦争指導史』、318頁。
② 『戦史叢書——支那事変陸軍作戦』(3)、39頁。

司令官则作为方面军司令官,直接统帅华中地区的第十一军和第
十三军,而对于华北方面军和华南方面的第二十一军,则仅从其作
战战略和政治统治上进行宏观指导,其兵站、供应由中央部直接指
导,具体事务则交之自理。①

　　进行"汪工作"的影佐等人,本属"土肥原机关",其"通讯上本机
关的名称,从来都是继承土肥原机关名称",而 8 月 22 日,"汪工作"
机关"从今起改称为梅机关,发电名也开始使用梅电号"。② 10 月 1
日,"梅机关"又被划归中国派遣军。③ 从此在对华、包括对汪工作
上,由于日军"中央思潮陷入硬化错乱,而总军坚持一贯国策,成了处
理事变的主导力量"。④ 在军部中央热情减退的背景下,中国派遣
军总参谋长板垣征四郎,继续推动汪精卫成立"新中央政府"。

　　日军对华政策的多变,让原本就不稳固的对汪政策再生变数。
日本当局同汪精卫集团之间的关系,始终存在着一个变量,即"汪
政权"具有怎样的实力,对日军的侵华战略能够起到怎样的作用。⑤

---

① 日本防卫厅战史室编纂、天津市政协编译委员会译:《日本军国主义侵华资料长编》
　　(上),成都:四川人民出版社 1987 年版,第 495 页。
② 「影佐少将より次官、次長宛梅電第一号」、1939 年 8 月 22 日、「JACAR(アジア歴史
　　資料センター)Ref. B02031741000、支那事変ニ際シ支那新政府樹立関係一件/汪精
　　衛関係第一卷(A-6-1-1-8_5_001)(外務省外交史料館)」
③ 『戦史叢書——支那事変陸軍作戦』(3)、9 頁。
④ 堀場一雄『支那事変戦争指導史』、318 頁。
⑤ 围绕着实力问题,在极端的情况下,即汪精卫集团全无实力,而重庆国民政府仍掌握相
　　当军政实力,并愿意同日本进行谈判之际,日军甚至准备舍弃汪精卫集团:"如果汪方阻
　　碍与重庆谈判的话,根据具体情况,可以选择将其排除。到时候虽然在形式上还是和新
　　中央政府交涉停战,但汪蒋合并的工作实际上以重庆方面为主体。若实行此项,需要
　　大力引导国内舆论的变化。"大本营陆军部「事変解決秘策」、1939 年 6 月、「JACAR
　　(アジア歴史資料センター)Ref. C12120072100、支那事変戦争指導関係資料(大本営
　　陸軍部の部)昭和 12 年 5 月 29 日～昭和 15 年 12 月 2 日(防衛省防衛研究所)」

决定扶植"汪政权"之际,日军便认定"决定帝国态度的根本因素,是中央政府是否搜罗足够人物、具备基础实力"。① 而内阁首脑平沼骐一郎也赞成"汪的新政府只有招牌和组织是不行的,必须要让其有相当的实力"。②

"汪政府"可能的实力来源,无外于两个方面:一是整合日军占领区已有的亲日势力,在占领区建立自身的军政力量,这就要求日军在对占领区的统治上,不但自身放权,并将尽可能地减少"既成政权"权限,强化汪精卫的"新中央政府"。二是继续着力拉拢国民政府实力派,促使国民政府自我崩溃,至少通过获取投汪的军、政势力,为"汪政府"打下实力基础。

在第一个问题上,日军仍固守"分治合作"主义,不愿让汪伪政府拥有对占领区广泛而统一的统治权。这样一来,在国民政府仍继续抵抗的情况下,方便了日军对占领区直接的侵略掠夺,却使其缺乏一个有力的代理人政权,对"解决事变"不利。日军在这一问题上层层设限,甚至即将成为汪伪政府统治中枢的华中地区,起初也被划定在"分治合作"的"自治"地区之列。就此问题,驻香港领事田尻爱义曾询问今井武夫,是否能对"分治合作"方针有所修改,今井却表示,要促使汪逐渐对"分治合作"方针,加以接受。③

---

① 「新中央政府樹立ニ就軍務局長説明要旨」、1939 年 6 月 3 日、「JACAR(アジア歴史資料センター)Ref. B02031728300、支那事変ニ際シ支那新政府樹立関係一件/支那中央政権樹立問題(臨時維新政府合流問題連合委員会関係、呉佩孚運動及反共、反蒋救国民衆運動)第三巻(A-6-1-1-8_3_003)(外務省外交史料館)」

② 1939 年 6 月 22 日日记、小川平吉文書研究会『小川平吉関係文書』、491 頁。

③ 田尻総領事「竹内工作ニ関スル今井大佐トノ会談記」、1939 年 5 月 16 日、「JACAR(アジア歴史資料センター)Ref. B02031727500、支那事変ニ際シ支那新政府樹立関係一件/支那中央政権樹立問題(臨時維新政府合流問題連合委員会関係、呉佩孚運動及反共、反蒋救国民衆運動)第二巻(A-6-1-1-8_3_002)(外務省外交史料館)」

日军不愿全面赋权"汪政权"统治占领区,使"汪政权"无从培植自身实力,那么就只能期待"汪政权"从国民政府处获取实力。结果,日汪抱有极大期望的汪精卫广东之行,以毫无收获收场。而汪伪集团在 8 月末召开的所谓"国民党第六次代表大会",不仅人数上远少于汪精卫 300 余人的预期,仅 240 余人,而且多为临时搜罗,几无所期待的重庆方面"要人":"旧中央委员,只有汪氏夫妇、陈公博、褚民谊、周佛海、克与额(?)(注:问号为原著所用,应为原著作者金雄白亦不知克与额为何人)、何世桢(后来何世桢又声明否认了)等寥寥数人。"①"梅机关"还观察到,汪精卫也很难拉拢到国民党外的势力:"准备让竹内与之交涉的各党各派,目前除了国家社会党,并无人答应者。因此'网罗各党各派'一事,从原则上可能会失败。"②

除了在国内具有"实力",是否在国际上得到承认,也是决定日本所扶植的"汪政权"前景的重要因素。在国际方面,早在1939 年 6 月,日军中央就考虑,在"汪政府"正式成立之前,向英国提供在华特殊权益,诱导英国利用其对华影响力,促使蒋介石求和。军部提出的《事变解决秘策》也设想,利诱英国参与中日调解。③ 而第二次世界大战全面爆发后,日军中有声音认为,为防

---

① 朱子家(金雄白):《汪政权的开场与收场》第 1 册,香港:香港春秋杂志社 1962 年版,第42 頁。

② 梅機関「竹内工作(梁鴻志、王克敏会見の件)に関する件」(梅電第七六号)、1939 年 9 月 7 日、「JACAR(アジア歴史資料センター)Ref. C04121371700、昭和 14 年「陸支受大日記第 60 号」(防衛省防衛研究所)」

③ 大本営陸軍部「事変解決秘策」、1939 年 6 月、「JACAR(アジア歴史資料センター)Ref. C12120072100、支那事変戦争指導関係資料(大本営陸軍部の部)昭和 12 年 5 月29 日～昭和 15 年 12 月 2 日(防衛省防衛研究所)」

止蒋介石完全倒向苏联，英美可能会胁迫蒋对日和谈。① 实际上，英法顾及欧洲战场形势，确实在中国问题上采取了对日缓和的态势："英法两国政府内，出现了以汪兆铭政权存续为前提，实现日中和平的声音。"②但英国同时认为，中国问题的关键，在于国民政府，"汪政权徒有其名，而全无实力"，日本要将"汪政权"当作中国主权的代表，与之进行所谓"和平谈判"，可以说是"虚幻的"。③

　　"汪政权名义上是一个中央政府，但实际上力量薄弱，因此反对论再次抬头"。④ 日军内部有声音要求，重新审视对未来"汪政权"的定位。华北方面军认为，成立汪精卫为首的"中央政府"，是在无法靠实力征服中国的情况下，一种促进重庆政府内部瓦解的"谋略行动"。若不能达成此目的，过早成立"中央政府"，不但没有意义，且必然导致和重庆政府的对立，不利于收拾局面。⑤ 这样的意见，无疑否定了上届日本政府既定的，以汪精卫成立"新中央政府"的基本方针，将对汪工作的定位，退回到起初的"谋略行动"，现

① 北京大使館「新中央政府樹立は急ぐ必要がないとの北支那方面軍の軍中央への意見上申について」、1939 年 9 月 22 日、外務省『日本外交文書・日中戦争第一冊』、六一書房、2011 年、504 頁。
② 樋口秀実『日本海軍から見た日中関係史研究』、257 頁。
③ 上海領事館「カ一英国大使が自らの和平腹案を重慶側に提示する心算との諜報報告」、1939 年 10 月、外務省『日本外交文書・日中戦争第一冊』、六一書房、2011 年、512 頁。
④ 梅机关梅电第二七四号「新中央政府樹立運動に関する件」、1939 年 10 月 25 日、「JACAR（アジア歴史資料センター）Ref. C04121519700、昭和 14 年「陸支受大日記第 68 号」（防衛省防衛研究所）」
⑤ 北京大使館「新中央政府樹立は急ぐ必要がないとの北支那方面軍の軍中央への意見上申について」、1940 年 9 月 22 日、外務省『日本外交文書・日中戦争第一冊』、六一書房、2011 年、504 頁。

实中并不易于实施。但绕过汪精卫集团,由日本直接进行诱降国民政府的工作,成了日军的实际选择。1939 年 10 月,日本大本营陆军部出台《处理事变第 1 期最高指导案》提出:"应使汪方认识到,获取重庆方面的实力,对于成立强力之政府,乃至整顿时局,极为必要",这是"日本和重庆之间的问题,因此必然会有日本与重庆的停战交涉"。①

以此为背景,日本一度沉寂的对蒋诱和工作再次活跃。华北方面军的喜多诚一自 1939 年 8 月起,积极通过司徒雷登寻求建立与蒋介石的联系。② 而曾主持"汪工作"的今井武夫,也在 1939 年秋转赴中国派遣军就职后,策划接触重庆国民政府的"桐工作"。③ 一直主张诱和国民政府的小川平吉,更是不但向外务省上书,主张"通过汪扩大在中国的统治""促使蒋政府崩溃"不切实际,蒋介石军政实力尚强,而汪精卫的"新政府","影响力恐怕很难及于占领地之外"。④ 小川还向新上任的首相阿部信行表示,"成立没有实力的政权,就像无法支付股本之人创立的股份公司,是很不可靠的",并请求拓相金光庸夫⑤游说首相,"不能过度相信汪的新政权"。⑥

日军不愿赋予"汪政权"占领区完全的统治权,实际上否定了"汪政权"作为"新中央政府"的意义。而日本准备绕过汪精卫,直

---

① 大本営陸軍部「事変解決処理第 1 期最高指導案」、1939 年 10 月、「JACAR(アジア歴史資料センター)Ref. C12120072600、支那事変戦争指導関係資料(大本営陸軍部の部)昭和 12 年 5 月 29 日～昭和 15 年 12 月 2 日(防衛省防衛研究所)」

② 『戦史叢書——支那事変陸軍作戦』(3)、29 頁。

③ 今井武夫『日中平和工作:回想と証言 1937—1947』、103 頁。

④ 小川平吉作成「重慶方面関係経過概要」、1939 年 10 月、外務省『日本外交文書・日中戦争第一冊』、六一書房、2011 年、514 頁。

⑤ 金光庸夫,日本实业家,政治家,时任平沼内阁拓相。

⑥ 1939 年 9 月 8 日日记、小川平吉文書研究会『小川平吉関係文書』、508 頁。

接同重庆国民政府进行交涉,这就让局面回到了汪精卫投日之前的形态,实际上否定了"汪政权"对日本的意义。

如前文所言,"临时、维新"政府出于自身利益,对汪精卫成立"新中央政权"并不积极,甚至加以抵制,而日本对汪精卫集团的政策发生的转变,更让汪精卫集团前途渺茫。这一时期如影佐祯昭所言,"汪氏的运动的确令人感到多灾多难","梅机关同人的苦战恶斗实令人不忍目睹"。①

"汪精卫政权"的组织工作,又一次遭到搁置延缓,其重要背景是国际形势的变化,日本迫切希望解决中国问题。

在德国进攻波兰后,英法相继向德国宣战,第二次世界大战全面爆发。而根据日军原先的计划,德国会在 1941、1942 年前后具备对外战争能力,英美也将 1941 年做好军事准备,因此判断"1942年前后国际形势会发生剧变",并以此为期限,"处理旷古未有的中国事变,和应对国际形势下一步变化的战争准备"。结果,"国际转机的到来,早于预期三年,对应的准备,和中国事变的处理,还完全没有完成"。②

为应对这种不利情况,日本在加速强化军备的同时,试图先集中力量,解决中国问题。为此,日本暂时采取了缓和对外关系的方针。9 月 4 日,日本首相阿部信行宣布,日本不介入欧洲战争,专心于"解决中国事变"。③ 18 日,陆军省、部就外交问题通过方案,强调要着力于"处理事变",采取对外缓和的外交政策,包括维持对欧洲战争的中立方针;促进日苏关系的正常化;促进英、法、美与日本

---

① 影佐祯昭:《我曾经走过的路》,陈鹏仁编著:《汪精卫降日密档》,第 42 页。
② 『戦史叢書——支那事変陸軍作戦』(3)、1—2 頁。
③ 「欧州大戦に介入せず、専ら事変解決に邁進、帝国政府、態度闡明」、『東京朝日新聞』朝刊、1939 年 9 月 5 日。

的一致；保持同德、意的友好关系等，这一方针被送交外务省执行。①

　　利用这一国际背景，汪精卫对自己的"和平运动"展开宣传，表示："我如今还有几句话，对主张抗战到底，最后胜利的诸君说。诸君这些话，不是老实话。最后胜利是渺茫的，诸君自己心里知道，先就国际形势来说，诸君以前听了阵线论的话，以为反侵略战线必然决战，决战的结果，反侵略阵线必然胜利，胜利的结果，必然援助中国制裁日本，所以中国只要抗战到底，必然最后胜利。这种渺茫的论据，我们在一年以前不知把他驳过多少次了。至于欧战发生则事实证明，再用不着我们来驳了。"②

　　汪精卫的论据，首先在于第二次世界大战全面爆发，原本被中国寄予厚望的苏联，与德国达成妥协，日苏战争短期内爆发的可能性大大降低："被诸君认为反侵略战线领袖的苏联，已经和被诸君认为侵略阵线领袖的德国，联合起来，夹攻波兰，并且由苏联单独向芬兰进攻了。诸君所假定的侵略阵线反侵略阵线，已经因粉碎而空虚了。"③

　　除了苏联，英法也曾经是制约日本扩大侵略的既得利益列强，此时陷入对德战争无暇东顾："欧洲的交战国家，都是为自己着想，谈不到援助别人。其对于中日战事，将看日本对于欧战的态度如何。如果日本倾向自己方面呢？自然盼望中日早早和好，俾日本

---

① 「欧州戦争二伴フ当面ノ対外施策（陸軍案）二関スル件」、『日本外交文書・日中戦争』、500—503頁。

② 《艳电书后》(1939年12月29日)，黄美真、张云编：《汪精卫国民政府成立》，第221页。

③ 《艳电书后》(1939年12月29日)，黄美真、张云编：《汪精卫国民政府成立》，第221页。

得以全力帮助他战胜他的敌人。如果日本还没有决定呢？则最好中日兵连祸结，无解无休，至少予日本以牵制，使之无有余力，倾向到他的敌人方面去，这种心事，是显然的，所谓各为其国，本来不足为奇。然则诸君所假定的援助，岂不又陷入空虚吗？还有一层，现在欧洲的交战国家，谁是将来的战胜者，谁是将来的战败者？目前虽然有种种揣测，但是哪里说的定呢？"①

借此汪精卫再次发出政治呼吁："诸君只要把以上层层想过一遍，便可知道将抗战到底，最后胜利寄托于国际援助，是如何的渺茫，这是不是忠于谋国者所宜出呢？""诸君之中，定然有一部分怀着民族自杀政策的，认定国将亡了，不如举其一切，同归于尽。如果国之亡无可救，我也和诸君一样；如果国有可救，难道不应该以救国为先吗？我们今日要为救国而死，不要只为殉国而死！"②

与汪精卫的政治呼吁相呼应，为削弱中国抗战信心，日本加强对侵华战争的投入，统合在华日军，并发起新一轮军事进攻。9月23日，大本营成立中国派遣军战斗序列。

10月1日，大本营陆军部发布大陆命第363号，表示"大本营企图迅速处理中国事变"，"为此应摧毁敌人继续战争之企图，同时应形势变化，增强对第三国的战备"。③"要确保西苏尼特王府、百灵庙、安北、黄河、黄河泛滥地区、庐州、芜湖、杭州一线以东的地区的安定，尤其先在蒙疆地方、山西省北部、河北省及山东省各要地，及上海、南京、杭州间的地区，从速恢复治安"。对作战地区则要求

①《艳电书后》(1939 年 12 月 29 日)，黄美真、张云编：《汪精卫国民政府成立》，第 222 页。

②《艳电书后》(1939 年 12 月 29 日)，黄美真、张云编：《汪精卫国民政府成立》，第 222 页。

③「大陸命第三百六十三号」、1939 年 10 月 1 日、「JACAR(アジア歴史資料センター)　Ref. C14060919500、大陸命　巻 05　(第 0301～0400 号)　昭和 14 年 5 月～12 月　(防衛省防衛研究所)」

"确保岳州起的长江下游的交通,以武汉三镇及九江为根据地,摧毁敌军的抗战企图,作战地域约为安庆、信阳、岳州、南昌之间",此外,"在广州附近、汕头附近及海南岛北部的要地要加以占领,努力切断敌军封锁线"。[①]

　　然而,日军的新一轮军事进攻,并未收到预期效果。国民政府在武汉会战后对军队展开整训,以半年为周期,整训结束后即发起反攻:"昭和十四年(1939 年)四月完成第一期整训,此际在华北、华中、华南的中国军队,展开了积极行动",而"蒋介石的第二期整训,于十一月完成"。[②]

　　此时,蒋介石认为,日本面临的国际、国内形势,均不利于其将侵略战争进行到底:在华日军"不遑宁息,深陷泥淖";日本外交亦面临重重压力:"敌既师久无功,而国际形势突变,德苏互不侵犯条约之缔结,使敌举国惶惑,欧战猝起,英法且有星岛之军事会议,美亦有废止美日商约之举,益以苏俄集结重兵于满、蒙边境,使敌关东兵力不能转用";"而我长期抗战国策,出敌意外,以致其国内政潮迭起,内阁数易,不得不以和平姿态,眩惑国际视听,妄想'以战养战''以华制华'破坏我政府,掠取我物资"。"我为粉碎敌之阴谋,并制敌机先,于本年四月、七月、九月发动各次攻势,并获致南昌、随枣、长沙诸会战之胜利成果,兼之我第二期整训部队已届完成,战力大增"。[③]

　　11 月 16 日,蒋介石判断,持久战态势已经完成,可以尝试局部

---

① 「大陸命第三百六十三号」、1939 年 10 月 1 日、「JACAR(アジア歴史資料センター)Ref. C14060919500、大陸命　巻 05　(第 0301～0400 号)　昭和 14.05～12 月(防衛省防衛研究所)」

② 井本熊男『作戦日誌で綴る支那事変』、341、342 頁。

③ 《蒋公大事长编初稿》(卷 4 上),第 440—442 页。

反攻：“自抗战进入第二阶段后，我之持久战略部署业已完成，而敌之窘态，日益显著。几至主客易势，攻守易形，此自为我争取主动转守为攻之良好时机”，并因此“拟定冬季攻势方案”。①

11月末，日军中国派遣军通过破译国民政府军队密码，获知其反攻意图，即通告下属各军。12月，国民政府军队北、中、南多数战区同时展开反攻，中日两军爆发激战。此次冬季攻势中，国民政府军队沿袭了之前奇袭攻击的方式，即从日军前线小部队之间穿插，破坏交通、通信，包围孤立日军等，“攻击方式老套”，但“规模却前所未有之大”。② 结果，日军承认“此次冬季攻势的规模和敌军的战斗意志，大幅超过了我军预计，尤其是第三、第五、第九战区，反攻极其猛烈（中国派遣军报告）”，这让日军“对敌战力重新进行审视”。③

国民政府展开反攻的同时，日本对各地方实力派的“谋略工作”却连连受挫。日军通过“中国要人”的联系来进行的对龙云、李宗仁、白崇禧等人的“工作”，结果龙、李、白等均以“不能轻举妄动”为由拒绝，并表明“中国非常清楚，日本已陷入困境”。因此，可以说“各种眼花缭乱的谋略工作，不但都没能对中国方面造成损害，与之相反，向中国方面进一步暴露了日本的虚弱”。④

显然，靠汪精卫集团的招降纳叛，是无法成立一个具有日本所期望的实力“中央政府”的，更无法完成日军的战略目标，而通过接触国民政府，以一个相对体面的形式，从侵华战争中脱身，对日军来说具有相当的诱惑力。

然而，日本扶植汪精卫成立“新中央政府”，此时已成骑虎难下

---

① 《蒋公大事长编初稿》（卷4上），第440—442页。

② 井本熊男『作戦日誌で綴る支那事変』、342、343頁。

③ 『戦史叢書——支那事変陸軍作戦』(3)、93頁。

④ 『戦史叢書——支那事変陸軍作戦』(3)、55頁。

之势,政策转变的阻力较大。且不论扶植汪精卫的"新中央政府",已通过五相会议被确定为日本的国家政策,仅就日本国内舆论来说,长时间的反蒋、拥汪宣传,也让日本对华政策难以发生剧变。日本舆论报道,汪精卫"新政府"的主要目标是"亲日、防共、反蒋",①其成立日期约在 1939 年 11 月左右,②日本政府宣布:"汪兆铭的中央政府成立后,我国将会将其作为中国唯一的正式政府,实现国际法上的承认,交换特命全权大使,正式将新中央政府当作交涉对手,以处理事变为开始,进行中日之间全面的国交调整。"③要在这个时候彻底改变政策,弃汪拥蒋,难以自圆其说。

　　因此,这一时期日本对汪、蒋的政策,在各种矛盾的影响下,处于摇摆不定的状态。日本确立了扶植汪精卫成立"新中央政府"的基本政策,却又对此事态度消极;希望能诱使国民政府接受其条件,却又不愿更改"不以国民政府为对手"声明。

　　日军希望达成的理想状态,即所谓的"汪重庆合流(合并)",实际上是以空无实力的汪精卫的"新中央政府"为"壳",以重庆国民政府为"实",最终达成"诱导强力中央政府的出现,借此将事变导向解决"的结果。④

　　然而,日军这种两面兼顾的方针,不可避免地会造成其政策缺乏重心,两方面互相影响的结果。甚至被称为"坚持一贯国策,成

---

① 「親日、防共、反蒋　新政府の目標」、『東京朝日新聞』朝刊、1939 年 9 月 16 日、2 面。

② 「政権樹立期、十一月頃、阿部首相説明」、『東京朝日新聞』夕刊、1939 年 9 月 22 日、1 面。

③ 「中央政権と我が方針」、『東京朝日新聞』朝刊、1939 年 11 月 3 日、3 面。

④ 総軍司令部「昭和 15 年事変現地処理方針」、1940 年 1 月 1 日、「JACAR(アジア歴史
　 資料センター)Ref. C12120064800、支那事変戦争指導関係資料綴(支那派遣軍の部)
　 昭和 12 年 7 月 27 日〜昭和 16 年 6 月 10 日(防衛省防衛研究所)」

了处理事变的主导力量"①的中国派遣军,也在其"解决事变"的基本方针中要求,"同时进行强化'汪工作'与对重庆工作,寻找、创造其一致点,指导对重庆的停战和汪、重庆的合流"。由此,"汪工作"在日军的战略中失去独立性,自然衍生出成立"新中央政府"的时间表被打乱的结果:"促进新中央政府成立的工作,要以自然的速度进行,但关于其成立的样式,要依据其在全局中的实力,并使其与今后处理事变的方策相对应。"②

　　在这一时期,日本当局在公开场合,已确认了扶植汪精卫"新中央政府"的方针,实际上又秘密筹备着与国民政府的接触,这种矛盾做法背后的考量和各政策之间的关系,仅凭正式文件中的官方语言,以及分别对汪、蒋的孤立计划,难以勾勒其具体的内容。要考察日军的真实想法和整体计划,需要考察日军自身对相关政策的综合解读。

　　1939 年 10 月 25 日,华北日军召开华北方面军特务机关长会议,由华北方面军第四课高级参谋传达了中国派遣军召开的参谋长会议的会议内容,以作为华北日军下一步行动的指导方针。文件内容较为系统地总括了日军此时的对华政策,辑录其部分相关内容如下③:

---

① 堀場一雄『支那事変戦争指導史』、318 頁。

② 総軍司令部「昭和 15 年事変現地処理方針」、1940 年 1 月 1 日、「JACAR(アジア歴史資料センター)Ref. C12120064800、支那事変戦争指導関係資料綴(支那派遣軍の部)昭和 12 年 7 月 27 日~昭和 16 年 6 月 10 日(防衛省防衛研究所)」

③ 华北方面军传达的这一精神,其内容与中国驻屯宪兵队司令部上警务部长同期所传达内容基本一致,可见是中国派遣军所制订的方针。支那駐屯憲兵隊司令部「警兵隊附将校会同席上に於ける警務部長口演要旨」、1939 年 12 月 5 日、「JACAR(アジア歴史資料センター)Ref. C11110748200、支那駐屯憲兵隊司令部資料(警務部長口演要旨　総務部長口演要旨　憲兵隊司令官訓示)(防衛省防衛研究所)」

促进新中央政权的成立,是从速终结当下战局、促进新秩序建设所剩下的重要手段,是现在中央部最为努力之处,这次设置总军,与之也有密切关联。

在刚刚结束的参谋长会议上,总军特别要求,要对成立中央政权工作进行全方位的努力。作为方面军,要体会总军的意图,从大局的角度,竭尽万般努力,对其加以协助。这一工作的主要着眼点是分化重庆政府、调整与第三国的关系,从而使新中央政府真正取代重庆政府,成为新中国中央政府。

进行这一工作最重要的条件,在于民心渴望和平,军队希冀停战的情况也日益增多。然而,即便如此,由于其长期浸润于抗日思想,加上重庆方面的宣传,很难形成自发来投的风潮。在此之际,给与其转向的理由和面子,说不定会达成迅速分化重庆方面的效果。正是为此,中央部才将汪精卫置于最重视的地位,承认其主张,从大乘的角度,承认其方策。

为了达成此目的,在未来修复中日两国国交之际,我们提出的要求,要有限度,要给予明确的凭据,要考虑到对方的面子,要以成立真正的中央政府的形式,给予其相应的事权,使其在民众中具有威望。

简要地说,关于我方希望条件的程度,依据去年11月30日御前会议的决定,其基本内容已通过11月3日所谓的近卫声明,向世上公开宣示。

即便如此,成立和发展新中央政府,能否确实能实现我方希望,分化重庆,实现和平,这还是一个未知数,如果未来新中央政府和其他形势的发展,与我方希望背道而驰,那么我方将根据需要,自主行事,为此采取其他措施也很自然。到时候可能成立其他政权,也可能在既成政权的基础上,对其加以巩固,以方便持久对峙。根据我方驻屯兵力的现状,这一转换并不困难,因此目前勿要杞人忧天,先一心一意以汪为中心,尽万般努力以成立新中央政权,从速打开战局。①

上述内容,表面上在于确保扶植汪精卫的工作能够继续推进,但从日军选择汪精卫的原因,到日军当下的计划,均强调"分化重庆"作为对汪精卫政策的核心要素的地位,并提出了未来"采取其他措施"的可能性。作为一个实现日军战略目标的工具,日军接下来如何对待汪精卫集团,与汪精卫集团所能起到如何的作用息息相关。

要组建一个政府,一方面需要具备相应的军政实力,另一方面也需要拥有自身的合法性来源。

如前文所言,汪精卫集团自身实力薄弱,也难以从国民政府拉拢到相应实力,甚至难以完全统合既有的傀儡政权为自己所用,并不具备相应的军政实力。而要构建自身的"合法性",汪精卫集团所能倚重的资源,主要集中在以下几个方面。

第一,汪精卫在国民党内具有深厚根基,汪精卫集团希望能够通过强调自身所谓"纯正国民党"的身份,与重庆国民政府争夺正统地位。因此,一系列代表国民政府"法统"的象征物,对汪精卫集团而言极为重要。中国派遣军要求,在宣传工作中,要注意强调:"新中央政权继承国民政府之法统,沿用前政府之国旗、政府名、首都等,借以明确其相对于重庆伪国民政府的正统身份,从而把握中国民心,促进蒋介石政权崩溃,使与第

---

① 北支方面軍、特務機関長会議「中央政権ノ樹立ト北支トノ関係二関スル第四課高級参謀口頭説明要旨」、1939 年 10 月 25 日、「JACAR(アジア歴史資料センター)Ref. C04121599400、昭和 14 年「陸支受大日記第 71 号」(防衛省防衛研究所)」

三国的调和更加容易,从而加速收拾事变。"①

　　根据日军的逻辑,"现在的重庆政府为容共所误之国民政府,而作为纯正国民党的汪一派从此脱离,与同具忧眼之士共同成立真正的国民政府"。为表现汪精卫集团对国民政府法统的继承,"还都南京,也因此选择青天白日满地红旗为国旗,从而更容易吸引渴望和平的军民"。②

　　然而,这一象征性的,不牵涉太多实际利益的条款,日军仍然不愿干脆利落地让步。日军要求,"国旗采取青天白日满地红旗之际,则在上部加上'反共和平'标志,以表明新中国更生的意气,吾人对此特别标志加以重视和期待"。③

　　这样前后矛盾的做法,正如时任外务省东亚局长的堀内干城所评论的:"汪精卫的国民政府,是要和在重庆的国民政府争夺正统地位的。汪力求由自己占据正统地位,结果自己却连标志都改变了,这是怎么都说不过去的。从这样的常识来看,改变旗帜滑稽之极,但即便如此,这一事情怎么都决定不下来。在经过种种讨论之后,虽然承认青天白日旗,却要在上面加上写着'反共和平'的黄色三角布条。而临时政府执着于五色旗,结果在华北,公务场合使用与汪精卫的国民政府相同的旗帜,在公务场合之外,

① 支那派遣軍総参謀長「中央政権樹立に関する宣伝要綱案」、1939 年 11 月 5 日、「JACAR(アジア歴史資料センター)Ref. C04121552600、昭和 14 年「陸支受大日記第 70 号」(防衛省防衛研究所)」

② 北支方面軍、特務機関長会議「中央政権ノ樹立ト北支トノ関係ニ関スル第四課高級参謀口頭説明要旨」、1939 年 10 月 25 日、「JACAR(アジア歴史資料センター)Ref. C04121599400、昭和 14 年「陸支受大日記第 71 号」(防衛省防衛研究所)」

③ 北支方面軍「中央政権樹立ニ関スル説明要領」、各部隊ニ配布、1939 年 11 月、「JACAR(アジア歴史資料センター)Ref. C04121599400、昭和 14 年「陸支受大日記第 71 号」(防衛省防衛研究所)」

默认一般民众自发使用五色旗。"①这样一来,且不论民族大义、组织人事,甚至连对最基本的象征标志的争夺,汪精卫集团亦全无胜算。

第二,汪精卫集团另一立足基础,在于其作为日本代理人的身份。汪精卫集团自身虽然没有实力,但依靠侵略者的力量,其权力来源虽不合法,却仍具有一定威慑力,也存在借助日军武力取代重庆国民政府的理论可能。日军的宣传理念中,也体现了这一点,如强调"积极粉碎重庆政府","拥护新中央政权的根本理念和政策,期待新政权能成为名副其实的新中央政权","宣传成立新中央政权对重庆政府造成的重大打击,使人心期待东洋永远的和平"。②

与这一宣传方针相适应,日本媒体强调日本不会与重庆政府谈判,脱离重庆政府,加入汪精卫集团,是获得日本接受的唯一途径:"作为纯正国民党的汪派的立场,会欣然迎接重庆内部的国民党员,放弃抗日容共的旗帜,转向和平亲日,对此日本也极为欢迎。现在重庆可能会直接或借助第三国与日本交涉和平,这可能是重庆为一探日本意向的奸计而已,就算并非如此,凡是影响新政权成立的工作,应该视其毫无价值。除非是个别的和平分子自行离开重庆,希望与新政权合作,才会给予其支持。"③

然而,在事实上,日军"所谓的成立中国新中央政府的工作,

---

① 堀内干城『中国の嵐の中で:日華外交三十年夜話』、乾元社、1950 年、159—160 頁。

② 支那派遣軍総参謀長「中央政権樹立に関する宣伝要綱案」、1939 年 11 月 5 日、「JACAR(アジア歴史資料センター)Ref. C04121552600、昭和 14 年「陸支受大日記第 70 号」(防衛省防衛研究所)」

③ 横田高明「新政権成立と重慶との関係」、文藝春秋、1939 年 12 月、時局増刊 27 号。

其实质是包括重庆当局在内的,通过指导停战工作,在成立政府的同时,预期为其确立武力及财力的基础"。① 日军希望,"成立新中央政府之前,先在年内达成与重庆的停战,以及汪方与重庆的合并"。②

这样相互矛盾的政策,导致日军迟迟难以决定扶植成立汪精卫为中心的"新政权",于是给外界以"之所以拖延成立新政权工作,可能是日本还想和蒋介石讲和,也可能是日本方面中央和在华军队之间意见不合,还没有决定对新政权的对策","像这样散布流言的重庆方面的破坏工作,一日比一日炽烈,如果明年元旦还不能成立政府,恐怕就会出现不利的事态"。③ 日本不确定的态度,无疑会阻碍了投机者投汪的步伐。

第三,汪精卫自发表艳电起,一直强调自己与日交涉的原因,是日本提出了一个可以接受的方案,汪精卫的"和平运动"是否成功,汪精卫是否会坐实汉奸之名,与日本所提出的条件密切相关。正如当时日本舆论所分析的:"如果新政府无法独立自主,就无法集中领导全国人民之力量,就无法处理作为地方政权的蒋政

---

① 参谋本部第二课「新中央政府樹立ヲ中心トスル事変処理ニ関スル最高指導案」、1939 年 9 月 15 日、「JACAR(アジア歴史資料センター)Ref. C12120062500、支那事変戦争指導関係綴其の3 昭和 14 年 3 月～昭和 16 年 6 月(防衛省防衛研究所)」

② 省部関係課「新中央政府樹立を中心とする事変処理最高指導方針」、1939 年 10 月 30 日、「JACAR(アジア歴史資料センター)Ref. C12120062600、支那事変戦争指導関係綴其の3 昭和 14 年 3 月～昭和 16 年 6 月(防衛省防衛研究所)」

③ 出自江亢虎与梅机関工作員清水董三的会谈。「加藤公使より野村外務大臣宛電報」、1939 年 11 月 18 日、「JACAR(アジア歴史資料センター)Ref. B02031732500、支那事変ニ際シ支那新政府樹立関係一件/支那中央政権樹立問題(臨時維新政府合流問題連合委員会関係、呉佩孚運動及反共、反蒋救国民衆運動)第六巻(A-6-1-1-8_3_006)(外務省外交史料館)」

权,这是显而易见的,决不能成立这样半途而废的新政府。"①

　　客观上看,既然日军要通过收买人心扶植汪伪政府的执政根基,同时要诱降国民政府,那么宽松的对华条件,无论日本是否准备严格执行,对日本战略而言都是利大于弊的。如果日本能加以严格执行,将便利汪精卫集团的反对抗战的宣传,即便日本不准备严格执行,也至少能在一个时期内,蒙蔽中国民众,吸引抗战动摇者投奔。因此,在汪精卫访日之际,提出《关于尊重中国主权原则对日本的希望》,就是希望日本能够在条件上有形式上的让步,如汪精卫所言,要"让日本的真实意图,得到中国国民理解",实际上,相关条件"不必以此作为'事实'的根据"。②

　　然而,日本究竟要提出一个怎样的条件,汪精卫集团一直无从得知详情。在这一时期,"第三次近卫声明,是关于日本对中国的要求,汪精卫所知道的唯一材料,但它很抽象"。③

第四节　日汪签约与汪精卫"新中央政府"的成立

(一) 日汪密约的提出

　　对于要签订怎样的条约,是否会彻底沦为日本傀儡,汪精

---

① 横田高明「新政権成立と重慶との関係」、文藝春秋、1939 年 12 月、時局増刊 27 号。
② 汪兆銘(汪精卫)「中国主権尊重原則に関し日本対する要望」、1939 年 6 月 15 日、「JACAR(アジア歴史資料センター)Ref. B02031728600、支那事変ニ際シ支那新政府樹立ニ関係一件/支那中央政権樹立問題(臨時維新政府合流問題連合委員会関係、呉佩孚運動及反共、反蒋救国民衆運動)第三巻(A-6-1-1-8_3_003)(外務省外交史料館)」
③ 影佐禎昭:《我曾经走过的路》,陈鹏仁编著:《汪精卫降日密档》,第 42 页。

卫也并无把握,他曾多次利用王克敏、梁鸿志等人的言论,委婉地向日本方面提出这一担心。如在 1939 年 6 月 27 日,汪精卫在同王克敏会谈后,向日方表示:"王克敏说,外界批判自己在临时政府内部完全没有自由,这虽然不是事实,但只要战争继续,日军掌握铁道、空中航线等与作战有直接关系的事项,自己的自由自然也在某种程度上受到了制约。王克敏还率直地提出意见表示,很自然的,在一般行政问题上,只要战争继续,日本保持驻军,就会和平时状态不同,但就算在一些和战争毫无关系的方面,比如财政教育等,日本也不是丝毫没有干涉。"①

9 月 5 日,汪精卫在同梁鸿志会谈后,向影佐表示:"梁秘密告诉我,虽然我告诉他人并不妥当,但把您当作同志,因此只告诉您",梁表示,"我在去东京时,日本政府方面就各种问题做出了承诺,但具体执行的军部并不一定依此执行","在南京不是做事,而不过是旁观而已"。②

汪精卫借王、梁之口,表示对日本擅权将自己当作傀儡的担忧,但这并未对日本对汪政策起太大影响。

---

① 「汪精衛、王克敏第二次会談要領」(汪氏ノ報告二拠ル)、1939 年 6 月 27 日、「JACAR(アジア歴史資料センター)Ref. B02031729700、支那事変ニ際シ支那新政府樹立関係一件/支那中央政権樹立問題(臨時維新政府合流問題連合委員会関係、呉佩孚運動及反共、反蔣救国民衆運動)第四巻(A‐6‐1‐1‐8_3_004)(外務省外交史料館)」上述言论,在王克敏向喜多诚一的报告中全部没有。

② 在与汪精卫的会谈中,梁鸿志表示,"我在去东京时,日本政府方面就各种问题做出了承诺,但具体执行的军部并不一定依次执行,日本内外的意见是不一致的,军部内大佐以上和以下也是不一致的。因此日本对新中央政府的态度,我相信不管东京主要方面怎么考虑,在华是否能够真正得以具体实行,这还是一个问题","我在南京不是为了做事,而不过是旁观而已"。(苦笑)(原注)「汪精衛、梁鴻志会談記録」、1939 年 9 月 5 日、外務省『日本外交文書・日中戦争第二冊』、六一書房、2011 年、840—841 頁。

　　直接操纵汪精卫集团的,是影佐祯昭领导的日军"梅机关",而制定对汪政策、谈判条件的,则是为处理侵华事务而组织的"兴亚院"。[1] 兴亚院的官吏、职员多为军人,在外务省成员田尻爱义看来,"虽然兴亚院的态度很重要,但兴亚院实际上不过是军部的分店而已"。[2] 然而,由于在名义人事组织上,由首相担任总裁,由外务、大藏、陆军、海军 4 省首脑担任副总裁,各省对其均有一定发言权,兴亚院向汪精卫集团提交的方案,也成了各对华部门要求的集成产物。

　　1939 年 9 月,兴亚院在协调各方意见后,开始准备谈判草案。10 月初,堀场一雄等交给影佐兴亚院决定的谈判草案,草案条款极为严苛,甚至"梅机关"内部也有人认为,"以这种原案与汪精卫交涉,日本的信义将受到质疑,对日本极其不利,即使汪精卫接受,和平运动也绝不可能奏效"。而堀场询问影佐:"以这种条件汪政权能不能掌握民众?"影佐回答表示:"不可能。"[3]

　　为何兴亚院通过的条件如此严苛? 一方面,据堀场记载,日本提出这样的条件,也是希望能够在最后留有充分的取舍余地;[4]另一方面,日本当局认为,在成功促使重庆政府崩溃或与汪的"新政府"合并后,这一条件将成为中日间的最后条件,因此必须保证日

---

[1] 1938 年 10 月 1 日,在军部提案的基础上,日本阁议决定成立"对支院",后改名为"兴亚院",其成立宗旨,在于统筹日本在华事务,尤其是"关于处理中国事变的政治、文化、经济事务"。阁議決定「対支院設置に関する件」、1938 年 10 月 1 日、「JACAR(アジア歴史資料センター)Ref. B02030524500、支那事変関係一件第四巻(A - 1 - 1 - 345)(外務省外交史料館)」

[2] 田尻愛義『田尻愛義回想録:半生を賭けた中国外交の記録』、72 頁。

[3] 影佐祯昭:《我曾经走过的路》,陈鹏仁编著:《汪精卫降日密档》,第 43 页。

[4] 堀場一雄『支那事変戦争指導史』、第 316 頁。

本的绝对有利地位。①

围绕这一条件是否妥当,汪日双方内部都产生了巨大波澜。

对汪精卫集团提出的条件,背后是日本当局的强硬立场。在军部内部,堀场认为,"强硬派把持权柄,更加上抱有侵略思想的兴亚院与政府为代表的舆论,战争指导当局自事变以来坚持的道义大乘思想、日满华善邻结合的理想,在现在失去了基础"。② 外务省也认识到,当时"参谋本部内弥漫着少壮派主导的强硬空气"。③

此时,曾参加诱降汪精卫工作的田尻爱义被派往上海,任驻华大使馆一等秘书。外务省指示田尻"秘密条约似乎是以诱导汪精卫逃出重庆的近卫声明,以及对未来的中日关系谅解事项为蓝本,但很可能包括更为严厉的条件",并要求田尻"监视秘密条约条件

---

① 早稻田大学教授刘杰认为,"有人认为,汪伪政府既然是傀儡政权,当然就要无条件地接受日本的严苛条件。但是且不论汪伪政府并非至始自终对日本言听计从,只要有了机会,也至少进行某种形式的反抗。问题是,组建软弱的傀儡政权,迫使其接受严苛条件,促使中日进一步对立,难道真的符合日本利益吗? 相反,即便是为了牵制重庆政府,也应该给予汪精卫较为缓和的条件,毕竟当时日本通行的认识,对汪谈判的背后,是准备以同样条件同重庆政府交涉的。"刘杰总结,正因为此,日方认为这一条件,将最终成为确立战后形势的最终条件,必须保证对日本的绝对有利,因此不能让步。劉傑「汪兆銘政権の樹立と日本の対中政策構想」、『早稲田人文自然研究』、1996年10月。

② 堀场一雄个人认为,自身所处参谋本部原无侵略思想,而以日本政府与兴亚院为侵略思想的代表,但下文展示的外务省想法显然相反。堀場一雄『支那事変戦争指導史』、318頁。

③「日支新関係調整要綱ニ関スル件」、1939年11月13日、「JACAR(アジア歴史資料センター)Ref. B02031753200、支那事変ニ際シ新支那中央政府成立一件/梅機関ト汪精衛側トノ折衝中ノ各段階ニ於ケル条文関係(A-6-1-1-9_7)(外務省外交史料館)」

不至于走向极端"。①

　　事实上,日本当局向汪精卫集团提出的强硬条件已成定局,即便影佐祯昭、堀场一雄、田尻爱义等直接当事人,所自称的曾竭力缓和条件的陈述无误,亦基本上于事无补。影佐向"梅机关"表示:"连中日关系调整方针的起草者,对中日关系具有公正正确意见的堀场中佐,也不得不带来这样的原案,充分说明了短见的强硬论占着绝对的优势。在这种情况下,即使将原案退回,其结果还是可想而知。"②堀场则表示:"方案在兴亚院会议上通过,根据会议的性质,这是代表了各方的意见,不可能一概阻止,我决心带着方案去上海,再想办法加以妥善处理。"但最终在回到东京后,相关会议在强硬派的主导下"杀气腾腾,全场鸦雀无声"。③ 田尻认为,"外务省自己不去重新审议秘密条约内容,却要让我当间谍努力缓和内容","这是外务省把自身的责任,推给派出机构的人",最终自己和影佐"一点办法也没有"。④

　　兴亚院相关部门原本决定,"不急于在中央政治会议之前达成

---

① 这一指示内容为:"军部要通过汪建立统括全部占领区的政府,但如果过分给予其自由,或对其过分束缚,都无法使其发挥应有作用。这一政府不应该成为对重庆的强力战争的妨碍,又必须能全力补充我战力。因此,要使日本能够掌握它,又要使其理解,那么就要有一个明确的根据,这就要缔结一个公正的条约。陆海军,还有与陆海军一伙的兴亚院,将这一特殊任务交给了新成立的影佐领导下的'梅'机关。这一秘密条约,似乎是以诱导汪精卫逃出重庆的近卫声明,以及对未来的中日关系谅解事项为蓝本,但很可能包括更为严厉的条件,梅机关里也有外务省的人,但鉴于你和影佐关系很好,所以到上海与之接触,监视秘密条约条件不至于走向极端。"田尻爱义『田尻爱義回想録:半生を賭けた中国外交の記録』、75 頁。

② 影佐祯昭:《我曾经走过的路》,陈鹏仁编著:《汪精卫降日密档》,第 44 页。

③ 堀場一雄『支那事変戦争指導史』、319、320 頁。

④ 田尻愛義『田尻愛義回想録:半生を賭けた中国外交の記録』、75 頁。

协议,本次中央会议之前,仅提示日本方面要求的概要"。① 然而,
"似乎是为了借此弥补拖延成立政府的时间",②在11月1日,影佐
祯昭将"兴亚院所指示的交涉原案,原封不动地作为一个试办方案
交给周佛海,并转告他希望以它为基础进行交涉"。③

对于影佐的行为,堀场颇感突然,认为"影佐少将未做任何政
治上的准备和保留,将方案完全透露给了中国方面,引起了毫无意
义的波折"。④ 而影佐对此事的解释为:"我想坦白地将此案开示汪
氏,听听他的意见,如果其意见事理明了,我们就接受并修正原案,
然后再向政府呈报意见。"⑤

如果影佐的说法为实,那么也就是说,"梅机关"企图利用汪
精卫集团对这一方案的反弹,向日本政府施加压力,因此,有意在
一开始,就将方案向汪方彻底公开,对其施加巨大压力。然而,这
一远远出乎意料的严苛条件,在汪精卫集团内部引发了巨大
波澜。

11月1日上午,日汪双方在上海六三花园召开会议,汪方出席
者包括周佛海、梅思平、陶希圣、周隆庠,日方出席者包括影佐祯
昭、犬养健等人。

在简要阅读方案后,汪精卫集团诸人便意识到,这一条件与

① 興亜院主任者「九月廿七日中央政府樹立準備対策事務二関スル主任者了解事項」、
　1939年9月27日、「JACAR(アジア歴史資料センター)Ref. B02031731300、支那事
　変二際シ支那新政府樹立関係一件/支那中央政権樹立問題(臨時維新政府合流問題
　連合委員会関係、呉佩孚運動及反共、反蒋救国民衆運動)第五巻(A-6-1-1-8_3_
　005)(外務省外交史料館)」
② 堀場一雄『支那事変戦争指導史』、319、320頁。
③ 影佐祯昭:《我曾经走过的路》,陈鹏仁编著:《汪精卫降日密档》,第45页。
④ 堀場一雄『支那事変戦争指導史』、319、320頁。
⑤ 影佐祯昭:《我曾经走过的路》,陈鹏仁编著:《汪精卫降日密档》,第44页。

近卫声明远不相符。由于汪精卫投日以来,无论对外发表,还是同日本交涉,都以近卫声明等文件为准则。因此,汪方当即提出,日方的方案"与近卫声明相对照,有矛盾之嫌,日本应立足于近卫声明,与中国缔结合理的协定"。① 周佛海认为:"今后讨论的议题,应该以去年上海会议的记录、近卫声明和今年六月的东京协定这三份文件为基础,可是贵方交来的文件却似乎相当逸出这三者。"②

过于严苛的条件,事实上坐实了汪精卫集团的卖国地位,其成员因此颇受打击。陶希圣就方案表示:"对于我方所提出的尊重中国主权,从日本看来或许是很高的要求。"③而高宗武则在阅读条件后,愤怒地说:"北也不是中国的,南也不是中国的,海也不是中国的,山也不是中国的,那么中国民族在哪里生存呢?"④日方也注意到,汪精卫等人认识到,这样严苛的条件是无法说服民众、达成自己的政治目标的:"汪精卫等人最为强调的是,担心此事导致不可能掌握民心、强化政府。"⑤

---

① 「三浦総領事より野村外務大臣宛電報」、1939 年 11 月 2 日、「JACAR(アジア歴史資料センター)Ref. B02031732500、支那事変二際シ支那新政府樹立関係一件/支那中央政権樹立問題(臨時維新政府合流問題連合委員会関係、呉佩孚運動及反共、反蒋救国民衆運動)第六巻(A-6-1-1-8_3_006)(外務省外交史料館)」

② 《对于中日国交调整原则的协议会议纪要(第一次会议纪要)》,陈鹏仁编著:《汪精卫降日密档》,第 85 页。

③ 《对于中日国交调整原则的协议会议纪要(第一次会议纪要)》,陈鹏仁编著:《汪精卫降日密档》,第 85 页。

④ 犬养健著,任常毅译:《诱降汪精卫秘录》,第 209 页。

⑤ 「三浦総領事より野村外務大臣宛電報」、1939 年 11 月 2 日、「JACAR(アジア歴史資料センター)Ref. B02031732500、支那事変二際シ支那新政府樹立関係一件/支那中央政権樹立問題(臨時維新政府合流問題連合委員会関係、呉佩孚運動及反共、反蒋救国民衆運動)第六巻(A-6-1-1-8_3_006)(外務省外交史料館)」

　　与之相对应的,日本在公开场合,却仍然着力于宣传自身恪守近卫声明的条件。根据兴亚院各课负责人协议而成的宣传要领,要求强调"调整中日关系事宜,会贯彻近卫声明"。① 这样表里不一的态度,愈发让汪方诸人对日本的信义产生怀疑。田尻爱义在同周佛海的会谈中,便指出周佛海怀疑日本的心态:"关于最近的中日会谈,作为同志,我毫不避讳地直说,你们忘记了中日交好的大目标,而仅将和平当作最终目的","你们内心其实仍然将日本与英美置于同等地位"。②

　　即便是与汪精卫集团谈判的日方人员,也认识到兴亚院提出的方案过于苛刻,不利于相关工作的进行。田尻爱义认为:"(我方)之所以成立新政府,是因为立足于对重庆工作,重视其对终结当下时局的重要意义。然而,如果重庆方面说到底不承认这些条件,那么就算今天(让汪方)承认了,也不过是日本方面的自我满足而已,这反倒有害于今后的工作,如果将来向重庆方面做出让步,只会证明蒋介石所言的正确性,让日本和汪方完全失败。"③

　　驻沪总领事三浦义秋上书外务大臣野村吉三郎,表示"自阁下

① 「中央政権樹立ニ関スル宣伝要領」、1939 年 11 月 6 日、「JACAR(アジア歴史資料セ ンター)Ref. B02031732500、支那事変ニ際シ支那新政府樹立関係一件/支那中央政 権樹立問題(臨時維新政府合流問題連合委員会関係、呉佩孚運動及反共、反蒋救国 民衆運動)第六巻(A-6-1-1-8_3_006)(外務省外交史料館)」

② 「加藤公使より野村外務大臣宛電報」、1939 年 11 月 21 日、「JACAR(アジア歴史資 料センター)Ref. B02031732500、支那事変ニ際シ支那新政府樹立関係一件/支那中 央政権樹立問題(臨時維新政府合流問題連合委員会関係、呉佩孚運動及反共、反蒋 救国民衆運動)第六巻(A-6-1-1-8_3_006)(外務省外交史料館)」

③ 「加藤公使より野村外務大臣宛電報」、1939 年 11 月 22 日、「JACAR(アジア歴史資 料センター)Ref. B02031732500、支那事変ニ際シ支那新政府樹立関係一件/支那中 央政権樹立問題(臨時維新政府合流問題連合委員会関係、呉佩孚運動及反共、反蒋 救国民衆運動)第六巻(A-6-1-1-8_3_006)(外務省外交史料館)」

处了解到,阁下(在会议上)提出要认真考虑中国方面提出的合理意见的建议,对此,其他阁僚没有异议。然而,从别的地方获知,据说总理对此并不认可,强调方案已经是确定了的","但要不加必要的修正,(让对方)完全承认原案的话,那么说到底是不可能的","据观察,如果不留有相当伸缩性的话,汪工作只有放弃一途"。①

在汪精卫向影佐祯昭表示想要"停止树立政府"②后,影佐紧急飞往东京,与各相关部门事务负责人展开交涉。影佐表示③:"汪日双方主要对立的方面在于(一)防共驻兵地区;(二)铁道;(三)通信、航空、海运;(四)华北财源;(五)华北蒙疆政权的权限;(六)新上海的建设;(七)治安驻兵;(八)货币的各问题。"④双方围绕上述问题具体的分歧,据陶希圣回忆大致如下:

一、关于既定事实的问题。"里面关于既定事实,分为两种:一种是可以逐个改变的,这种只是通常的事实;一种是不可以改变的,这种就是特殊事实。什么是特殊事实。这全靠日方的自由解释。例如蒙疆的完全独立自治,是不变的特殊事实;华北政务委员会的特殊存在,日方亦希望其为永久的。即令可以改变的既定事

---

① 「三浦総領事より野村外務大臣宛電報」、1939 年 11 月 6 日、「JACAR(アジア歴史資料センター)Ref. B02031732500、支那事変ニ際シ支那新政府樹立関係一件/支那中央政権樹立問題(臨時維新政府合流問題連合委員会関係、呉佩孚運動及反共、反蒋救国民衆運動)第六巻(A-6-1-1-8_3_006)(外務省外交史料館)」

② 影佐祯昭:《我曾经走过的路》,陈鹏仁编著:《汪精卫降日密档》,第 46 页。

③ 影佐在回忆录中则记载,"唯独铁路问题尤其是驻兵和撤兵问题无法使汪氏方面同意"。影佐祯昭:《我曾经走过的路》,陈鹏仁编著:《汪精卫降日密档》,第 46 页。

④ 「新政府成立一件」、加藤公使より野村外務大臣宛電報、1939 年 11 月 27 日、「JACAR(アジア歴史資料センター)Ref. B02031732500、支那事変ニ際シ支那新政府樹立関係一件/支那中央政権樹立問題(臨時維新政府合流問題連合委員会関係、呉佩孚運動及反共、反蒋救国民衆運動)第六巻(A-6-1-1-8_3_006)(外務省外交史料館)」

实,也要所谓新中央先行继承再加调整,并不是所谓新中央一朝成立,就可以依据原则而观感一新"。①

二、驻军问题也是日汪交涉的难点。"谈判中,日方同意于和平恢复后,随治安之确立,两年以内撤兵。所撤的军队,只是作战部队。作战部队的撤退,在条件上要治安完全确立,在时间上要两年,两种条件没有完成,作战部队仍然不撤。还有,什么叫和平恢复,这还要日方自由解释。作战部队不撤,防共驻兵不撤退。防共驻兵在内蒙古、华北的北部和胶济路,可以说是半永久性的。作战部队、防共部队之外,还有维持治安驻兵。维持治安驻兵区域,为华北及扬子江下游。作战、防共、维持治安驻兵之外,扬子江舰队、东南沿海及特定岛屿的海军驻兵,为永久性的。其任务在对抗英美,与华北驻兵之在对抗苏俄相同"。② 日军碍于兵力所限,无力长期在占领地全面驻兵,都在对汪条件中不设撤军具体时间;又设立名目,对自身着意之战略要地计划永久或半永久驻军。汪精卫集团在这一问题上,不但无法得到令人满意的条件,甚至未来的期待亦被所谓"防共驻军"等名目扼杀,且要冒中国南北国土分别被日本当作对苏与对英、美战争战场的风险。在谈判中,"日方主张防共驻兵,以内蒙及长城线为第一线,以正太路为第二线,以陇海路为第三线","如到战时,则陇海路也要驻兵。所以日方力主陇海线划归华北的范围,汪方未予同意"。③

①《中日新关系调整要纲几点解释——陶希圣在谈判中的笔录》(1940 年 1 月 27 日),黄美真、张云编:《汪精卫国民政府成立》,第 582、583 页。

②《中日新关系调整要纲几点解释——陶希圣在谈判中的笔录》(1940 年 1 月 27 日),黄美真、张云编:《汪精卫国民政府成立》,第 582、583 页。

③《中日新关系调整要纲几点解释——陶希圣在谈判中的笔录》(1940 年 1 月 27 日),黄美真、张云编:《汪精卫国民政府成立》,第 582、583 页。

三、日本的条件中还提出了所谓"强度结合(谈判中改为'紧密结合')"的要求。"紧密结合地带有四类:第一类是国防的经济的紧密结合地带,再加军事上、政治上特殊地位,即内蒙古。第二类是国防的经济的紧密结合地带,即华北。第三类是经济的紧密结合地带,即华中之扬子江下游。第四类是军事上紧密结合地点,即华南沿海特定岛屿与厦门"。"紧密结合的内容有几个成分,第一是驻兵,包含各种驻兵在内;第二是资源开发上特殊便利;第三是通讯的协力;第四是特别行政机构的存在"。[①] 这一类地区划分与驻兵相结合,试图控制中国的国防、经济要地并渗透日本影响力,以收日本取其所需之效。

四、所谓"协力"的问题。"协力事项屡见于文件之中,汪方曾询问协力是权利的还是义务的,日方的解释是说,协力有的是权利的,有的是义务的。有关国防者是权利的,只关经济者,有的是权利的,有的是义务的。权利的协力,即日方无论中国同意与否,非协力不可。义务的协力,即日方须应于中国的邀请而后协力"。[②] 从这一"协力"效力的定义,日本便将汪精卫未来成立的伪政府与自身的战略目标绑定到一起,以"协力"为名按照自身需求随时对中国进行干涉,并掌控经济的主控权。

五、特殊便利的问题。"特殊便利,指中国应将一般的法令改完,使日方不受其拘束。特殊便利与便利不同,单说便利,是说日本有优先权,特殊便利则指中国必须给予以便利与协助

---

① 《中日新关系调整要纲几点解释——陶希圣在谈判中的笔录》(1940 年 1 月 27 日),黄美真、张云编:《汪精卫国民政府成立》,第 582、583 页。
② 《中日新关系调整要纲几点解释——陶希圣在谈判中的笔录》(1940 年 1 月 27 日),黄美真、张云编:《汪精卫国民政府成立》,第 582、583 页。

而言"。①

六、军事上的要求权。"军事上之要求权与监督权,谈判中改为军事之要求。军事上要求,就是说日方为了防共或维持治安而驻兵于某地时,日方如要求中国之港湾、铁路、通讯等机关或设备之利用,中国不得不应允之"。②

七、日本派遣顾问问题。在省市级以上政府及伪中央政府,日方派遣顾问,"顾问有四种:一为政治顾问,蒙疆政府有之。二为财政经济顾问,所谓新中央有之;华北政务委员会、上海市政府、青岛、厦门等市政府有之。三为自然科学之顾问,省市以上各政府有之。四为军事顾问,所谓新中央有之,并由此分派驻于华北军事机关,又华北绥靖军有之"。顾问之外,还有专门的联络专员:"联络专员有两种:一为华北政务委员会之联络专员,二为青岛、厦门、上海各市府警察局、社会局之联络专员",可见其对独立性较强之地区之治理借此干预。此外还有职员,"一为通常之日籍职员,县以上政府有之。二为海关吏、教官、技术师,特加注重。三为华北各路之会计、工务、车务各处职员,亦特为注重"。③ 从顾问与职员的分布,即可看出日本希望对中国的自上而下、各层各级,乃至各个领域均进行全面干涉与控制,这也是日汪之间的争执点之一。

从上数几点日方所提要求的总结来看,日本对汪精卫集团的

---

① 《中日新关系调整要纲几点解释——陶希圣在谈判中的笔录》(1940年1月27日),黄美真、张云编:《汪精卫国民政府成立》,第582、583页。
② 《中日新关系调整要纲几点解释——陶希圣在谈判中的笔录》(1940年1月27日),黄美真、张云编:《汪精卫国民政府成立》,第582、583页。
③ 《中日新关系调整要纲几点解释——陶希圣在谈判中的笔录》(1940年1月27日),黄美真、张云编:《汪精卫国民政府成立》,第582、583页。

条款效力极为宽泛,首先从军事上以驻军保证了对华控制,其次从地域划分上有重点地在华取其所需,然后又通过各项限制条件为自身提供可随意解释的行动权利,再以各种顾问职员等确保其目标的充分实施,这显然是一份完全否定了中国独立自主性的亡国条约。影佐祯昭在回忆录中亦承认条款过分严苛,并称对日本中央进行了劝说,请求缓和条件,但日本中央方面的态度是:"有人说如果重庆政府要求和平,条件可以减轻,但现在不能减轻,也有人认为对于重庆政府,还是要坚持现在的意见,皆不接受我(影佐)的意见。"①相反,在原方案的基础上,11 月中旬,日本海军又添加了关于长江中下游、厦门、海南的特别条款。②

　　日本当局的强硬立场已成定势,而对汪精卫集团而言,没有足够的军政实力,唯其宣扬的"和平理念"、争夺的"法统",可以作为其"观念"上的武器,但这一武器随着日方提出苛刻条件而濒于失效。

　　在日汪的宣传工作中,要通过宣传"新中央政权的根本理念和政策",来显示"继承国民政府之法统","从而把握中国民心"。③ 如此时的日本评论文章所言:"汪精卫之所以没有实力,是因为坚持自己信念不妥协,所以无法得到力量和钱财,无法获取自己的地盘,但这种不妥协的理想主义,也许正是获取民心所需要的,这就是汪精卫的观念武器。"④然而,如果《关于日华新关系调整的协议

---

① 影佐祯昭:《我曾经走过的路》,陈鹏仁编著:《汪精卫降日密档》,第 46 页。

② 「日支新関係調整要綱等二関スル海軍側ノ意見」、1939 年 11 月 20 日、「JACAR(アジア歴史資料センター)Ref. C04121632500、昭和 14 年「陸支受大日記第 73 号」(防衛省防衛研究所)」

③ 支那派遣軍総参謀長「中央政権樹立に関する宣伝要綱案」、1939 年 11 月 5 日、「JACAR(アジア歴史資料センター)Ref. C04121552600、昭和 14 年「陸支受大日記第 70 号」(防衛省防衛研究所)」

④ 「汪兆銘の政治力に就ての検討」、『改造』、1939 年 12 月。

书类》的苛刻条件被曝光,势必会使汪精卫集团所谓"不妥协的理想主义"形象受到重创,这种"观念武器"无疑会随之失却。

(二)日汪密约的签订

考虑到方案条件严苛,早在11月中旬,谈判期间的日汪双方即认识到,方案不宜公开,汪精卫同影佐会谈后,决定相关方案不全部公开。[①] 1939年12月30日,日汪双方秘密签订协议,汪精卫集团几乎全盘接受了日本的要求。[②]

日汪密约条件极为严苛,日本从其中确认的侵略权益,领域广泛,包罗万象。不仅涵盖了日军的要求,也包括日本政府内部各机构所提出的不同要求,可以说是全面涵盖了日本侵华的权益的大杂烩。汪精卫集团所希望的撤军、行政独立、取消既定政权等请求,密约均未应允。而日本要求的承认伪满洲国、"蒙疆"、华北、华中等各地的特殊化、保留既成政权权限、派遣顾问等要求,汪精卫集团一概应允。

关于日本通过日汪密约确认的具体的侵略权益,兴亚院总结的"我方获取的权益"如下:

一、确保了政治、外交及文化上的利益

1. 约定承认满洲帝国

---

① 梅機関「汪兆銘よりの申出の件」、梅電第三七四号、1939年11月17日、「JACAR(アジア歴史資料センター)Ref. C04121631800、昭和14年「陸支受大日記第73号」(防衛省防衛研究所)」

② 全文見附録。梅機関「日支新関係ニ関スル協議書類」、1939年11月31日、「JACAR(アジア歴史資料センター)Ref. B02031754100、支那事変ニ際シ新支那中央政府成立一件/梅機関ト汪精衛側トノ折衝中ノ各段階ニ於ケル条文関係(A-6-1-1-9_7)(外務省外交史料館)」

2. 确定了在外交、教育、宣传和文化等方面的合作

3. 约定在军事之外的防共合作

二、掌握了地方上的实际控制权

1. 掌握了蒙疆一揽子的实权

2. 掌握了华北在国防上及重要经济上的实权

3. 掌握了上海特别市和厦门特别市

4. 掌握了海南岛及附近岛屿的军事上的权利和资源开发权

三、掌握军事上的实际权利

1. 确定了防共驻屯权

2. 确定了治安驻屯权

(1) 在厦门和海南岛及附近各岛屿驻扎舰船部队

(2) 其他方面的驻屯

3. 约定在驻屯地区和相关地区的铁道、航空、通信、主要港湾及航线,要顺应日本要求的方针

4. 确定了军事顾问以及教官对中国军队的内部指导权

四、经济上获取的权利利益

甲、全中国

1. 确保了航空方面的支配地位

2. 开发利用国防上必要的特定资源的企业权(在华北日本优先,在其他地区中日平等)

3. 确定了中国沿海的主要海运相关的参加权

4. 约定在关税和通关手续相关方面实行亲日政策

5. 中央政府聘请日本人的财政经济技术顾问,确保我政策能够依办法施行

乙、蒙疆

获取经济全方位的指导权和参与权

丙、华北

1. 把握铁道相关实权

2. 通信(有线电信外)相关事业的中日共同经营权(日本优先)……(下略)①

对于这样的条件,汪精卫集团的周佛海安然处之:"与梅机关同人共事,不觉将近一年矣。若辈因(固)为其国家而努力,但对中国之认识及了解比较明了,故所作所为,均较合理。一年来所约者,件件做到,日本人无信义之说,亦不尽可信也。"②"今后一切条件实行,如能照过去谈判时之顺利,则中国有复兴之望。"③陈公博在《中华日报》上发表的《怎样才可使中日永久和平?》一文,表达了他对日本所提条件的态度。

汪精卫集团最终全盘照收日本所提条件,自然也要有一套对外宣传和自我说服的逻辑说辞。周佛海的《关于组织中央政府》一文,则显示了其思考的一套合理性逻辑。周佛海的主张主要有以下几点:

一、组府缓慢是因为要争取更好条件:"如果我们只是为取得政权而组织中央政府……我们犯不着这样的惨淡经营,艰难缔造,老早已加入既成之局,树立起中央政权了。"④周佛海于兹言之凿

---

① 興亜院「現地交渉二依リ日本側ノ獲得セル重要成果」、1940年1月8日、「JACAR(アジア歴史資料センター)Ref. B02030529400、支那事変関係一件第六巻(A-1-1-0-30_006)(外務省外交史料館)」

② 周佛海著,蔡德金编注:《周佛海日记全编》(上编),第273、274页。

③ 周佛海著,蔡德金编注:《周佛海日记全编》(上编),第222页。

④ 周佛海:《关于组织中央政府》,《国民政府还都周年纪念册:和平反共建国文献》第2辑,1941年编印,第45—56页。

凿,但从其下面的论述来看,即便是日本提出极不平等的亡国条件,其亦有理由视之为"于国有利"。

二、汪精卫集团组府的根本原因是认为最后胜利无望:"如果抗战的前途,确能得到最后胜利,我们是不应该组织中央政府的。如果重庆当局能够开始停战和和平的交涉(第三国调解或直接交涉,暂且不论),我们的中央政府,也不应该树立的。但是最后胜利是丝毫没有把握的。""一个国民,那里有不情愿、不希望自己的国家打胜仗的呢?但是事实究竟是事实,希望是不能变更事实的。""重庆既然没有胜利的把握,又没有议和的准备,我们就不能眼看着中国就这样沦亡下去,而不组织中央政府来担负这个和平的使命了。"①

三、汪精卫个人有利于从日本处争取较好的条件:"汪先生所领导的中央政府来议和,可以得到较好的条件。我们当然知道国与国之间的关系,要凭利害,是不能以对人的好恶为转移的。但是人类总是感情的动物。感情的作用,并未完全不能影响国与国之间关系。""日本民族,是富于感激性的,这是日本民族的优点。""他们对于重庆政府所要求的必多,对于新中央政府所要求的必较少。这从日本民族的特性来看,一定是不会错的。""这次我们的折冲,固然双方都为自己的国家打算,但是同时双方都互相为对方设想。"②

汪精卫"为日本解决困难",倒是实情,但所谓日本因对汪好感而宽缓条件,与实际情况相左。周在论述中亦承认,即便如此还是

---

① 周佛海:《关于组织中央政府》,《国民政府还都周年纪念册:和平反共建国文献》第 2 辑,1941 年编印,第 45—56 页。

② 周佛海:《关于组织中央政府》,《国民政府还都周年纪念册:和平反共建国文献》第 2 辑,1941 年编印,第 45—56 页。

要吃亏的:"中国也不要忘记丧了很多师,失了很多地,实际上是打败了仗的。如果打败了仗,还一点点亏都不肯吃,和平也是没有希望的。日本不要以战胜国自居,就是不要向中国要的太多,不要使中国吃亏太大。中国不能不以战败国自处,就是不能不多少送给日本一点,不能不多少吃一点亏。""我们的折冲,便是根据这种精神","像这样一方面为自国打算,同时互相为对方设想的精神,假使东京和重庆讲和,一定是不会有的。如果没有这样的精神,讲和的条件,一定要比较苛刻,中国的损失,一定要较多较大"。① 换言之,周佛海论证的逻辑强调,中国是一定要吃亏的,但自己谈判是可以让中国少吃亏,所以是合理的,其底线在于:"日本虽然略有所得,中国虽然准备略有所失,但是中国的失,绝不致妨碍中国的生存、独立、和自由的。谈判的条件,虽然在最近的将来,还不便全部公布,但是我可以负责任的保证,除非中国真正得到最后胜利,就是重庆来讲和,至多也不过只能得到这样的条件,恐怕连这样的条件也得不到。"②

四、相信日本对和谈具有诚意:"据我半年来实际的经验,我觉得至少日本的当局和在野有识之士,是有诚意的。""我就从日本争执得很厉害之中,看出日本将来能够实行的诚意。这个理由很简单,就是:本来预备不实行的事情,何必费力气去争?""可见得这次所谈的条件,他们是准备将来实行的,绝不是现在拿来骗我们上台的把戏。""至于说由新中央政府来讲和,恐怕日本人没有诚意,难道由重庆政府来讲和,日本便立即变

---

① 周佛海:《关于组织中央政府》,《国民政府还都周年纪念册:和平反共建国文献》第2辑,1941年编印,第45—56页。

② 周佛海:《关于组织中央政府》,《国民政府还都周年纪念册:和平反共建国文献》第2辑,1941年编印,第45—56页。

成有诚意吗?"①周佛海所言这一项说辞能够成立的基础,是日本对汪条件较为宽缓,但一旦条件公开,其论理将不攻自破,日本对绝对有利于自身侵略利益的条件,当然具有"将来能够实行的诚意"。

五、对日本履行条件是有保障的:"如果要用国际的力量,来保障日本履行条件,不是欺人,便是自欺。三国干涉还辽的事,是不能重见于今日的。军事力量,也够不上保障……如果再打一仗,还是要打败仗。""然则我们一点都没有保障吗? 我觉得我们所有的保障的力量,超过国际的援助,还胜于百万大军。这个力量,便是精神的力量,便是决心。""如果上台之后,日本不能履行条件,我们会全部撤退,'条件不履行,我们就不干',这乃是我们的决心,这乃是我们的保障,这个保障的力量,是非常伟大而雄厚。""这个决心,汪先生和他的干部,都是很坚强的。我相信日本绝不会这样没有诚意,万一如此,我们便自认瞎眼,向他们说一声'沙约拉拿'(注:日语'再见'),叫他们另请高明去合作。"②从汪精卫集团当时所处的现实境况来说,周佛海这一点说辞,才显有其所言的"自欺""欺人"之嫌。

六、周佛海强调,汪精卫集团组府,即便对抗战来说也是无害的:"如果我们在重庆统治的范围之内,树立起中央政府,和共产党在重庆统治的西北,树立起西北边区政府一样,或者会使局面比现在更坏,或者足以促成重庆的崩溃。但是我们现在要组织中央政府的地方,是已经丢掉了两年的地方。我们不在这些地方组织新

---

① 周佛海:《关于组织中央政府》,《国民政府还都周年纪念册:和平反共建国文献》第2辑,1941年编印,第45—56页。

② 周佛海:《关于组织中央政府》,《国民政府还都周年纪念册:和平反共建国文献》第2辑,1941年编印,第45—56页。

政权,不会使抗战胜利,同时也不会因为我们在这些地方组织新政权,就会使抗战失败。""这次调整中日关系,我们是不能不多少吃点亏的。但是我们进一步来研究,事实上,我们是送东西出去,还是收东西回来? 老实说,我们是收东西回来的。固然,这些东西,原来是我们的,但是现在已在人家手中了。""所以与其说我们送掉多少,不如说我们拿回多少。""我们假定今后会因为中央政府的成立而拿回一些东西,但是至少绝不会因为中央政府的成立,比现在还要送得多。因为东西本来已在人家手中了。而我们是一无所有,没有东西可送。所以中央政府的成立,即使于国无益,那里会于国有害? 最大的限度,也不过和现在一样。"[①]

从周佛海的论证来看,去掉其自欺欺人的宣传成分,可以看到其自我说服的核心逻辑在于,一方面,中国抗战是必定失败的,签署不平等条约是不可避免的,那么不如由亲日的汪精卫集团去争取有利条件;另一方面,汪精卫在沦陷区组织政府,能争取到的条件总聊胜于无。如果日汪密约内容不被公开,陈公博与周佛海的表态尚可被认为是汪精卫集团强调自身原则立场,自可用于政治宣传。但如果一旦日汪密约内容公开,便可看到陈公博所言的条条原则,无一被汪精卫集团坚持贯彻,周佛海所言日方诚意,无一被其所提条件所验证,其发言反自证了其条约内容的卖国性质,将显得极为讽刺。此后,恰恰是汪精卫集团自身内部核心成员的反正,让日汪密约得以大白于天下,使其宣传随之遭到重创。

日汪签订密约之后,1940年1月上旬,日、汪分别开始进行舆论宣传,掩盖密约条件,强调协议内容符合近卫声明的精神。日汪

[①] 周佛海:《关于组织中央政府》,《国民政府还都周年纪念册:和平反共建国文献》第2辑,1941年编印,第45—56页。

签订密约后,在上海,各报纸根据东京方面的消息,报道日汪间就成立"新中央政府"达成协议,其内容主要包括:"(一)承认满洲国;(二)缔结日满华防共协定;(三)据上一协定,承认日本在华北和内蒙的驻军权;(四)中日共同投资开发资源;(五)日军二年之内从华中、华南撤军(但若重庆政府继续对日抗战,日本方面则拥有正当理由,得以驻兵二年以上);(六)铁道国有。"①

　　这样的条件,显然与条件相对宽缓的"重光堂密约"大致相类,可见中国媒体尚无从得知日汪条约的严苛条件。而日本媒体则就日汪协议内容,采访了汪精卫、周佛海、梅思平等人。汪精卫表示:"所谓中日关系,就要将近卫声明加以具体实现。"②周佛海表示:"这次的中日交涉,是中日双方都真正为东亚大局着想,相互尊重、相互谅解,建立了永久和平,而非暂时解决的基础。"梅思平则说:"调整中日两国新关系,是把近卫声明和汪先生十二月二十九日的声明当作基本原则的。"③汪派《中华日报》则表示,"欢迎日本关于此事的内阁决议,这以事实证明了,日本始终维持近卫声明,并依照其展开行动"。④

　　针对日汪的宣传,重庆国民政府表示:"这种和平计划,不过是阿部(信行)内阁首相的欺瞒手段,其目的在于为内阁延命,同时也

①「三浦総領事より野村外務大臣宛電報」、1940年1月10日、「JACAR(アジア歴史資料センター)Ref. B02031732500、支那事変ニ際シ支那新政府樹立関係一件/支那中央政権樹立問題(臨時維新政府合流問題連合委員会関係、呉佩孚運動及反共、反蒋救国民衆運動)第六巻(A-6-1-1-8_3_006)(外務省外交史料館)」
②「外交は日本と同步調、汪氏、新政権の抱負闡明」、『東京朝日新聞』、朝刊、1940年1月20日、2面。
③「汪派闘士に聞く、本社の座談会」、『東京朝日新聞』、朝刊、1940年1月20日、2面。
④「三浦総領事より野村外務大臣宛電報」、1940年1月10日、「JACAR(アジア歴史資料センター)Ref. B02031732500、支那事変ニ際シ支那新政府樹立関係一件/支那中央政権樹立問題(臨時維新政府合流問題連合委員会関係、呉佩孚運動及反共、反蒋救国民衆運動)第六巻(A-6-1-1-8_3_006)(外務省外交史料館)」

是为了对付英美。其中提到的撤兵与铁道国有等条件不堪一笑，完全不可能实现。"①

　　事实上，汪精卫集团内部早在得知密约条件之际，就出现了明显的动摇迹象。江亢虎私下告诉"梅机关"成员清水董三，在日方提出条件后，汪阵营中有很多人，对组建"新政府"没有了之前的热情。② 汪精卫则告知影佐祯昭："如足下所知，日方所提议的原案与近卫声明相去甚远，因此同志之中已有失望脱离的，今后可能还会出现这种人。"③

　　就这一问题，日本当局得到相关情报，显示"汪现在几乎完全被暗中与重庆联系的分子所包围"，其中包括："周佛海与陈立夫兄弟达成事前谅解，秘密策应重庆方面，进行对汪政府的破坏工作"，"陈公博到上海也是和周佛海一样，接受了促使汪政权崩溃的工作，来秘密呼应周"，"重庆方面担心露出马脚，估计让陶希圣等与周佛海相对立，公然反对周佛海的主张，来掩饰他们之间的一致"。④

---

① 「三浦総領事より野村外務大臣宛電報」、1940 年 1 月 10 日、「JACAR(アジア歴史資料センター)Ref. B02031732500、支那事変ニ際シ支那新政府樹立関係一件/支那中央政権樹立問題(臨時維新政府合流問題連合委員会関係、呉佩孚運動及反共、反蒋救国民衆運動)第六巻(A-6-1-1-8_3_006)(外務省外交史料館)」
② 出自江亢虎与梅机关工作员清水董三的会谈。「加藤公使より野村外務大臣宛電報」、1939 年 11 月 18 日、「JACAR(アジア歴史資料センター)Ref. B02031732500、支那事変ニ際シ支那新政府樹立関係一件/支那中央政権樹立問題(臨時維新政府合流問題連合委員会関係、呉佩孚運動及反共、反蒋救国民衆運動)第六巻(A-6-1-1-8_3_006)(外務省外交史料館)」
③ 影佐祯昭：《我曾经走过的路》，陈鹏仁编著：《汪精卫降日密档》，第 45 页。
④ 「岡崎総領事より野村外務大臣宛電報」、1939 年 12 月 30 日、「JACAR(アジア歴史資料センター)Ref. B02031733000、支那事変ニ際シ支那新政府樹立関係一件/支那中央政権樹立問題(臨時維新政府合流問題連合委員会関係、呉佩孚運動及反共、反蒋救国民衆運動)第六巻(A-6-1-1-8_3_006)(外務省外交史料館)」

遭到日本当局怀疑的汪派成员，以高宗武最为突出。早在
1939 年 6 月，日本当局便得到情报，高宗武可能与蒋介石暗通款
曲："蒋介石以金钱和地位诱惑高宗武，许诺其若不便来渝，则可任
命为公使，直接从香港前往海外赴任，这样的拉拢运动极为积极。
虽然高宗武现在还没有响应蒋，但他对蒋而言，最了解和平的相关
机密，蒋很可能会通过高来利用汪精卫，今后对高的态度，不可像
今天这样完全信赖。"①汪精卫在东京之际，也被日本方面提醒要注
意高宗武，而汪精卫仅表示"日本方面非常讨厌高宗武，但高宗武绝
不会有二心"。②

使日汪双方都猝不及防的是，1940 年 1 月，汪精卫集团的重要
人物高宗武、陶希圣，突然携带密约照片逃离上海。③ 日本方面在
一开始以为，高宗武通过香港"前往马尼拉"，"相信是高最近既不
受汪方又不受日方重视，因对政治失望而逃亡"。④ 汪精卫则告诉
日本公使加藤外松，高陶之所以出走，是因为"这一次的条件（一）
难以满足国民的期望；（二）没有离间重庆方面的压迫力；（三）英美
法等无法接受；（四）让日本方面也认为新政府软弱无力，没有解决

① 「田尻総領事より有田外務大臣宛第八七二号電報」、1939 年 6 月 28 日、「JACAR（ア
ジア歴史資料センター）Ref. B02031729000、支那事変ニ際シ支那新政府樹立関係一
件/支那中央政権樹立問題（臨時維新政府合流問題連合委員会関係、呉佩孚運動及
反共、反蒋救国民衆運動）第三巻（A-6-1-1-8_3_003）（外務省外交史料館）」
② 原田熊雄『西園寺公と政局』九巻、6 頁。
③ 关于"高陶事件"，陶希圣之子陶恒生的《"高陶事件"始末》（湖北人民出版社 2003 年
版）是一份有代表性的研究，高宗武著、陶恒生译的《高宗武回忆录》（中国大百科全书
出版社 2009 年版），对此事也有触及。
④ 「加藤公使より野村外務大臣宛電報」、1940 年 1 月 9 日、「JACAR（アジア歴史資料
センター）Ref. B02031733600、支那事変ニ際シ支那新政府樹立関係一件/支那中央
政権樹立問題（臨時維新政府合流問題連合委員会関係、呉佩孚運動及反共、反蒋救
国民衆運動）第七巻（A-6-1-1-8_3_007）（外務省外交史料館）」

时局的能力,新政府成立后,如果进一步暴露其软弱,可能会遭到进一步的非难;(五)欧洲战局无法从速终结,东洋可能再生事端⋯⋯"最终,汪承认"正如高陶所认为的,这样的条件无法掌握民心"。①

高宗武抵达香港后,向汪精卫发去电报,表示"新中央政府不容易得到日本承认,急于组建政府并无意义",并强调"到香港别无他意,不愿再从事一切政治活动,准备赴外国静养,等待真正的和平时机到来后,再粉身碎骨担当之"。② 但实际上,高宗武与陶希圣并非单纯出逃,而在与重庆方面的紧密联系下,取得了日汪密约全文。1 月 12 日,杜月笙受高宗武所托,"携汪逆与倭寇所订密约,与其交涉经过之内容,及照相底片"呈递给蒋介石,其内容亦使蒋介石颇为惊异:"吾不知汪逆卖国之事情,竟一至于此也。"③

蒋介石很快认识到,这是一次在舆论上击溃日汪宣传的大好机会。1 月 14 日,蒋介石"考虑对倭汪密约之处置曰:'倭汪密约之发表,足以使敌国内部之崩溃;对汪不多加攻击,仅发表敌方条件,则可使敌对汪发生疑忌。'"④为了对这份"阅之令人发指"的卖国密

---

① 「加藤公使より有田外務大臣宛電報」、1940 年 1 月 17 日、「JACAR(アジア歴史資料センター)Ref. B02031732500、支那事変ニ際シ支那新政府樹立関係一件/支那中央政権樹立問題(臨時維新政府合流問題連合委員会関係、呉佩孚運動及反共、反蒋救国民衆運動)第六巻(A-6-1-1-8_3_006)(外務省外交史料館)」

② 「加藤公使より有田外務大臣宛電報」、1940 年 1 月 18 日、「JACAR(アジア歴史資料センター)Ref. B02031733700、支那事変ニ際シ支那新政府樹立関係一件/支那中央政権樹立問題(臨時維新政府合流問題連合委員会関係、呉佩孚運動及反共、反蒋救国民衆運動)第七巻(A-6-1-1-8_3_007)(外務省外交史料館)」

③ 《蒋中正"总统"档案——事略稿本》(43),1939 年 1 月 13 日,第 42 页。

④ 《蒋中正"总统"档案——事略稿本》(43),1939 年 1 月 14 日,第 44 页。

约加以利用,蒋介石耗费一周之久,详加准备,"本周研究对敌汪密约之宣传方法颇切,故将日常公事,略有搁置,甚为不安",①由此可见蒋介石对这份密约的重视。

1 月 22 日,高宗武、陶希圣将日汪密约披露于香港《大公报》上,日本驻港外交官紧急报告,高、陶发表了"我方关于日华新关系调整的要项和附属全文(日文)的照片及中文文本""去年八月汪方对我方提出的希望条项及十月我方的回答文本"等,"各报皆称之甚于二十一条"。② 日本外务省紧急对应,准备"我方表示其内容与事实不符,轻描淡写地否定即可,主要交由汪方加以反驳"。③ 而就高宗武发表的协定全文,日方对外如此进行应对:

　　1. 得知高在香港的电报和报纸上发表了据称是汪方和日本方面达成的协定里的各项条件,但不了解其真相。

　　2. 我方的确与汪方就和平相关各种问题再进行磋商,就此本月八日内阁书记官长谈话④,发表了就收拾时局相关事

---

① 《蒋中正"总统"档案——事略稿本》(43),1939 年 1 月 20 日,第 62、63 页。

② 「香港総領事代理より有田外務大臣宛電報」、1940 年 1 月 22 日、「JACAR(アジア歴史資料センター)Ref. B02031733900、支那事変ニ際シ支那新政府樹立関係一件/支那中央政権樹立問題(臨時維新政府合流問題連合委員会関係、呉佩孚運動及反共、反蒋救国民衆運動)第七巻(A‐6‐1‐1‐8_3_007)(外務省外交史料館)」

③ 有田外務大臣より伊、米、蘇、仏(大使)宛電報「支那新中央政府樹立工作ニ関スル件(大公報暴露記事ノ件)」、1940 年 1 月 22 日、「JACAR(アジア歴史資料センター)Ref. B02031733900、支那事変ニ際シ支那新政府樹立関係一件/支那中央政権樹立問題(臨時維新政府合流問題連合委員会関係、呉佩孚運動及反共、反蒋救国民衆運動)第七巻(A‐6‐1‐1‐8_3_007)(外務省外交史料館)」

④ 指的是 1940 年 1 月日本内阁书记官长发表的对汪问题相关事项谈话:"在日方协力援助下,中国新中央政权树立工作,金认将自十一日预在南京举行兴亚院联络部长会议,及近将举行之汪、王、梁三氏会谈之后,急速进展,而灿烂之中国新中央政权,当可见其诞生。关于处理事变之日本方策,已屡向中外声明,特别于昭和十三年（转下页）

项,日本方面与汪精卫方面意向达成一致,在此之外无可奉告,我方同汪精卫方面的讨论,以所谓近卫声明为出发点,不会侵害中国的主权,或违反条约,这是不言自明的。

3. 如果接到就汪精卫方面和日本政府方面约定事项的问题,那么应对时可以表示,汪精卫与日本方面的会谈并不一定是严格意义上的同帝国政府代表之间的会谈。

4. 如果接到就赔偿问题提出的问题,可以表示近卫声明已经表示了无赔偿的方针。但国际法上的所谓的赔偿,可以从各种意味上来解释,比如国家间的战费赔偿和对个人损失的补偿,近卫声明中所谓的赔偿应该如何定义,以我的立场没有义务对此进行回答。①

与日本方面轻描淡写撇开自身角色相配合,汪精卫否定高宗武发表文件的真实性。1月24日,汪精卫向路透社表示,高、陶"二人竟窃取去年十二月五日(编者注:系十一月五日之误。)日本方面该地当局一部分人士之和案,居为奇货,向重庆方面告发","高、陶二人所发表者,完全出于向壁虚造,事实必有可证明耳"。

(转下页)十一月三日之政府声明,其次十二月二十二日之近卫首相谈话,已明示战争终局之目的。迩来政治军事两方面已趋一贯,努力追求此项目的。华方同忧其眼之士,响应日方之意图者,已逐渐增加。去春处于国民党指导地位之汪精卫氏,遂与其同志,公然主张反共亲日,和平救国,开始与日方协力活动,近来其势力日益增加,最近树立新中央政府之机运已熟。察其意志,及其收拾时局之方向,与日本企图相同,因此日本今后愿倾全力支援其成立及发展。"《内阁书记官长谈话式发表声明》,《南京新报》1940年1月9日,黄美真、张云编:《汪精卫国民政府成立》,第807页。

① 「三浦総領事代理より有田外務大臣宛電報」,1940年1月23日,「JACAR(アジア歴史資料センター)Ref. B02031733900、支那事変ニ際シ支那新政府樹立関係一件/支那中央政権樹立問題(臨時維新政府合流問題連合委員会関係、呉佩孚運動及反共、反蒋救国民衆運動)第七巻(A-6-1-1-8_3_007)(外務省外交史料館)」

在否定文件内容的基础上，汪精卫还对高、陶二人人格进行否定：
"陶希圣、高宗武两人，均系自始即参加和平运动者，然自去年三
月二十一日曾仲鸣同志在河内被暗杀之后，二人即怀极度戒惧心
理……同志方面亦即久不与高氏相往还矣。又陶希圣亦系一优
柔寡断之人，毫无坚强决心，此与高氏如出一辙。""去年十一月左
右，因对于彼等二人之态度，发现可疑行迹，故此后遇有重要交
涉，即不复使二人参加，二人竟窃取去年十二（十一）月五日日本
方面该地当局一部分人士之和案，居为奇货，向重庆方面告发，此
种行为，不仅怯弱，且足以表见其蒙受诱惑，自堕人格矣。卑劣至
此，实堪概叹。"①在演讲后，"为防止路透社、合众社记者恶意歪
曲"，日本方面亦将之全文发表。② 同一天，蒋介石发表《为日汪
密约告全国军民书》，指出日汪密约"条件较二十一条更为凶恶，
其手段较亡韩更为毒辣"，"汪逆与敌阀签订密约，其动机完全在
为其个人谋钱保命，不惜出卖国家民族。汉奸国贼绝无悔过自新
之余地"。③

在"高陶事件"之后，虽然汪精卫尚未正式组建政府，但"随着
这一事件，中国人普遍认为，汪政权没有了作为中央政府的意义，
而不过是一个占领地政权而已，心中有所动摇的重庆方面要人，也
随之沉静了下去"。

正是在这种情况下，汪伪政府的成立工作，正式拉开了帷幕。

---

① 汪精卫：《关于高、陶事件的谈话》(1940 年 1 月 24 日)，黄美真、张云编：《汪精卫国民
　政府成立》，第 605、606 页。

②「高陶の暴露発表に対する現地の対策の件」，1940 年 1 月 26 日、「JACAR(アジア歴
　史資料センター)Ref. C04121845700、昭和 15 年「陸支密大日記第 4 号 2/2」(防衛省
　防衛研究所)」

③《蒋中正"总统"档案——事略稿本》(43)，1939 年 1 月 25 日，第 77 页。

(三) 汪精卫"新中央政府"的成立

1939 年 11 月 1 日,兴亚院召开会议,确定"新中央政府将于近期诞生","新中央政府成立之际,帝国即将之作为中华民国正式中央政府","帝国政府将以这一中央政权作为正式的交涉对手"。[1]于是,"虽然日本国内对汪一派还有不满的声音,但以汪兆铭为唯一对象的成立新中央政权工作,作为从国家层面确定的国策,已经不再有议论可否的余地"。[2]

为了实现汪精卫集团、伪临时政府、伪维新政府之间的权力再分配,1939 年 9 月中旬,在日方安排下,汪精卫、王克敏、梁鸿志三方在南京会晤。会晤中,汪精卫提出《中央政治会议构成之实际的办法》,要求"由汪先生根据中国国民党代表大会之决议,会同既成政府、合法政党,及在野重望之人士,组织中央政治会议",[3]并规定了详细方案。

对汪精卫提出的方案,王克敏、梁鸿志反应均不积极。"梁鸿志略微客气,开口说道:'这件事要让我们商量之后,才能答复'。王克敏坦白地说道:'我们三个人商量没有用。这件事要他们协商好了,也就可以做了。'王克敏所说的'他们',就是汪精卫背后的影佐机关,梁鸿志背后的原田机关,和他自己背后的喜多机关。

---

① 「中央政権生誕を待ち、日支間全面的調整、新決定の処理方針(大要)」、『東京朝日新聞』朝刊、1939 年 11 月 2 日、2 面。

② 大西齋「事変処理と汪政権問題」、『外交時報』、1939 年 12 月 15 日、4 頁。

③ 梅機関「中央政治会議及中央政治委員会組織二関スル件」、1939 年 9 月 28 日、「JACAR(アジア歴史資料センター)Ref. B02031731300、支那事変二際シ支那新政府樹立関係一件/支那中央政権樹立問題(臨時維新政府合流問題連合委員会関係、呉佩孚運動及反共、反蒋救国民衆運動)第五巻(A−6−1−1−8_3_005)(外務省外交史料館)」

上午,汪、王、梁会商无结果,下午径由影佐、原田与喜多三方
会商"。①

　　汪、王、梁的意见不合,背后是影佐、原田与喜多三方对各自利
益的争执。在会谈中,原田、喜多分别表示,梁鸿志、王克敏对汪精
卫所提方案不满,影佐回复表示"这才是召开三巨头会议的原因,
我作为汪的指导者,当然要按照国民党的意思行事",②强硬要求以
汪为中心进行协调。

　　虽然原田与喜多仍然心存芥蒂,但日本中央对已有定案。兴亚
院政务部第二课在对自身"功绩"的概述中表示:"汪精卫氏决定成立
新中央政府方针确定后,本课说服了临时政府及维新政府的首脑,避
免其阻碍和倒退从来的建设工作,决心积极与新中央政权合并。"③

　　最终,梁、王只能根据自身"指导者"的意见,与汪精卫达成妥
协。于是,"虽然影佐少将表示,汪兆铭是国民党主席,当然要出台
以国民党为中心的方案,既成政权也拿出以自己为中心的方案,展
开讨论,也未尝不可",但"王和梁二人都以为,汪同日本方面已经
达成了充分谅解,担心自身会被追究破坏以汪为中心的成立新中
央政权工作的责任,因此就算心中不平,也不敢提出反对,只能默
然接受"。④

　　根据会议所达成的协议,计划召开"中央政治会议",负责筹备

---

① 陶希圣:《南京之行》,黄美真、张云编:《汪精卫国民政府成立》,第402页。
② 太田書記官「三巨頭会談二関スル備忘録」,1939年9月24日、外務省『日本外交文書・日中戦争第二冊』、六一書房、2011年、851、852頁。
③ 『興亜院功績概要書第一巻』、1940年4月28日、「JACAR(アジア歴史資料センター)Ref. B02030702800、对支中央機関設置問題一件(興亜院)/興亜院功績概要書第一巻(A-1-1-0-31_4_001)(外務省外交史料館)」
④ 太田書記官「東京発電第一七〇六号(原注:已不存)二对スル私見」、1939年9月26日、外務省『日本外交文書・日中戦争第二冊』、六一書房、2011年、864頁。

建立政府,"中央政治会议"人员的分配,国民党占 1/3,临时和维新两伪政府占 1/3,伪蒙疆政府及其他各党各派和无党无派人士占 1/3。[1]之后,汪精卫发表声明,称颂王克敏、梁鸿志等"相继组织政权,以与日本为和平之周旋,使人民于流离颠沛之余,得所喘息,苦心孤诣,世所共见",解释自己之前对其批判系因为"当时国民政府因主张继续抗战,对此举动,自不免认为抵触。惟时至今日,和平运动,已为刻不容缓之图",自己组织的伪国民党第六届全国大会声明"本党愿以至诚联合全国有志之士,不分派别,共同担负收拾时局之责任","本党为完成此重大使命计,对于既成政权,消除成见,更谋群策群力,共济艰难,实为事理所当然"并宣布准备召开中央政治会议。[2]

维新、临时两伪政府则在同期发布呼应汪精卫的声明,表明对汪精卫牵头成立"新中央政府"的支持。"临时政府"声明中强调"所谓临时者,本为暂代之意,政府未设首领,实欲虚左以待贤能","但与国事民生,有所裨益,定当追随先生之后,以底于成","倘得重见和平,于愿已足,决无异议"。[3]"维新政府"则表示"汪精卫先生脱身渝府,一再发表和平救国之宣言,且愿与海内贤达,不分派别,共济艰危,披沥至诚,商榷国事,四方响应,翕然同风","在汪先生之意,以友邦近卫前首相声明,实与我国人爱好和平者,完全一

---

① 「三巨頭会議決定事項」、1939 年 9 月 21 日、「JACAR(アジア歴史資料センター)Ref. B02031731200、支那事変ニ際シ支那新政府樹立関係一件/支那中央政権樹立問題(臨時維新政府合流問題連合委員会関係、呉佩孚運動及反共、反蒋救国民衆運動)第五巻(A-6-1-1-8_3_005)(外務省外交史料館)」

② 汪精卫:《声明》(1939 年 9 月 21 日),黄美真、张云编:《汪精卫国民政府成立》,第 393 页。

③《临时政府声明》(1939 年 9 月 23 日),黄美真、张云编:《汪精卫国民政府成立》,第 399 页。

致"，"得汪先生挺身任之，中日永久之和平，不难实现。同人等本救国之初衷，声应气求，未敢稍后，努力协进，以完成中国复兴之大业"。①

汪精卫集团与南北伪政权争夺"新中央政府"主导权的矛盾，之所以未能成为成立"新中央政府"的严重阻碍，是因为日本当局早已确定既定方针，对"新中央政府"中权力分配的细节，并无特别干涉。根据兴亚院方面的意见，在汪精卫提出的"中央政治会议"决议事项中，关于具体的"成立中央政府的内容"，"主要当作他们的内政问题，其与日本的关系如何，不做深入讨论"。②

关于细节的制度性设计，如"地方制度、地方自治程度"等内容，日本当局也准备"当作其内政问题"，但在宏观方面，与日本侵华利益直接相关的"中国地方政治形态"，日本当局准备"明确日方的希望，并提示给汪方及既成政权"。③ 关于兴亚院设定的"中国地方政治形态"，具体内容包括：

　　蒙疆：作为国防和经济上日满华三国强度结合地带，以其特殊性，将之设立为高度防共自治区域，由蒙古联合自治政府

---

① 《维新政府声明》(1939 年 9 月 21 日)，黄美真、张云编：《汪精卫国民政府成立》，第396 页。

② 興亜院主任者「九月廿七日中央政府樹立準備対策事務ニ関スル主任者了解事項」、1939 年 9 月 27 日、「JACAR(アジア歴史資料センター)Ref. B02031731300、支那事変ニ際シ支那新政府樹立関係一件/支那中央政権樹立問題(臨時維新政府合流問題連合委員会関係、呉佩孚運動及反共、反蒋救国民衆運動)第五巻(A-6-1-1-8_3_005)(外務省外交史料館)」

③ 興亜院主任者「九月廿七日中央政府樹立準備対策事務ニ関スル主任者了解事項」、1939 年 9 月 27 日、「JACAR(アジア歴史資料センター)Ref. B02031731300、支那事変ニ際シ支那新政府樹立関係一件/支那中央政権樹立問題(臨時維新政府合流問題連合委員会関係、呉佩孚運動及反共、反蒋救国民衆運動)第五巻(A-6-1-1-8_3_005)(外務省外交史料館)」

进行高度自治。

　　华北：鉴于华北是日满两国国防、经济上的强度结合地带，以其特殊性，根据调整中日新关系相关原则，为方便对日、满的地方处理，在中央政府之下，设立华北政务委员会及军事处理机关。

　　华中：根据调整中日新关系相关原则，促使扬子江下游地带成为中日经济强度结合地带，为促进实现此目的，关于中日合作的事项中，要就新上海的行政机构采取需要的措施。

　　华南：华南沿岸的特定岛屿包括海南岛，要鉴于国防上的特殊地位，采取方便地方军事处理的必要措施。

　　新上海、厦门、青岛：接受既定事实。①

　　日本上述侵略要求，决定了其对各"既成政权"与汪精卫集团关系的态度。

　　对"蒙疆政府"，兴亚院要求，"中国新中央政权要承认蒙古联合自治政府高度防共自治的既成事实"。对"临时政府"，兴亚院要求，"废止临时政府名称，转为华北政务委员会，继承既定事实"。对"维新政府"，兴亚院则要求，"就算新中央政府成立后，不设置政务委员会等，但对其主要人物，汪方应当考虑给予其体面的地位。"②

------

① 興亜院「支那地方政治形態二関スル日本側ノ要望」、1939 年 9 月 29 日、「JACAR(アジア歴史資料センター)Ref. B02031731400、支那事変二際シ支那新政府樹立関係一件/支那中央政権樹立問題(臨時維新政府合流問題連合委員会関係、呉佩孚運動及反共、反蒋救国民衆運動)第五巻(A-6-1-1-8_3_005)(外務省外交史料館)」

② 興亜院「新中央政府既成政権間二関係調整二関スル日本側ノ要望」、1939 年 9 月 29 日、「JACAR(アジア歴史資料センター)Ref. B02031731400、支那事変二際シ支那新政府樹立関係一件/支那中央政権樹立問題(臨時維新政府合流問題連合委員会関係、呉佩孚運動及反共、反蒋救国民衆運動)第五巻(A-6-1-1-8_3_005)(外務省外交史料館)」

　　也就是说，对"蒙疆政府"，汪精卫为首的"新中央政府"无法加以干涉，而"临时政府"，实际上也仅仅改变了名称，正如华北方面军内部传达精神所言，"随着中央政府成立，华北也进入其主权之下，但华北的政治组织的名称、机构等表面上虽有改变，但其实质与原来相比全无改变"。① 而且"华北政务委员会"除了"处理华北地方事务"，"新中央政府"还"要给与其与日满直接交涉，处理相关事务的权限"，"华北在事变持续期间，对现状不加任何变更"。②

　　这样一来，在各地方权力的分配上，只有在华中，对"维新政府"，在"尊重其立场"的前提下，"诱导其与新中央政府融合归一"。③ 而"维新政府"的人员架构，也尽量保持了稳定。其主要的首脑人物，"除梁鸿志原为'维新'的行政院长，无法在汪记政权蝉联原职已内定改调为伪监察院长外，其余温宗尧的伪司法院长，陈群的伪内政部长，任援道的伪绥靖军司令，高冠吾的伪南京市长蝉联。至于原来各机关的大小伪官一律量才留用，从不在原机关或事实上有调动之必要的，但仍是继续予以维持生活"。④ 华北、"蒙疆"等占领区，均不在汪精卫集团控制之下，华

---

① 北支方面軍「中央政権樹立二関スル説明要領各部隊二配布」、1939 年 11 月、「JACAR（アジア歴史資料センター）Ref. C04121599400、昭和 14 年「陸支受大日記第 71 号」（防衛省防衛研究所）」

② 北支方面軍、特務機関長会議「中央政権ノ樹立卜北支トノ関係二関スル第四課高級参謀口頭説明要旨」、1939 年 10 月 25 日、「JACAR（アジア歴史資料センター）Ref. C04121599400、昭和 14 年「陸支受大日記第 71 号」（防衛省防衛研究所）」

③ 北支方面軍、特務機関長会議「中央政権ノ樹立卜北支トノ関係二関スル第四課高級参謀口頭説明要旨」、1939 年 10 月 25 日、「JACAR（アジア歴史資料センター）Ref. C04121599400、昭和 14 年「陸支受大日記第 71 号」（防衛省防衛研究所）」

④ 陈春圃：《南京会谈前后》，黄美真、张云编：《汪精卫国民政府成立》，第 406 页。

中伪政权又原班人马各占其位,汪精卫的地位虽超越各既有的伪政权,得以主导成立"新中央政府",但注定实力不足,离开日本的"权威"甚至无法号令"既成政权"。

为了防止这种情况阻碍"新中央政府"的组建,日军准备再次召开"三巨头会议",进而召开"中央政治会议",促使汪精卫集团与各"既成政权"进一步疏通意见,完成成立"新中央政府"的准备。召开"三巨头会议"的一个重要目的,在各"既成政权"面前,树立汪精卫的权威,从而方便其组建"新中央政府"。

梅机关主张:"为了防止媒体误解汪精卫与王克敏、梁鸿志处于同样地位,因此要由汪精卫主导,将两人召至青岛,青岛会谈的时间等,要由汪精卫自主决定,不可根据汪精卫和梁鸿志互相商讨时间来安排。"[1]中国派遣军也认为,"三巨头会议"的目的,是"根据既定协议事项,统一其意见,诱使其将关于中日间的问题,完全委托给汪","特别要引导三巨头间完全统一意见,三者合作准备政治会议"。[2]

如前文所言,南北伪政权背后各自以华北、华中日军为倚靠,互争互斗,要确认汪精卫集团的地位的关键,实际上在于统一日军的意见。为此,中国派遣军决定,"为统一指导关系,事前召集现地各方面指导关系者,指示总军的方针内容","会议的直接指导机关为梅机关,外廓及对日本方面的指导机关为总

---

① 梅機関「汪兆銘よりの申出の件」、梅電第三七四号、1939 年 11 月 17 日、「JACAR(アジア歴史資料センター)Ref. C04121631800、昭和 14 年「陸支受大日記第 73 号」(防衛省防衛研究所)」

② 総軍第四課「三巨頭会議ノ指導」、1940 年 1 月 2 日、「JACAR(アジア歴史資料センター)Ref. C12120064300、支那事変戦争指導関係資料綴(支那派遣軍の部)昭和 12 年 7 月 27 日～昭和 16 年 6 月 10 日(防衛省防衛研究所)」

军"。① 考虑到梅机关主要负责"汪工作",中国派遣军选择梅机关为指导机关,显然是要压服临时、维新两伪政府的支持者原田、喜多机关等。

　　青岛会谈之前,中国派遣军总参谋长板垣征四郎特意召集各军参谋长到南京,②统一了在华日军的意见。在之后,板垣又到东京活动,并向汪精卫集团表示"请汪先生决心组织中央政府,维新、临时两组织之取消,不成问题",③军部与在华日军达成共识后,汪精卫集团主导青岛会谈的形势已成定局,汪、王、梁在青岛的会面,就不过是形式而已了。然而,统一与"既成政权"的意见后,汪精卫要组建"新中央政府",仍然受到各项因素掣肘,困难重重。

　　在日本的公开宣传中,成立以汪精卫为首"新中央政府"的进程在不断加速。在汪精卫与板垣征四郎会见后,日本媒体报道:"对于尽可能地从速召开中央政治会议,成立中央政府问题,以二人为首,大家意见完全一致,今后汪派成立中央政府的问题,应该也要从速开展。"④1939 年 11 月 1 日,兴亚院召开会议,通过了对汪记"新中央政府"成立后的相关方针,显示了"新中央政府将于近期成立",而且兴亚院明确表示要"以这一中央政权作为正式的交涉对手"。⑤

---

① 総軍第四課「三巨頭会議ノ指導」、1940 年 1 月 2 日、「JACAR(アジア歴史資料センター)Ref. C12120064300、支那事変戦争指導関係資料綴(支那派遣軍の部)昭和 12年 7 月 27 日〜昭和 16 年 6 月 10 日(防衛省防衛研究所)」

② 支那派遣軍総参謀長「青島三巨頭会議に先だち関係各軍参謀長を南京に召集予定の件」、1940 年 1 月 2 日、「JACAR(アジア歴史資料センター)Ref. C04121734800、昭和 15 年「陸支密大日記第 1 号 3/3」(防衛省防衛研究所)」

③ 周佛海著,蔡德金编注:《周佛海日记全编》(上编),第 222 页。

④ 「板垣総参謀長、上海で汪氏と重要会談　中央政府樹立　急速展開か」、『東京朝日新聞』朝刊、1939 年 10 月 23 日、2 面。

⑤ 「中央政権生誕を待ち、日支間全面的調整、新決定の処理方針(大要)」、『東京朝日新聞』朝刊、1939 年 11 月 2 日、2 面。

事实上,日军确实原准备在此时开展工作,组建"新中央政府"。根据中国派遣军的计划,"在 1939 年 11 月 8 日到 10 日召开三巨头会议,11 月 20 日左右召开中央政治会议,最晚在当年年末成立'新中央政府'"。① 然而,日汪双方围绕着密约交涉,双方产生争执,成立"新中央政府"的进程随之延宕。② 于是预备在青岛举行的"三巨头会议",随之延后到 1940 年 1 月。

1940 年 1 月 22 日,"汪兆铭、王克敏、梁鸿志三巨头和蒙疆代表李守信抵达(青岛),于 24 日至 26 日,于迎宾馆召开三日会议"。③ 1 月 24 日,汪精卫在会谈结束后,就所谓的法统问题发表谈话。

对汪精卫集团而言,青岛会谈的目的在于统合华北、华中两伪政权于自身麾下,但两个伪政权成立之际,日军为其建构的"合法性"来源,便是对国民政府法统的否定。因此汪精卫搜罗统合诸傀儡政权,首先需要对法统问题重新梳理,汪精卫表示:"中国如欲树立全国统一之中央政府,其方法有二:其一废弃旧法统而另建新法统。此法似近乎革命方式,实行虽非不可能,但我人认为不必要,盖无论如何,此次事变,由于过去国民政府政策之失当,并非由于政制之不良。故目下收拾时局之目的,在对外求和平,并非对内求

---

① 「支那派遣軍参謀長より次官宛電報」、1939 年 10 月 24 日、「JACAR(アジア歴史資料センター)Ref. C04121512500、昭和 14 年「陸支受大日記第 68 号」(防衛省防衛研究所)」

② 『戦史叢書——支那事変陸軍作戦』(3)、39 頁。

③ 在青島総領事館警察署長「青島会談警戒状況並会談二対スル内外人ノ批判二関スル件」、1940 年 2 月 1 日、「JACAR(アジア歴史資料センター)Ref. B02031734200、支那事変二際シ支那新政府樹立関係一件/支那中央政権樹立問題(臨時維新政府合流問題連合委員会関係、呉佩孚運動及反共、反蒋救国民衆運動)第七巻(A-6-1-1-8_3_007)(外務省外交史料館)」

革命。政策有所失当,自当充分加以修改,政制即有未尽善之处,亦只须适当改正而已足,因吾人并无根本推翻原来法统,徒使惹起混乱之必要也。其二即承袭旧法统而略事修正之,过去国民政府法统之所以被人非难者,乃由于推动全国政治之中央政治委员会之构成分子,只限于中国国民党中央委员,并无党外人士之参加,致招外界谓为一党专政之嫌……今后中央政治委员会,已非国民党一党独占,凡各合法政党及全国贤能之士,均能依法参加","重庆政权,现遭共党压迫,已丧失自由行使职权之能力。基于中央政治会议之决议,将依法加之改组"。①

日本起初扶植各伪政权,着眼于更替国民政府,否定国民政府代替的革命法统,希望借之统合全国"白色势力",与坚持国共合作抗战的"红色势力"相对峙。但在战争实践中,否定国民革命法统的伪政权,除了吸引部分北洋故老,并未得到中国人的普遍认同,日本鉴于国民政府仍具民心,便试图借汪精卫以国民革命法统之名,分化抗战阵营。而日本原来扶植的对抗国民政府意识形态的傀儡势力,自然也要得到保留容纳,汪精卫则借此以所谓破除一党独占之名:"与王委员长、梁院长,会谈关于收拾时局之办法,均趋重于实现和平,实施宪政……所得结果,更为圆满……此中央会议,将由中国国民党联合各已成政党暨全国贤智之士,共同组织,一扫过去参差隔阂之弊,同心协力,以肩负收拾时局之责任,并对于实现和平实施宪政之原则予以确定,俾由此生产之中央政府得以根本进行。"②立足于此,汪精卫对三民主义亦进行重新诠释:"三

---

① 汪精卫:《在青岛会议各次谈话》(1940年1月24日),黄美真、张云编:《汪精卫国民政府成立》,第663页。
② 汪精卫:《在青岛会议各次谈话》(1940年1月24日),黄美真、张云编:《汪精卫国民政府成立》,第663页。

民主义为救国主义,盖欲使中国以次殖民地之地位解放出来,以得到国家之自由平等也。以民族解放言之,则为民族主义,以政治解放言之,则为民权主义,以经济解放言之,则为民生主义。三民主义为救国主义者如此,然与东亚主义世界主义并不相违。"[1]

汪精卫企图借对三民主义的重新诠释来统一思想,借召开容纳各伪政权人物的所谓中央政治会议来统一组织,围绕这一方针,汪精卫在青岛会谈上提出了 4 个提议:

"一、作为中央政府的母体——中央政治会议由重组国民党、临时、维新两政府及其他各党各派,无党无派的 30 乃至 40 人员组成。会议召开时间,最快可至 2 月中旬召开。

二、新政府的最高领导机关中央政治委员会的组织、权限等,大致继承以前国民政府的。

三、随着新政府的成立,临时、维新两政府皆予以解散,但作为使华北具有某种程度的自治程度,组织华北政务委员会。

四、关于诞生的新国民政府的机构,依据昨日第一次会议所决定的中央政府成立大纲。政府的政纲亦基于昨日已获两代表同意的国民政府的旧法统。"[2]

由于事前得到了日军的协调,"本次会谈极为顺利,且意见完全一致,圆满结束"。[3]

---

[1] 汪精卫:《在青岛会议各次谈话》(1940 年 1 月 24 日),黄美真、张云编:《汪精卫国民政府成立》,第 663 页。

[2]《举行青岛会谈》,黄美真、张云编:《汪精卫国民政府成立》,第 680、681 页。

[3] 在青岛总领事馆警察署长「青岛会談警戒状況並ニ会談ニ対スル内外人ノ批判ニ関スル件」、1940 年 2 月 1 日、「JACAR(アジア歴史資料センター)Ref. B02031734200、支那事変ニ際シ支那新政府樹立関係一件/支那中央政権樹立問題(臨時維新政府合流問題連合委員会関係、呉佩孚運動及反共、反蒋救国民衆運動)第七巻(A-6-1-1-8_3_007)(外務省外交史料館)」

　　虽然汪精卫成立"新中央政府"的进程,得以按计划进行,但如前文所言,汪精卫要成立的"新中央政府"脆弱的"合法性",与日汪密约的条件密切关联,为不影响"新中央政府"的组建,汪精卫同影佐会谈后,决定日支新关系调整要纲不全部公开。①

　　青岛会议召开前后,负责相关警卫的青岛总领事馆警察署,侦查相关情报,了解到中国知识分子的人心向背,与日汪间达成的条件有密切关联,而多数人对能达成怎样的条件,抱有疑虑:"当地中国知识分子认为,汪兆铭要贯彻自己屡次和平声明,就不得不坚持让中国作为完全的独立自主国家的条件。汪在与日本的交涉中,极力避免被当作傀儡的政府,但日本是不是会全面接受汪的主张,这是很值得疑问的,因为现在日本在国家总动员态势下,投入了巨额军费和数万官兵的牺牲,已经掌握了中国大陆的大半,不会轻易按照汪兆铭所希望的条件,成立并援助新中央政权。"②

　　这样的疑虑旋即得到证实,青岛会谈前夕,高宗武、陶希圣在香港发表日汪密约原文,汪精卫集团随之遭到重创。汪精卫"对日中条件原案遭到暴露问题,痛感自身责任,略有意志消沉的倾向",甚至表示"予任何时候,都可以放弃责任地位,交由其他责任人继续和平运动"。板垣征四郎则"三巨头会议开始前,会见汪精卫,激

---

① 梅機関「汪兆銘よりの申出の件」、梅電第三七四号、1939 年 11 月 17 日、「JACAR(アジア歴史資料センター)Ref. C04121631800、昭和 14 年「陸支受大日記第 73 号」(防衛省防衛研究所)」

② 在青島総領事館警察署長「青島会談警戒状況並会談二対スル内外人ノ批判二関スル件」、1940 年 2 月 1 日、「JACAR(アジア歴史資料センター)Ref. B02031734200、支那事変二際シ支那新政府樹立関係一件/支那中央政権樹立問題(臨時維新政府合流問題連合委員会関係、呉佩孚運動及反共、反蒋救国民衆運動)第七巻(A-6-1-1-8_3_007)(外務省外交史料館)」

励其勿要拘泥于这类问题"。①

　　然而,"这类问题"对汪精卫集团而言,是不得不"拘泥"的问题。正如日本驻南京总领事堀公一的观察,"汪派利于自身运动的手段",在于宣扬"汪精卫为首的中央政府成立后,日军很快会从中国撤退,政治上也不会受日本政府的掣肘干涉,万事都恢复到事变之前的状态,各人得以安居乐业"。但高陶提出条件暴露后,"一般民众对汪精卫怀疑渐厚,不信任的声浪不断升高。很多人认为,本次和平条件苛刻至极,就算新中央政府成立了,和维新政府也不会有大的不同,不过是日本干涉下的一个傀儡而已"。②

　　面对这种形势,汪精卫主张,事件"导致一般民众间相当不满,未来只能以事实证明"③,期待日本能够宽缓条件。与之同时,汪精卫集团也在寻找"以事实证明"的方法。周佛海认为:"高陶发表文件,于吾辈大有不利,补救之法,在以事实证明其文件之不确:第一,最好(最小限度)须日本军总司令部由南京移往别处;第二,国旗上拟加之飘带取消;第三,日本早承认新政府。"④

　　周佛海所言第一、第二方法,事实上是要求日本让步,而第三

---

① 支那派遣軍総参謀長より次長、次官宛「日支条件原案暴露問題に関し汪と会見の件」、1940 年 1 月 24 日、「JACAR(アジア歴史資料センター)Ref. C04121848600、昭和 15 年「陸支密大日記第 5 号 1/3」(防衛省防衛研究所)」

② 在南京総領事堀公一「中央政権樹(立)ニ対スル南京市民ノ最近ニ於ケル動向ニ関スル件」、1940 年 2 月 9 日、「JACAR(アジア歴史資料センター)Ref. B02031734300、支那事変ニ際シ支那新政府樹立関係一件/支那中央政権樹立問題(臨時維新政府合流問題連合委員会関係、呉佩孚運動及反共、反蔣救国民衆運動)第七巻(A-6-1-1-8_3_007)(外務省外交史料館)」

③ 支那派遣軍総参謀長より次長、次官宛「日支条件原案暴露問題に関し汪と会見の件」1940 年 1 月 24 日、「JACAR(アジア歴史資料センター)Ref. C04121848600、昭和 15 年「陸支密大日記第 5 号 1/3」(防衛省防衛研究所)」

④ 周佛海著,蔡德金编注:《周佛海日记全编》(上编),第 238 页。

个条件,本应为日本自然进行之事。早在兴亚院确定对"新中央政府"方针之际,日本媒体便宣扬"新中央政府成立之际,即作为中华民国正式中央政府,当即从国际法上加以承认,并派遣中断已久的特命全权大使","帝国政府将以这一中央政权作为正式的交涉对手,以处理事变为开始,进行中日全面国交调整"。①

然而,在与日本公使加藤外松会见之际,周佛海谈及对"新中央政府"的承认问题,加藤表示"可派特派大使,不派全权大使,不递国书",意即不愿当即"承认",周佛海对此反应极为激烈,表示"新中央政府""宁可不组织"。② 而加藤在对外务省的报告中主张:"虽然汪方希望早一日也好,尽快得到我国的正式承认,但正式承认的时期和方法等,是一个重要问题,需要慎重考虑。"③

事实上,日本虽然做好了扶植汪精卫"新中央政府"成立的各项准备,却不准备当即承认之。日本承认"新中央政府"的同时,意味着要与之"调整中日国交"。日本无论将汪精卫集团,还是国民政府作为谈判对象,与其签订条约的目的,都在于利用法律手段,将攫取的侵华权益确定下来,并使相关系统得以顺利运行。

日本当局提出的日汪密约,条件极为苛刻,范围极为广泛,要真正能得以履行,就需要当事者具有相当执行能力,即使汪精卫集团有履约之意,也缺乏履行的能力。这样一来,日汪密约条件要么

---

① 「中央政権生誕を待ち、日支間全面的調整、新決定の処理方針(大要)」、『東京朝日新聞』朝刊、1939 年 11 月 2 日、2 面。

② 周佛海著,蔡德金编注:《周佛海日记全编》(上编),第 230 页。

③ 「加藤公使より有田外務大臣宛電報」、1940 年 2 月 10 日、「JACAR(アジア歴史資料センター)Ref. B02031734200、支那事変ニ際シ支那新政府樹立関係一件/支那中央政権樹立問題(臨時維新政府合流問題連合委員会関係、呉佩孚運動及反共、反蒋救国民衆運動)第七巻(A-6-1-1-8_3_007)(外務省外交史料館)」

归为空谈,要么需要日本加以大量投入,确保其得以执行,两者对
日本而言都是极为不利的。因此,日本极为重视"新中央政府的实
力",认为签订条约应该以具备履行能力为前提,汪精卫的"新中央
政府"显然不具有所需要的能力。正如"新中央政府"成立后,日本
当局承认的:"新政府……人员的要素也好、财力也好、行政能力也
好,都还不具备作为一个能够履行条约的实体的条件,尤其是其政
治运营的基础,兵权的确立和军力方面,都极为不充分,因此从该
政府发展的现状来看,是不足以进入缔结条约的阶段的。"①

　　如果日本过早成立并承认汪记"新中央政府",与之签订条约
确定条件,再与重庆政府展开交涉的话,由于相关条件已由条约确
定,回旋余地便非常有限。日本当局仍然希望能为诱降重庆政府
在条件上留有余地。

　　正因于此,日本当局认为,"为巩固新中央政府的基础,需
要获取重庆各势力的武力和财力,与确立财政的基础(修改为
'人的要素及基础的实力〔武力和财力〕)'",为此,不惜"利用一
切手段"。②

　　虽然对汪伪政府的实力有所顾忌,但汪伪政府的组建工作,各
项准备已经完成。作为成立"新中央政府"前的一个重要环节,
1940 年 3 月 20 日起,汪精卫集团牵头召开"中央政治会议",会议

---

① 「南京国民政府成立に対する日本側態度を英国外務次官へ説示について」、1940 年
　4 月 5 日、外務省『日本外交文書・日中戦争第二冊』、1076 頁。
② 興亜院案「中央政治会議ニ関シ「汪」等中央政府構成分子ニ対スル事前工作」、1939
　年 9 月 29 日、「JACAR(アジア歴史資料センター)Ref. B02031731400、支那事変ニ
　際シ支那新政府樹立関係一件/支那中央政権樹立問題(臨時維新政府合流問題連合
　委員会関係、呉佩孚運動及反共、反蒋救国民衆運動)第五巻(A-6-1-1-8_3_005)
　(外務省外交史料館)」

决议准备"国民政府还都",汪精卫在会后宣言:"必须组织政府,把实现和平的责任,担负起来。"①

　　同"青岛会谈"相同,"中央政治会议"亦未出现大的波折,在日方内部达成一致的前提下,各项工作按照既定方针,按部就班地进行。

　　然而,日本当局扶植"新中央政府",目的原本是"重点指向促使重庆崩溃屈服的工作",②日本的宣传重点强调,"宣传新中央政权的成立,会给予重庆政府重大的打击"。③ 也就是说,以成立"新中央政府"为筹码,向重庆国民政府施压,中国派遣军甚至主张,在正式承认"新中央政府"之前,"新中央政府"只是一个"谋略政权"④,着眼点主要在削弱、诱降国民政府身上。为此,在汪伪政权准备成立的同时,日军秘密与重庆国民政府接触,在香港与"宋子良"等人谈判条件,即所谓"桐工作"。⑤

　　3月中旬,"桐工作"似出现希望,中国派遣军司令部于是决

---

① 汪精卫:《国民政府还都的重大使命》(1940年3月23日),黄美真、张云编:《汪精卫国民政府成立》,第402页。

② 兴亚院主任者「九月廿七日中央政府樹立準備対策事務二関スル主任者了解事項」、1939年9月27日、「JACAR(アジア歴史資料センター)Ref. B02031731300、支那事変二際シ支那新政府樹立関係一件/支那中央政権樹立問題(臨時維新政府合流問題連合委員会関係、呉佩孚運動及反共、反蔣救国民衆運動)第五巻(A-6-1-1-8_3_005)(外務省外交史料館)」

③ 支那派遣軍総参謀長「中央政権樹立に関する宣伝要綱案」、1939年11月5日、「JACAR(アジア歴史資料センター)Ref. C04121552600、昭和14年「陸支受大日記第70号」(防衛省防衛研究所)」

④ 総軍参謀部「事変解決二関スル極秘指導」、1940年1月1日、「JACAR(アジア歴史資料センター)Ref. C12120064700、支那事変戦争指導関係資料綴(支那派遣軍の部)昭和12年7月27日～昭和16年6月10日(防衛省防衛研究所)」

⑤ "桐工作"的详细情况,可参考杨天石:《"桐工作"辨析》,《历史研究》2005年第2期。

定延期成立"新中央政府",并于 3 月 19 日通知汪精卫集团。①
当日,板垣征四郎、犬养健分别会见汪精卫、周佛海,要求延期举
行原定于 3 月 26 日的"还都典礼"。犬养健告诉周佛海在港会谈
"所谈条件已有头绪,大约廿三、四必有停战消息,故此间日军主
张组府延至四月十五"。周对此坚决反对:"余告以延至四月十
五,此间必崩溃,故最迟不能过三月卅一日。"周佛海还向日方警
示重视"重庆工作"、忽视"汪工作"的危险:"当时主张在港所接洽
者果属确实,则和平有期,政府可不组织。惟接洽者为重庆极不
重要之人,如因此而延期组府,则和平既不可期,组府又告失败,
必致两头落空。"②

　　中国派遣军倾向于"重庆工作",陆军中央也认为,可以为"重
庆工作"的顺利进行,而延期甚至中止成立"新中央政权","新中央
政权"成立后,也可以对承认问题加以保留。1940 年 3 月 15 日,陆
军中央制订《目前对华处理要领》,主张"若停战协议在汪政府成立
前签署,则促进汪与重庆政府的合作,可接受汪提出的延期,或中
止成立新政府的请求";就承认"新中央政权"一事,则认为"若成立
政府在先,我方应尽可能促使重庆政府接受现实,并对承认新政府
加以保留"。③

　　然而,这份文件同时强调,"不得由我方强制汪方中止或延
期成立政府","为促进、隐蔽桐工作,应将对以汪为中心的新政
府的支持具体化"。文件后所附"注"还特别强调,"本案以汪政

---

① 今井武夫『日中平和工作:回想と証言 1937—1947』、116 頁。

② 周佛海著,蔡德金编注:《周佛海日记全编》(上编),第 265 页。

③「当面ノ対支処理要領」、1940 年 3 月 15 日、「JACAR(アジア歴史資料センター)
　Ref. C12120058700、支那事変戦争指導関係綴其の2 昭和 13 年 1 月～昭和 17 年 11
　月(防衛省防衛研究所)」

权为主"。①

　　除了陆军中央,日本海军也担心"本运动(即桐工作)是蒋为了阻止汪政府成立而进行的",并主张"按照原计划进行成立汪政府的工作"。②

　　最终,中国派遣军考虑到"再拖延下去,恐怕就要对已经做好准备的当地中国方面以及整个形势造成不良的影响。因此,就决定于三月三十日举行和平政府还都典礼"。③

　　虽然中国派遣军对"桐工作"抱有极大期望,但确如周佛海所言,"接洽者为重庆极不重要之人","桐工作"的联系人张治平,在汪记"新中央政府"成立之前,应日方要求再赴重庆,寻求蒋介石意见。而蒋介石对此评价:"倭寇一面成立汪逆伪中央政治会,宣言三十日成立伪组织,而一面又派陌不相识之陈(张?)治平者来求和议,其条件一如往昔,以试探我方对汪伪出现之心理,其愚实不可及。"④

　　事实上,即便日本当局将成立"新中央政府"工作再次延期,也未必能达成目的。蒋的立场是:"敌军阀对汪伪果将改期,而不任其卅日成立,而其一方面又梦想我政府与之直接谈判,其愚殊甚。"⑤

---

① 「当面ノ対支処理要領」、1940 年 3 月 15 日、「JACAR(アジア歴史資料センター)Ref. C12120058700、支那事変戦争指導関係綴其の2 昭和 13 年 1 月～昭和 17 年 11 月(防衛省防衛研究所)」

② 「軍令部第一部長所見」、1940 年 3 月 16 日、「JACAR(アジア歴史資料センター)Ref. C11110431400、桐工作関係資料綴　昭和 14 年 12 月～15 年 11 月(2 部中の1)(防衛省防衛研究所)」

③ 今井武夫『日中平和工作:回想と証言 1937—1947』、116 頁。

④ 《蒋中正"总统"档案——事略稿本》(43),1940 年 3 月 21 日,第 300、301 页。

⑤ 《蒋介石日记》,1940 年 3 月 28 日。

　　日本当局决定不再延期成立"新中央政府"后,1940 年 3 月 30
日,汪精卫在南京宣布"还都",不同于作为地方政权的其他傀儡政
权,日本媒体大力宣扬汪精卫的"改组国民政府"作为中国"新中央
政府"的地位:"改组国民政府继承了中华民国的法统,于此日堂堂
正正还都南京,向中外宣言掌握中国主权。"①但对汪伪政府,日本
政府并没有当即"承认",而仅发表了一份声明,表示"中国新中央
政府得以成立……帝国政府在表示庆贺的同时,根据屡次发表的
声明,对其发展进行全方位的合作与支援"。②

　　日本政府对汪伪政府的最终"承认",一直拖延到汪伪政府成
立的 8 个月后,围绕着"承认"问题,日本的对汪政策屡经反复,才
得以定型。

---

① 「きょう南京に輝く還都　新支那国民政府成立　汪氏 10 大政綱を発表〈写〉」、『東
　京朝日新聞』(夕刊)、1940 年 3 月 31 日、1 面。
② 「南京国民政府成立に関する日本政府声明」、1940 年 3 月 30 日、外務省『日本外交文
　書・日中戦争第二冊』、1067 頁。

第三章 对汪伪政府的"承认"问题
（1940 年 4 月—1940 年 11 月）

　　1940 年，日本的国家战略走到了重要的十字路口。要扶植汪伪政府，同重庆国民政府进行持久战，还是不放弃劝降蒋介石的希望，从速结束战争；是冒着与英法开战的风险，同德意结盟，还是保持现有外交政策不变，成了日本内部争论不休的话题。

　　日本高层的意见争执，引发了政局的动荡多变，其政策方针迟迟难以达成统一结论。然而，国际形势的瞬息万变，让日本当局急于在对外政策上，早下决断。而侵华战争不断扩大的巨额消耗，促生、加深了日本国内的经济危机，迫使日本当局不得不从速确立下一步的战争方针。

　　在这样的背景下，日本扶植汪精卫为中心"新中央政府"工作，以及对其"承认"事宜，均受到同期日本整体政策影响，方针不稳，数经反复，甚至摇摆于"重庆工作"与汪伪政府之间。一直到 1940 年末，随着日本政府正式"承认"汪伪政府，其对汪政策才确定下来。

　　虽然这一时期的日本对汪政策复杂多变，但一以贯之的是，日本对华两个稳定的核心诉求：一是早日从侵华战争中脱身，二是确认获得的侵华利益。本章拟从这两个角度出发，来考察日本扶植汪伪政府成立并承认的过程。

第一节　汪伪政权成立前后的日汪关系

(一) 日本的对汪"指导"机构

早在 1938 年,日本已确定对华政策的中枢机关为兴亚院,并通过其派出机关,对占领区政治进行统一"指导"。1938 年秋,日本当局经过反复讨论后决定,成立一个新的专门部门,统筹对华政治、经济、文化事务。军部积极推动这一构想,并提出了对应方案,10 月 1 日,以军部提案为基础,日本内阁通过了成立对华院的协定。协议决定,以首相为总裁,以陆、海、外、大藏大臣担任副总裁,成立对华院,处理"事变"的特殊情况下对华政治、经济、文化事务等。①

在兴亚院成立之前,在日本中央,"中国事变发生以来,对华政策的重要事项由五相会议进行决定和处理"。在五相会议之下,又设置五相会议联络委员会,"其委员包括陆军省军务局长、海军省军务局长、外务省东亚局长及大藏省理财局长,其干事包括陆军省军务局军务课长,海军省军务局军务课长,外务省东亚局第一课长及大藏省理财局外事课长,共同处理五相会议决定的对华重要事项"。②

---

① 閣議决定「対支院設置に関する件」、1938 年 9 月 30 日、「JACAR(アジア歴史資料センター)Ref. B02030524500、支那事変関係一件第四卷(A-1-1-345)(外務省外交史料館)」

② 『興亜院功績概要書第一卷』、1940 年 4 月 28 日、「JACAR(アジア歴史資料センター)Ref. B02030702800、対支中央機関設置問題一件(興亜院)/興亜院功績概要書第一卷(A-1-1-0-31_4_001)(外務省外交史料館)」

　　日本各相关部门还设置了派出机关，处理占领区的事务。日军系统、兴亚院系统、外务省系统，共同在占领区事务上起着主导作用，此外，内阁其他各省部，也向占领区派遣了代理机构。

　　在日军系统方面，华北、华中日军特务机关分别扶植了"临时政府""维新政府"，并对其进行政治"指导"。日军对沦陷区的经济掠夺，则由日军特务部内设的"经济委员会"指挥。[①] 在外务省系统方面，日本政府发表"第一次近卫声明"后，仅召大使川越茂回国，除此之外的驻华使领系统得到了完整保留，继续发挥作用。[②]

　　1938年12月16日，"对华院"改称为"兴亚院"后正式成立。根据《兴亚院官制》，兴亚院负责处理在华政治、经济、文化事务，内设总裁官房及政务、经济、文化3部。[③] 从其人员构成来看，兴亚院会议与五相会议，兴亚院联络会议与五相会议联络委员会是相同的，"以总理、陆、海、外、大藏五相为兴亚院总裁及副总裁，以五相会议联络委员会相同人员，为兴亚院联络委员会，附属于兴亚院，在对华政策的确立及其实施上，保持与相关各省的紧密联系，并统括院内各部课的事务"，事实上，这是"将五相会议及联络委员会官制化"。[④] 陆相板垣征四郎对外解释，兴亚院会议与五相会议的不

① 黄美真等编：《日伪对华中沦陷区经济的掠夺与统制》，北京：社会科学文献出版社2005年版，第20页。
② 外务省「南京政府ヲ相手トセサル旨声明シタル後二於ケル処理方針」、1938年1月14日、「JACAR（アジア歴史資料センター）Ref. B02030523700、支那事変関係一件第四巻（A-1-1-0-30_004）（外務省外交史料館）」
③「興亜院官制」、1938年12月16日、外務省『日本外交文書・日中戦争（二）』、1383—1384頁。
④『興亜院功績概要書第一巻』、1940年4月28日、「JACAR（アジア歴史資料センター）Ref. B02030702800、对支中央機関設置問題一件（興亜院）/興亜院功績概要書第一巻（A-1-1-0-31_4_001）（外務省外交史料館）」

同之处,在于"五相会议除了对华问题,还要研究其他问题,因此设立兴亚院会议专门应对对华问题"。而参加兴亚院会议的,包括"正副总裁与总务长官柳川平助,共六人","由兴亚院会议决定今后对华处理方针"。①

兴亚院的成立,意味着部分对华事务由"外交"转入"外政"范畴,外务省的权限有所削弱,日军的主导权得到加强。

兴亚院自称其设立目的为,"随着事变的进展,如今到了建设的阶段。为担当建设东亚的使命,从而成立了兴亚院"。② 这意味着日本对华关系,由外交转为"外政"角度,从体制上对其侵略权益加以确认,而负责外交的外务省在对华事务上的发言权,自然随之降低。在中国沦陷区,兴亚院分设"华北、蒙疆、华中、厦门联络部和华北联络部青岛办事处",分别处理所在地区的政治、经济、文化事务。③ 这些联络部与外务省驻华使领系统管区重叠,而兴亚院可以指挥外务省的使领官员,这都削弱了外务省的权力。因此外务省坚决反对设立兴亚院,外相宇垣一成不惜辞职抗议。但在军部的大力推动下,兴亚院得以按计划设立,而兴亚院核心的人事权,基本在军部控制之下。

兴亚院的人事安排,主要来自陆、海、外、大藏 4 省。但兴亚院的部门长官,基本上均由现役军人担任,兴亚院官制要求"由现

①「今後の対支方針処理　興亜院会議生る　正副総裁に柳川長官も参加〈写〉」、『東京朝日新聞』夕刊、1938 年 12 月 18 日、1 面。
②『興亜院功績概要書第一巻』、1940 年 4 月 28 日、「JACAR（アジア歴史資料センター）Ref. B02030702800、対支中央機関設置問題一件（興亜院）/興亜院功績概要書第一巻（A-1-1-0-31_4_001）（外務省外交史料館）」
③「興亜院連絡部及興亜院連絡部出張所ヲ置ク地位並二各連絡部及連絡部出張所ノ名称及担任区域二関スル件」、1939 年 3 月 10 日、外務省『日本外交文書・日中戦争（二）』、1397—1398 頁。

役的陆海军武官,专任兴亚院的部长和调查官,及兴亚院联络部的长官或次官"。① 事实上,兴亚院总务长官、政务部长、政务部第二课长、华北联络部长官、次长,蒙疆联络部长官、华中联络部次长等职,基本上由日本陆军军官充任。政务部第一课长、青岛办事处长、华中联络部长官、厦门联络部长官等,则由日本海军军官充任。除了文化部,兴亚院各部门负责人,均由现役军人担任。

兴亚院各联络部的职能是,"对中国新政权的内部指导,对中国政治、经济、文化相关事项,根据帝国既定方针进行处理"。② 除处理所在地区相关事务外,联络部长官也承担日本中央与在华各机关的联系工作。一方面,联络部长官要向兴亚院"报告华北、华中、华南、蒙疆各地的相关情况,并报告各联络部的政治、经济、文化、技术等各方面的工作",另一方面,"就今后实行兴亚政策上的各点,接受中央部的指示,与现地当局进行没有隔阂的讨论"。③

在日本中央,兴亚院政务部第一课,第二课,直接担负制订对华政策,对在华相关部门"指导"的职能。

兴亚院政务部第一课主要负责的事务包括:关于确立对华政策的事务;关于联络、调整各部事务的事务;关于联络委员会、兴亚委员会的事务。

第一课对其他部门的权限包括:

---

① 「興亜院関係官制」、『東京朝日新聞』朝刊、1938 年 11 月 19 日、3 面。
② 興亜院会議決定「興亜院連絡部長官会議二於ケル内閣総理大臣ノ訓示並興亜院総務長官ノ指示二関スル件」、1939 年 4 月 7 日、外務省『日本外交文書・日中戦争(二)』、1391—1393 頁。
③ 「汪政権成立に対処　興亜院中央現地連絡打合せ」、『東京朝日新聞』朝刊、1939 年 12 月 13 日、2 面。

"本课指挥当地联络部长官及驻南京大使,援助中国各政权",
"本课确立的各种施策,通过电信或派遣课员,督导当地联络部长
官与驻南京大使贯彻指令,以期中央与当地联络的万全,同时推进
对中国各政权的援助,以期处理事变的万全","围绕着兴亚院的成
立,陆海军与外务省等方面的关系,极端复杂困难,本课圆滑地对
各方进行协调"。

兴亚院的第二课,负责事务则包括:

"对中国新政权进行政治协力的相关事务,统一各厅对华行政
事务"。在具体的执行中,"兴亚院与陆海军协助,将汪氏从河内接
到上海,进而带到东京,使其了解帝国真实意图的活动,本课是本
院实际的中心","汪精卫氏为主的新中央政府,其人的阵容和物的
内容仍然非常薄弱。帝国派遣阿部大使,并通过华中联络部,直接
间接地强化之、扶植之,本课作为本工作实际的指导中心而
活跃"。①

无论是政务部部长还是课长,还是兴亚院各联络部长官,均由
现役军人充任,这就确定了兴亚院的政策,从制订到执行,均控制
在日军手中。

曾主导对汪工作、隶属于中国派遣军的"梅机关",在"特派大使
随员团"的成立的同时宣告解散,"梅机关人员大多被派为随员","其
中陆海军武官接受汪的聘请,兼任军事委员会的军事顾问","梅机
关"的名称,为晴气庆胤协助李士群而成立的事务所继续使用,而原
梅机关负责人影佐祯昭,担任了汪伪政府最高军事顾问。②

---

① 『興亜院功績概要書第一巻』、1940 年 4 月 28 日、「JACAR(アジア歴史資料センタ
　ー)Ref. B02030702800、对支中央機関設置問題一件(興亜院)/興亜院功績概要書第
　一巻(A - 1 - 1 - 0 - 31_4_001)(外務省外交史料館)」
② 影佐祯昭:《我曾经走过的路》,陈鹏仁编著:《汪精卫降日密档》,第 53、54 页。

　　派遣顾问，也是日本当局控制汪伪政府的一种手段。1939 年
8 月 18 日，日军中央相关部门通过《关于招聘日本人顾问、日本人
职员的协定纲要案》，要求"中国政府就军事及经济的中日合作事
项，以及技术相关事项，在中央设置日本人顾问"，"军事顾问之外
的顾问，日本政府通过驻华大使推荐，其任免及待遇等问题，由驻
华大使与外交部长协商决定"，"军事顾问的推荐、任免及待遇等，
由中日军事当局协商决定"，"中国政府根据中日合作事项的需要，
采用日本国臣民作为教官、税关人员、技术官僚及由政府任命的特
定的银行职员"。①

　　日军的这一要求得到了汪精卫集团的确认。《日汪密约》中规
定，"中国就日华协力事项，招聘采用日本人顾问、职员"。② 就其具
体实施，梅机关提出要求，"中国最高军事机关招聘军事顾问，其职
权在于辅佐制订中国一般国防军事设施及中日防共军事合作事项
方案"，"中国军队及警察的教育机关，在必要时可招聘教授、教
官"，"中国政府直属机关，在必要时可招聘日本教授、教官、海关官
员及专门技术人员"，"在地方上，华北政务委员会直属的重要经济
建设机关、上海及厦门两特别市，在必要时根据中央相关法令，可

---

① 省部関係課決定「日本人顧問、日本人職員二関スル協定要綱案」、1939 年 8 月 18 日、
「JACAR（アジア歴史資料センター）Ref. B02031730700、支那事変二際シ支那新政
府樹立関係一件/支那中央政権樹立問題（臨時維新政府合流問題連合委員会関係、
呉佩孚運動及反共、反蒋救国民衆運動）第四巻（A－6－1－1－8_3_004）（外務省外交
史料館）」
② 梅機関「日支新関係二関スル協議書類」、1939 年 11 月 31 日、「JACAR（アジア歴史
資料センター）Ref. B02031754100、支那事変二際シ新支那中央政府成立一件/梅機
関卜汪精衛側卜ノ折衝中ノ各段階二於ケル条文関係（A－6－1－1－9_7）（外務省外
交史料館）」

接收日本的专门技术人员"。[1]

　　日本派驻汪伪政府内的顾问人员，虽非独立的对汪机关，但可以借汪伪政府聘请之名，直接进入汪伪政府，参与相关政策的制定，属于日本当局控制汪伪政府的重要途径。

　　日军与兴亚院的部分权限，由日本顾问所继承，直接对汪伪政府进行"指导"："汪系中央政府与日本当地机关的关系问题，对政府的援助和指导的担当者的角色从军特务部和兴亚院脱离，转交给了同政府所属的顾问"，即"担任最高军事顾问的影佐祯昭，担任最高经济顾问的青木一男，以及之后接任的石渡庄太郎"等。[2]　当然，对汪"指导"角色形式上的变化，并未动摇日军的主导地位，中国派遣军仍然是在华主导对汪政策的势力，"作为在华日本官民各机关的核心势力，担当指导责任"。[3]

　　日本正式承认汪伪政府后，兴亚院会议决定，调整对华机构，其调整方向在于逐渐统合兴亚院联络部与大使馆、领事馆，加强所谓"外政机构"的组织。在实现此最终调整之前，首先"解散特派大使的随员，作为大使馆机构的构成"，"对外务省、兴亚院系统之外的在华政务机关，进行适当的整理"，与之同时"要采取必要措施，密切当地军、外务省、兴亚院机关的联络"。[4]　通过整理其他部门的在华机关，以中国派遣军、外务省、兴亚院3个系统的在华机关为

① 梅機関「日本人顧問、職員招聘採用関係事項」、1939年12月4日、「JACAR（アジア歴史資料センター）Ref. B02030529000、支那事変関係一件第六巻（A-1-1-0-30_006）（外務省外交史料館）」

② 岡田西次「日中戦争裏方記」、227頁。

③ 『戦史叢書——支那事変陸軍作戦』（3）、332頁。

④ 興亜院会議決定「国民政府承認二伴フ対支機構調整要領」、1940年12月17日、「JACAR（アジア歴史資料センター）Ref. B14090112600、大東亜省設置関係一件第一巻（M-1-1-0-7_001）（外務省外交史料館）」

主的格局,得到了进一步加强。

(二) 对汪"特派大使"

　　在汪伪政府宣告成立之际,日本政府虽然未在外交上加以承认,但采取了一种特别方式来处理日汪关系,即派遣"特派大使"。

　　周佛海曾与影佐谈及承认问题,表示"日本不必发承认宣言,仅派大使递国书足矣",对此"影佐同意"。[①] 很快日本公使加藤外松告知周佛海"可派特派大使,不派全权大使,不递国书"。[②] 对这一主张,周佛海并不满意。为解决这一问题,加藤向外务省上书要求:"新中央政府成立的同时,我方需要与之对应的机关,即特派特命全权大使。"根据加藤外松的建议,"特命全权大使"应该主要起到以下 3 个方面的作用:"(一)在某种程度上,可以照应汪方要求立即正式承认的迫切期望,而且还能在国内外昂扬其声望;(二)从内部协助新中央政府处理政务,借此逐渐统合现兴亚院联络部的事务,来显示尊重(新中央政府)作为独立政府的体面,这是有必要的;(三)与中央政府进行外交折冲,尤其是要努力实现过去中日会谈的内容,进入调整国交的正式交涉阶段。"[③]

　　但即便是一名有分量的"特命全权大使",本质上仍是"特派大使",而非建立外交关系情况下的"驻在大使"。加藤担忧日本政府对"新中央政府"的态度过于冷淡,强调自己的建议"作为正式承认

---

① 周佛海著,蔡德金编注:《周佛海日记全编》(上编),第 227 页。

② 周佛海著,蔡德金编注:《周佛海日记全编》(上编),第 230 页。

③ 「加藤公使より有田外務大臣宛電報」、1940 年 2 月 10 日、「JACAR(アジア歴史資料センター)Ref. B02031734200、支那事変ニ際シ支那新政府樹立関係一件/支那中央政権樹立問題(臨時維新政府合流問題連合委員会関係、呉佩孚運動及反共、反蒋救国民衆運動)第七巻(A-6-1-1-8_3_007)(外務省外交史料館)」

前的过渡措施,相信这是绝对要紧的事情","出于未来对重庆工作,以及指导汪方的关系,最少也要做到上述程度,来表明帝国的决心和态度,这极为必要"。① 最终,影佐等人告知周佛海:"决定先派特派大使调整邦交,以为事实上之承认,再派全权驻在大使,为法理上之承认。"②

汪伪政府成立前夕,日本当局正式敲定派遣"特命全权大使"事宜。1940 年 3 月 23 日,日本内阁阁议决定,"派遣特命全权大使",作为"正式承认中国新中央政府前的合作机构"。③ 这个"特命全权大使"虽然只是一个过渡职位,但其构成与担负的任务却非同一般。

"特命全权大使"由卸任首相阿部信行担任,其随员团则由几个主要的对华机构人员,包括兴亚院、外务省职员和陆海军武官编成。其具体人员名单包括:

"大使"随员 29 名:兴亚院调查官安藤明道,兴亚院书记官太田一郎,兴亚院调查官草鹿浅之助,兴亚院书记官矢野征记,兴亚院调查官冈田酉次,兴亚院调查官桑原重达,兴亚院事务官栗泽一男,"大使馆"参事官日高信六郎,"大使馆"参事官松本俊一,"大使馆"一等书记杉原荒太,"大使馆"三等书记清水董三,"大使馆"三等书记木村四郎七,"大使馆"三等书记石黑

① 「加藤公使より有田外務大臣宛電報」、1940 年 2 月 10 日、「JACAR(アジア歴史資料センター)Ref. B02031734200、支那事変ニ際シ支那新政府樹立関係一件/支那中央政権樹立問題(臨時維新政府合流問題連合委員会関係、呉佩孚運動及反共、反蒋救国民衆運動)第七巻(A-6-1-1-8_3_007)(外務省外交史料館)」
② 周佛海著,蔡德金编注:《周佛海日记全编》(上编),第 261 页。
③ 閣議決定「正式承認前ノ支那新中央政府ニ対スル協力機構」、1940 年 3 月 23 日、外務省『日本外交文書・日中戦争第二冊』、1061 頁。

四郎,"大使馆"三等书记下田武三,领事中根直介,陆军少将影佐祯昭,陆军步兵大佐谷萩那华雄,陆军步兵大佐川本芳太郎,陆军主计中佐平井丰一,陆军步兵中佐小尾哲三,陆军炮兵中佐晴气庆胤,陆军步兵少佐石原幸次,陆军主计少佐大村敏风,海军少将须贺彦次郎,海军大佐中村胜平,海军中佐藤井茂,海军少佐扇一登,正五位勋四等犬养健,宇治田直义。

"大使团"顾问2名(辅佐大使业务):堀田正昭,青木一男。

后陆续追加"使团"随员8名:海军主计少佐桑武彦,大藏事务官原纯夫,"大使馆"电信官吉谷泰正,"大使馆"理事官中村正文,"大使馆"理事官木本修藏,"大使馆"参事官田尻爱义,领事松平忠久,海军中佐角田隆雄。①

在阿部信行到达南京后,在当地日本总领事馆开设"特派大使事务所",设立"大使官房"(注:相当于办公室,协助其处理日常事物)、审议室、政务班、外交班、经济班及文化宣传班的职务区分,来区分各随员职务。② 从随员人选的来源划分来看,其主要以兴亚院、外务省、陆海军等对华相关决策部门为准,从其人数来看也考虑了各部门势力的均衡,其人选多有之前与之后与汪关系紧密者,如影佐祯昭、晴气庆胤、冈田酉次、犬养健、田尻爱义、日高信六郎等。

阿部信行作为"特派大使",主要肩负着3个任务:"(一)在中华民国对新中央政府的协助事务;(二)在中华民国进行帝国对第三国的外交,并缔结中日新关系条约;(三)关于重要政策的处理,

① 閣議決定「正式承認前ノ支那新中央政府二対スル協力機構」、1940年3月23日、外務省『日本外交文書・日中戦争第二冊』、1061頁。
② 閣議決定「正式承認前ノ支那新中央政府二対スル協力機構」、1940年3月23日、外務省『日本外交文書・日中戦争第二冊』、1061頁。

以及与治安相关的事项,与相关陆海军最高指挥官进行协议。"①

阿部信行还有一个重要任务,"将来要统一运用帝国在华政务相关机关,为此做出相应调整",为此要"与兴亚院联络部长官保持密切联络与协商","就有关第三国外交与缔结日华新关系条约的事宜,给予在华外交官及领事官以必要的指示","指导由中央政府招聘的日本顾问职员"。②

这样一来,"特派大使"不仅将长期主持"汪工作"的"梅机关"纳入随员团,更是从主导对华"政略"的中国派遣军手中,分出了部分权力。

为了防止"特派大使"与中国派遣军之间的权力争斗,日本首相、外相在对"特派大使"的命令中明确指示:"解决中国事变的原动力是皇军活跃的作战,贵官在执行任务时,务必留意此点,与相关的陆海军最高指挥官保持紧密联系,进行毫无缺憾的合作。"③

但与之同时,日本内阁也不希望中国派遣军权力过大,影响"特派大使"履行职责:"此大使与现地陆海军指挥官,应根据中央的决定,就重要政策在当地的执行以及治安事项进行协商,但这并不意味着军指挥官可以对大使加以处置或指示。"④

_____

① 閣議決定「正式承認前ノ支那新中央政府二対スル協力機構」、1940 年 3 月 23 日、外務省『日本外交文書・日中戦争第二冊』、1061 頁。

② 「特命全権大使ニ与フル内閣総理大臣及外務大臣会同指示」、1940 年 4 月 8 日、「JACAR(アジア歴史資料センター)Ref. B02030519600、支那事変関係一件第三巻(A−1−1−344)(外務省外交史料館)」

③ 「特命全権大使ニ与フル内閣総理大臣及外務大臣会同指示」、1940 年 4 月 8 日、「JACAR(アジア歴史資料センター)Ref. B02030519600、支那事変関係一件第三巻(A−1−1−344)(外務省外交史料館)」

④ 有田外務大臣「支那新中央政府成立に際するわが方措置振りにつき通報」、1940 年 3 月 29 日、外務省『日本外交文書・日中戦争第二冊』、1062 頁。

　　面对这种情况,中国派遣军力图捍卫乃至加强自身在对华事务上的发言权。在这一时期,中国派遣军在多份文件中,均提及"以总军(中国派遣军)中心"。4 月 19 日,中国派遣军参谋部出台文件《鉴于当下事态、统一并强化当地事务处理的方策》,要求"确立派遣军的最高地位,当地的有关战争和事变处理的各种事务,由派遣军主宰之、计划并指导之"。① 5 月 8 日,中国派遣军参谋部又出台文件《当下事变处理方针》,要求"强化总军作为中心的机能",并提出在无法从速结束战争,只能承认汪伪政府的情况下,"当地机构投入一切,归于总军隶属之下,相关事项依军政方式处理"。②

　　而就"特派大使"的权限,中国派遣军详细规定如下:

　　一、关于大使的任务的界限

　　1. 关于与中央政府的协助业务,包括调整中日新关系的相关协助事项,以及与之有直接关系的轻度的内部指导,对于与政府相关的战争方略,以及对重庆的谋略的规范和部署,要由总军一并主宰。根据总军的方策,对政府和各方面进行直接的内部指导,主要由军事顾问团要员(原梅机关)主持。

　　2. 关于缔结中日新关系条约相关事务,主要是关于起草条文和折冲的直接事务,其内容的限度以及交涉的过程等,要从指导战争和处理事变的立场出发,由总军主导之。

---

① 総軍参謀部「現事態ニ鑑ミ戦争遂行上現地ニ於ケル一元的処理強化ニ関スル施策」,1940 年 4 月 19 日,「JACAR(アジア歴史資料センター)Ref. C12120065100、支那事変戦争指導関係資料綴(支那派遣軍の部)昭和 12 年 7 月 27 日~昭和 16 年 6 月 10 日(防衛省防衛研究所)」

② 総軍参謀部「現下事変処理方針」,1940 年 5 月 8 日,「JACAR(アジア歴史資料センター)Ref. C12120065500、支那事変戦争指導関係資料綴(支那派遣軍の部)昭和 12 年 7 月 27 日~昭和 16 年 6 月 10 日(防衛省防衛研究所)」

3. 关于重要政策的处理,系大使本来的任务范围,但关乎实行战争与处理事变的根本的,要以总军为权威和源泉。

二、随着全权团(随员团)的到达,要从速寻找机会,向其上层及中坚的各层告知、指导其关于以总军为中心的意义,和全权团任务的界限。

三、要确切地认识到当地仍然处于战时、战场,带其视察华北、华中、华南的实际情况,尤其要体验第一线(生活)。

四、最晚要在正式承认新中央政府之前,规范直接进行内部指导的机关(原梅机关要员)的活动。

五、正式承认新中央政府的问题与处理事变相关,要按兵不动直到最后,选定的时机要与战争方略相一致,处置时要下定巨大的决心,要避免事务性的、个人性的决定,严防在缺乏决心的情况下进行决断。①

由以上内容可以看到,中国派遣军不仅要插手"特派大使"的几乎所有职能,更将"实行战争与处理事变"提升到至高高度,在这份方针得到日本中央认可后,阿部信行与汪伪政府的交涉工作,事事受其影响,自主性非常有限。可以确定的是,在中国战场上,中国派遣军仍然是对汪伪政府进行"指导"的核心。

(三) 日汪基本条约谈判

阿部信行就职后最重要的任务,即在日汪密约的基础上,与汪

---

① 総軍参謀部「現事態ニ鑑ミ戦争遂行上現地ニ於ケル一元的処理強化ニ関スル施策」、1940年4月19日、「JACAR(アジア歴史資料センター)Ref. C12120065100、支那事変戦争指導関係資料綴(支那派遣軍の部)昭和12年7月27日~昭和16年6月10日(防衛省防衛研究所)」

方谈判签约条件。

　　阿部信行观察认为,汪伪政府因为自身处境,而对中日谈判抱有希望:"国民政府方面极希望我方从速进入实质性的交涉,从与对方交谈感觉到的气氛来看,对方表现出了焦躁之意,考虑到当时国民政府的实际情况,其成立极为仓促,在短时间内尚未完成职员的充实,厅舍等设备未准备妥当,而且财政相当困难,拼凑而来的人员缺乏团结,施政难以走上正轨,存在各种问题,为了整备政府内部,政府首脑层以相当之苦心经营之,为了人心焕发一新,而希望从速达成中日国交之调整,汪主席为代表的首脑层均希望借此改变内部人心弛缓之情况,阻止士气之沉迷,因此热切主张早日开始交涉。"①

　　汪伪政府积极要求交涉,希望的当然是得到较为宽大的条件,从而利于对外宣传,提升内部士气,增强自身实力。但条件的内容,不可避免地要受到中国派遣军的影响。中国派遣军认为,不能给予汪伪政府过于宽大的条件,而是"要考虑目前仍然处于战时、战场的现实,对新中央政府要反复启蒙此观念,严防其无视战时状态,单纯为和平(条件)而采取措施,我方自身也要关注战时、战场的现实,坚持对和平(条件)的宽限的限度"。②

　　根据阿部的报告,"与中央起草条约案并行,起草了一现地案,供中央参考,这一现地案在与当地陆海军方面紧密联系的情况下,

① 阿部信行「日支条約締結二関スル報告書」、1940 年 12 月、「JACAR(アジア歴史資料センター)Ref. B04013470700、日華基本条約及日満華共同宣言関係一件(阿部特派大使派遣関係ヲ含ム)第十二巻(B-1-0-0-J/C3_010)(外務省外交史館)」

② 総軍参謀部「新中央政府指導方針」、1940 年 5 月 5 日、「JACAR(アジア歴史資料センター)Ref. C12120065300、支那事変戦争指導関係資料綴(支那派遣軍の部)昭和 12 年 7 月 27 日~昭和 16 年 6 月 10 日(防衛省防衛研究所)」

五月十八日得到了当地各方面的同意,由影佐少将等上京向中央报告"。① 由此可见,阿部提出方案,先得到当地日军,尤其是中国派遣军的认同。

但谈判条件的最终决定权,归属于兴亚院会议。6 月 12日,在首相官邸召开临时兴亚院会议,由"总裁米内(光政)首相,副总裁畑(俊六)陆相,还有吉田(善吾)海相、有田(八郎)外相、樱内(幸雄)藏相四阁僚和柳川(平助)总务长官、铃木(贞一)政务部长出席,决定了帝国政府与新国民政府之间的交涉基本条约"。②

6 月 12 日,兴亚院会议确定的《条约体系概案》,确定了对汪提出的具体要求,必须确保汪方接受的内容包括:

附属议定书(公开):承认特殊事态,继承事项。

附属经济协定(公开):华北与蒙疆问题,海南岛问题。

附属协定(秘密):外交提携,顾问,对交通等方面的军事要求权,扬子江下流地域问题,对驻屯提供便宜条件,对航空、气象、铁道、海运、水运、通信的要求。

交换公文(秘密):华北政务委员会的问题,蒙疆自治问题,海南岛省,厦门特别市。

非必须承认的条件包括:

附属议定书(公开):撤兵问题,对日本人所受损失的补偿和对中国难民的救济。

---

① 阿部信行「日支条約締結二関スル報告書」、1940 年 12 月、「JACAR(アジア歴史資料センター)Ref. B04013470700、日華基本条約及ビ日満華共同宣言関係一件(阿部特派大使派遣関係ヲ含ム)第十二巻(B‐1‐0‐0‐J/C3_010)(外務省外交史料館)」
② 「興亜院会議　日支交渉基本事項決定」、「東京朝日新聞」(朝刊)、1940 年 7 月 2 日、3 面。

　　附属经济协定(公开)：一般产业合作，扬子江下流地域问题，合办会社问题。

　　附属协定(秘密)：无。

　　交换公文(秘密)：长江下游地域问题。①

　　以上述概要为标准，兴亚院会议当日还通过了关于汪日交涉文本的《关于中日间修复的新国交条约要纲(案)》。值得关注的是，这一方案第五条提出，"两国为达成本条约的目的，所必要的相关事项，另行规定"。② 对此，兴亚院政务部部长铃木贞一在会上解释说，这一条是"考虑到了以后会出现《条约体系概案》中没有要求的内容"，这相当于为日本提出进一步要求，提供了空头支票，外相有田八郎当即在会议上询问"担心此处规定，会导致将来对协议内容的偏离，引发纷乱"。③

　　兴亚院的方案，原本就被阿部抱怨："像这样广泛的条件，很难用其进行交涉。"④这一条"另行规定"的要求，还为日本随时提出新要求做好了准备。这让对汪交涉者极为为难。13 日，铃木贞一将条件传达给影佐祯昭等"大使随员团"成员，影佐当即表示"对第五条难以接受"，"关于协议书(注：日汪密约)，事实上对于中国方面

① 興亜院会議決定「条約体系概案」、1940 年 6 月 12 日、「JACAR(アジア歴史資料センター)Ref. B04013470700、日華基本条約及日満華共同宣言関係一件(阿部特派大使派遣関係ヲ含ム)第十二巻(B-1-0-0-J/C3_010)(外務省外交史料館)」

② 興亜院会議決定「日支間ノ新国交修復ニ関スル条約要綱(案)」、1940 年 6 月 12 日、「JACAR(アジア歴史資料センター)Ref. B04013470700、日華基本条約及日満華共同宣言関係一件(阿部特派大使派遣関係ヲ含ム)第十二巻(B-1-0-0-J/C3_010)(外務省外交史料館)」

③ 「六月十二日興亜院会議議事覚」、1940 年 6 月 12 日、外務省『日本外交文書・日中戦争第二冊』、1104 頁。

④ 「六月十二日興亜院会議議事覚」、1940 年 6 月 12 日、外務省『日本外交文書・日中戦争第二冊』、1104 頁。

来说,也有很多希望减轻的规定,因此在交涉之前,先把协议书中
的内容确定下来,不能说这样有利于汪方","否则,不能把协议书
的既定条件确定下来,提出的条件是一种'没有了,还有吧'的态
度",这样不利于对汪交涉。①

在影佐等人的交涉下,当天兴亚院方面与之达成谅解,确定
"除非万不得已,否则按照事先已经确定的协议书的方向(注:日汪
密约)来交涉","避免在未来偏离协议规定的方向,防止有耶无耶
态度的影响"。②

6月15日,兴亚院在与影佐等人讨论确定对汪谈判方针后,以
训令的方式下达给阿部信行:"根据上述随员(注:影佐等人)与中
央当局进行了坦诚协议的结果,(兴亚院)发出了关于条约内容的
第一号训令。"③

这一训令强调,当下处于战时、战场,因此对汪方的条件不可
过度缓和。训令表示:"新条约在帝国同支那抗日势力继续大规
模战争的情况下,以我方占领地内成立的新政府为对手缔结……
因此在制订条约之际,除了要考虑到对事变的善后处理,作为今
后长时间内的中日关系规准,还要同时对内振作国民士气,加强
国民团结,一致完成事变,对外,要把握中国人心,促进事变的解
决,同时向第三国展示帝国实行国策的坚决决心,以及其具体的

---

① 「六月十三日随員団二説明ノ為ノ議事覚」、1940年6月13日、外務省『日本外交文
　　書・日中戦争第二冊』、1106頁。

② 「六月十三日興亜院二於ケル訓令内容ノ説明二際シ打合上京中大使随員二与ヘラ
　　レタル諒解」、1940年6月13日、外務省『日本外交文書・日中戦争第二冊』、
　　1110頁。

③ 阿部信行「日支条約締結二関スル報告書」、1940年12月、「JACAR(アジア歴史資料
　　センター)Ref.B04013470700、日華基本条約及日満華共同宣言関係一件(阿部特派
　　大使派遣関係ヲ含ム)第十二巻(B-1-0-0-J/C3_010)(外務省外交史料館)」

界限……对于我方而言，承认新政府，缔结新条约，不但不能累及、拘束我方战争行为，而且要让新政府为解决事变而密切配合我方。"①

在兴亚院确定交涉条件的同时，汪精卫集团仍寄希望于通过交涉，减轻日汪密约中的条件，挽回"高陶事件"对自身政治形象的影响，加强自身权力。5 月末，陈公博作为答礼使节赴日之际提出，"新政府"的统治面临着重重危机，包括"迟迟不开始调整国交交涉导致人心不安""以华北政务委员会为中心，华北出现了独立的倾向""新政府治下仍然物价高腾""交通课税影响物资流通"，并提出"重庆工作"不应将汪精卫集团排除在外等。② 为此，陈公博对日方提出"避免由帝国独自进行重庆工作，并希望能够缓和华北和蒙疆地区在政治上的特殊性"。③

对于汪精卫集团的要求，日本当局不以为然，认为"新政府在当下，不将活动的重点置于分化削弱重庆政权上，却着眼于限制帝国的行动，乃至缓和（帝国的）要求，从而提高自己的政治力量"。为此，日本当局"要让新政府之人明确认识到，现在仍然在进行着大规模的战争，要解决事变，只能依存帝国的战果"④，向汪伪政府施压。

汪精卫集团的要求，遭到了日本当局的压制，汪精卫集团却无法

① 興亜院決定「大使二対スル訓令」、1940 年 6 月 12 日、「JACAR（アジア歴史資料センター）Ref. B04013470700、日華基本条約及日満華共同宣言関係一件（阿部特派大使派遣関係ヲ含ム）第十二巻（B-1-0-0-J/C3_010）（外務省外交史料館）」

② 「有田外相と陳公博立法院長との会談要旨」、1940 年 5 月 25 日、外務省『日本外交文書・日中戦争第二冊』、1086 頁。

③ 「新中央政府ノ動向ト之カ指導二関スル件」、1940 年 6 月 18 日、外務省『日本外交文書・日中戦争第二冊』、1112 頁。

④ 「新中央政府ノ動向ト之カ指導二関スル件」、1940 年 6 月 18 日、外務省『日本外交文書・日中戦争第二冊』、1112 頁。

反对。不同于日汪密约的交涉,此时汪伪政府已经成立,汪精卫集团没有了"不组织政府"的退路。汪伪政府的自存自立,尚要依靠日军扶植,对于周佛海等汪精卫集团要人而言,"日本不能支持,自动撤兵"的可能性,"令人忧心不已也"。① 这样一来,汪伪政府与作为其幕后操纵者的日本当局的交涉,折冲能力与谈判筹码极为缺乏。

根据兴亚院确定的方针,"提案内容如以下内容为基准决定:1. 1938 年 11 月 30 日御前会议决定;2. 1938 年 12 月 22 日内阁总理大臣谈(所谓近卫声明);3. 1939 年 12 月 30 日上海签署的《中日新关系调整相关协议书类》。"②

阿部信行"决定提案内容之际,主要考虑了如下目标:1. 利于确保事变的成果;2. 确定中日间新关系的恒久基准;3. 利于发展和强化新国民政府;4. 利于重庆政权的溃灭;5. 将对第三国的关系导向有利方面。"③

这样的几个目标,固然基本上覆盖了日本的侵略要求,但这也是一份天真而不现实的清单,它追求对日本而言两全其美的结果,却无异于纸上谈兵,难以实现。要"确保事变的成果",将苛刻条件加在中国头上,只会强化抗战阵营,不可能"利于发展和强化新国民政府",也不可能"利于重庆政权的溃灭",而日本展示的独霸中国的企图,当然也不会"将对第三国的关系导

---

① 周佛海著,蔡德金编注:《周佛海日记全编》(上编),第 299 页。

② 阿部信行「日支条約締結二関スル報告書」、1940 年 12 月、「JACAR(アジア歴史資料センター)Ref. B04013470700、日華基本条約及日満華共同宣言関係一件(阿部特派大使派遣関係ヲ含ム)第十二巻(B-1-0-0-J/C3_010)(外務省外交史料館)」

③ 阿部信行「日支条約締結二関スル報告書」、1940 年 12 月、「JACAR(アジア歴史資料センター)Ref. B04013470700、日華基本条約及日満華共同宣言関係一件(阿部特派大使派遣関係ヲ含ム)第十二巻(B-1-0-0-J/C3_010)(外務省外交史料館)」

向有利方面"，这样一来，要"确定中日间新关系的恒久基准"，也是不可能的。

　　阿部本人也在报告书中对此评价道："以上目标并不一定都能并存，各目标是互相矛盾的"，"要决定我方提案，颇为困难"。[①] 但正是本着上述目标，日本方面"在六月底，决定了交涉要领"。[②]

　　根据日本的计划，围绕日本所需要的确认的战争利益，条约体系分为以下内容：

　　第一部分是公开的基本条约内容：

　　1. 关于善邻友好原则相关文件，包括全方面友好互助敦睦条款，废绝破坏友谊事项条款。

　　2. 关于"共同防共"原则之件，包括普遍的"共同防共"，清除共产党分子、情报宣传等，日本为"共同防共"进行驻军。

　　3. 关于经济提携的原则之件。包括普遍的经济提携，和资源的开发利用、通商贸易、产业金融交通等，以及在"蒙疆"、华北、长江下游地区的经济合作等。

　　4. 关于撤销治外法权，返还租界和开放内地之件。

　　5. 关于恢复和平后相关的军事措施之件。

　　6. 关于继承并调整既定事实和特殊事态的存在和整理之件。

　　第二部分则是相关的秘密附属协定：

　　1. 关于"外交"提携之件。

---

① 阿部信行「日支条約締結二関スル報告書」、1940 年 12 月、「JACAR(アジア歴史資料センター)Ref. B04013470700、日華基本条約及日満華共同宣言関係一件(阿部特派大使派遣関係ヲ含ム)第十二巻(B-1-0-0-J/C3_010)(外務省外交史料館)」

② 阿部信行「日支条約締結二関スル報告書」、1940 年 12 月、「JACAR(アジア歴史資料センター)Ref. B04013470700、日華基本条約及日満華共同宣言関係一件(阿部特派大使派遣関係ヲ含ム)第十二巻(B-1-0-0-J/C3_010)(外務省外交史料館)」

2. 关于治安驻军之件。

3. 关于舰艇部队驻留及华南沿岸岛屿海军合作相关之件。

4. 关于"满洲国"相关之件。

第三部分,是关于附属交换秘密公文,确认协议书类相关之件。①

1940 年 7 月 5 日,日汪在南京伪府内的宁远楼进行第一次谈判。日方在交涉开始,即要求汪方确认"协议书类"(日汪密约)的整体内容。日方表示,"我方根本的见解为:1. 所谓近卫声明作为两国国交调整的基本观念;2. 本次交涉希望以去年末签订的《关于中日新关系调整的协议书类》为实质基础,在继续战争行为的背景下,本次缔结的条约有其特殊性"。②

在本次交涉中,汪方顺从日方要求,不仅在"交涉的本质""根本见解"上与日方保持一致,在具体交涉中,"中日两国交涉委员鉴于本次条约缔结的应有之义,互相都有着深刻的同情和理解,虚心坦怀进行折冲"。③

7 月 6 日,日汪第二次会谈开始。日方提出包括 16 项条目的《日本方面提案要项》,同时提出《基本条约要纲案》,并说明基本条约着眼于未来中日间恒久的关系,确定了基本的、原则性的内容,而过渡性、临时性的重要事项置于附属议定书之内,此外不方便公

---

① 阿部信行「日支条約締結ニ関スル報告書」、1940 年 12 月、「JACAR(アジア歴史資料センター)Ref. B04013470700、日華基本条約及日満華共同宣言関係一件(阿部特派大使派遣関係ヲ含ム)第十二卷(B‐1‐0‐0‐J/C3_010)(外務省外交史料館)」

② 阿部信行「日支条約締結ニ関スル報告書」、1940 年 12 月、「JACAR(アジア歴史資料センター)Ref. B04013470700、日華基本条約及日満華共同宣言関係一件(阿部特派大使派遣関係ヲ含ム)第十二卷(B‐1‐0‐0‐J/C3_010)(外務省外交史料館)」

③ 阿部信行「日支条約締結ニ関スル報告書」、1940 年 12 月、「JACAR(アジア歴史資料センター)Ref. B04013470700、日華基本条約及日満華共同宣言関係一件(阿部特派大使派遣関係ヲ含ム)第十二卷(B‐1‐0‐0‐J/C3_010)(外務省外交史料館)」

开发表的重要事项置于附属秘密协定之内,汪方表示将对内容仔细研究。① 由此可见在谈判过程中,日本当局把谈判的条约内容分为 3 部分,第一部分着眼于宏观的、宣传的,无非是些空谈中日友好提携之类的宣传用语,与实际的侵略利益相关性不高,这一部分自然不会引起双方太多的争论。第二部分着眼于日本在战时所需求的相关利益,所谓临时性、过渡性利益,说明日本亦自觉其内容与所谓中日友好的第一部分相矛盾,故而强调过渡,但既然为过渡,其期限若何,将成为讨论的话题。第三部分既然为秘密条约,日本认为不可公开,自然与其侵略利益直接相关。事实上,第二、三部分也是双方讨论的重点。

　　7 月 9 日,日汪举行第三次会谈,7 月 15 日,举行第四次。此后,于 7 月 19 日、7 月 22 日、7 月 26 日、7 月 31 日,分别举行了第五、六、七、八次正式会议,其间还频繁举行了非正式会议。在第三次会议上,日本提出的"基本条约前言(东亚新秩序建设的共同目标相关之件)、基本条约第一条(尊重主权及领土与善邻友好互助敦睦相关之件、彻底禁绝破坏友谊之措施及其原因相关之件),基本条约第二条(文化协力相关之件),及基本条约第三条第一项及第二项(关于共同防共之件)"等,这些宏观上的宣传用语,自然不会引发太多争论,双方当场妥结通过。②

　　第四次会议上,日汪双方开始进入具体问题的讨论,日方于本

① 阿部信行「日支条約締結二関スル報告書」、1940 年 12 月、「JACAR(アジア歴史資料
　センター)Ref. B04013470700、日華基本条約及日満華共同宣言関係一件(阿部特派
　大使派遣関係ヲ含ム)第十二巻(B-1-0-0-J/C3_010)(外務省外交史料館)」
② 阿部信行「日支条約締結二関スル報告書」、1940 年 12 月、「JACAR(アジア歴史資料
　センター)Ref. B04013470700、日華基本条約及日満華共同宣言関係一件(阿部特派
　大使派遣関係ヲ含ム)第十二巻(B-1-0-0-J/C3_010)(外務省外交史料館)」

次谈判中提出了附属议定书要纲案。在第五次会议上,就"附属议定书中的第四条(日本国臣民蒙受的权利和利益的损失补偿,和对中华民国难民的救济的相关之件)的规定意见达成一致"。到了第七次会议上,则对基本条约第六条第一项(普遍经济提携相关之件)与第三项(利用资源相关之件),第四项(振兴通商及供给物资的合理化相关之项),第五项(产业、金融、交通、通信等的复兴与发达的协力相关之件),及基本条约第七条(返还租界及撤销治外法权及开放内地之件)达成妥结。① 从内容来看,除了不设具体期限的返还租界与撤销治外法权,多数条款为经济相关条款,日汪间虽有争论,但仍然在较短时间内达成共识,可见经济也并不是日汪间具有重大分歧的内容。

日汪间谈判主要的讨论点在于军事政治方面,日军强调多项不平等侵略措施在于过渡,将之与第一部分的中日原则性问题相分开,但既然是过渡,自然当有过渡之时间。围绕过渡事项应如何确定范围期限问题,日汪双方并未立即达成共识。双方分歧主要集中在"防共驻兵的期限(基本条约第三条第三项),协力开发资源的范围(基本条约第六条第二项),为完成战争目的所进行的合作(议定书第一条),继承既有政权所办事项(议定书第二条),日本国军队之撤军(议定书第三条)等各方面","相关讨论进入到八月"。②

---

① 阿部信行「日支条約締結二関スル報告書」、1940年12月、「JACAR(アジア歴史資料センター)Ref. B04013470700、日華基本条約及日満華共同宣言関係一件(阿部特派大使派遣関係ヲ含ム)第十二巻(B-1-0-0-J/C3_010)(外務省外交史料館)」

② 阿部信行「日支条約締結二関スル報告書」、1940年12月、「JACAR(アジア歴史資料センター)Ref. B04013470700、日華基本条約及日満華共同宣言関係一件(阿部特派大使派遣関係ヲ含ム)第十二巻(B-1-0-0-J/C3_010)(外務省外交史料館)」

　　在日汪间进行磋商的同时,日本中央再次要求条约须对各项侵略利益加以确认。7 月 26 日,兴亚院会议通过了新的对阿部的训令,表示根据得知谈判基本情况的基础上,要对下列各点重点处理:

　　一、关于日本海军在沿岸驻军的问题。在日本当局给阿部信行的初步条件中,所谓的基本条约的第五条提出"在两国间恢复和平后,日本国军队除了根据约定进行驻军,即行撤军,随着确立治安的两年之后完成撤离工作,中华民国在此期间内保障治安之确立"。① 原本日本驻军问题,就是日汪间争议的关键问题之一,日本所谓确立治安两年之内完成撤军,而非在签约后二年内完成撤军,但治安是否得以确立,是一个主观的由日本可自由认定的标准,这就留下了日本在中国各要地长期驻军的空间。而对此条提出不满的是日本海军,理由是海军的利益没有得到体现,于是在给阿部信行新的训令中,表示:"在长江沿岸特定地点和华南沿岸特定岛屿及相关地点,驻留我方舰船部队,原本就是政府要求的永久的权益,且包含针对第三国的中日军事协力,就此事在之前的《关于中日间新国交修复的条约要纲》第二条已有决定。但至今的交涉过程中甚为混乱,因此为了达成该目的,需要在提出的《基本条约要纲案》第五条加上:中华民国政府允认基于历来之惯例,及为确保两国共通利益,在所要期间内,依据两国间另行议定,日本国得驻留其舰船部队于在扬子江沿岸特定地点和华南沿岸特定岛屿及相关地

---

① 阿部信行「日支条約締結二関スル報告書」、1940 年 12 月、「JACAR(アジア歴史資料センター)Ref. B04013470700、日華基本条約及日満華共同宣言関係一件(阿部特派大使派遣関係ヲ含ム)第十二巻(B‐1‐0‐0‐J/C3_010)(外務省外交史料館)」

点,中日两国在军事上紧密协力。"①

　　二、在驻军之外的问题,该训令要求在基本条约条款之外,明确表现以下内容:

　　1. 以互惠为基调的普遍提携。

　　2. 在华北、"蒙疆"进行国防和经济上的中日合作,尤其在"蒙疆"地区划定防共特殊地区。

　　3. 在长江下游地区的经济合作。

　　4. 在华南沿岸特定岛屿的军事提携。②

　　对汪伪政府而言,"高陶事件"暴露日汪密约,使国人得知汪精卫集团卖国条约,这对汪伪政府的合法性和发展空间造成重创。汪精卫对外解释此仅为草案,自会交涉更改,而今在日本政府准备正式谈判之际,汪伪政府所谓提振士气,自然希望能宽缓条件。但日本当局并未给其机会,相反认为日汪密约既然已经约定的事项,那么不过走流程确认即可。据阿部信行的报告,"本次交涉妥协最困难的主要内容包括:防共驻兵、协助维持治安、驻留舰船部队、开放利用资源、战争持续中的特殊事态、既成政权办理的事项、日军撤军等事。虽然前一年签订的《关于中日新关系调整的协议书类》已经解决了这些问题,但本次交涉是国家间的正式约定,就上述事项在时间、地域上具体范围的问题,上述事项的表现方法等,引发了两国交涉委员间深刻的论争,这也是不可避

---

① 阿部信行「日支条約締結二関スル報告書」、1940 年 12 月、「JACAR(アジア歴史資料センター)Ref. B04013470700、日華基本条約及日満華共同宣言関係一件(阿部特派大使派遣関係ヲ含ム)第十二巻(B-1-0-0-J/C3_010)(外務省外交史料館)」

② 阿部信行「日支条約締結二関スル報告書」、1940 年 12 月、「JACAR(アジア歴史資料センター)Ref. B04013470700、日華基本条約及日満華共同宣言関係一件(阿部特派大使派遣関係ヲ含ム)第十二巻(B-1-0-0-J/C3_010)(外務省外交史料館)」

免的”,“八月初旬到中旬期间是本次交涉最大难关,双方陷入胶着,各自固守自己的主张毫不让步,恰逢南京酷暑猛烈,中日双方交涉者均苦心异常”。①

要注意的是,日汪之间的争论纠葛,不过是其就各自具体利益的讨价还价,其主从关系、利益相通不会因此条约发生变化。如阿部信行所观察的:“从持续二个月的日华条约交涉的过程来看,首先要注意到本次交涉就本质问题,双方的根本见解是一致的,且在交涉期间,中日两国交涉委员根据缔结本次条约之初心,经常对对方抱有深刻的同情和理解,从而虚心坦诚地相互折冲,虽然交涉中部分阶段出现了胶着的难关,但仍然没有停下妥结的脚步,毕竟从条约重要性来看,需要长时间磨合也是理所应当的。”②从日汪双方的利益角度来看,阿部信行此番言论也未必只是相互客气的套话,对汪伪政府来说,自己是日本的仆从政府,对日本的“理解”自是其成立之本分。而日本虽然确认自己在华侵略权益,但是汪伪政府久无实力,不得人心,也对日本的战争利益不利,因此日本自然也会“理解”汪伪政府要求宽缓条件,从而收买人心,增强自身实力的需求。

阿部信行总结认为,在日汪谈判中,双方各自围绕两个基本要求展开论证:“就日华双方立场来说,我方从无赔偿无割让的宽大的态度入手,但是也有两个要求,第一是在战争继续的客观情

① 阿部信行「日支条約締結二関スル報告書」、1940 年 12 月、「JACAR(アジア歴史資料センター)Ref. B04013470700、日華基本条約及日満華共同宣言関係一件(阿部特派大使派遣関係ヲ含ム)第十二巻(B-1-0-0-J/C3_010)(外務省外交史料館)」

② 阿部信行「日支条約締結二関スル報告書」、1940 年 12 月、「JACAR(アジア歴史資料センター)Ref. B04013470700、日華基本条約及日満華共同宣言関係一件(阿部特派大使派遣関係ヲ含ム)第十二巻(B-1-0-0-J/C3_010)(外務省外交史料館)」

况下,我方需要完成战争目的,对此绝对不让的要求,第二就是建设东亚新秩序,我方为建设这一秩序所必须确保的军事和经济手段。相对于我方立场,中国方面第一要求以尊重中国主权独立为绝对的条件,第二中日间的提携协力一定要到平等互惠的地步,要考虑中国民众普遍的立场,也要考虑促使重庆政府反省,所以这次新政府方面当然会围绕上述要求提出主张。但与我方考虑实际的主张不同,对方的主张总是围绕在形式上、面子上的内容,换句话说我方求实质,对方则沉湎于要面子,这也是本次交涉双方对立的最大原因。"①正如上述所言,条约结果关系到汪伪政府对外说辞,为收揽人心,摘掉头上汉奸傀儡的帽子,汪伪政权急切于从对日条约中扳回一城,相较于对实际国家利益的争取,更在意于日本当局能否在条约文本上对其做出形式让步,从而便于对外宣传。既然日本重实际侵略利益,汪伪政府重面子,那么日本如果在条约文本上做出让步,以促进对外宣传与自身控制的傀儡政权的强化,同时攫取实际侵略利益,是对其侵略效益最大化的选择,在后来日本出台的"对华新政策"中,也体现出日本从这一角度的考量。然而在此时,日本对汪态度强硬,甚至在形式上亦不愿做出让步。

在这次条约谈判中,阿部信行注意到,"世人往往把新政府当作是帝国的傀儡,如果单方面地只顾实现我方要求,不仅自欺欺人,而且会让外国和中国对帝国失去信赖",因此阿部信行建议,"在不影响我方作战的情况下,尽量最大限度地给予新政府积极活

---

① 阿部信行「日支条約締結二関スル報告書」、1940年12月、「JACAR(アジア歴史資料センター)Ref. B04013470700、日華基本条約及日満華共同宣言関係一件(阿部特派大使派遣関係ヲ含ム)第十二巻(B-1-0-0-J/C3_010)(外務省外交史料館)」

动的机会"。①

　　但日本当局认为,汪伪政府对苛刻条件的反弹,是"无视事实"的做法:"新中央政府的对日真意,以汪精卫为首的首要干部,对反共亲日相当热心,但一般干部不了解日本真意,把利用恢复利权当作获取民心的唯一手段,完全无视现阶段的事实,非难日本政策的,不在少数。"②汪伪政府原本就被日本当作代理人政府,在日汪交涉中,日本却担忧其通过从日方手里争取权益,来"提高自己的政治力量",这样顽固执着于自身利益的做法,自欺欺人,也注定了汪伪政府在未来的命运。

　　日汪谈判中还有一个重要的问题便是对伪满的承认问题。日方认为,"本次事变实际系满洲事变之继续,帝国不解决满洲国问题的情况下,是无法解决本次事变的。而另一方面,中国方面向来视为满洲国的独立,是中国国土的丧失,因此中国利用收复国土为名来宣扬抗日意识,这也是爆发事变的直接动因,如今重庆政权仍然在鼓吹收复国土,从此角度来看新国民政府决定承认满洲国的态度可谓一大英明决断"。③ 承认伪满洲国,无疑进一步坐实汪伪政府卖国本质,因此汪伪政府在此事上态度消极,日本要求提出正式承认之际,周佛海表示个人建议以形成交换

① 阿部信行「日支条約締結二関スル報告書」、1940 年 12 月、「JACAR(アジア歴史資料センター)Ref. B04013470700、日華基本条約及日満華共同宣言関係一件(阿部特派大使派遣関係ヲ含ム)第十二巻(B-1-0-0-J/C3_010)(外務省外交史料館)」

② 「枢密院本会議二於ケル内閣総理大臣説明(案)」、1940 年 11 月、「JACAR(アジア歴史資料センター)Ref. B04013465400、日華基本条約及日満華共同宣言関係一件(阿部特派大使派遣関係ヲ含ム)第六巻(B-1-0-0-J/C3_003)(外務省外交史料館)」

③ 阿部信行「日支条約締結二関スル報告書」、1940 年 12 月、「JACAR(アジア歴史資料センター)Ref. B04013470700、日華基本条約及日満華共同宣言関係一件(阿部特派大使派遣関係ヲ含ム)第十二巻(B-1-0-0-J/C3_010)(外務省外交史料館)」

公文为宜,低调处理。但日方不以为然,对此汪伪政府便再无主动回应,日方认为"此事是不能放置的",遂于谈判中途提出了"提出我方制订的三国共同宣言要纲案",要求汪伪政府接受。汪伪政府原已在日汪密约中应承此事,加之其仆从身份,自然在这一关键问题上无还价余地,但"从体面上考虑,希望在日华条约署名后,至少也是第二天再发表","宣言发表人与条约署名人非同一人",从而希望将承认伪满这一卖国行径与其签署的日汪条约曲隔开,减少其卖国条约的色彩。但日本则对汪伪政权的所谓面子问题都毫不让步,要求同日进行,且签署人为同一人。[①]

在进行一系列的讨论后,8 月 31 日,日汪双方达成协议,妥结条约,9 月 21 日,兴亚院再次提出修正意见,最终在 10 月 1 日,双方敲定了条约内容。[②]

第二节　拖延"承认"汪伪政权

(一) 拖延"承认"汪伪政权的原因

1940 年 1 月 16 日,执政仅 4 个月的首相阿部信行辞职,由米内光政接任首相。米内光政在施政演说中强调,就"处理中国事变"一事,主要"按照既定方针,全方面支援中国新中央政府的成立

---

① 阿部信行「日支条約締結二関スル報告書」、1940 年 12 月、「JACAR(アジア歴史資料センター)Ref. B04013470700、日華基本条約及日満華共同宣言関係一件(阿部特派大使派遣関係ヲ含ム)第十二巻(B-1-0-0-J/C3_010)(外務省外交史料館)」
② 「条約妥結に関する阿部大使の報告」、1940 年 10 月 2 日、外務省『日本外交文書・日中戦争第二冊』、1129 頁。

和发展"①,"处理中国事变,要保持帝国已决定的根本方针稳固不动摇",对"汪精卫为中心的新中央政府,提供全方位的支持和协助"。②

相对应地,米内"确定不会以重庆政权为对手"。③ 中国派遣军更是表示,对"蒋介石要和日本进行直接谈判的传闻","这不过是中国方面的流言而已,一方面为了试探日本态度,一方面试图反间破坏汪精卫中央政权的成立工作","帝国绝对不会以蒋介石为对手讨论和平,而是会全力支持汪精卫的和平救国运动"。④

然而,准备正式成立的汪伪政府,其实力和发展前景,显然是无法完成日本"处理中国事变"的目标的。 日本舆论公开承认,"汪兆铭等的势力,不具有现实的经济、军事两大政治力量,其组织也微小,从地域和数量来说,都十分微小"。⑤ "以汪氏为中心的新政权或者联合政府,估计离开我军支援,就无法成立"。⑥ 从经济、军事这两个日军进行持久战所最重要的方面来看,汪伪政府孱弱无力,甚至无法自立,更无从说协助日本从侵华战争中脱身。

从经济方面来看,汪伪政府入不敷出,财政紧张。汪伪政府成

---

① 「けふ興亜院会議、新政権支援策協議」、『東京朝日新聞』朝刊、1940 年 1 月 19 日、2 面。

② 选自米内光政与 1940 年 2 月 1 日所做的施政演说,日本外交協会编纂「昭和十五年の国際形勢」、1940 年、日本外交協会发行、6 頁。

③ 日本外交協会编纂「昭和十五年の国際形勢」、1940 年、日本外交協会发行、9 頁。

④ 「支那派遣軍報道部長談」、1939 年 10 月 12 日、「JACAR(アジア歴史資料センター) Ref. C12120062600、支那事変戦争指導関係綴其の3 昭和 14 年 3 月～昭和 16 年 6 月 (防衛省防衛研究所)」

⑤ 田中香苗「汪政権問題と日本」、『外交時報』、1940 年 2 月 1 日、63、64 頁。

⑥ 篠田治策「宣戦布告と交戦権の発動」、『外交時報』、1939 年 10 月 1 日、49 頁。

立之前的 1939 年,日本兴亚院决定自存在横滨正金银行内的中国
关余中,拨出不超过 1800 万元,用作其后 6 个月之内汪伪集团的经
费,为保密计,名义上为日本方面使用。① 汪精卫集团抵沪以后的
经费便来源于此,但是数额有限,且日军也时常出以延阻。② 8 月,
汪精卫集团关于未来政府的财政来源,向日方提出了 3 项要求:
(一) 未来退回关余,并将每月关税交予汪伪政府,在汪伪政府成立
前,自正金银行的关余之下,借支 4000 万充作伪政府运用;(二)
"苏浙皖三省统税局,系独立组织,不属维新政府",未来应将之划
归汪伪政府所有;(三) 盐税"毫无收入","华中有所谓通源公司,系
日人经办之食盐运销机构,几不纳税",此种情况亦应设法改变。
"以上三点,如不办到,则中央政府即不能成立"。③ 对于汪伪集团
的请求,日方回应表示,提供汪方所要求的借款,前提是"将来新中
央政府成立后正式调整日支邦交之准则,即日支新关系调整之原
则及其他过渡的办法,能得到确约时";而对关税、统税、盐税,则同
意在汪伪政府成立后加以交还。④

汪伪政府成立之后,日汪之间达成如下谅解:"在中华民国之
各种征税机关,目前因军事上的需要处于特殊状态,故基于尊重中
华民国财政独立之宗旨,速予谋求调整。"日军逐步将控制下的征
税机关归还了汪伪政府。⑤ 根据周佛海最初编列的财政预算,收入
部分为华北关税 200 万元,江海关与华南关税合计为 650 万元,统

① 「救国反共同盟会ノ所要経費二関スル件」、1939 年 4 月 1 日、外务省『日本外交文
　書·日中戦争(二)』、1362—1363 頁。
② 朱子家:《汪政权的开场与收场》第 1 册,第 114—116 页。
③ 中央档案馆等编:《日本帝国主义侵华档案资料选编——汪伪政权》,第 745 页。
④ 中央档案馆等编:《日本帝国主义侵华档案资料选编——汪伪政权》,第 746 页。
⑤ 中央档案馆等编:《日本帝国主义侵华档案资料选编——汪伪政权》,第 796—797 页。

税 550 万元,盐税 200 万元,华北盐税 50 万元,武汉各项税收可解缴 150 万元,合共 1800 万元。① 可以看出,关税、统税、盐税,是汪伪政府财政收入的主要部分。在财政支出中,主要包括"国务"费、内务费、"外交"费、财务费、军务费、实业费、交通费、教育文化费、司法费、事业费、抚恤费、总预备费以及地方补助费等。② 汪伪政府正式成立之前,周佛海编制的支出预算以"维新政府"支出为基础,为 1800 万元,汪伪政府建立后,机构增多,追加 150 万元,另有事业费 500 万元,军事费 500 万元,国民党党费 60 万元,预备费 50 万元,合计为 2510 万元,收支两抵,不敷约 700 余万元。③

从汪伪政府的军事力量来看,其同样缺乏支撑统治的核心主力,军队构成主要是接收原伪政权短时间内拼凑组织的伪军部队,及收编的部分杂牌军。根据 1939 年 12 月 30 日缔结的日汪密约,日本"现驻华北及长江下游之军队,当继续驻屯至治安确立时为止","中国在日本驻屯区域内之警察队及军队等武装团体之配置,及军事设施,暂时以治安及国防上必要之最少程度为限"。④ 因此汪伪政权成立初期,并没有大规模招募部队,而由于自身没有军队,只能通过收编各部伪军,建立起自身的军事基础。其所依靠的军队,依然只是原来维新政府任援道的绥靖军,以及一些拼凑的警卫旅和宪兵大队。⑤ 这些部队主要包括

---

① 朱子家:《汪政权的开场与收场》第 1 册,第 114—116 页。

② 潘健:《汪伪政权财政研究》,北京:中国社会科学出版社 2009 年版,第 30—31 页。

③ 朱子家:《汪政权的开场与收场》第 1 册,第 114—116 页。

④ 《日汪密约全文》(1939 年 12 月 30 日),中央档案馆等编:《日本帝国主义侵华档案资料选编——汪伪政权》,北京:中华书局 2004 年版,第 558—559 页。

⑤ 胡幼植、傅大兴:《汪伪政权"建军"拾零》,全国政协文史资料研究委员会编:《文史资料选辑》第 99 辑,北京:文史资料出版社 1984 年版,第 177 页。

以下部分：

1. 伪中华民国维新政府绥靖部部长任援道在华东组成的伪绥靖军,辖有 7 师 3 旅 2 独立团和 1 个支队。第一师师长徐朴诚,率部 3000 余人,驻杭州附近;第二师师长徐风藻,率部 2000 余人,驻苏常铁路沿线;第三师师长龚国樑,率部 2000 余人,驻合肥附近;第五师师长程万军,率部五六千人,驻吴兴;第六师师长沈席儒,率部八九百人;第七师师长王占林,率部四五千人,驻合肥附近;独立第八旅旅长沈玉朝,所部驻南通;独立第九旅旅长陈炎生,教导旅旅长任组萱,两部均驻南京;独立第十团团长杨英,驻芜湖;独立第十一团团长刘迈,驻安庆。① 至 1939 年,日伪在苏浙皖 3 省伪维新政府的主要兵源为收编之土匪、游击队、散兵、民团等,合计有44135 人:"一部分编为地方性之伪警察队、自卫队,一部补充敌军,更有一部实施严格之训练,准备作为敌军之补充,其余编为伪绥靖军。"②

至 1939 年,伪绥靖军分为 5 区:第一区驻于蚌埠之江浦,人数约 900 人,司令为沈席珍(注:似应为"沈席儒");第二区驻苏州,人数约 8130 人,司令为龚国樑;第三区驻吴江太湖沿岸,人数约 7600 人,司令为程万军,第四区驻常熟上海至无锡公路区,人数约 2360 人,司令为许凤藻;第五区驻扬州及南京附近各县,人数约 2670 人,司令为熊育衡。此外,还有南京伪军校,约 240 人;南京伪绥靖军训练所,人数约 300 人;以上合计约

---

① 蔡德金:《历史的怪胎——汪精卫国民政府》,桂林:广西师范大学出版社 1993 年版,第 193—194 页。

②《东南伪军概况》(1939 年),秦孝仪主编:《中华民国重要史料初编——对日抗战时期》第六编"傀儡组织"(四),台北:中国国民党"中央委员会党史委员会"1981 年版,第 1426—1427 页。

22200 人。① 此外,还有白玉堂、常玉清、何平林等部及福建平潭余作喤为总司令的所谓福建民军。②

2. 日军驻湖北部队在华中收编组成的伪皇协军 3 部:汪步青部,驻城陵矶,1 万余人;李宝琏部,驻随州,1200 余人;张启黄部,驻信阳,五六百人;部众多为地方团队与国民党军溃兵。③ 李宝链部及张启黄部后不断扩容,在 1940 年接受汪伪政府派遣叶蓬点收之际,已分别扩充至五六千及四五千人,分别编为第十一、十二师。④

3. 日军在华中扶植的"黄卫军"。该部由日本华中派遣军指挥,熊剑东任军长,邹平凡任参谋长,系湖北伪军中实力较强者。⑤ 所部 1400 余人,编为 3 团,驻防湖北监利骡山,后有所扩充。汪伪国民政府成立后,一直到 1942 年 8 月前,日军并未将该部交给汪伪收编,该部仍自办军校,自成一体。汪伪政权改编后,"黄卫军"的一部,改编为汪伪陆军第二十九师,邹平凡任师长,留驻武汉;另一部 3000 余人,由熊剑东率领转到上海,为周佛海编入伪税警总团。⑥

4. 在华南,曹辉林、李辅群领导伪和平救国军第三路、第四路,

---

① 《东南伪军概况》(1939 年),秦孝仪主编:《中华民国重要史料初编——对日抗战时期》第六编"傀儡组织"(四),第 1426—1427 页。

② 《伪军现况与策动伪军反正问题》,秦孝仪主编:《中华民国重要史料初编——对日抗战时期》第六编"傀儡组织"(四),第 1467—1468 页。

③ 徐向宸等:《汪伪军事组织和伪军的变迁》,转引自余子道等:《汪伪政权全史》,第 614 页。

④ 蓝香山:《我所知道的汉奸叶蓬》,全国政协文史资料研究委员会编:《文史资料存稿选编——日伪政权》,北京:中国文史出版社 2002 年版,第 913 页。

⑤ 张世模:《沦陷时期的湖北伪政权》,全国政协文史资料研究委员会编:《文史资料存稿选编——日伪政权》,第 913 页。

⑥ 朱绍文:《汉奸熊剑东和黄卫军》,转引自余子道等:《汪伪政权全史》,第 614—615 页。

驻广东番禺和市桥,分别为 1700 余人及 2000 余人;伪和平救国军第一集团军,由黄大伟领导,驻汕头、湖安一带;伪复兴军,以郎擎天为司令,约千人,驻广州;伪和平救国军,以吕春荣为总司令,辖 5个团 1 个特务总队,约 6000 人,驻中山县;伪华南军,以马千里为司令官,辖 2 个团,约千人等。另有负责训练伪广州军警干部的伪广东军警教练所,以郭为民为所长。以上伪军均由日本华南派遣军支配和指挥,经费则自筹自给。①

除了以上伪军,伪维新政府还在各地整编自卫团,人数约 5800人,以及设置伪警察,人数约 4370 人。② 伪维新政府还编订了庞大的编练伪军计划,预备最终设伪军 300 万人,并拟于 1939 年内获得"防共青年"团员 125 万人。③

综上汪伪政府的财政与军事实力来看,其要维持自身在占领区的统治已属困难,更不要说是减轻日军负担,协助日本从中国脱身了。

汪伪政府实力衰弱,日本的整体国力也因为侵华战争的消耗,急剧陷入困境。"从昭和十四(1939)年秋,到昭和十五(1940)年春,在日本国内,国力的窘迫的情况,突然显现出来"。④ 时任参谋次长的泽田茂,忆及这一时期的情况,表示"与畑(俊六)陆相共同认为,(日本)外强中干,难以持久"。在这种情况下,"日本陆军统帅部的首脑,对完成战争的自信发生了动摇",并判断,"靠武力决

---

① 《缔约一年来军事方面之进展》,《中央导报》,第 2 卷第 18 期;黄启华《记汪伪广东保安队》,转引自余子道等:《汪伪政权全史》,第 615 页。

② 《中华民国重要史料初编——对日抗战时期》第六编"傀儡组织"(四),第 1430—1433 页。

③ 《敌方及各伪政府拟编练之伪军人数统计表》(1939 年),《中华民国重要史料初编——对日抗战时期》第六编"傀儡组织"(四),第 1444 页。

④ 『戦史叢書——支那事変陸軍作戦』(3)、111 页。

战解决中国事变,是没有出路的"。①

日军要避免靠扶植汪伪政府无法"处理中国事变"的事实,还是要在重庆国民政府身上想办法:"成立新中央政府的工作,并非单纯拥护汪政权,而是要促使出现一个实力政府,作为解决事变的对象。"②而"要成立强力政府,乃至整顿时局,获得重庆方面的实力,实属必要"。③ 因此在这一时期内,"必然存在日本与重庆方面的停战交涉","应使汪方认识到这一点"。④ 对此,周佛海也承诺"中央政府即使组织,绝不至阻碍全面和平。"⑤

日本在扶植汪伪政府成立前后,虽然强调以扶植汪伪政府为中心的"既定方针",但实际上将"重庆工作"也放在了较重要的位置。

1940 年初,随着日军人事的变动,板垣征四郎、今井武夫、堀场一雄、影佐祯昭等"汪工作"与"重庆工作"的重要参与者,划归于中国派遣军,其负担的原有相关工作,也放权给中国派遣军,于是"处理事变的重点,移向了总军(中国派遣军)"。⑥

而中国派遣军在此时的方针,就是要求在 1940 年前半年,将

① 『戦史叢書——支那事変陸軍作戦』(3)、113 頁。

② 総軍参謀部「事変解決ニ関スル極秘指導」、1940 年 1 月 1 日、「JACAR(アジア歴史資料センター)Ref. C12120064700、支那事変戦争指導関係資料綴(支那派遣軍の部)昭和 12 年 7 月 27 日〜昭和 16 年 6 月 10 日(防衛省防衛研究所)」

③ 大本営陸軍部「事変解決処理第 1 期最高指導案」、1939 年 10 月、「JACAR(アジア歴史資料センター)Ref. C12120072600、支那事変戦争指導関係資料(大本営陸軍部の部)昭和 12 年 5 月 29 日〜昭和 15 年 12 月 2 日(防衛省防衛研究所)」

④ 大本営陸軍部「事変解決処理第 1 期最高指導案」、1939 年 10 月、「JACAR(アジア歴史資料センター)Ref. C12120072600、支那事変戦争指導関係資料(大本営陸軍部の部)昭和 12 年 5 月 29 日〜昭和 15 年 12 月 2 日(防衛省防衛研究所)」

⑤ 周佛海著,蔡德金编注:《周佛海日记全编》(上编),第 252 页。

⑥ 堀場一雄『支那事変戦争指導史』、351 頁。

"汪工作和对重庆工作齐头并进"①,并特意强调"成立政府之际,务必要留意其对内、对外措施,避免导致与重庆政府合并之途的闭塞",而"两工作不可能并存的情况下,要从大局出发,适时进行一大决断"。所谓"一大决断",自然包括两种选择的可能性:对蒋,可以"罪减一等",而对汪,则将蒋汪合并当作中国"国内问题",日本不加干预。② 军部还曾有过对汪更强硬的预案,要求在"汪工作"与"重庆工作"无法并立之际,"若汪方阻碍日本与重庆之谈判,可据情况将之排除","汪蒋合并工作以重庆方为主体"。③ 正如当时从事"桐工作"的今井武夫所言,"根据(引者注:与重庆方面)会谈的结果,转换日本政府的政策,也不是不可能的"。④

为了进行"重庆工作",日本势必要在与重庆国民政府的关系上留下余地。"第一次近卫声明"中强调的"不以国民政府为对手",是一种"避免明确法律关系,以采取对我方有利的解释"的说法⑤,其内容"本属国际创例",既未正式对华绝交,亦未正式否认国

---

① 総軍司令部「昭和 15 年事変現地処理方針」、1940 年 1 月 1 日、「JACAR(アジア歴史資料センター)Ref. C12120064800、支那事変戦争指導関係資料綴(支那派遣軍の部)昭和 12 年 7 月 27 日～昭和 16 年 6 月 10 日(防衛省防衛研究所)」

② 総軍参謀部「事変解決ニ関スル極秘指導」、1940 年 1 月 1 日、「JACAR(アジア歴史資料センター)Ref. C12120064700、支那事変戦争指導関係資料綴(支那派遣軍の部)昭和 12 年 7 月 27 日～昭和 16 年 6 月 10 日(防衛省防衛研究所)」

③ 大本営陸軍部「事変解決秘策」、1939 年 6 月、「JACAR(アジア歴史資料センター)Ref. C12120072100、支那事変戦争指導関係資料(大本営陸軍部の部)昭和 12 年 5 月 29 日～昭和 15 年 12 月 2 日(防衛省防衛研究所)」

④ 今井武夫『日中平和工作:回想と証言 1937—1947』、112 頁。

⑤ 外務省「南京政府ヲ相手トセサル旨声明シタル後二於ケル処理方針」、1938 年 1 月 14 日、「JACAR(アジア歴史資料センター)Ref. B02030523700、支那事変関係一件第四巻(A-1-1-0-30_004)(外務省外交史料館)」

民政府。① 然而，如果日本"正式承认未来中国的新中央政府，与国民政府的关系自然随之断绝"。②

在这种考量下，日本延缓承认汪伪政府一事，正如周佛海所言，"盖其（日本）意欲留一与重庆谈判之余地"。③

而对汪精卫集团而言，自身缺乏军政实力，又合法性尽失，面临形势原本已极为困难："中央政府三月内不成立，则和平运动即将解体也"④，如果再显示出不但自身孱弱，还缺乏日本当局的全力支持，那么更是毫无前途可言。汪精卫因此向日本方面请求，从速承认"新中央政府"的地位："新政府是否具有实力，不是问题所在，问题在于是否具有稳固地位，日本迅速正式承认之，赋予其新中央政府的地位，才是最重要的。"⑤汪精卫集团也并不愿日本执着于"重庆工作"，周佛海认为"目前关键，不在东京，而在重庆，东京有和之意，而重庆反以东京欲和为日军将崩溃，其气焰更甚，此和平不可期也。"⑥

虽然汪精卫集团急于成立"新中央政府"，并希望日本从速"承认"，但中国派遣军根据"重庆工作"可能的发展，将对待"新中央政府"的办法，分为"成立案""延期案""取消案"，其具体对应方式如

---

① 国民政府外交部：《再请美政府代管我馆产》（1938 年 1 月 17 日），《撤退驻日使领馆案》，档案号 0200101020282，台北"国史馆"藏。
② 「南京政府ヲ相手トセサル旨声明シタル後二於ケル処理方針」，1938 年 1 月 14 日、「JACAR（アジア歴史資料センター）Ref. B02030523700、支那事変関係一件第四巻（A-1-1-0-30_004）（外務省外交史料館）」
③ 周佛海著，蔡德金编注：《周佛海日记全编》（上编），第 230 页。
④ 周佛海著，蔡德金编注：《周佛海日记全编》（上编），第 250 页。
⑤ 上海領事館「新政府樹立後における日本の即時承認を汪兆銘希望について」，1940 年 3 月 2 日、外務省『日本外交文書・日中戦争第二冊』，1059 頁。
⑥ 周佛海著，蔡德金编注：《周佛海日记全编》（上编），第 249 页。

下表所示①：

	汪方	重庆方	指导方案
成立政权方案	希望	拒绝	重庆解决热情高——延期(4 月 15 日)； 重庆解决热情低——成立； 接受汪——通电表示准备还都。
	希望	不反对	成立。
延期方案	希望	希望	汪、重有互信——延期； 双方同意——30 日通电合流； 双方不存在互信——成立。
取消方案		希望	重庆解决事变的热情高——下决心取消成立政府； 重庆解决热情低——强行成立政府。 如果没有明确的决定到达,则按照既定方针成立政府。

3 月 30 日,汪伪政府正式成立,并以所谓中央政府之名义,发表"国民政府政纲"如下：

一、本善邻友好之方针,以和平外交,求中国主权行政之独立完整,以分担东亚永久和平及新秩序建设之责任。

二、尊重各友邦之正常权益,并调整其关系,增进其友谊。

三、联合各友邦共同防制共产国际之阴谋及一切扰乱和平之活动。

四、对于拥护和平建国之军队及各地游击队分别安辑,并建设国防军,划分军政军令大权,以打破军事独裁制度。

五、设立各级民意机关,网罗各界人才,集中全国公意,以

---

① 総軍参謀部「汪、重関係調整指導」、1940 年 2 月 1 日、「JACAR(アジア歴史資料センター)Ref. C12120062600、支那事変戦争指導関係綴其の3 昭和 14 年 3 月～昭和 16 年 6 月(防衛省防衛研究所)」

养成民主政治。

六、召集国民大会，制定宪法实施宪政。

七、欢迎各友邦资本与技术之合作，以谋战后经济之恢复及产业之发展。

八、振兴对外贸易，求国际收支之平衡，并重建中央银行，统一币制，以奠定金融之基础。

九、整理税制，减轻人民之负担，复兴农村，抚绥流亡，使其各安生理。

十、以反共和平建国为教育方针，并提高科学教育，扫除浮嚣空泛之学风。①

以上所列，即为汪伪政府所谓"十大政纲"，在以中国政府名义宣告施政要纲的同时，汪精卫也发表广播讲话，宣布其运动已进入"新阶段"，且要"继续努力，使和平建国之运动更普遍于全国"。② 然而，汪伪政府虽然成立，汪精卫集团实力孱弱的状态并无改变。汪伪政府宣称掌握中国主权的主张，也未得到国际社会承认。美国政府于 3 月 30 日发表声明，表明"相信重庆政府仍然有着中国大多数国民的忠诚和支持，有充分理由可以认定，今后仍应以这一政府作为中国政府"。③ 英国当局则表示，要

---

① 《国民政府政纲》(1940 年 3 月 30 日)，《国民政府还都周年纪念册：和平反共建国文献》第 1 辑，1941 编印，第 115 页。

② 《国民政府还都对日交换广播词》(1940 年 3 月 30 日)，《国民政府还都周年纪念册：和平反共建国文献》第 1 辑，1941 年编印，第 118 页。

③ 「南京国民政府成立に対し重慶政権を支持する旨ハル米国務長官声明について」、1940 年 3 月 30 日、外務省『日本外交文書・日中戦争第二冊』、1069 頁。

"与美国协调,根据'(国际)大视野'来行事"。① 甚至是日本的友好国德国,根据日本驻德大使来栖三郎的报告,也"没有准备在此时从速承认新政府的措施","根据中国的现状,和日本内地一部分怀疑的言论等,德国对新政府的基础,和未来的发展并不确定,认为还需要随着事态的推移,进行进一步的观察"。②

汪伪政府不仅无法得到国际承认,其内部形势也极为窘迫。如李士群在汪伪政府成立前夕,向日本使馆方面所表示的:"让各派相结合的力量在于,汪的政治主张和日本方面的支持,由于汪的政治主张没有实力支持,而以日本方面的支持作为其实力来源,可以说,新政府的决断力最终在于日本之手",一旦两者的结合出现问题,"新政府有突然瓦解的危险";"华北政权和维新政府的要人,基本上都对汪极为不满,现在没有表现出来,是日本方面的压制所致,其中有人筹划阴谋,准备互相协同,或者寻求交好重庆,或者寻求勾结日本来驱逐汪"。③

处于内外交困的境地的汪伪政府,在成立之后,处境并未有明显起色,如同周佛海所言,"政府成立两月,内外期待俱殷,而毫无表现,长此下去,则内外同情均将渐失,而政府亦将被人轻视。兴念及此,焦急万分。"④

日本当局清楚地知道,汪伪政府全无实力,势不可倚。因此可

① 「南京国民政府成立に対する日本側態度を英国外務次官へ説示について」、1940 年 4 月 5 日、外務省『日本外交文書・日中戦争第二冊』、1076 頁。

② 「南京政府承認問題に対するドイツの態度について」、1940 年 4 月 5 日、外務省『日本外交文書・日中戦争第二冊』、1075 頁。

③ 「李士群警政部次長による新中央政府の内部観察につき報告」、1940 年 3 月 29 日、外務省『日本外交文書・日中戦争第二冊』、1066 頁。

④ 周佛海著,蔡德金编注:《周佛海日记全编》(上编),第 299 頁。

以说，"中国中央政府的成立，并未对（日本）对华方策带来实质变化"。①在这一时期，中国派遣军的"实行战争及处理事变的基本方略"，仍然是"继续努力促进立即解决事变"，"努力在秋季达成基本目标"，而"新中央政府的第一任务，是重庆工作"。② 日本对汪伪政府的"承认"，被与"重庆工作"相挂钩。

1940 年 5 月 5 日，中国派遣军通过《指导新中央政府方针》，要求"根据合并重庆方面的方略，发展、活用新中央政府，在获得成果之时，再对其正式承认，约于今年秋季若此事仍无成功希望，则面对现实，将新中央政府作为（与重庆政府）对立的政府加以正式承认，并将之作为大持久战的一环加以指导"。③

汪精卫集团原本就对日军扶植其的诚意抱有相当怀疑。影佐祯昭发现，"汪政府要人之中，有不少人对我哀叹说，日本不相信友人"。④ 而在日方支持不及预期的情况下，汪精卫集团得知日军自行接触重庆国民政府，更使其心生疑窦。得知日军秘密进行"桐工作"的消息后，周佛海便以为："今井、臼井赴港，犬养等在沪从未提

① 興亜院会議決定「連絡部長官二対スル総務長官ノ依命指示」、1940 年 4 月 10 日、「JACAR（アジア歴史資料センター）Ref. B04013462100、日華基本条約及日満華共同宣言関係一件（阿部特派大使派遣関係ヲ含ム）第一巻（B－1－0－0－J/C3_001）（外務省外交史料館）」

② 総軍参謀部「現事態二鑑ミ戦争遂行上現地二於ケル一元的処理強化二関スル施策」、1940 年 4 月 19 日、「JACAR（アジア歴史資料センター）Ref. C12120065100、支那事変戦争指導関係資料綴（支那派遣軍の部）昭和 12 年 7 月 27 日～昭和 16 年 6 月 10 日（防衛省防衛研究所）」

③ 総軍参謀部「新中央政府指導方針」、1940 年 5 月 5 日、「JACAR（アジア歴史資料センター）Ref. C12120065300、支那事変戦争指導関係資料綴（支那派遣軍の部）昭和 12 年 7 月 27 日～昭和 16 年 6 月 10 日（防衛省防衛研究所）」

④ 影佐祯昭：《我曾经走过的路》，陈鹏仁编著：《汪精卫降日秘档》，第 57 页。

及,令人不能不怀疑日本之诚意。"①

日军亦极不信任汪精卫集团,中国派遣军坚持认为,"归根结底,新中央政府和重庆的关系比与我方亲近,对汉民族比对大和民族亲近,要严防其与重庆通谋,在政治、战略上将驱逐日本当作目标。"②

正是在这样互不信任的背景下,日本同时进行着与汪精卫集团的条约谈判,以及与重庆国民政府的秘密接触。

(二)日本的内外环境与对汪"承认"的再度拖延

1940年6月,德国利用"闪电战",迅速取得了对法国的军事胜利,英国随即陷入不利的战争局势,其对日妥协的可能性陡然升高。中国派遣军参谋部针对国际环境的变化,出台了相应的对东亚形势的"判断",并在其中《解决事变的相关努力》部分提出,加强对英国的压力,同时加强与德国的合作,争取建立亲德的日本战时政府。同时,由于在德苏之间存在《苏德互不侵犯条约》,日苏关系在此时也有所缓和,中国派遣军主张,同苏联签订为期五年的互不侵犯条约。③

围绕日德结盟等问题,首相米内光政与陆军产生了矛盾,陆军方面准备拥立近卫文麿再次出任首相。由于近卫文麿是"近卫声明"的当事人,又是一手促成汪精卫出走的日本首相,得知消息后,

---

① 周佛海著,蔡德金编注:《周佛海日记全编》(上编),第265页。
② 総軍参謀部「新中央政府指導方針」、1940年5月5日、「JACAR(アジア歴史資料センター)Ref. C12120065300、支那事変戦争指導関係資料綴(支那派遣軍の部)昭和12年7月27日〜昭和16年6月10日(防衛省防衛研究所)」
③ 総軍参謀部「現地事変処理ニ資スル為ノ現下東亜情勢判断/処置/第1期　事変解決ニ関スル努力」、1940年6月23日、「JACAR(アジア歴史資料センター)Ref. C12120132500、現地事変処理に資するための現下の東亜情勢判断昭和15年6月23日(防衛省防衛研究所)」

周佛海认为:"日阁下月改组,近卫将出山,似此吾辈工作或可较易也。"①而据日本媒体报道,"汪精卫希望近卫三原则的声明者近卫公出马,统一国论,在坚固稳定的政治体制下,收拾事变,踏出建设东亚新秩序的巨大步伐"。②

1940 年 7 月 22 日,近卫文麿再次担任首相,组建第二次近卫内阁。虽然近卫被汪精卫集团视为亲近之人,但就与重庆国民政府媾和一事,近卫内阁面临着巨大压力。

在日本国内,如果不能与重庆国民政府媾和,继续侵华战争,那么就要付出巨大的社会代价,如"国内通货膨胀、物资不足、社会不稳表面化,(日本政府)面临庞大的预算压力"。③

日本的对外关系方面,随着日本与德意正式结盟,其与英美的关系将进一步恶化,迫切需要从中国脱身,应对国际形势的变化。9 月 27 日,德意日在柏林签订了《德意日三国同盟条约》,日苏互不侵犯条约的谈判也得以推进。④ 这意味着"日本政治、经济方面不可避免地要脱离对英美的依赖,需要南进确保资

---

① 周佛海著,蔡德金编注:《周佛海日记全编》(上编),第 311 页。

② 「国交調整交渉迫り　国府、委員近く決定　近衛公乗出しに期待」、『東京朝日新聞』(朝刊)、1940 年 7 月 2 日、3 面。

③ 「支那事変急速処理方針(案)に対する卑見(内田事務官)」、1940 年 9 月 10 日、「JACAR(アジア歴史資料センター)Ref. B02030514200、支那事変関係一件第二巻(A-1-1-343)(外務省外交史料館)」

④ 在松冈洋右发给日本驻德国大使来栖三郎的电报中,说明了日本对德对苏关系,与"加强对重庆的外交攻势","解决中国事变"之间的关系。松冈认为,"日本此际最关心之事,乃利用日德意三国同盟,促进中国事变从速解决,从而使对南方施策更为容易,进而树立大东亚共荣圈",同时,"解决事变与对苏外交关系密切,苏联和美国是援助重庆方面抗战的主要国家,通过调整对苏关系,可以抑制共产党,促使重庆走向和平。同时希望也可以利用德国,协助达成对重庆的目标"。「日蘇国交調整並ニ対重慶施策ニ関スル件」、1940 年 10 月 9 日、「JACAR(アジア歴史資料センター)(转下页)

源、市场"。①

　　此时已进入秋季,本为日军计划"承认"汪伪政权之时,日汪条约的谈判也接近结束,但外务省意识到,"缔结条约(注:即日汪基本条约)后,随着正式承认南京政府,则不可能从速实现对华全面和平,中日事变很可能会变成长期战争",因此,"有必要努力在条约签署之前诱使重庆政府屈服,实现全面和平"。② 由于"随着日本准备承认汪政府,对蒋工作所余时间有限,情况紧急"③,外务省甚至提出,只要能实现"汪蒋合并",日本可以对其形式不加干涉,不必采取南京政府收编重庆政府的形式,蒋介石非但可以不下野,甚至可以作为"新政府"的领袖,让汪精卫下野④,而对"蒋汪两派重要人物的地位和未来的保障,尽量交由中国内部处理"⑤,放弃了对汪伪方面人物的保障。

(接上页)Ref. B02032985400、大東亜戦争関係一件/本邦ノ対重慶工作関係(A-7-0-365)(外務省外交史料館)」

① 「支那事変急速処理方針(案)に対する卑見(内田事務官)」、1940 年 9 月 10 日、「JACAR(アジア歴史資料センター)Ref. B02030514200、支那事変関係一件第二巻(A-1-1-343)(外務省外交史料館)」

② 東亜局第一課「日支全面的和平処理方策に関する試案」、1940 年 9 月、「JACAR(アジア歴史資料センター)Ref. B02030513800、支那事変関係一件第二巻(A-1-1-343)(外務省外交史料館)」

③ 「支那事変急速処理方針(案)に対する卑見(内田事務官)」、1940 年 9 月 10 日、「JACAR(アジア歴史資料センター)Ref. B02030514200、支那事変関係一件第二巻(A-1-1-343)(外務省外交史料館)」

④ 外務省「日支全面的和平実現の見地より考察せる和平条件(条約)問題」、1940 年 9 月 3 日、「JACAR(アジア歴史資料センター)Ref. B02030513600、支那事変関係一件第二巻(A-1-1-343)(外務省外交史料館)」

⑤ 外務省「支那事変急速処理要領(案)」、1940 年 9 月 16 日、「JACAR(アジア歴史資料センター)Ref. B02030514600、支那事変関係一件第二巻(A-1-1-343)(外務省外交史料館)」

　　9月9日,外务省出台《中国事变急速处理方针》,将承认汪伪政府一事,与"和平交涉"相关联。准备"利用日本同新政府的外交调整已经整备的现状",借承认汪伪政府,对重庆国民政府进一步施压。[1]

　　利用自身对国际环境的综合把握的优势,外务省将对华政策,放在整个国际大环境中,制定了《中国事变急速处理要领》,要求"从速与德意缔结同盟条约,并努力在对苏关系方面打开局面",从而加强对重庆国民政府的压力。同时,注意尽量不刺激英美等国,防止其支持重庆国民政府:"不能给第三国以我们即将对美国和南方各地动用武力的印象,不可使重庆方面有和第三国联合的希望。"[2]由于德国期待从重庆国民政府处获得部分战争资源,日本当局难以满足其需要,于是德国对承认汪伪政权,与施压重庆国民政府态度消极。[3] 对此,外务省认为,为争取德国在中日问题上进一步支持日本,日本可以给予德国在华特殊权益:"一、认定德国在事实上仅次于日、满的第三优先国地位;二、约定供给德国所需要的一部分特定资源;三、在通商贸易方面,原则上给予同日本平等的待遇。"[4]日本当局还希望能拉拢苏联,向重庆国民政府施压:"重庆方面坚持抗日,和对第三国、特别是美、苏、英的期待密切相关"。

①　外務省「支那事変急速処理方針(案)」、1940 年 9 月 9 日、「JACAR(アジア歴史資料センター)Ref. B02030514100、支那事変関係一件第二巻(A－1－1－343)(外務省外交史料館)」

②　外務省「支那事変急速処理要領(案)」、1940 年 9 月 16 日、「JACAR(アジア歴史資料センター)Ref. B02030514600、支那事変関係一件第二巻(A－1－1－343)(外務省外交史料館)」

③　来栖三郎「南京政府承認問題に対するドイツの態度について」、1940 年 4 月 5 日、外務省「日本外交文書・日中戦争第一冊」、1075 頁。

④　外務省「支那事変急速処理方針(案)」、1940 年 9 月 9 日、「JACAR(アジア歴史資料センター)Ref. B02030514100、支那事変関係一件第二巻(A－1－1－343)(外務省外交史料館)」

"目前英国已逐渐没落,如果再失去美国或苏联的支持,重庆方面应该会受到相当大的打击"。而且"中共在中日和平工作中具有重要影响",日本"同苏联关系的调整,也可以动摇中共的抗日精神,创造国共间的裂痕"。①

10 月 1 日,日本陆、海、外 3 省大臣达成协定,决定以"基本条约"的内容,当作同重庆国民政府谈判的条件,谈判方式尽可能以"汪蒋合作"的形式。② 而就在此时,围绕日汪条约的交涉早已完成,久久不正式签约,让阿部信行极为急迫,认为"再推迟缔结条约,将导致失信于中外的结果"。③ 但为了等待重庆国民政府的回应,日本政府不断迁延签约期限,先是到 10 月中旬④,后来又被延长到 11 月中旬。⑤

虽然日本当局热切期待通过"重庆工作"诱降重庆国民政府,蒋介石却认为,不可轻易相信日本媾和诚意:"三国同盟以后,我对国际政略与战略之处置……中倭媾和为下策,以倭对华侵略之野

---

① 外务省「日支全面和平の急速なる展開に付て」、「JACAR(アジア歴史資料センター)Ref. B02030515000、支那事変関係一件第二巻(A-1-1-343)(外務省外交史料館)」

② 「対重慶和平交渉ノ件」、1940 年 10 月 1 日、「JACAR(アジア歴史資料センター)Ref. B02032985200、大東亜戦争関係一件/本邦ノ対重慶工作関係(A-7-0-365)(外務省外交史料館)」

③ 「条約妥結に関する阿部大使の報告」、1940 年 10 月 2 日、外務省『日本外交文書・日中戦争第二冊』、1129 頁。

④ 「対重慶和平交渉ノ件」、1940 年 10 月 1 日、「JACAR(アジア歴史資料センター)Ref. B02032985200、大東亜戦争関係一件/本邦ノ対重慶工作関係(A-7-0-365)(外務省外交史料館)」

⑤ 「対重慶和平交渉準備要項」、1940 年 10 月 2 日、「JACAR(アジア歴史資料センター)Ref. B02032985300、大東亜戦争関係一件/本邦ノ対重慶工作関係(A-7-0-365)(外務省外交史料館)」

心，与其最近在占领地区之交通与工业建设，以及其积极移民之状况，绝非一纸合约所能令其履行与撤兵，而且世界战争未了之前，何能使其对海南岛等沿海岛屿之交还，即使我再出任何高之代价，亦不可能也。若为保持西北与西南之根据地，则倭寇本已无力西侵，何必与之媾和也。"①

　　一直到承认汪伪政府的最后阶段，松冈仍试图媾和②，其两面做法导致了蒋汪双方的不满。③ 蒋介石以为："松冈卅日承认汪伪组织，尚电钱新之（钱永铭）仍想继续和谈，松冈为人卑劣极矣。"④ 周佛海则在会见松冈时，得知松冈准备"苟重庆明白表示可和，则当与汪先生商延期签约"，周佛海即告之"唯恐中重庆拖延之计耳"。⑤

　　最终，尽管日汪间就《基本条约》内容早已达成一致，但由于遭到日本"重庆工作"的拖延，"正式承认汪政府，这是在这项条约实质完成整三个月后的事"。⑥ 根据日本外务省研究，汪伪政府有无缔结条约的资格问题，在于汪伪政府"有无缔结条约权能的问题，

---

① 《蒋中正"总统"档案——事略稿本》(44)，1940 年 10 月 31 日，第 549、550 页。
② 奉松冈之命在香港进行"重庆工作"的田尻爱义，在日本承认汪伪政府之际，仍强调在香港的"重庆工作"有"希望"，要求延期签订同汪伪政府的条约。「香港でのたい重慶和平交渉の結果判明までは日華基本条約調印を延期するよう汪兆銘説得方田尻参事官より影佐少将へ要請について」，1940 年 11 月 29 日、日本外務省『日本外交文書・日中戦争』，第 592–596 页。
③ 松冈洋右在这一期间主导的各种"和平工作"中，以"钱永铭工作"最为主要，其具体过程可参考藤井志津枝：《一九四〇年日本对华和平工作——钱永铭工作》，《抗日战争研究》1994 年第 3 期。
④ 《蒋中正"总统"档案——事略稿本》(45)，1940 年 12 月 3 日，第 26、27 页。
⑤ 周佛海著，蔡德金编注：《周佛海日记全编》（上编），第 383 页。
⑥ 犬养健著，任常毅译：《诱降汪精卫密录》，南京：江苏古籍出版社 1996 年版，第 249 页。

相当于国际法上的'承认新政府'问题,也就是说,无非是承认国对被承认政府的实力的认定,帝国只要认同汪政府的实力,就足以将之作为正统政府,当然也认同了该政府在国际法上,代表中国进行法律行为的权能".①

但日本政府明白,"新中央政府目前的实力,要立即作为中国代表,履行对帝国及各外国的国际法上和条约上的义务,显然是不现实的".② 汪精卫集团不要说发展壮大,就连统合既有的投日势力,都面临着重重困难:"国民党之外的各党各派,为了自党获得支持,而表现自己不是日本人的傀儡,对国民党方面产生了相当影响。国民党系外的维新政府、临时政府的要人,对新加入的新国民党抢夺了自己的位子极为不满,很多人只为了保全自己。"③

兴亚院政务部预计,在会议讨论时,可能会出现"国民政府还没有实力,为什么要急于缔结条约,通过这样的条约,就算全方位确定了中日间的各项关系,也无法期待其效果"的质问。④ 近卫文麿对这一问题准备的回答是,"虽然汪政府暂时没有实力",但"要

---

① 外務省「汪政権ニ於ケル条約締結権ノ問題ニ付テ」、1940 年 10 月 24 日、「JACAR (アジア歴史資料センター)Ref. B04013465000、日華基本条約及日満華共同宣言関係一件(阿部特派大使派遣関係ヲ含ム)第六巻(B-1-0-0-J/C3_003)(外務省外交史料館)」

②「枢密院本会議ニ於ケル内閣総理大臣説明(案)」、1940 年 11 月、「JACAR(アジア歴史資料センター)Ref. B04013465400、日華基本条約及日満華共同宣言関係一件(阿部特派大使派遣関係ヲ含ム)第六巻(B-1-0-0-J/C3_003)(外務省外交史料館)」

③「枢密院本会議ニ於ケル内閣総理大臣説明(案)」、1940 年 11 月、「JACAR(アジア歴史資料センター)Ref. B04013465400、日華基本条約及日満華共同宣言関係一件(阿部特派大使派遣関係ヲ含ム)第六巻(B-1-0-0-J/C3_003)(外務省外交史料館)」

④ 興亜院政務部「大本営政府連絡会議ニ於ケル擬問事項ニ関スル件」、1940 年 11 月 7 日、「JACAR(アジア歴史資料センター)Ref. B02030532100、支那事変関係一件第九巻(A-1-1-0-30_009)(外務省外交史料館)」

着眼于增加其实力,而帝国的承认是重要的因素"。①

日本当局之所以选择在此时承认汪伪政府,主要因为军事进攻已无法达成目的,"根据当下的形势,帝国无法在短期内实现能够使抗日政权崩溃的武力进攻,短时间内使其崩溃,是极为困难的","另一方面,随着成立南京政府,新政府逐渐增加其政治力量,而新中央政府与帝国使臣间进行的条约交涉,现在也到了决定缔约的时机"。② 为了防范"重庆方面的拖延策略",不可过度期待"重庆工作","必须最迟于1940年末"承认汪伪政府。③

确定汪伪政府作为签约主体的资格后,另一个问题是代表人问题。外务省认为,从国际法上来看,虽然国民政府缔结条约的权力在于国民政府主席林森,汪精卫作为代理主席,缔结条约应该也是没有问题的。④

话虽如此,但操作起来,难免有所障碍:"汪精卫作为代理主席,从法律上来说,对签订条约效力并无影响,但从政治上来看,汪精卫作为与日本敌对的林森主席的代理,签订条约,免不了给人以奇异之

① 「枢密院本会議ニ於ケル内閣総理大臣説明(案)」、1940年11月、「JACAR(アジア歴史資料センター)Ref. B04013465400、日華基本条約及日満華共同宣言関係一件(阿部特派大使派遣関係ヲ含ム)第六巻(B-1-0-0-J/C3_003)(外務省外交史料館)」

② 「大本営政府連絡会議ニ対スル条約案提出理由案(総理大臣ヨリ)擬問事項ニ関スル件」「JACAR(アジア歴史資料センター)Ref. B02030532000、支那事変関係一件第九巻(A-1-1-0-30_009)(外務省外交史料館)」

③ 大本営陸海軍部「「支那事変処理要綱」ニ関スル所要事項ノ説明ニ就テ」、1940年11月)、「JACAR(アジア歴史資料センター)Ref. C12120058900、支那事変戦争指導関係綴其の2昭和13年1月～昭和17年11月(防衛省防衛研究所)」

④ 外務省「汪政権ニ於ケル条約締結権ノ問題ニ付テ」、1940年10月24日、「JACAR(アジア歴史資料センター)Ref. B04013465000、日華基本条約及日満華共同宣言関係一件(阿部特派大使派遣関係ヲ含ム)第六巻(B-1-0-0-J/C3_003)(外務省外交史料館)」

感."于是在缔约前夕的 11 月 28 日,"中央政治委员会推选汪精卫为国民政府正式主席".① 汪精卫宣布就任为"正式主席",名实上均成了汪伪政府的最高元首,自然也成了与日方签约的责任人。

《基本条约》之外,日本当局还要求,汪精卫与日本、伪满洲国代表,再签订一份《共同宣言》。在"日华满(注:原文如此)共同宣言的开头、各政府名称、各条项的国名、年号月日及各全权代表的署名顺序,在日语正文中,要按照日满华的顺序".② 宣言中的日、汪、伪满三方,分别以自身为首,将条约命名为"日满华共同宣言""中日满共同宣言""满华日共同宣言",③但其日文的顺序,显示了在日本当局眼中伪满与汪伪的地位高下。蒋介石曾愤然表示,"倭动以日满支相称,如何可望其澈(注:原文如此)悟言和".④

由于日本反复纠结与"重庆工作",因此汪精卫与周佛海对"对卅日能否签约,亦颇怀疑".⑤ 11 月 27 日,汪精卫还奉日本当局之命,发表《致蒋介石感电》,表示"中日调整国交条约已全部完成,兹于将举行签字之前,对于执事再进最后之忠告。此次所订条约,基本精神在实现中日携手,协力进行,此谓总理孙先生之遗教,中日共存,东亚复兴之必由之道也";进而回忆艳电之发表,鼓吹"倘使当

---

① 阿部信行「日支条約締結二関スル報告書」、1940 年 12 月、「JACAR(アジア歴史資料センター)Ref. B04013470700、日華基本条約及日満華共同宣言関係一件(阿部特派大使派遣関係ヲ含ム)第十二巻(B-1-0-0-J/C3_010)(外務省外交史料館)」

② 外務大臣松岡洋右「日支新関係調整条約ノ締結交渉二関スル件」、1940 年 9 月 21 日、「日支条約締結二関スル報告書」、1940 年 12 月、「JACAR(アジア歴史資料センター)Ref. B04013470700、日華基本条約及日満華共同宣言関係一件(阿部特派大使派遣関係ヲ含ム)第十二巻(B-1-0-0-J/C3_010)(外務省外交史料館)」

③ 近衛文麿「日満華共同宣言署名ノ件」、1940 年 11 月 15 日、「JACAR(アジア歴史資料センター)Ref. A03033244500、枢密院御下附案・昭和 15 年(国立公文書館)」

④《蒋中正"总统"档案——事略稿本》(44),1940 年 8 月 31 日,第 215 页。

⑤ 周佛海著,蔡德金编注:《周佛海日记全编》(上编),第 385 页。

日艳电得蒙同意,则在此二年间,战后秩序已告恢复。内则修明政治,以固国本,外则与友邦结成轴心,以应世变,国力民力,早已蒸蒸日上,何至糜烂迄今尚无归宿";进而劝蒋介石"切盼执事,勿再迁延,立下决心,宣布停战,使全国人民,咸得致其力于和平之恢复,治安之确立","无时不冀执事之大彻大悟,俾全面和平,早日实现,故每于和平运动进入一新阶段之际,必披沥为执事一言"。①

在日汪履行完各项劝降步骤而无果后,11 月 28 日,日本当局决定于 11 月 30 日承认汪伪政府,就算在此之前收到停战申请,也不变更计划,承认之际,兴亚院和外务省向国际社会正式发布声明。② 同日,周佛海收到犬养健发来东京方面已经决定正式承认的电报后,方信"大约重庆和平之说已证实为子虚矣"。③

第三节 "承认"汪伪政权与日本对汪政策的确定

(一) 以日军持久战计划为基础的对汪方针

1940 年 9 月 28 日,中国派遣军决定停止"桐工作"。④ 10 月 1日,得知"桐工作"失败,陆军省"根据桐工作失败,即进入大持久战

① 汪精卫:《致蒋介石感电》(1940 年 11 月 27 日),《国民政府还都周年纪念册:和平反共建国文献》第 1 辑,1941 年编印,第 143 页。
② 大本営「11 月 28 日第 1 回連絡懇談会 国民政府承認の件」,1940 年 11 月 28 日、「JACAR(アジア歴史資料センター)Ref. C12120245700、大本営政府連絡会議議事録 其 1 昭和 15 年 11 月 28 日〜16 年 7 月 29 日(防衛省防衛研究所)」
③ 周佛海著,蔡德金编注:《周佛海日记全编》(上编),第 385 页。
④ 「今後ニ於ケル対重慶工作処理要領」,1940 年 9 月 28 日、「JACAR(アジア歴史資料センター)Ref. C12120066300、支那事変戦争指導関係資料綴(支那派遣軍の部)昭和 12 年 7 月 27 日〜昭和 16 年 6 月 10 日(防衛省防衛研究所)」

的定论",开始起草方案,该方案成了其后御前会议通过的《处理中国事变纲要》的第一版方案。①

《处理中国事变纲要》的成案背景,是日军认为"现有形势下,在短时间内迫使重庆政权屈服,希望已经不大了,事变的长期持久化,已经不可避免。因此在中国,帝国需要从政治、战略两方面,都转入真正的持久战态势"。②

日本军政界此时都认识到,对华持久战不得不持续下去,其时机如近卫报告中所言:"帝国承认新政府,即是决心进行真正的长期战争。"③

《处理中国事变纲要》要求,"处理中国事变"的基本方针,是"继续使用武力,此外还要进一步禁绝英美的援蒋行为,调整日苏国交等,竭尽一切手段,极力促使重庆政权抗战意志消亡,从速使其屈服",与之同时,要"适时积极改善内外态势,以适应长期大持久战的实行。为了建设大东亚新秩序,有必要恢复和增强帝国的国防力量",上述措施"以昭和十五年(1940年)七月决定的《随着世界局势推移的时局处理纲要》为依据"。④

大本营决定的《随着世界局势推移的时局处理纲要》的核心内

---

① 『戦史叢書——支那事変陸軍作戦』(3)、304 頁。

② 大本営陸軍部、海軍部「「支那事変処理要綱」提案理由」、1940 年 11 月、「JACAR(アジア歴史資料センター)Ref. C12120182800、支那事変処理要綱　御前会議議事録　昭和 15 年 11 月 13 日(防衛省防衛研究所)」

③ 「枢密院本会議ニ於ケル内閣総理大臣説明(案)」、1940 年 11 月、「JACAR(アジア歴史資料センター)Ref. B04013465400、日華基本条約及日満華共同宣言関係一件(阿部特派大使派遣関係ヲ含ム)第六巻(B-1-0-0-J/C3_003)(外務省外交史料館)」

④ 御前会議決定「支那事変処理要綱」、1940 年 11 月 13 日、「JACAR(アジア歴史資料センター)Ref. B02030519800、支那事変関係一件第三巻(A-1-1-0-30_003)(外務省外交史料館)」

容,是在中国之外,向东南亚的侵略扩张:"在为完成处理中国事变的情况下,考虑以对南方施策为重点,准备转换战略态势","为解决南方问题,考虑行使武力"。①

制定这份文件的背景,是日军认为"实行对华大持久战的出路,主要还要通过行使武力,解决南方问题,也是一种间接的方法","此时陆军的方案提出,解决南方问题,是解决中国事变所剩下的最重要的手段"。②

日本内阁也认为,"本年夏天,世界局势发生了异常变化,在这种情况下,帝国为建设东亚新秩序,已经不能埋头于迅速完成中国事变,而要以世界大格局来处理,因此要保持、增强帝国国防力量的弹性"。③

日本政军当局认为,侵华战争只能通过国际形势上的"间接的方法"解决,这说明其正面直接解决的手段已经用尽,在侵华战争上陷入了困局。

在无法正面解决"中国问题"的情况下,日本又无法真正转入对华持久战态势,收缩战线,减少消耗。《处理中国事变纲要》要求在中国战场,"保持用兵的弹性"④,而作为"提倡转向长期战的本纲要的焦点,在于调整占领区的问题"。⑤　首相近卫文麿也认为,"中

---

① 「世界情勢の推移に伴ふ時局処理要綱」、1940 年 7 月、「JACAR(アジア歴史資料セ
ンター)Ref. C12120200800、世界情勢の推移に伴う時局処理要綱　連絡会議議事録
昭和 15 年 7 月 27 日(防衛省防衛研究所)」

② 『戦史叢書——支那事変陸軍作戦』(3)、311 頁。

③ 「枢密院本会議ニ於ケル内閣総理大臣説明(案)」、1940 年 11 月、「JACAR(アジア歴
史資料センター)Ref. B04013465400、日華基本条約及日満華共同宣言関係一件(阿
部特派大使派遣関係ヲ含ム)第六巻(B-1-0-0-J/C3_003)(外務省外交史料館)」

④ 御前会議決定「支那事変処理要綱」、1940 年 11 月 13 日、「JACAR(アジア歴史資料
センター)Ref. B02030519800、支那事変関係一件第三巻(A-1-1-0-30_003)(外
務省外交史料館)」

⑤ 『戦史叢書——支那事変陸軍作戦』(3)、318 頁。

国事变很难解决,不如缩小在中国的占领地区,向南方发展,换句话说,将因为支那事变不成功所导致的国民的不满,转向南方"。①

然而,就缩小占领区的范围问题,日军内部无法达成统一意见,在开始时制订的草案要求,根据情况考虑放弃武汉地区,结果却在高层的反对下,删去了相关内容。② 经修订的《处理中国事变纲要》,规定在占领区范围方面,"持久战的军事态势,同当下形势相比变化不大"。③ 而日军制订的缩减在华兵力的计划,在以中国派遣军为核心的反动声浪中,也未能真正加以切实实行。④

日本当局在利用国际形势"间接的解决"问题上,准备大胆使用武力,却在侵华战争上,步伐谨慎,不愿大幅削减在中国战场的兵力和占领区。但日本的兵力和国力,归根结底是有限的。如松冈洋右所言,"有必要缩小中国战线,将力量投入南方,也可以说,不向南方投入力量,就无法解决中国事变,但投入力量需要国力支撑,这就需要缩小中国战线"。⑤

日本当局准备的"间接解决",在反对者看来,其中也蕴含着巨大的风险。

石原莞尔便提出强烈质疑认为,这种"间接解决"已经背离了持久战要求的"总体战"原则,是在中国战场无计可施情况下的逃避行为。1941 年 7 月的一次演讲中,石原莞尔表示,"事变"既然已

---

① 『木戸日記』、1940 年 7 月 30 日、812 頁。

② 『戦史叢書——支那事変陸軍作戦』(3)、318 頁。

③ 御前会議決定「支那事変処理要綱」、1940 年 11 月 13 日、「JACAR(アジア歴史資料センター)Ref. B02030519800、支那事変関係一件第三巻(A-1-1-0-30_003)(外務省外交史料館)」

④ 『戦史叢書——支那事変陸軍作戦』(3)、321 頁。

⑤ 『戦史叢書——支那事変陸軍作戦』(3)、319 頁。

经发展为持久战,就应该重视包括"武力战、外交战、思想战、经济战"的总体战战略。但是,武力战上日本战略一直追随舆论要求,绝无奏奇功之可能;外交战上日本过高评价了国际"援蒋通道"的作用;思想战上中国树立了抗日的不变信念,而日本完全不知如何宣传;经济战上日本不顾时代变化,顽固执行利用先进生产设备在华获取利益的殖民地式经济政策。石原莞尔因而强调,日本不在上述几点下功夫,缺乏利用总体战对华正面进攻的自信,却强调外交问题尤其是南方问题的重要性,是迫切需要反省的。①

华南派遣军司令官后宫淳,则从增加树敌的角度,对"间接解决"提出了反对意见。后宫淳认为:"将截断援蒋道路当作解决中国事变的主要手段,就是截断英美援蒋,这就要最终打倒英美,而这从国力上来看是不可能的。打倒蒋介石,当然远比打倒英美容易。"②

11 月 13 日,日本召开御前会议。会议上,近卫询问参谋总长杉山元:"持久战要求尽量避免国力消耗","因此需要整理现有的占领区,但在计划中,占领区的范围却没有大的变化,这样如何能保持国防力量的机动性?"杉山元回复表示:"采取持久战态势,主要应该着眼于培植战力、国力。现有态势若出现急剧变化,会给人以日本战败的感觉,在国内外造成巨大影响。"③

在本次御前会议上,经修订的《处理中国事变纲要》得以通过,其关于对华持久战的主要内容包括:

一、持久战的军事态势,同当下形势相比变化不大,即确保"蒙

---

① 石原莞爾「欧州大戦の進展と支那事変」、『改造』1941 年 10 月号、112—123 頁。

② 『戦史叢書——支那事変陸軍作戦』(3)、311 頁。

③ 『戦史叢書——支那事変陸軍作戦』(3)、318、319 頁。

疆"和华北的要地,汉口到长江下游的要地,广东一部和华南沿岸重要的战略据点,保持用兵的机动性;

二、指导"新中央政府"加强对占领区的政治控制,以协助日本增强综合战力;

三、立足于取得国防资源和安定占领地民心,在华进行经济开发;

四、整顿日本国内和在华机构,以适应持久战的要求。

文件还要求,继续进行军事作战,加强对英美"援蒋"行为的封锁。[①]

可以看到,这份方案不仅在军事态势上,"同当下形势相比变化不大",未能通过缩小占领区而大幅减少侵华战争消耗。而在经济措施上,所谓"立足于取得国防资源"与"安定占领地民心",显然是相矛盾的。

日军所谓"培植战力、国力"的措施,其中重要部分在于加强对中国的经济掠夺,即所谓"以战养战"。1940 年 11 月 8 日,日本内阁通过《对华经济紧急对策案》,将"促进当地(注:即侵华日军)所需物资的调配和皇国所需物资的输入",确定为对华经济政策的基本方针。[②] 在实际执行上,中国派遣军"立足于现地自给,粮草自不用说,从没收敌方的被服、武器、弹药,一直到马匹,只要当地有的都尽量利用,努力减少内地(注:日本本土)负担"。[③]

---

① 御前会議决定「支那事変処理要綱」、1940 年 11 月 13 日、「JACAR(アジア歴史資料センター)Ref. B02030519800、支那事変関係一件第三巻(A‑1‑1‑0‑30_003)(外務省外交史料館)」

②「対支経済緊急対策案」、1940 年 11 月 8 日、「JACAR(アジア歴史資料センター)Ref. C04122493400、昭和 15 年「陸支密大日記第 41 号 2/2」(防衛省防衛研究所)」

③ 陸軍省報道部「聖戦四年」、1941 年 7 月 7 日、陸軍省、32 頁。

　　日军一边要在占领区"自给自足",一边又希望能扶植汪伪政府发展壮大。1940 年 11 月,在日本大本营联络会议上,首相近卫文麿确认:"现时帝国难以进行使重庆政府崩溃的武力进攻,短期内重庆政府不会屈服,而南京政府已经成立,并正在逐步增加其政治力量","帝国于此际决心进行真正的长期战争,承认新政府,培养、强化其政治力量,使其具有协助我方处理事变的能力"。①

　　日军自身也很清楚,以战养战的做法,不利于日本当局通过汪伪政府收买人心。汪伪政府成立之初,为了"在不影响战争的情况下,协助新中央政府收买人心",日军要求"近来流传的大持久战的构想,要防止失序、过早地实施"。②

　　然而,要进行"大持久战",要"以战养战",日本当局就只能将汪伪政府当作其附庸与战争工具了:"使新中央政府专心于与帝国进行各项合作,以紧急加强帝国的综合战力。"③首相近卫文麿在枢密院会议上的发言中表示,"根据新中央政府成立之经纬","新中央政府"有"过度调整中日关系,恢复国权从而实现全面和平的思想",此时需要对其进行"清算","使其与帝

① 内閣総理大臣「政府大本営連絡会議ニ対スル条約案提出理由」、1940 年 11 月、「JACAR(アジア歴史資料センター)Ref. B02030532000、支那事変関係一件第九巻(A‐1‐1‐350)(外務省外交史料館)」

② 総軍参謀部「新中央政府指導方針」、1940 年 5 月 5 日、「JACAR(アジア歴史資料センター)Ref. C12120065300、支那事変戦争指導関係資料綴(支那派遣軍の部)昭和 12 年 7 月 27 日~昭和 16 年 6 月 10 日(防衛省防衛研究所)」

③ 大本営陸軍部、海軍部「「支那事変処理要綱」提案理由」、1940 年 11 月、「JACAR(アジア歴史資料センター)Ref. C12120182800、支那事変処理要綱　御前会議議事録 昭和 15 年 11 月 13 日(防衛省防衛研究所)」

国紧密合作"。①

日本当局使汪伪政府"与帝国紧密合作",主要集中在政治、经济方面。《处理中国事变纲要》提出,一旦进入"大持久战"阶段,在政治方面,"使新中央政府协助我方,实施强化帝国综合战力的有必要的各项措施,以此为主要的着眼点,指导其在我占领地区内加强政治渗透";在经济方面,要"在中国进行经济建设,要贯彻获取日满两国需要的国防资源的方针,同时也安定占领地民心的根本方针"。②

日军这样重短期掠夺,轻长期开发的经济方针,不但无法"安定占领地民心",不利于在占领区扶植一个能够稳定局势的傀儡政权,而且,要将占领地经济与日军军需完全对接,需要一个相对较长的经济周期,这都使日军不得不长期驻留中国。

然而,所谓"大持久战方略"的具体内容究竟为何,日军中央与中国派遣军并未达成完全的共识。

1940 年夏秋之际,"重庆工作"不见起色,所谓"流传的大持久战的构想",开始正式成为中国派遣军的研究课题。"大持久战的构想"的内容,据时任中国派遣军参谋的堀场一雄所言:"大持久战的构想,秉承了凭借汪来处理事变的根本理念,建设新国家,从政略、战略上,压缩重庆的生存空间,从中把握解决事变的机会。也就是说,由我方控制富强的地域,将敌方赶到贫瘠的土地上,为确

---

① 「枢密院本会議ニ於ケル内閣総理大臣説明(案)」、1940 年 11 月、「JACAR(アジア歴史資料センター)Ref. B04013465400、日華基本条約及日満華共同宣言関係一件(阿部特派大使派遣関係ヲ含ム)第六巻(B-1-0-0-J/C3_003)(外務省外交史料館)」
② 御前会議決定「支那事変処理要綱」、1940 年 11 月 13 日、「JACAR(アジア歴史資料センター)Ref. B02030519800、支那事変関係一件第三巻(A-1-1-0-30_003)(外務省外交史料館)」

定持久战取胜的大势,对占领地区进行合理的调整,就像双方划定国境一样,来隔断敌我联系,在培植建设新中国的同时,适时果断对内地进行没有限制的蹂躏作战。只要重庆政府与我敌对,就对其穷追不舍。"①

简而言之,即决心扶植汪伪政府,从而稳固立足于占领区,与重庆国民政府长期对峙,俟机进行军事投机。

中国派遣军为此拟定了《对华大持久战指导计划(案)》,将对华持久战时间定为 10 年以上,分为 5 个时期,提出"四年治乱、七年治民、十年治国"的方针。② 这份计划要求,通过转变战争方略,由决胜战转入持久战,由军事进攻、政治迫降的速决方针,逐渐转向巩固后方、逐渐蚕食的渐进方针。《对华大持久战指导计划(案)》要求设立封锁线,"封锁从新旧黄河经淮河到杭州之间的广大地区",在 1942 年春,"将山东、河北、江苏三省彻底肃清,将淮南的江苏部分地区(除上海)、浙江、安徽给新政府进行试验治理"。其后,在华中、华南地区逐渐推进封锁线,在 1948 至 1950 年,基本建成包括华北以及京汉线、粤汉线以东的华中、华南地区的"善政新中国"。③

中国派遣军将侵华持久战的预定时期,拉长至 10 年以上,可以说是认识到其面临严峻形势后的无奈之举。然而,中国派

① 堀場一雄『支那事変戦争指導史』、460 頁。

② 本案在 12 月 12 日修订为《对华大持久战一般方略案》,进行了部分修改。「対支大持久戦一般方略(案)」、1940 年 10 月 18 日、「JACAR(アジア歴史資料センター)Ref. C12120063000、支那事変戦争指導関係綴其の3 昭和 14 年 3 月～昭和 16 年 6 月(防衛省防衛研究所)」

③「対支大持久戦指導計画(案)」、1940 年 10 月 18 日、「JACAR(アジア歴史資料センター)Ref. C12120063000、支那事変戦争指導関係綴其の3 昭和 14 年 3 月～昭和 16 年 6 月(防衛省防衛研究所)」

遣军的"大持久战构想",却并未得到日军中央的认同。参谋本部听"总军的堀场中佐报告了大持久战方略"后,双方"焦点不合"。① 而堀场一雄认为,"中央部对大持久战的全貌,没有透彻的研究,对其本质、规模等,理解都不够充分","只会不负责任地说国力不堪承受这样的话"。②

　　实际上,日军中央也制订了关于对华持久战的计划。

　　1940 年 10 月 1 日起,陆军省开始起草对华持久战的基本方案。③ 这份方案在 10 月中旬被交给参谋总部,由第一部长参与修订,10 月 20 日,陆军省部主要的相关负责人对方案开始讨论。④ 这样的一份方案,不仅成案时间短,而且主要负责制订作战计划的参谋本部作战课(第二课),对此"自课长以下,均不知晓",得知"方案在主要负责人之间得以通过"后,"不禁哑然"。⑤

　　1940 年 11 月 13 日,方案在御前会议上得以通过,即《处理中国事变纲要》。如前文所言,这份方案关于持久战的计划,未能提出根本改变现状的措施,也并未能压缩占领区范围而减少消耗。堀场一雄认为,"中央提出的《处理中国事变纲要》,局限于确认目前正在进行的各项施策,未能究明今后要进行的大持久战的实质,

---

① 「機密戦争日誌」、1940 年 9 月 9 日、「JACAR(アジア歴史資料センター)Ref. C12120316700、機密戦争日誌　其 1　昭和 15 年 6 月 1 日～15 年 10 月 10 日(防衛省防衛研究所)」
② 堀場一雄『支那事変戦争指導史』、474 頁。
③ 『戦史叢書——支那事変陸軍作戦』(3)、304 頁。
④ 「機密戦争日誌」、1940 年 10 月 20 日、「JACAR(アジア歴史資料センター)Ref. C12120317200、機密戦争日誌　其 2　昭和 15 年 10 月 18 日～16 年 4 月 17 日(防衛省防衛研究所)」
⑤ 「機密戦争日誌」、1940 年 10 月 23 日、「JACAR(アジア歴史資料センター)Ref. C12120317200、機密戦争日誌　其 2　昭和 15 年 10 月 18 日～16 年 4 月 17 日(防衛省防衛研究所)」

空喊大持久战,却漫然维持现状",也就是说,日军中央对大持久战"没有决心"。①

换句话说,这仍然是一份临时性的过渡式方案,并未给日军提供关于对华持久战的解决方案。其过渡方案的性质,也在随后的后续方案中得以显示。

1941 年 1 月 16 日,以《处理中国事变纲要》为基础,日本大本营陆军省部会议通过《大东亚长期战争指导纲要》,并以此为基础形成了《对华长期作战指导计划》。顾名思义,这是在不能"解决事变"的情况下,"进入长期持久态势"的计划。②

然而,文件内容却要求努力在一年内"解决事变"。《大东亚长期战争指导纲要》中要求,"继续对华压迫,昭和十六年(1941 年)夏秋,利用政治、战争、谋略的综合压力,力图解决中国事变"。而在《对华长期作战指导计划》中,要求"到昭和十六年(1941 年)秋天为止,基本上保持现有的对华压力,利用各种手段,尤其利用国际形势的变化,力图解决中国事变"。③

这样一来,日军计划进行对华持久战的期限,被进一步推迟。"也就是说,名义上是《长期作战指导计划》,但昭和十六年(1941年)秋季为止,是不算在长期战计划范围之内的,仍然着眼于决战的意图"。④

与之同时,参谋总长杉山元上奏裕仁:"根据情况来看,现在还不是将中国事变转入持久态势的时机,汉口方面也不可以撤退。

---

① 堀場一雄『支那事変戦争指導史』、485 頁。

② 注:这两份文件原件已不存,下文中利用的文本为日本防卫厅战史资料室编纂《战史丛书》中,所搜集整理的文件基本内容。

③ 『戦史叢書——支那事変陸軍作戦』(3),328 頁。

④ 『戦史叢書——支那事変陸軍作戦』(3),329 頁。

希望能在秋季,促使大势向有利的方向转移。"①

要"促使大势向有利的方向转移",就负责对华作战的中国派遣军而言并不现实。中国派遣军原本也希望能够通过决胜来"解决事变"。1940年,"中国军队为挽回局势,进行了最为活跃的攻势作战",结果,中国军队遭到重大损失,中国派遣军迫切希望能够"扩大战果,进而解决事变"。②

然而,兵力不足的问题,直接阻碍了中国派遣军野心的实现。到1940年底,侵华日军经过陆续调整,共计27个师团、21个混成旅团、1个骑兵集团及1个飞行集团。其中:中国派遣军,下辖华北方面军、第十一军、第十三军及第三飞行集团;华南方面军,司令官后宫淳中将,司令部驻广州,下辖印度支那派遣军以及第十八、三十八、四十八、一○四师团及近卫师团等部。③ 当时中国派遣军属下,"军司令官没有预备兵力,师团长最多有一个大队而已"。由于"华北治安的确立最为迟缓",需要"用两个华中的师团转向华北,彻底肃正治安"。前线作战兵力的减少的情况下,日军要发起新的进攻,需要增加兵力,"要打通和确保京汉线,需要四个师团。要进

---

① 杉山所陈述的主要理由,仍然是从攻势方针的有利态势出发。他认为:"如果从汉口方面撤退,从攻势作战转入守势作战,就很难用有利条件解决事变。在将来,举行战后和平会议时,可能会给人以轴心国在东洋方面战败的印象,因此无论如何,整理战线一定要慎重为之。"(『木戸日記』、1941年1月18日,849頁。)对此,内大臣木户幸一则与杉山元意见相左,他向天皇表示:"今日最要小心的,与积极论者妥协,这样做的结果是,对外,无法让敌人彻底屈服,对内,无法充实国力,其前途将让人寒心不堪。"(『木戸日記』、1940年11月29日,839頁。)双方的争执面前,裕仁也左右为难:"总长说的也有道理,但从财政上来看,我国真的能否坚持,政府需要充分研究和准备"。(『木戸日記』、1941年1月18日,849頁。)

② 『戦史叢書——大本営陸軍部』(2)、202頁。

③ 耿成宽、韦显文:《抗日战争时期的侵华日军》,北京:春秋出版社1887年版,第89—102页。

攻重庆作战,要十个师团"。①

　　根据日军中央的计划,无法增加中国派遣军的兵力,与之相反,在无法"解决事变",最终决心进入持久战的情况下,还要缩减兵力,在"本年(1941 年)内,将七十余万的兵力减少到六十五万",②"两三年内,将在华兵力减少到四十万至五十万"。③

　　对此,中国派遣军总司令官西尾寿造收到这一方案后,质疑"说是要在昭和十六年(1941 年)中解决事变,但这能做到吗?"西尾表示:"什么叫长期作战态势啊,我不认为缩减现有的兵力和控制区就是长期作战态势,如果要压倒敌人,希望迫使蒋政权屈服的话,缩小、变更如今的态势,我认为是不利的。""这份草案固然要努力实现,但要真做起来,这是不符合实际的。"④

　　对于这一份持久战计划,裕仁天皇也有所疑问,既担心削减兵力导致武力不足,又担心加强进攻会导致国力不支。在阅览《对华长期作战指导计划》后,裕仁得知要将中国战场上 70 余万的兵力,在当年内减少到 65 万,质疑"这样的兵力能否维持现有占领区、加强封锁"。⑤ 1 月 25 日,裕仁又表示,要考虑进一步伸长手与国力的问题,对于之前的对华长期作战指导计划,"还要再好好考虑一下"。⑥

　　《对华长期作战指导计划》的内容,除了裁减侵华兵力,还有其他一系列的应对持久战的方针,包括"主要进行治安作战,也可进

① 『戦史叢書——大本営陸軍部』(2)、202 頁。
② 『木戸日記』、1941 年 1 月 20 日、850 頁。
③ 『戦史叢書——支那事変陸軍作戦』(3)、328 頁。
④ 『戦史叢書——支那事変陸軍作戦』(3)、329、330 頁。
⑤ 『木戸日記』、1941 年 1 月 20 日、850 頁。
⑥ 『戦史叢書——大本営陸軍部』(2)、210 頁。

行适当的奇袭作战,但不扩大占领区,作战完毕即归驻地","继续航空作战的重压","强化全时段的陆、海、空封锁","活用以对华压迫为目的的政略、谋略","围绕着长期战争,促进编制、制度等各方面的合理化"等。① 当然,对汪伪政府的"政略指导",也是其中的内容之一。

《对华长期作战指导计划》要求,对汪伪政府的"政务指导要以《中国事变处理纲要》为基础"。② 而《中国事变处理纲要》明确规定,一旦进入"大持久战"阶段,对汪伪政府的"主要着眼点"是"协助我方""增强帝国综合战力","彻底获取日满两国所需国防资源"。③ 对汪伪政府的具体措施,包括"根据指导新中央政府要领,培养其收揽占领地民心、加强政治渗透、维持治安、收集物资之能力,增强、蓄积我战力"等。④

将"增强帝国综合战力"作为对汪政策的核心诉求,意味着日本将变本加厉地从中国获取资源。时任中国派遣军参谋的井本熊男承认:"根据这一方针(《中国事变处理纲要》),要在中国全力缩小我方的消费,并获取基本的国防资源,如铁矿、煤炭、盐、萤石、云母、石棉等,可以说是要强制实行一切可能的经济施策。极端地说,就是掠夺方针的加强。"⑤

---

① 『戦史叢書——支那事変陸軍作戦』(3),328、329 頁。

② 『戦史叢書——支那事変陸軍作戦』(3),329 頁。

③ 御前会議決定「支那事変処理要綱」,1940 年 11 月 13 日、「JACAR(アジア歴史資料センター)Ref. B02030519800、支那事変関係一件第三巻(A-1-1-0-30_003)(外務省外交史料館)」

④ 「支那事変処理要綱に関する質疑応答資料」,1940 年 11 月 13 日、「JACAR(アジア歴史資料センター)Ref. C12120183100、支那事変処理要綱　御前会議議事録　昭和 15 年 11 月 13 日(防衛省防衛研究所)」

⑤ 井本熊男『作戦日誌で綴る支那事変』,486 頁。

　　为了让汪伪政府能够"专心于与帝国进行各项合作",日本当局就要进一步加强对汪伪政府的控制。参谋本部作战部(第一部)部长田中新一,甚至在关于对汪机构问题上,提出了直接实行军政的强硬意见。①

　　日本加强对占领地掠夺的方针,显然与《中国事变处理纲要》中同时提出的"收揽占领地民心"互不相容。中国派遣军认为,是否能够获得民心,是汪伪政府能否发展壮大的关键,也是日军能否通过这一代理人统治占领区,进而从中国脱身的关键:"失去民心,就不足以进行长期占领,无以建设国家,因此要重视安定、收罗民心。"②但随着日本加强对汪伪政府的控制,其扶植汪伪政府,从而"通过占领地行政而获取中国民心的工作,向来很不充分,从此只能更加缺失了"。中国派遣军总参谋长板垣征四郎也不得不承认,这是"倾向于侵略主义的方针,不应该是对华处理的真正姿态。"③

(二)与汪伪政府签约和正式"承认"

　　11 月 30 日,日汪双方签订《基本条约》《日满华共同宣言》④,日本的侵略要求,通过缔约得以正式确认,日本政府随之宣布承认汪伪政府。日汪间签订的条约,基本按照"日汪密约"要点,全面确保了日本在华各领域侵略权益。

---

① 「機密戦争日誌」、1940 年 11 月 27 日、「JACAR(アジア歴史資料センター)Ref. C12120317400、機密戦争日誌　其 2　昭和 15 年 10 月 18 日～16 年 4 月 17 日(防衛省防衛研究所)」

② 支那派遣軍総司令部「昭和 16 年以降長期戦現地政略指導・政府指導」、1941 年 2 月 10 日、「JACAR(アジア歴史資料センター)Ref. C11110608300、昭和 16 年以降長期戦　現地政略指導　昭和 16 年 2 月 10 日(防衛省防衛研究所)」

③ 『戦史叢書——大本営陸軍部』(3)、330 頁。

④ 全文见附录。

《日满华共同宣言》宣告,汪伪政权承认伪满洲国:"中华民国、日本国及满洲国互相尊重其主权及领土。"

日汪《基本条约》及其附属议定书等一系列文件,确定了一系列日本侵略要求。

日汪整体关系:"于东亚建设以道义为基础之新秩序之共同理想下,互为善邻,紧密提携,以确立东亚永久之和平","于政治、经济、文化等各方面,讲求互相敦睦之手段",进行"文化融合""共同防卫""经济提携"。

日本驻军问题:"日本国军队除根据本日所签订之关于中华民国与日本国间基本关系条约及两国间之现行约定而驻屯者,于两国间恢复全面和平、结束战争状态时开始撤兵,并应伴治安确立二年以内,撤兵完毕","中华民国政府允对驻屯于中华民国领域内之日本国军队之驻屯地域及与此关联地域内之铁道、航空、通信、主要港湾及水路等,依照两国间之另行议定,答允关于日本国军事上必要事项之要求,但平时中华民国之行政权及管理权应受尊重"。

经济侵略利益:"两国政府基于长短相补、有无相通之旨趣,并依照平等互惠之原则,应行两国间之紧密的经济提携","关于华北及蒙疆之特定资源,尤其国防上必要之埋藏资源,中华民国政府允诺两国紧密协力开发之,关于其他地域内国防上必要之特定资源之开发,中华民国政府应予日本国及日本国臣民以必要之便利","于长江下游地域中日间在经济上将实现紧密的合作"。

对日赔偿:"中华民国政府,应补偿日本国臣民自事变发生以来,在中华民国因事变所受之权利、利益之损害"。

地方特殊化:"基于于上述条约之规定蒙疆[内长城线(不包含在内)以北之地域]在国防上及经济上为中日两国之强度结合地带,因鉴于此特殊性,是以根据现状以蒙疆为高度防共自治区而承认其广泛之自治权","基于上述条约及附属文书之规定,华北[内长城线(包含在内)以南之河北省山西省及山东省之地域]为中日间国防上及经济上之秘密合作地带,中华民国政府有鉴于此,经于华北设置华北政务委员,使该委员会继承并处理中华民国临时政府所办之事项","与日本国政府协力实现中日间之提携,以建设新上海","以海南岛及其附近诸岛屿为省区设置一省。以厦门及其附近为市区设置厦门特别市。关于上述诸地域内中日协力事项中军事协力及经济提携之事项,应取适当措置使得妥为地方的处理"。

日籍顾问:"中华民国政府依据其与日本国政府间之另行议定,关于中日协力事项,聘请日籍技术顾问及军事顾问,并任用日籍职员"。①

就日汪条约之签订,汪精卫发表谈话,宣布:"现在中日调整国交基本条约已经签字;从此以后,中日关系开一新纪元,中日两大民族从新开辟一条光明大道,携手前进,各爱其国家,各爱其民族,并互爱其民族,主权及领土,彼此互相尊重;军事经济文化各方面,彼此通力合作,以期增进两国间的共同福利,同时并即以保障东亚的永久和平。"②

然而,这份《基本条约》,虽然在公开的部分里,强调日汪间的"平等",但在非公开的部分中,基本上确认了日本通过日汪密约所得到的侵略权益。"重光堂密约"约定,日军在"全面和平"后撤军,两年内撤军完毕。而《基本条约》确定,日军一直到"确立治安"两

---

① 「日華間基本条約及附属文書並日満華共同宣言」、1940 年 11 月、「JACAR(アジア歴史資料センター)Ref. B04013465700、日華基本条約及日満華共同宣言関係一件(阿部特派大使派遣関係ヲ含ム)第六巻(B‐1‐0‐0‐J/C3_003)(外務省外交史料館)」

② 汪精卫:《签订中日调整国交条约谈话》(1940 年 11 月 30 日),《国民政府还都周年纪念册:和平反共建国文献》第 1 辑,1941 年编印,第 157 页。

年后，才能撤军完毕，这相当于给日军设定了一个漫无边际的撤军期限。汪精卫对此粉饰表示："以前因为有秘密的义务，所以不能公开的说出来，如今附属议定书已经发表了，全国同胞都看见了，日本依然答应停战二年以内撤兵完了，而且并没有把以前欧洲各国战胜国加于战败国的约束加之中国。"①此外，通过这一条约，日本逼迫汪伪政府法理承认伪满，使汪伪政府无法再追诉东北问题，对这一明显丧权辱国之约定，汪精卫解释表示："至于东北四省，本来是中国领土之一部分，然自九一八以至现在已经十年了，在这十年中，事实之推移是人所共见的""这次签订中日条约，同时发表中日满三国共同宣言，我们从前是同胞，现在是同胞，将来也是同胞，只要能够比肩携手共同向着增进彼此国家人民的幸福，保障东亚永久和平而努力"。②

　　随着对汪伪政府的"承认"，各项侵略方针得以以条约方式确定。日本准备确定政策方针，对华实行持久战，放弃"重庆工作"。御前会议上通过的《中国事变处理纲要》明确规定，至此应"停止一切由军民进行的重庆工作"。③ 随着承认汪伪政府，"重庆工作"由此终结，周佛海得知"犬养电告，田尻、船津等自港来电，深怪承认国府，致影响和平"后，感慨"岂重庆真有和平之意耶？"④

---

① 汪精卫:《签订中日调整国交条约谈话》(1940年11月30日)，《国民政府还都周年纪念册:和平反共建国文献》第1辑，1941年编印，第157页。
② 汪精卫:《签订中日调整国交条约谈话》(1940年11月30日)，《国民政府还都周年纪念册:和平反共建国文献》第1辑，1941年编印，第157页。
③ 御前会議決定「支那事変処理要綱」、1940年11月13日、「JACAR(アジア歴史資料センター)Ref.B02030519800、支那事変関係一件第三巻(A-1-1-0-30_003)(外務省外交史料館)」
④ 周佛海著，蔡德金编注:《周佛海日记全编》(上编)，第386页。

承认汪伪政府,也从法理上封闭了中日媾和的可能性:"无论如何,随着承认汪政权,从国际法上来看,日本完全抹杀了重庆政府的存在,从此就是同一个既不是宣战的对手,又不是讲和的政府的军队作战了","从日中对等的立场上解决战争问题的方式,在现实政治中已经不存在了"。① 因此,仍对媾和抱有犹豫的蒋介石,得知日本承认汪伪政府后,痛感中日媾和已不可能:"倭寇竟于三十日承认汪伪组织,其愚拙实不可及,而东亚战事实不知延长至何时方能结束矣"。②"近卫无智无能,承认汪伪,使中倭结成不解之仇,既为敌国惜,更为东亚忧也"。③

(三) 日汪签约后的日本对汪政策

日本在与汪伪政府签约后,汪伪政府的孱弱仍使其极为苦恼。关于"无论什么都援助汪政权,汪政权的政治力却没有起色的问题",如《每日新闻》记者吉冈文六所认为的,首先,汪伪政府是仓促成立,用来促进对重庆政府的"谋略工作"的,而非日本当局倾力扶持的交涉对象:"汪政权是在特殊的情况下,非常性急地成立的,负有分化削弱重庆政权的特殊使命。"其次,汪伪政府拼凑而成,人员组织松散,并无足够政治能力:"是混合各种材料急造出来的临时建筑,无法面对地震和风雨。"最后,汪伪政府缺乏独立性,受日军直接控制:"汪政权推行政治的地域,也就是日本守备区,其中一切事物、一切行动都和日本军的作战相关联,这是无法否认的。因此相关的人、事、行动都要接受日本军的监视、管理,对于日本军的作

---

① 『戦史叢書——大本営陸軍部』(3)、324 页。
② 《蒋中正"总统"档案——事略稿本》(44),1940 年 11 月 30 日,第 721 页。
③ 《蒋中正"总统"档案——事略稿本》(45),1940 年 12 月 2 日,第 25 页。

战、守备的要求,完全没有交涉余地,政治的独立和经济的自由也是无法实现的。"①

原对汪"特派大使"阿部信行,也在复命报告书中指出,日本要完成自身战略目的,仅靠汪伪政府不足为恃,追求与国民政府媾和的"重庆工作"不应被放弃:"我认为本次承认新政府,与重庆工作本质上不是矛盾的,而是相辅相成的。重庆政权背后是第三国势力,所以处理重庆政权的前提条件,是处理与第三国势力的关系。从这一意义来说,对第三国,尤其是对苏对美关系的调整,从全面解决事变的角度是非常重要的。对华施策结局与帝国的世界政策是密切关联的。"②

如阿部所言,日本的世界政策,即整体战略、外交导向影响着日本接下的对汪政策。日本仍然立足于对华战争的需要,主要为满足对华"大持久战"战略而采取的对汪政策、为完成侵华战争而进行的"重庆工作",仍然对汪伪政府产生着影响。

1940 年末,"随着(日本当局)与南京政府于 11 月 30 日签订新条约,完成正式承认",日本的对汪政策,融入其对华持久战战略之中,日本当局将汪伪政府定位为其"大持久战方略的一环",对汪伪政府"进行内部指导,使双方得以相互合作"。③

中国派遣军于 1941 年初"以《中国事变处理纲要》为根据,遵照中央指示,服务长期战争,以 1941、1942 年为实行期限",制定了

---

① 吉岡文六「汪政権強化の一方法」、『外交時報』、1941 年 5—6 月、79—86 頁。
② 阿部信行「日支条約締結二関スル報告書」、1940 年 12 月、「JACAR(アジア歴史資料センター)Ref. B04013470700、日華基本条約及日満華共同宣言関係一件(阿部特派大使派遣関係ヲ含ム)第十二巻(B‐1‐0‐0‐J/C3_010)(外務省外交史料館)」
③ 堀場一雄『支那事変戦争指導史』、519 頁。

详细的对汪"政略指导"的方针,即(下文简称《指导》)。①

1941 年 2 月 14 日,中国派遣军召集隶下各方面军、军司令官在南京召开会议,传达 1941 年的政务和作战的基本方针。中国派遣军总司令官西尾寿造宣布,对华政策开始转入持久战阶段:"关于处理事变,从今往后就要转移向指导长期大持久战争,建设新中国,将之作为国际政局的一个环节来处理。"②

与持久战阶段相对应,中国派遣军确定了对汪伪政府的"政略指导"的基本方针:"在现有的占领地区内,确立长期战初期的态势,以强化帝国综合战力。"③要"强化帝国综合战力",日军需要一方面"减支",另一方面"增收"。

在"减支"方面,《指导》要求,努力在占领区建立统治秩序,将其管理权逐步让渡给汪伪政府,从而让日军得以脱身:"分阶段地划定重要区域,肃清占领区,确立治安,在力图充实我国防资源的同时,用以安定民心,发展新政府的实力,渗透其政治力量,以策应协助我进行战争和处理事变。"④"随着国民政府加强实力,划定地域,逐步将其治安和政治权限交给国民政府,给予其基础的地盘。计划从扬子江下游的小地区开始,再根据情况逐步

---

① 支那派遣軍総司令部「昭和 16 年以降長期戦現地政略指導」、1941 年 2 月 10 日、「JACAR(アジア歴史資料センター)Ref. C11110607700、昭和 16 年以降長期戦　現地政略指導　昭和 16 年 2 月 10 日(防衛省防衛研究所)」

② 『戦史叢書——支那事変陸軍作戦』(3)、331、332 頁。

③ 支那派遣軍総司令部「昭和 16 年以降長期戦現地政略指導・方針」、1941 年 2 月 10 日、「JACAR(アジア歴史資料センター)Ref. C11110607900、昭和 16 年以降長期戦　現地政略指導　昭和 16 年 2 月 10 日(防衛省防衛研究所)」

④ 支那派遣軍総司令部「昭和 16 年以降長期戦現地政略指導・方針」、1941 年 2 月 10 日、「JACAR(アジア歴史資料センター)Ref. C11110607900、昭和 16 年以降長期戦　現地政略指導　昭和 16 年 2 月 10 日(防衛省防衛研究所)」

扩张。"①

　　在"增收"方面,日军希望能促进占领区经济的发展、物资的增产,以满足日军的战争需要。西尾寿造要求,要"在中国方面进行工作,促进占领地区的富强,培植国民政府成为统治主体"。②《指导》中提出,在占领区"对物资的增产、流通和配给进行圆滑的协调"③,其目的则在于,"实现我军的现地自活(注:自给自足),也培养当地的经济力,尤其是加强生产力,以充实我国防必须要的物资,同时安定民心、巩固国民政府财政的基础,而且,尽可能地要将日满和占领区结合为一,以实现经济上的自给自足","关于军在当地的治理,要着眼于长期持久,首先以实现主要的衣物、粮食、物资等高度的自给自足为目标,加以努力"。④

　　日军"现地自活"的掠夺方针,与发展占领区经济、确立治安的矛盾姑且不论,就日军对汪伪政府的期许与实际的对汪政策之间,也存在较为明显的矛盾。

　　如前文所显示,日军无论要"减支",还是"增收",汪伪政府在其计划中都占有重要地位,但日军对孱弱的汪伪政府,却有索取多、支援少的倾向。

---

① 这一行动即后来日军的"清乡"。支那派遣軍総司令部「昭和 16 年以降長期戦現地政略指導・政務指導」、1941 年 2 月 10 日、「JACAR(アジア歴史資料センター)Ref. C11110608000、昭和 16 年以降長期戦　現地政略指導　昭和 16 年 2 月 10 日(防衛省防衛研究所)」

② 『戦史叢書——支那事変陸軍作戦』(3)、331—332 頁。

③ 支那派遣軍総司令部「昭和 16 年以降長期戦現地政略指導・政府指導」、1941 年 2 月 10 日、「JACAR(アジア歴史資料センター)Ref. C11110608300、昭和 16 年以降長期戦　現地政略指導　昭和 16 年 2 月 10 日(防衛省防衛研究所)」

④ 支那派遣軍総司令部「昭和 16 年以降長期戦現地政略指導・経済指導」、1941 年 2 月 10 日、「JACAR(アジア歴史資料センター)Ref. C11110608100、昭和 16 年以降長期戦　現地政略指導　昭和 16 年 2 月 10 日(防衛省防衛研究所)」

在军事上,《指导》要求,汪伪政府要配合日军,"收集情报,提供兵力、警力,协同进行确立治安和讨伐敌人的工作,协同进行促使敌军归顺和剿共的工作"。① 然而,正如中国派遣军总参谋长板垣征四郎在同一会议上所言,"现在占领区内的治安,不过是完全依靠日军的暂时的安宁"。② 1940 年末,汪伪政府"在华北、华中,加起来号称有十五万整训了的军队,和同等数量的警察,但军队的战斗力极低,倒是由县警察队进行治安的情况维多","比起征召的军队,倒是归顺的军队无论战斗力还是与日军的协同,都较前者为佳。总之,很难期待其(注:汪伪政府)武装团体能够急速增大日军战力"。③ 汪伪政府不要说是独当一面地统治占领地了,即使只是协同日军,也面临着重重困难。

在经济上,《指导》要求汪伪政府"进行经济建设,对应民众需要,减轻其负担",又规定其任务在于"收集并运输军需物资,协助进行军票和联银券的工作","提供国防必需的物资,负担相应的战费等"。④ 除非占领区经济发展的速度,远高于日军战争需要的增加,要不然,在物资有限的情况下,满足日军,与对应民众需要,作为一对此消彼长的关系,并不容易同时实现。

日军的经济封锁政策,也严重阻碍着占领区经济的发展。《指导》要求,"特别要加强对敌区的封锁,并在占领区和敌区之间,努

---

① 支那派遣軍総司令部「昭和 16 年以降長期戦現地政略指導・政府指導」、1941 年 2 月 10 日、「JACAR(アジア歴史資料センター)Ref. C11110608300、昭和 16 年以降長期戦 現地政略指導 昭和 16 年 2 月 10 日(防衛省防衛研究所)」

② 『戦史叢書——支那事変陸軍作戦』(3)、331—332 頁。

③ 『戦史叢書——大本営陸軍部』(2)、272 頁。

④ 支那派遣軍総司令部「昭和 16 年以降長期戦現地政略指導・政府指導」、1941 年 2 月 10 日、「JACAR(アジア歴史資料センター)Ref. C11110608300、昭和 16 年以降長期戦 現地政略指導 昭和 16 年 2 月 10 日(防衛省防衛研究所)」

力建立起有效而合理的隔断"①,并要求汪伪政府"协同进行封锁工作"。② 在当时,经济封锁,成为日军"对华战略最有力的手段"。但"要从外部完全封锁中国全部海面,非常不容易,其投入产出比也值得怀疑,但是因为没有其他压迫重庆方面的好办法,只能依此继续",而经济封锁的结果,"也阻断了我方占领地物资的交流和经济活动,而且不止其大动脉,就算是毛细血管也被堵塞,这又是一件得不偿失之处"。③

在政治上,《指导》要求,要"使中国方面得以渗透政治力,以促进治安,我方秘密进行响应协助"。但汪伪政府"渗透政治力"的最大障碍,就是日军的干涉。把控占领区政治权力的日军,不愿彻底将之完全交给汪伪政府,在各级行政上无法实现独立自主。《指导》中提出的"贯彻国民政府的政令。对地方的内部指导尽可能到省政府为止,之下的地方政治要减少我方直接干预"条文,④正说明了从汪伪政府中央,到省政府以下的各级地方政府,日军都保持着对其行政的控制。

日军加强汪伪政府实力的措施,也虚多实少,其中"利用中国方面官民,尊重其有地位者的地位,方便其进行工作,对无地位的一般

---

① 支那派遣軍総司令部「昭和 16 年以降長期戦現地政略指導・方針」、1941 年 2 月 10 日、「JACAR(アジア歴史資料センター)Ref. C11110607900、昭和 16 年以降長期戦現地政略指導　昭和 16 年 2 月 10 日(防衛省防衛研究所)」

② 支那派遣軍総司令部「昭和 16 年以降長期戦現地政略指導・政府指導」、1941 年 2 月 10 日、「JACAR(アジア歴史資料センター)Ref. C11110608300、昭和 16 年以降長期戦　現地政略指導　昭和 16 年 2 月 10 日(防衛省防衛研究所)」

③『戦史叢書——大本営陸軍部』(2)、272 頁。

④ 支那派遣軍総司令部「昭和 16 年以降長期戦現地政略指導・政務指導」、1941 年 2 月 10 日、「JACAR(アジア歴史資料センター)Ref. C11110608000、昭和 16 年以降長期戦　現地政略指導　昭和 16 年 2 月 10 日(防衛省防衛研究所)」

民众，要加抚慰”，①“政府要涵养德望，提高人员素质，留有善政施策的余地，聚集遗贤”等②虚有其表，并无实际太大意义。

　　汇总各项因素来看，日军对汪伪政府索取多，支援少。日本对汪政策着眼于满足日本需求，“要使其协助日方，尤其协助日军，并协同对重庆及其领域的施策”，又指望汪伪政府能“努力安定民心，并整备其人力、财力、武力”。③ 不愿大胆放权给汪伪政府，又要求汪伪政府“凭借为处理事变而共同作战的真心，对日本方面，尤其是日军策应协助”。④

　　这样矛盾的状态，让汪伪政府深受重压，步履维艰，日本的相关政策也难以顺利推行。1941 年 4 月，外务省总结表示，“说起《中国事变处理纲要》的实际成绩，这四个月间，重点本应是渗透国民政府的政治力，把握我占领地内的民心，从而培植、强化新政府。结果在实际上，却把我方自己的目的，也就是加强帝国的综合战力，作为让中方加以协助的重点”，“《中国事变处理纲要》的正文中，虽然有‘肃正占领区内治安’‘向占领地区内渗透政治力’‘安定占领区内民心’等表述，但施策的重点，却着眼于利用国民政府，强化帝国综合战力。换句话说，把重点放在了日华附属议定书第一

---

① 『戦史叢書——支那事変陸軍作戦』(3)、331—332 頁。

② 支那派遣軍総司令部「昭和 16 年以降長期戦現地政略指導・政府指導」、1941 年 2 月 10 日、「JACAR(アジア歴史資料センター)Ref. C11110608300、昭和 16 年以降長期戦　現地政略指導　昭和 16 年 2 月 10 日(防衛省防衛研究所)」

③ 支那派遣軍総司令部「昭和 16 年以降長期戦現地政略指導・政府指導」、1941 年 2 月 10 日、「JACAR(アジア歴史資料センター)Ref. C11110608300、昭和 16 年以降長期戦　現地政略指導　昭和 16 年 2 月 10 日(防衛省防衛研究所)」

④ 支那派遣軍総司令部「昭和 16 年以降長期戦現地政略指導・政府指導」、1941 年 2 月 10 日、「JACAR(アジア歴史資料センター)Ref. C11110608300、昭和 16 年以降長期戦　現地政略指導　昭和 16 年 2 月 10 日(防衛省防衛研究所)」

条第一项的'随着战争的进行,存在特殊事态'上,却对第二项的'调整特殊事态'置之不理,真是让人不胜遗憾"。[1]

在这种情况下,"汪精卫对日本政府援助不认真而抱有不满"。[2] 在汪精卫通过周佛海转交给日本当局的《对日本政府的希望》中,文章提到汪伪政府受到"种种束缚和障碍,迫切需要改善","汪氏认为前途暗淡","如果现状得不到改善,那么国民政府的中坚分子也会日益悲观,有政府崩溃之虞"。[3] 日军对汪伪政府多取少予、且将之作为掠夺工具,严加束缚,这样的政策让汪伪政府走入了困境。周佛海认为,汪伪政府的发展状况远不如预期,其根本原因在于日本当局的将汪伪政府当作傀儡的政策:"还都一年,各事均不如预期,中日合作前途极可悲观。日人之不了解者,可谓绝大多数,仅少数人知中日合作之必要及办法,岂能济事? 中日百年之仇,恐仍不能消灭。至为心焦。"[4]"日人中固有少数明白事理、尊重中国之独立自主者,但大多数仍不忘以中国为第二满洲国,以致还都一年,毫无成就。观念如此,中日合作岂易言哉?"[5]周佛海甚至感叹道:"日本军人之根本观念如此,将来暗礁太多,岂能一一渡过? 言念及此,不禁深佩重庆方面之观察正当也。"[6]

---

[1] 亜一「対支緊急施策要綱(案)の決定に関する件」、1941 年 5 月 5 日、「JACAR(アジア歴史資料センター)Ref. B02030516800、支那事変関係一件第二巻(A－1－1－0－30_002)(外務省外交史料館)」

[2] 岡田酉次「日中戦争裏方記」、241 頁。

[3]「日本政府二対スル希望訳文」、1941 年 5 月 13 日、「JACAR(アジア歴史資料センター)Ref. B02030708100、国民政府主席汪兆銘来朝関係一件(近衛、汪共同声明ヲ含ム)(A－1－1－0－33)(外務省外交史料館)」

[4] 周佛海著,蔡德金编注:《周佛海日记全编》(上编),第 433 页。

[5] 周佛海著,蔡德金编注:《周佛海日记全编》(上编),第 436 页。

[6] 周佛海著,蔡德金编注:《周佛海日记全编》(上编),第 457 页。

　　日本虽然"承认"汪伪政府为中国"新中央政府",但不过将之作为进行侵略战争的工具,其后随着世界形势的变化,汪伪政府与日本的战争机器更加深度绑定。太平洋战争爆发后,汪伪政府宣称与日本"同甘共苦,同生共死"。终于在 1945 年 8 月,日本正式向盟军投降,汪伪政府随日本侵华战争的失败而宣告覆灭。而其间日本对汪伪政府的政策,亦是日本扶植汪伪政权成立的相关一系列政策的延续。

结　语

　　日本对汪政策的演变,是一个受多种因素影响,变易不定的过程,本书对相关问题的考察,主要从横向、纵向等多个角度进行,主要包括如下几条线索和发现。

　　变与不变,日本对汪政策的演变。

　　"谋略工作",即为了促使中国屈服,通过军事之外的手段①,"获取及消灭敌方各种势力的工作"。② 日军将"谋略"定位为以军事进攻为主的"战略"、以媾和与扶植伪政权为主的"政略"之外的一种战争手段,诱降汪精卫,即为"谋略工作"之一种。

　　诱降汪精卫之前,日本在军事进攻的同时,一边尝试与国民政府媾和,一边扶植伪政权,在对华政策上做着两手准备。出于对战

---

① 戸部良一『日本陸軍と中国——「支那通」にみる夢と蹉跌』、講談社、1999 年、204、205 頁。

② 省部決定「戦争指導上ノ見地ヨリ現下諸案件処理ニ関スル準拠」、1939 年 3 月 30 日、「JACAR(アジア歴史資料センター)Ref. C12120074900、支那事変戦争指導関係資料(大本営陸軍部の部)昭和 12 年 5 月 29 日〜昭和 15 年 12 月 2 日(防衛省防衛研究所)」

争的乐观预期,日本最终终止媾和,宣布"不以国民政府为对手",着力于扶植"新政权"。然而,军事进攻的受挫和伪政权的孱弱,促使日本当局不得不另辟蹊径,开展"谋略工作",以削弱国民政府。日军诱降汪精卫的工作,便立足于这一战略目的,向汪精卫集团提出了不完整和宽缓的媾和条件。日汪双方签署"重光堂密约"后,汪精卫随之投日。

汪精卫的投日,说明日本对汪"谋略工作"取得成果,但其实际效果不彰。汪精卫不但未能拉拢到各实力派支持,建立起自己的军队和控制区,亦并非部分日本高层所以为的,与蒋介石具有默契。由于日本此时并未在扶植汪精卫组织"新中央政权"一事上达成共识,日汪关系一度陷入了低潮。

汪精卫遭遇未遂刺杀,在日军的协助下进入上海后,日本对汪政策进行了重新定位。此时日军在中国战场久拖不决,日本国力也逐渐衰弱,日本当局急切于改变现状,于是选择汪精卫统筹各投日力量,组织"新中央政权"。确定以汪精卫作为交涉对手后,日本当局一改对汪约定,将其对华侵略要求和盘托出,日汪签署密约,其内容与"重光堂密约"相较,严苛程度大大加深,并以此为基础,形成了《基本条约》体系。

正式决定以汪精卫组织"新中央政权",标志着日本的对汪政策由"谋略"转入"政略",但由于汪精卫集团缺乏实力,日本对借助汪精卫达成侵华目标一事信心不足,因此除了扶植汪精卫组织政权,日本对汪政策"谋略"的一面,即着眼于削弱国民政府的意图,仍然久久不褪。由于缺乏决断,企图两头压注,日本同时进行组织汪精卫"新中央政权"工作与"重庆工作",结果先是因"重庆工作"而迁延汪伪政权成立事宜,后又推迟对汪伪政权的"承认",对汪伪政权政策屡受外因影响,基础不稳,多变反复。

日本正式"承认"汪伪政权,是在"重庆工作"失败后做出的决定,由于短期内解决侵华战争的希望破灭,日军确定"大持久战"计划,将汪伪政府当成"对华大持久战战略的一个环节",为日本的战争计划服务。在这种背景下,汪伪政权只能被动顺应日军需求,不可能真正独立自主,缺乏发展壮大的政治基础,加上日军实行"以战养战"方针,对占领地采取竭泽而渔的掠夺政策,这也注定了汪伪政权亦缺乏发展壮大的经济基础。一个不具备统治合法性,也缺乏军政实力,无法自立的政权,虽然方便日军控制,但对日军的协助极为有限,日本扶植此政权作为代理人的意义也就遭到了削弱,这也注定了日军在战场局势恶化,急于减少中国战场消耗时,日本将不得不调整对汪政策,以增强汪伪政权实力,协助自己脱身。

从上述纵向的时间线索来看,日本对汪政策难以稳定,处于不断变化之中,而这种多变的原因,在于世界局势和日本侵华整体局势的变化。

从横向的空间线索来看的话,世界大局是日本确定侵华政策和对汪政策的基础。如1939年下半年至1940年,日本中央本已确定扶植汪伪政权,进行长期的侵华战争,但由于第二次世界大战欧洲战场的开辟和局势变化,促使日本调整政策,试图从速完成侵华战争,从中国战场脱身,进而将重心放到了诱降国民政府的"重庆工作"上,迁延扶植汪伪政权成立及对其"承认"事宜。

日本的侵华战争全局,也决定了日本对汪政策的转变。如1938年的诱汪行动,1939年扶植汪伪政权的决议,都是战局相持不决,日本急于打开局面的产物。而汪伪政权的成立事宜、"承认"事宜,都与日本的"重庆工作"绑定,对汪伪政权的基本政策,则被日本当作侵华"大持久战的一环"。

　　总而言之,日本对汪政策受日本侵华战争全局乃至世界大局影响,不断演变,但日本对汪政策的本质是不变的。日本的对外战略、侵华战略是一贯的、确定的,也就限制了其对汪政策可能发生变化的空间,无论日汪间关系如何,日本内部对汪伪政权态度如何,其对汪政策稳定程度如何,结果都不可能逸出基本的侵华战略的轨道,这注定了日本对汪政策的核心立场是稳定的。

同与不同,日本对汪政策各相关主体的差异。

　　从日汪关系的宏观角度来考察,日汪双方的理想状态是互利的。汪伪政权寄生于日本的力量,由于自身缺乏执政合法性和实力,需要凭借日本的武力来支撑其统治,日军侵华形势越有利,汪伪政权统治就越稳固;而日本方面也需要代理人政权,来确认其侵略利益,协助其统治占领区,汪伪政权力量越大,对日本的战略目标也就越有利。因此在某种程度上,日汪不仅命运相关,而且利益相连。

　　然而,日汪双方的目标又是不同的。汪伪政权的优先目标当然是发展自身力量,而对日本来说,最优先的选项是完成侵华战争,而非扶植汪伪政权,如果有其他更好的选择,日本不必囿于扶植汪伪政权一途。汪伪政权毕竟只是一群受日军庇护的政客所组成的,既没有健全的组织基础,又缺乏执政合法性,缺乏实力。这让急于求成的日本当局怀疑,扶植汪伪政权能否达成其目的,纠结于"汪工作"与"重庆工作"之间。

　　另外,只要侵华战争没有结束,日军无法从占领区脱身,日本的对汪政策,就处于矛盾之中。一方面,面对战争的巨额消耗,日本希望汪伪政府能够发展壮大,承担对占领区的统治任务,减轻自身负担。但另一方面,日本无论从其满足自身战争需求的短期要求出发,还是从其长期的侵华方针出发,都不可能从实质上修正其对汪伪政权的条件,真正向汪伪政权放权,让汪伪政权发展壮大。这一对矛盾的结果,就是虽然日本期待汪伪政权能够拥有执政合法性,增强自身实力,却要提出条件,不仅大肆索取在华权益,还对汪伪政权的权力进行各种限制,确保日本对占领区的完全控制。归根结底,日本既希望控制汪伪政权,又希望汪伪政权无需依托日军武力,就能独力统治占领区,让日军在侵略权益得到保证的前提下,得以从中国战场脱身,但这样的要求,现实中是不可能并存的。

与对汪政策相比,日本对其他傀儡政权的政策,也存在着同与不同。

在日本近代以来的侵略扩张活动中,存在着不同的殖民方式,有琉球这样直接划为日本一行政区划的方式,也有台湾、朝鲜,由拥有广泛权限的总督实行统治的方式。在直接统治之外,日本对伪满洲国在形式上采取了间接统治的方式,将伪满洲国当作一个"独立国家",但实际上由各级日本官吏进行统治。

相较伪满洲国,日本对汪伪政权的政策有所不同,采取了派遣顾问,而非直接任用日本官吏的统治办法,这和伪满洲国与汪伪政权在日本国防战略中不同的定位有关。客观地说,日本对汪伪政权的控制,相较伪满确实是更为宽松的。然而,从日汪所签订的条约,尤其是日汪《基本条约》体系来看,日本对汪伪政权从军事、政治、经济等方面的全面控制,与伪满并无根本的不同。

汪精卫集团与华北、华中等伪政权之间也存在着同与不同的关系。汪精卫集团与华北、华中等伪政权,同样是日本扶植的傀儡政权,同样以日本的政策为行动指南,但其相互利益是不尽相同的,其背后的日本支持者的观点亦不尽相同。加上日本"分治合作"的对华方针,导致汪精卫在整合南北伪政权,组织"新中央政府"之际,遇到了相当的困难,华北伪政权亦长期保留着相当的独立性。但这种"不同"的本质,是日本侵华政策所决定的,其最终的决定者,仍然是日本决策层。

在日本决策层内部,也存在着同与不同的问题。

日本中央对汪政策的决策机构,主要包括军部、外务省及兴亚院(后兴亚院由大东亚省替代)等,在对汪政策乃至整个日本政治上,军部有着较强的发言权,兴亚院与大东亚省的人事安排,也受到军部较多影响,甚至由军部直接控制。而在日本长期的政治生态中,军、政相互独立,是两个不同的系统,如何分配两者在侵华活动中的权力,就成了一个重要的问题。

日本决策层内部对日本侵华的大方向,基本立场是相同的,军、政两界,均为侵华行动的积极推动者。但就侵华事务的权力分配问题,日本军、政两界,尤其是日军与主持对外事务的外务省之间,立场存在着明显差异。

日军通过兴亚院等机构,推动加强在占领区"外政"的权限,即直接在占领区处理政治、文化等事务,这固然主要是为了加强对占领区的统治,但客观上也削弱了外务省的权力。围绕着"外政"机关兴亚院、大东亚省,外务省与军部有着明显的意见分歧。从外务省的角度考虑,将对汪关系置于"外交"范畴,也就是外务省的职能之内,进行间接控制更为适宜。而日军则偏向于将对汪关系置于"外政"范畴,交给"外政"部门,进行直接管理。这样一来,从表面上看,外务省更强调日汪间的"外交"关系,汪伪政权的"独立、自主",相关方案多较军部更为缓和,但这是为其立场、利益所决定的。在决定对汪政策时,虽然军部掌握着主导权,但外务省的不同意见,亦为日本根据形势变化,调整对汪政策提供了契机。

即便在军部内部,也在对汪政策上存在着分歧。如在日军中央,就选择"重庆工作"还是扶植汪精卫政权问题,曾经出现过争论。而日军中央与中国派遣军,也产生过矛盾,中国派遣军出于自身利益考虑,希望中央增加侵华兵力,减少在占领区搜刮物资等非作战任务的压力,而日军中央则从日本对外侵略全局考虑,希望减少在中国战场的投入,增加从中国获取的战争物资。由于各自利益的不同,双方在侵华全局、对汪政策问题上,亦产生过一定的矛盾。

可以说,日本当局内部,虽然在侵华的大方向上并无分歧,其立场是基本相同的,但其具体利益又有着不同,而这种不同,在形势发生变化时,往往促成了日本对汪政策的调整。

是不是傀儡?　日本对汪政策中的汪伪政权。

客观地说,汪精卫集团的主观方面,亦未必完全甘做日本完全控制的傀儡。在日汪谈判"日汪密约"、汪伪政权成立、得到日本"承认"、汪伪政权要求参加太平洋战争等问题上,日汪双方围绕着利益分配问题,产生过较为激烈的争执。汪精卫等人也存在着缓和日本提出的条件,增强自身独立性、自主性的意愿。在某些情况下,尤其是汪精卫几次访日的过程中,汪精卫等人提出的意见,对日本的对汪政策产生过部分影响。日本当局内部甚至出现过"只要汪精卫提出来的,日本方面不管什么都会答应","防止给人这样的误解"[1]的担忧,可以说,要说汪精卫在日本当局面前完全没有发言权,对日本的对汪政策毫无任何影响,也是不客观的。

---

[1] 亜一「対支緊急施策要綱(案)の決定に関する件」、1941 年 5 月 5 日、「JACAR(アジア歴史資料センター)Ref. B02030516800、支那事変関係一件第二巻(A－1－1－0－30_002)(外務省外交史料館)」

　　基于上述理由,近年来的部分研究,尤其是日本学界的部分研究,对汪伪政权傀儡政权性质提出过质疑。但本书认为,强调汪精卫等人的主观意愿,来讨论汪伪政权是否是傀儡政权并不严谨,甚至会成为一个伪命题。本书通过对日本对汪政策的研究认为,无论汪精卫等人主观意愿如何,并无助于改变汪伪政权作为傀儡政权的本质,汪精卫等人亦无扭转日本对汪政策的能力。归根结底,由于汪伪政权对日本的寄生关系,双方处于完全不平等的地位,汪伪政权即使有议价意愿,亦无议价能力。决定汪伪政权性质的,是日本的对汪政策,而在日本的对汪政策中,汪伪政权确被当作傀儡政权,甚至根据情况,被当作用来诱降重庆国民政府,可以随时牺牲的"谋略政权"。

　　日本决策层内部曾对将汪伪政权当作傀儡加以控制是否合理、是否有效而提出过质疑,但存在这些不同意见,并不意味日本的对汪政策就会因此发生实质改变。

　　综上所述,日本对汪政策的演变,并非一条封闭的独立的线索,而决定于日本的整体对外政策和侵华政策。但考察日本的对汪政策的背景,反推日本的整体对外政策和侵华政策,可以看到,在日本易变不稳的对汪政策背后,是其相对稳定的整体侵略政策。汪伪政权存在时间并不长,但日本对汪政策演变所折射的侵略背景和决策机制,在日本侵略史上有着深远影响。

日本扶植汪伪政府成立大事记

1937 年

7 月 7 日，卢沟桥事变爆发。

8 月 7 日，实业家船津振一郎抵达上海，进行"船津和平工作"。

8 月 9 日，"大山事件"在上海突发，"船津工作"被迫终止。

10 月 1 日，日本首相、陆相、海相、外相通过《处理中国事变要纲》。

10 月 22 日，日本首相、陆相、海相、外相决议通过第三国对中日战争进行调停。

11 月 2 日，日本外相广田弘毅向德国驻日大使迪克西提交对中国的七项要求。

12 月 1 日，参谋本部下达攻占国民政府首都南京的命令。

12 月 2 日，日本内阁通过《事变对处纲要（甲）》，决定不惜"逐渐强化扩大华北政权，将之当作新中国的中心势力"。

12 月 13 日，"中华民国临时政府"成立。

12 月 15 日，大本营陆军部通过《事变对处要纲案》，提出在无法与国民政府达成协议之际，实行对华持久战。

1938 年

1 月 11 日,御前会议通过《处理中国事变根本方针》,决定在与国民政府媾和失败的情况下,扶植"新中央政权"。

1 月 16 日,日本首相近卫文麿宣布,"不以国民政府为对手",即"第一次近卫声明"。

2 月 16 日,召开御前会议上,讨论限制在华作战范围。

3 月 28 日,"中华民国维新政府"成立。

6 月 24 日,五相会议通过《今后之中国事变指导方针》,提出向国民政府诱和。

7 月 12 日,五相会议通过《适应时局的对中国的谋略》,要求采取措施分化抗战阵营。

9 月 22 日,伪临时政府与伪维新政府设立"中华民国政府联合委员会"。

11 月 3 日,近卫文麿发表声明,提出"如果国民政府抛弃以前的一贯政策,更换人事组织,取得新生的成果,参加新秩序的建设,我方并不予以拒绝",即"第二次近卫声明"。

11 月 20 日,汪日签订"重光堂密约"。

11 月 30 日,御前会议通过《调整日华新关系方针》,确定对华条件。

12 月 16 日,日本"兴亚院"正式成立。

12 月 18 日,汪精卫离开重庆,经昆明前往河内。

12 月 22 日,近卫文麿根据《调整日华新关系方针》内容,发表"第三次近卫声明"。

12 月 29 日,汪精卫在河内发表"艳电"。

1939 年

1 月 4 日,近卫文麿向天皇呈递辞呈,近卫内阁解散。

3月21日，汪精卫秘书曾仲鸣遇刺身亡。

5月8日，汪精卫等人抵达上海。

6月6日，五相会议通过《成立中国新中央政府的方针》，决定以汪精卫为中心组织"新中央政府"。

6月10日起至6月15日，汪精卫于东京与日本高层举行会谈。

7月9日，汪精卫发表演说《我对于中日关系之根本观念及前进目标》，宣布开展"和平运动"。

8月28日，日本首相平沼骐一郎辞职，解散内阁。同日，汪精卫秘密主持召开伪国民党第六次代表大会

9月1日，"蒙疆联合自治政府"在张家口宣告成立。

9月4日，大本营决定在中国新设"中国派遣军"，"汪工作"机关改称"梅机关"，并划归中国派遣军管辖。

12月30日，日汪双方秘密签订系列协议，即所谓"日汪密约"。

1940年

1月1日，中国派遣军通过《关于解决事变的极密指导》等系列文件。

1月22日，高宗武、陶希圣将日汪密约披露于香港《大公报》上。同日，汪精卫、王克敏、梁鸿志和"蒙疆"代表李守信抵达青岛，准备召开"三巨头会议"。

3月23日，日本内阁阁议决定，"派遣特命全权大使"，作为"正式承认中国新中央政府前的合作机构"。

3月30日，汪精卫在南京宣布"还都"，汪伪政府正式成立。

6月12日，兴亚院会议确定的《条约体系概案》，确定了对汪提出的具体要求。

7月5日，日汪就《基本条约》进行第一次谈判。

10 月 1 日,日汪双方确定条约内容。

11 月 13 日,御前会议通过《处理中国事变纲要》,确定以增强日本战争力量作为对汪政策的重要方针。

11 月 30 日,日汪签订《基本条约》《日满华共同宣言》,日本正式"承认"汪伪政府。

参考文献

中文资料

黄美真、张云编:《汪伪政府资料选编——汪精卫国民政府成立》,上海:上海人民出版社 1984 年版。

余子道、刘其奎等编:《汪精卫国民政府"清乡"运动》,上海:上海人民出版社 1985 年版。

日本防卫厅战史室编纂,天津市政协编译委员会译校:《日本军国主义侵华资料长编》(上、中、下),成都:四川人民出版社 1987 年版。

南京大学马列主义教研室编:《汪精卫集团卖国投敌批判资料选编》,南京:南京大学学报编辑部 1981 年版。

中国第二历史档案馆编:《汪伪政府行政院会议录》,北京:中国档案出版社 1992 年版。

中国第二历史档案馆编:《汪伪国民政府公报》,南京:江苏古籍出版社 1991 年版。

南京档案馆编:《审讯汪伪汉奸笔录》,南京:江苏古籍出版社 1992 年版。

中央档案馆等编:《日汪的清乡》,北京:中华书局 1995 年版。

中国第二历史档案馆编:《中华民国史档案资料汇编》第 5 辑第 2 编,南京:江苏古籍出版社 1997 年版。

中国第二历史档案馆编:《汪伪中央政治委员会暨最高国防会议会议录》,桂林:广西师范大学出版社 2002 年版。

[日]西义显:《日华"和平工作"秘史》,任常毅译,南京:江苏古籍出版社 1992 年版。

中央档案馆、中国第二历史档案馆、吉林省社会科学院合编:《日本帝国主义侵华档案资料选编—汪伪政府》,北京:中华书局 2004 年版。

周佛海著:《周佛海日记》,蔡德金整理,北京:中国社会科学院出版 1986 年版。

[日]西园寺公一:《红色春秋贵族:西园寺公一回忆录》,田家农、庄林译,北京:中国和平出版社 1990 年版。

中文论著、论文

安慧:《梦幻石头城:汪伪国民政府实录》,北京:北京团结出版社 1995 年版。

谭天河:《汪精卫生平》,广州:广东人民出版社 1996 年版。

张宪文主编:《中华民国史大辞典》,南京:江苏古籍出版社 2001 年版。

林阔:《汪精卫全传》,北京:中国文史出版社 2001 年版。

李广民:《准战争状态研究》,北京:社会科学文献出版社 2003 年版。

黄美真主编:《伪廷幽影录:对汪伪政府的回忆纪实》,北京:中国文史出版社 2005 年版。

沈予:《日本大陆政策史(1868—1945)》,北京:社会科学文献出版社 2005 年版。

蔡德金编:《讨逆集》,兰州:兰州大学出版社 2005 年版。

余子道等:《汪伪政府全史》,上海:上海人民出版社 2006 年版。

石源华:《乱世能臣:陈公博》,北京:团结出版社 2008 年版。

曹大臣:《近代日本在华领事制度——以华中地区为中心》,北京:社会科学文献出版社 2009 年版。

《纪念辛亥革命七十周年学术讨论会论文集》,北京:中华书局 1983 年版。

复旦大学历史系编:《汪精卫汉奸政权的兴亡——汪伪政府研究论集》,上海:复旦大学出版社 1987 年版。

蔡德金:《汪精卫伪国民政府纪事》,北京:中国社会科学出版社 1982 年版。

张沂福主编:《新编中国现代史》,南昌:江西人民出版社 1987 年版。

王天兴:《汪精卫传》,合肥:安徽人民出版社 1993 年版。

刘熙明:《伪军——强权竞逐下的棋子》,台北:稻乡出版社 2002 年版。

黄美真:《汪精卫集团投敌》,上海:上海人民出版社 1984 年版。

李理、夏潮:《汪精卫评传》,武汉:武汉出版社 1988 年版。

曹大臣:《汪伪驻日大使馆考论》,《历史研究》2009 年第 4 期。

张生:《论汪伪对国民党政治符号的争夺》,《抗日战争研究》2005 年第 2 期。

王翔:《汪伪政权之意识形态评析》,《理论界》2008 年第 11 期。

许育铭:《日本有关汪精卫及汪伪政府之研究状况》,《抗日战争研究》1999

年第 1 期。

沈德海：《汪伪政权的建立及其罪恶活动》，《贵州师范大学学报（社会科学版）》1986 年第 2 期。

杨炎辉：《日汪条约关系研究(1940—1945)》，南京大学 2011 年硕士论文。

周绍英：《评汪精卫的"大亚洲主义"》，《重庆工学院学报》2001 年第 3 期。

蔡德金：《关于〈汪日密约〉的谈判、签约与被揭露》，《档案与史学》1997 年第 2 期。

李茂盛、王秦伟：《论南京伪国民政府出现的历史原因》，《山西师大学报（社会科学版）》1989 年第 1 期。

辛巍：《试述伪满洲国与南京伪国民政府的"外交"丑剧》，《边疆经济与文化》2010 年第 7 期。

陈仁霞：《德国承认汪伪国民政府史料一组》，《民国档案》2004 年第 3 期。

史桂芳：《试论日伪的东亚联盟运动》，《史学月刊》2006 年第 12 期。

张振：《日本与汪精卫》，《抗日战争研究》1999 年第 1 期。

石源华：《论日本对华新政策下的日汪关系》，《历史研究》1996 年第 2 期。

黄美真：《1937～1945：日伪对以上海为中心的华中沦陷区的物资统制》，《抗日战争研究》1999 年第 1 期。

刘志英：《汪伪政府粮政述评》，《抗日战争研究》1999 年第 1 期。

石源华：《汪伪政府对英、美"宣战"述论》，《军事历史研究》1999 年第 4 期。

石源华：《汪伪时期的"东亚联盟运动"》，《近代史研究》1984 年第 6 期。

邵铭煌：《战时渝方与汪伪的地下斗争——以吴开先案为例》，《抗日战争研究》1999 年第 1 期。

李勤：《试析汪伪战时经济体制》，《华中师范大学学报（人文社会科学版）》1992 年第 2 期。

顾莹惠、吉文灿：《汪伪和平军述论》，《苏州大学学报（哲学社会科学版）》1992 年第 4 期。

张根福：《论汪伪战时经济统制》，《江海学刊》1996 年第 3 期。

周孜正：《汪伪的留日学生教育》，《抗日战争研究》2004 年第 3 期。

周孜正：《浅论汪伪时期在日中国留学生的经费来源》，《抗日战争研究》2005 年第 3 期。

李先明：《华东沦陷区日、汪关系的实态——以汪伪组府为中心的考察》，《贵州社会科学》2005 年第 6 期。

张根福：《汪伪战时体制下的金融统制》，《山东大学学报（哲学社会科学版）》2003 年第 3 期。

日文论著、论文

波多野澄雄『太平洋戦争とアジア外交』、東京大学出版会、1996 年。

小林英夫『日中戦争と汪兆銘』、吉川弘文館、2003年。

鹿島守之助『世界新秩序を繞る外交——大東亜戦争と大東亜共栄圏』、鹿島研究所出版会、1973年。

臼井勝美『日中外交史研究』、吉川弘文館、1998年。

小野稔『汪兆銘名古屋に死す』、東京ジャーナルセンター、1998年。

上坂冬子『我は苦難の道を行く』、讲谈社、1999年。

小林英夫『大東亜共栄圏の形成と崩壊』、御茶水書房、1975年。

中村政則等『戦時華中の物資動員と軍票』、多賀出版、1994年。

植田捷雄『日華交渉史——日本の大陸発展とその崩壊過程』、野村書店、1948年。

西义显『悲劇の証人』、文献社、1962年。

山中德雄『和平は売国か』、不二出版、1990年。

刘杰『漢奸裁判-対日協力者を襲った運命』、中央公論新社、2000年。

刘杰『日中戦争下の外交』、吉川弘文館、1995年。

马场明『日中関係と外政機構の研究　大正・昭和期』、原書房、1993年。

山本有造『大東亜共栄圏経済史研究』、名古屋大学出版会、2011年。

浅田乔二編『日本帝国主義下の中国-中国占領地研究』、乐游書房、1981年。

桑野仁『戦時通貨工作概論-日中通貨戦の分析』、法政大学出版局、1965年。

伊藤隆『東条内閣総理大臣機密記録』、东京大学出版会、1990年。

『日本外交史』第二十卷（日华事变下）、第二十四卷（大东亚战争战时外交）、鹿島研究所出版会、1971年。

东亚研究所『中国占領地経済資料』、原書房、1984年再版。

深井英五『枢密院重要議事覚書』、岩波書店、1953年。

野村实『太平洋戦争と日本軍部』、山川出版社、1983年。

波多野澄雄『大東亜戦争の時代』、朝日出版社、1988年。

波多野澄雄等『太平洋戦争』、东京大学出版会、1993年。

戸部良一『ピース・フィーラー　支那事変和平工作の群像』、論創社、1991年。

深田祐介『黎明の世紀——大東亜会議とその主役たち』、文艺春秋、1991年。

大野胜巳『霞が関外交』、日本経済新闻社、1978年。

三轮公忠編『日本の一九三〇年代』、創流社、1980年。

益井康一『汉奸裁判史』、みすず書房、1977年。

古厩忠夫『日中戦争と上海、そして私』、研文出版、2004年。

市川洋一『太平洋战争とは何だったのか』、草思社、1989年。

三田村武夫『大東亜戦争とスターリンの謀略—戦争と共産主義』、自由社、1987年。

入江昭編『中国人と日本人』、ミネルヴァ書房、2012年。

卢泽纪之『ある作戦参謀の悲劇』、芙蓉書房、1974年。

柴田哲雄『協力・抵抗・沈黙-汪精衛南京政府のイデオロギーに対する比較史』、成文堂、2009年。

波多野澄雄「重光葵とアジア外交」、『国際学論集』、1983年第1期。

堀井弘一郎「日中戦争期、汪精衛国民党の成立と展開」（特集帝国の周辺——対日協力政権・植民地・同盟国）『中国』、2009年5月。

堀井弘一郎「汪精衛政権下の民衆動員工作:「新国民運動」の展開」、『中国研究月報』、2008年5月。

堀井弘一郎「汪精衛政権の成立と中華民国維新政府の解消問題」、『現代中国』、2007年。

堀井弘一郎「汪精衛政権下、新国民運動の理念と組織をめぐる相剋」、『日本大学大学院総合社会情報研究科紀要』、2009年2月。

土屋光芳「陳公博と周仏海はなぜ汪精衛政権に参加したか？—「反共」と留学経験の関係」、『政經論叢』、2014年3月。

嵯峨隆「汪精衛と大アジア主義:その継承と展開」、『法学研究』、2013年10月。

土屋光芳「汪精衛政権の基盤強化の戦略——大亞洲主義，東亜連盟運動，新国民運動」、『政経論叢』、2009年3月。

土屋光芳「汪精衛政権の対日合作と他の合作政権との比較考察」、『政経論叢』、2005年3月。

土屋光芳「汪合作政権の対日政策-汪精衛の「一面抵抗・一面交渉」と蒋介石の「全面的和平」との対立」、『政經論叢』、2000年12月。

土屋光芳「汪精衛の世界平和実現のための理念（「人類共存主義」）について——日本「軍国主義」批判の論拠」、『明治大学社会科学研究所紀要』、1999年3月。

高橋久志「汪精衛におけるアジア主義の機能:日中和平への条件の模索のなかで」、『国際学論集』、1981年1月。

土屋光芳「汪精衛と「和平運動」——高宗武の視点から」、『政経論叢』、1988年3月。

土屋光芳「汪精衛と「政権樹立の運動」」、『政経論叢』、1989年12月。

伊原沢周「近衛内閣と汪精衛の重慶脱出」、『東洋文化学科年報』、1989年11月。

伊原沢周「汪精衛と近衛首相:ハノイの滞在とその苦悩」、『東洋文化学科年報』、1990年11月。

土屋光芳「汪精衛の「和平運動」と「大亜州主義」」、『政経論叢』、1992 年12 月。

土屋光芳「汪精衛の「刺し違え電報」をめぐって――「一面抵抗・一面交渉」の試練」、『政経論叢』、1994 年 6 月。

土屋光芳「汪精衛の民主政治論についての一考察」、『政経論叢』、1995年 2 月。

土屋光芳「汪精衛の日中関係のイメージ――友好か，敵対か?」、『政経論叢』、1996 年 9 月。

朴尚洙、崔裕梨「日中戦争期における中国人協力者（Chinese Collaborators）:研究視点の省察」、『中国研究月報』、2012 年 11 月。

柴田紳一「阿部信行述『政治外交と軍部』の紹介」、『國學院大學図書館紀要』、1996 年 3 月。

三好章「敗戦後の支那派遣軍:「徒手官兵」（光陰似箭）」、『中国研究月報』、2013 年 10 月。

菅谷幸浩「第二次近衛内閣成立前後における陸軍と政党」、『法政論叢』、2009 年 5 月。

劉傑「汪兆銘政権からみた一九三〇年代の日中関係」、『史學雜誌』、1998年 12 月。

森山優「第三次近衛内閣の崩壊:「帝国国策遂行要領」をめぐる政治過程」、『史學雜誌』、1995 年 10 月。

伊藤隆「宇垣一成の外交政策論:昭和十五年を中心に」、『史學雜誌』、1985 年 1 月。

樋口秀実「一九三〇年代の日中関係と日本海軍」、『史學雜誌』、1998 年12 月。

藤田貞一郎「「支那事変」から「大東亞戦争」へ」、『經濟史研究』、2014 年1 月。

浜口裕子「松岡洋右と対重慶和平工作」、『政治・経済・法律研究』、2009年 12 月。

村田江美子「日本対汪精衛的"和平工作"研究――以日文資料為主」、『学術文化研究』、2007 年 12 月。

島田俊彦「日華事変における和平工作――とくに「桐工作」及び「松岡・銭永銘工作」について」、『武蔵大学人文学会雑誌』、1971 年 6 月。

辻野功「重光葵:一貫して平和を探求した外交官・外相」、『別府大学紀要』、2008 年 2 月。

小泉憲和「外交官・重光葵の政策構想:昭和戦前期を中心として」、『法政論叢』、2000 年 11 月。

庄司潤一郎「日中戦争の勃発と近衛文麿「国際正義」論-東亜新秩序への

道程」、『国際政治』、1989 年 91 号。

　　岩淵孝「近衛文麿：東亜新秩序の構想」、『国際学論集』、1979 年 7 月。

　　小林竜夫「大平洋戦争への道−日米対華政策史概観」、『国際政治』、1959
年 8 号。

　　秦郁彦「日華事変−和平工作と講和条件をめぐって」、『国際政治』、1960
年 11 号。

　　戸部良一「日華事変におけるピース・フィーラー」、『国際政治』、1983
年 75 号。

　　松本繁一「日米交渉と中国問題──寺崎外務省アメリカ局長の周辺」、
『国際政治』、1968 年 37 号。

　　原朗「「大東亜共栄圏」の経済的実態」、『土地制度史学』、1976 年 4 月。

　　土屋光芳「汪精衛と「政権樹立の運動」」、『政経論叢』、1989 年 10 月。

　　土屋光芳「汪精衛の日中関係のイメージ−友好か、敵対か?」、『政経論
叢』、1996 年 8 月。

　　関智英「日中戦争時期、汪精衛陣営に於ける新中国建設構想」（研究発
表，東洋史部会，第一〇六回史学会大会報告）、『史學雑誌』、2009 年 1 月。

　　柴田哲雄「汪精衛南京政府の研究」、博士学位論文、2003 年。

　　小島昌太郎「大東亞戰爭勃發後の上海の金融界」、『經濟論叢』、1942 年
11 月。

　　小林英夫「太平洋戦争下の香港：香港軍政の展開」、『駒沢大学経済学論
集』、1994 年第 3 号。

　　高橋久志「汪兆銘南京政権参戦問題をめぐる日中関係」、『国際政治』、
1989 年 91 号。

　　樋口秀実「汪兆銘工作をめぐる日本海軍と日米関係」、『国際政治』、2001
年 126 号。

　　劉傑「汪兆銘政権の樹立と日本の対中政策構想」、『早稲田人文自然科学
研究』、1996 年第 50 巻。

　　新地比呂志「汪兆銘の対日政策の変遷について−1930 年代を中心にし
て」、修士学位論文、2008 年。

　　蘇徳昌「国人の日本観──周仏海」、『良大学紀要』、2004 年 32 号。

日文日记、回忆录等

　　今井武夫『支那事変の回想』みすず書房、1964 年。

　　高橋久志・今井貞夫監修『日中和平工作：回想と証言 1937—1945』、み
すず書房、2009 年。

　　今井武夫『昭和の謀略』、原書房、1967 年。

　　今井武夫『近代の戦争 5 中国との戦い』、人物往来社、1966 年。

伊藤隆、渡边行男『重光葵手記』、中央公论社、1986 年。

外务省百年史编纂委员会『外務省の百年』、原書房、1969 年。

尾崎秀実『尾崎秀実著作集』、劲草書房、1977 年。

重光葵『昭和の動乱』、中央公论社、1952 年。

宇垣一成『宇垣日記』、朝日新聞社、1956 年。

堀内干城『中国の嵐の中で　日華外交三十年夜話』、乾元社、1950 年。

人間影佐禎昭世話人会『人間影佐禎昭』、人間影佐禎昭世話人会、1980 年。

晴气庆胤『謀略の上海』、亜東書房、1951 年。

森岛守人『陰謀・暗殺・軍刀』、岩波新書、1950 年。

冈田酉次『日中戦争裏方記』、东洋经济新报社、1974 年。

青木一男『わが九十年の生涯を顧みて』、讲谈社、1981 年。

杉山元『杉山メモ』、原書房、1989 年。

东乡茂德『東郷茂徳外交手記』、原書房、1967 年。

堀场一雄『支那事変戦争指導史』、原書房、1973 年。

石射猪太郎著，伊藤隆、刘杰编『石射猪太郎日記』、中央公论社、1993 年。

石射猪太郎『外交官の一生』、中央公论社、2007 年。

军事史学会『大本営陸軍部戦争指導班機密戦争日誌』、錦正社、2008 年。

神尾茂『香港日記』、神尾玞貴子出版、1957。

巢鸭遗书编纂会『世紀の遺書』、讲谈社、1984 年。

近卫文麿『近衛日記』、共同通信社、1968 年。

小矶国昭『葛山鴻爪』、小矶国昭自叙传刊行会、中央公论社、1963 年。

外务省『日本の選択——第二次世界大戦終戦史録』、山手書房新社、1990 年。

加濑俊一『加瀬俊一回想録』、山手書房、1986 年。

加濑俊一『日本外交の主役たち』、文芸春秋、1974 年。

松本重治『上海時代-ジャーナリストの回想』、中公新書、1977 年。

松本重治『近衛時代-ジャーナリストの回想』、中公新書、1987 年。

服部卓四郎『大東亜戦争全史』、原書房、1979 年。

種村佐孝『大本営機密日誌』ダイヤモンド社、1962 年

田尻愛義『田尻愛義回想録』、原書房、1977 年。

日文战时出版物

樋口正徳『最新支那要人伝』、朝日新聞社、1941 年。

田村幸策『大東亜外交史研究』、大日本出版、1942 年。

汪精卫『日本と携へて』、朝日新聞社、1941 年。

坂本辰之助『日支亲善年表』、日比谷出版社、1942 年。

本多熊太郎『支那事変から大東亜戦争へ』、千倉書房、1942 年。

宗幸一『東亜共栄圏史』、光書房、1941 年。

国家关系研究会『東亜に関する条約と外交』、大东書院、1942 年。

末广重雄『東亜新秩序と米国モンロー主義』、文部省教学局、1942 年。

田尻爱义『大東亜新秩序建設の原理』、日本青年外交协会、1942 年。

西村真次『大東亜共栄圏』、博文馆、1942 年。

植田捷雄『大東亜共栄圏と支那』、有斐阁、1945 年。

国策研究会『大東亜共栄圏経済交流体制論』、日本评论社、1944 年。

田村德治『大東亜共栄圏建設の基礎理論』、立命馆出版部、1943 年。

竖山利忠『大東亜共栄圏の貿易と通貨』、日本出版社、1943 年。

慶応義塾高等部学術研究会编『大東亜の社会と経済』、北隆馆、1943 年。

马场锹太郎『支那の資源と日本：大東亞共榮圏建設途上に於ける支那資源の開拓』、讲谈社、1943 年。

日本貿易振兴协会『大東亞共榮圏貿易對策委員會報告書』、1943 年。

大政翼赞会第十委員会『大東亞共榮圏建設理念ノ闡明ニ關スル調査報告書』、1943 年。

宮下亀雄『大東亜建設の基礎知識』、二松堂、1942 年。

则天塾『大東亜建設の基本理念』、葛城書店、1942 年。

山口高等商业学校东亚经济研究会编『東亜共栄圏の建設問題』、生活社、1941 年。

山崎靖纯『大東亜建設の原理と諸問題』、立命馆出版部、1942 年。

大东亚兴亚会同盟『日満華興亜団体会合記録』、1942 年。

陆军省经理局主计课别班『支那事変経済関係日誌(第二辑)』、1941 年。

日本外政协会『支那事変』、1942 年。

大日本兴亚同盟『聖戦五周年』、1942 年。（记录了公开发表的各种声明、布告、年表等、包含民间声明）

文化奉公会『大東亜戦下の支那事変』、モダン日本社、1942 年。

永松浅造『新中華民国』、东华書房、1940 年。

米内山庸夫『支那の現実と理想』、今日问题社、1942 年。

『新支那年鑑(1942—1945)』、东亚同文社、1942—1945 年。

『大陸年鑑』、大陆新报社、1943 年。

松本鎗吉『支那の新姿』、弘道馆、1942 年。

林柏生『盟邦の友へ』、郁文社、1942 年。

兴亚院政务部『国民政府組織系統職員表』、1942 年。

日本学术振兴会『支那の通貨と貿易』、有斐阁、1942 年。

野村宣『法幣の壊滅』、朝日新闻社、1942 年。

石浜知行『清郷地区』、中央公论社、1944 年。

日文杂志、报刊

『外交時報』(1937—1945 年)

『文芸春秋』(1937—1945 年)

『中央公論』(1937—1945 年)

『支那』(1937—1944 年)

『改造』(1937—1944 年)

『東亜解放』(1939—1942 年)

『朝日新聞』(1937—1945 年)

英文论著

David P. Barrett and Larry N. Shyu, *Chinese Collaboration with Japan 1932—1945: the Limits of Accommodation*, Stanford University Press, 2001.

Timothy Brook, *Collaboration: Japanese Agents and Local Elites in Wartime China*, Harvard University Press, 2005.

John H. Bolye, *China and Japan War* 1937—1945: *The Politics of Collaboration*, Stanford University Press, 1972.

Arthur N. Young, *China's Wartime Finance and Inflation 1937—1945*, Harvard University Press, 1965.

Parks M. Coble, *Chinese Capitalists in Japan's New Order-The Occupied Lower Yangzi 1937—1945*, University of California Press, 2003.

电子版资料

亚洲历史资料中心文献

国立公文书馆部分资料:

返還文書(旧内務省等関係)大東亜建設ニ関スル各委員意見

返還文書(旧内務省等関係)大東亜建設審議会第五部会第四回会議配布資料

返還文書(旧内務省等関係)華労移入経過

昭和 14 年 3 月末・支那事変下ニ於ケル外事警察ノ一般情況

返還文書(旧陸海軍関係)中華民族反英米協会宣言

大東亜民族復興慶祝会嘆願書

大東亜民族復興慶祝大会請願団代表人名冊

時局参考資料第二十編・日支事変解決促進ニ関スルー支那人ノ意見

漢機密-第 10 号・昭和 16 年 1 月・武漢地方在留邦人及第三国人統計表(在漢口日本総領事館 1 月 1 日現在)

楚情報機密-第 3〜号・昭和 16 年 1 月・楚情報機密

支総地資料-第 12 号・上海日華聯合公開ニ関スル観察

月報（华北方面軍）1941 年 2、4、5、6、8 月

中支那振興株式会社政府所有株式第 4 回払込財産目録：第一号、線路停車場其他鉄道施設・第二号、機関車其〜

興亜院刊行物新国民政府の国際収支見透

防衛省防衛研究所部分資料：

陸軍省大日記大日記甲輯昭和 15 年日満支経済建設に関する閣議決定の件

支那新中央政府成立に際し国内に於ける祝賀行事新政府の国旗使用等に関する

支那人渡日者統制指導に関する件

日支新国交調整条約締結に伴ふ與論指導方針の件

国民政府成立に付祝電の件

対支重要国策綴　第 1 復員局

支那事変戦争指導関係資料　大本営陸軍部の部（一部欠）第 1 復員局

昭和 15 年　重慶との交渉陸軍中将　石井秋穂

汪兆銘政権資料

対支情勢判断第 1 復員局　資料課

在支接収敵性権益と国民政府との調整に関する件

支那事変処理要綱　御前会議議事録

情勢の推移に伴う帝国国策要綱　御前会議議事録

中央-戦争指導重要国策文書帝国国策遂行要領　御前会議議事録

帝国国策遂行要領　其の2　御前会議議事録

大東亜戦争完遂の為の対支処理根本方針御前会議議事録

御前会議議事録　大東亜政略指導大綱

大本営政府連絡会議決定綴

大東亜戦争中期　対支重要決定綴

昭和 20 年　大東亜戦　戦争指導関係綴　（内政経済の部）其 2

機密戦争日誌

大東亜建設基本方策（大東亜建設審議会答申）昭和 17 年 7 月企画院

大東亜戦争関係　国際法問題論叢条約局第 2 課

中支の治安と南京の復興　南京からみる支那の心臓部　日本外交協会

満洲事変及支那事変　重要時期に於ける対ソ（対支）情勢判断

大東亜戦争下の支那派遣軍将兵支那派遣軍総司令部

中央-作戦指導大陸命

大東亜共栄圏建設対策国策研究会事務局

国策研究会事務局現地事変処理に資するための現下の東亜情勢判断

支那派遣軍発電綴　参謀本部

支那派遣軍電報（航空）綴　参謀本部

支那派遣軍　来電　総参1電　総参2電　総参4電　関係電報綴軍参謀本部

公使館発電綴参謀本部

支那事変及大東亜戦争　戦争資料　其の3 石井秋穂大佐回想録

支那事変に際し支那新政府樹立関係1件　支那中央政権樹立問題（二个部分）

支那事変に際し支那新政府樹立関係1件　支那中央政権樹立問題　支那新中央政府関係重要事項集興亜院

支那事変に際し支那新政府樹立関係1件　支那中央政権樹立問題　日支国交調整原則に関する協議会

支那事変陸軍作戦（3）資料 S14～16年　戦史編さん官　赤阪幸春

新中央政府指導方針総軍参謀部

派遣軍将兵に告ぐ支那派遣軍　総司令部

興亜院　大東亜省設立関係資料（興亜院）　森松俊夫

日支新関係調整条約交渉書類軍特務部

S16年11月における内外情勢概見表（等）支那派遣軍総司令部

新民会に就て軍特務部

汪精衛氏の外人記者会見談

中国国民党江蘇省党部の状況

対支処理根本方針の結実を促進する為の経済方策　昭18. 末北支那方面軍　参謀部

支情速報綴　昭19. 7. 27～19. 11. 29大本営陸軍部

第27軍和平工作資料

11月に於ける内外情勢概要表

弊政改革に対する反響

更生新支那政権の現在及び将来

内閣情報部解説　汪兆銘工作批判　住谷悌史資料

支那事変関係一件

支那事変ニ際シ支那新政府樹立関係一件

対支中央機関設置問題一件

正式会議公認議事録在南京日本大使館

大東亜経済委員会ノ日華経済関係ニ関スル意見

中国及ビ南方所在所会社ニ関スル大東亜省及ビ興亜院等関係文書

政府公表集-対外関係

中国及ビ南方所在所会社ニ関スル大東亜省及ビ興亜院等関係文書

公表集第三輯在中華民国日本大使館

海外放送講演集

執務報告条約局/1940 年—1944 年

日華基本条約及日満華共同宣言関係一件茗荷谷記録

日華基本条約及日満華共同宣言関係一件議事會記録

日華基本条約及日満華共同宣言関係一件（阿部特派大使派遣関係ヲ含ム）

大東亜諸条約締結経緯関係一件

日支間交通、通信ニ関スル協定覚書等関係雑件

支那中央政況関係雑纂

在満支敵国人関係

対支投資資金関係綴

各国財政、経済及金融関係雑纂/中国ノ部

大東亜戦争関係一件/各国ノ態度/中華民国

大東亜戦争関係一件/情報蒐集関係/南京情報、上海情報、北京情報

大東亜戦争関係一件/中華民国国民政府参戦関係

大東亜戦争関係一件/戦時中ノ重要国策決定文書集/中国関係

国民政府主席汪兆銘来朝関係一件（近衛、汪共同声明ヲ含ム）

支那中央政権成立ニ際シ特派大使派遣一件（国民使節ヲ含ム）

帝国議会関係雑件/説明資料関係第二十八巻大东亚省支那局

自其它资料集中择出部分：

中国江蘇・浙江・安徽三省内金融調査報告

在北京在上海大使館事務所行政部規程/1942 年

中華記者協会設立ニ関スル件

北京新聞記者協会成立ノ件

外国通信社関係雑件中華民国通信社/2 昭和 11 年 5 月 22 日から昭和 17 年 8 月 31 日

上海特別市関係一件

仏印ニ国民党支部設置ノ件

中国ニ於ケル新国民運動関係一件

東方文化事業関係雑件第五巻

華中鉄道会社関係一件

財政、経済及金融関係雑纂/中国ノ部第十九巻

汪中央政府ノ対外方針要綱

公表集第三輯在中華民国日本大使館

　　北支共通館令

　　中国ニ於ケル貨幣関係雑件：（以第四巻为主）中央儲備銀行券関係/主要
円系通貨発行高統計

　　日本軍管理不動産会社業務概況

　　中国ニ於ケル軍票発行関係

　　中支国土計画調査

　　正式会議公認議事録在南京日本大使館

　　皇国内外の情勢/1944 年

　　米国重慶政権間及英国重慶政権間治外法権撤廃条約内容要綱

　　治外法権撤廃関係文書集彙/1941 年（参考）

　　支那ニ於ケル租界ノ研究（第一巻）/1941 年（参考）

　　大東亜条約集

　　大東亜会議演説集/1943 年

　　日本国中華民国間基本関係ニ関スル条約・日満華共同宣言/条約集

　　「重光外務大臣演説集」

　　「近衛首相演述集」

　　大東亜戦争関係一件——重慶政権ノ対日宣戦布告ニ関シ国民政府ヲ
シテ取ラシムベキ措置

　　支那事変関係公表集（第 5 号）

附录:日汪间部分主要条约

重光堂密约

第一,日华两国在共同排斥共产主义的同时,将东亚从那个各种侵略势力解放出来。为实现建设东亚新秩序的共同理想,相互以公正的关系为准则,处理军事、政治、经济、文化、教育等各方面的关系,为实现睦邻友好、共同防共和经济合作而加强联合。

为此,议定下列条件:

第一条 缔结日华防共协议。

其内容以日、德、意防共协定为准则,互相协作。且承认日军为防共而在中国驻军,将内蒙古地区作为防共特殊区域。

第二条 中国承认满洲国。

第三条 中国承认日本人在中国领土上有居住和营业的自由,日本同意撤销在华的治外法权,并考虑归还日本在中国的租界。

第四条 日华经济合作应建立在平等互惠的基础上,实现密切的经济合作,必须承认日本的优先权,特别是关于华北资源的开发和利用方面给予日本特殊的方便。

第五条　中国应赔偿日本在华侨民因事变造成的损失,但日本不要求赔偿战费。

第六条　本协定规定以外的日本军队,在日华两国恢复和平之后,立即开始撤退。

但随着中国国内治安的恢复,将在两年内完成撤兵,中国在这期间应确保治安,而且应在双方会议上决定驻兵地点。

第二,日本政府如发表上述解决时局的条件时,汪精卫等中国方面的同志应立即声明与蒋介石断绝关系;并且发表为了建设东亚新秩序,实现中日合作反共政策的声明,同时伺机成立新政府。

一、第一条中的防共驻军,系为确保内蒙古及其联络线,而在平津一带驻军,其驻军期限是以日华防共协定的有效期为期限。

二、第四条中的优先权,系指与其他各国在同一条件下,对日本提供优先权之意

三、日本协助救济由于事变而产生的难民。

日华两国为建设东亚新秩序牢固地结为友好邻邦,约定今后实现下列各项条件:

第一条　日华两国为了建设东亚新秩序,相互实施亲日、亲华的教育和政策。

第二条　日华两国针对苏联设置共同的宣传机构,并缔结军事攻守同盟条约,平时互相交换情报。在内蒙古及与其确保联络的必要的地区驻扎日本军队,与驻防在新疆的中国军队,互相协力,在战时实行共同作战。

第三条　日华两国合作,日本援助中国从东亚的半殖民地地位中逐步解放出来,废除一切不平等条约。为此,共同协作采取必要的措施。

第四条　日华两国以复兴东亚经济为目的,进行经济合作,其

具体办法另行研究。

另外,此种经济合作在中国以外的南洋一带亦同样适用之。

第五条　为了实施上述条款,日华两国设置必要的委员会。

第六条　日华两国尽可能努力使亚洲其他各国也参加本协定。①

《日华新关系调整要纲》

(一)日华两国政府以"附件一"所载调整日华新关系之原则为准据,调整两国之新国交。

(二)承认事变中新国交修复以前既成事实之存在,按事态之许可,以前条之原则为准据,逐次调整之。

(三)承认在事变继续中,基于必然之要求而起之特殊事态之存续,及特殊事态随情势之推移乃至事变之解决,以调整日华新关系之原则为准据,逐次调整之。

△附件一

调整日华新关系之基本原则

日满华三国在建设东亚新秩序理想之下,相互善邻而结合,以东亚和平之枢纽为共同目标,其基础之事项列记如下:

(一)以互惠为基调。设定日满华三国一般的提携,尤其善邻友好共同防共经济提携等原则。

(二)华北及蒙疆在国防上并经济上设定日华强度之结合地带,在蒙疆地方则除前项,因防共之关系,特别设定军事上及政治上之特殊地位。

---

① 「日華協議記録」、1938 年 11 月 20 日、「JACAR(アジア歴史資料センター)Ref. C11110699400、渡辺工作の現況　昭和 13 年 11 月(防衛省防衛研究所)」

（三）在长江下游地域设定经济上日华强度结合地带。

（四）在华南沿海特定之岛屿，设定特殊地位。

（五）对于上列诸项之具体事项，以附件二所载要项为准据。

△附件二

日华新关系调整要项

第一，关于善邻友好之事项

日满华三国为相互尊重本然之特质，浑然相提携，以确保东亚之和平，而举善邻友好之事共起见，应全般的讲求互助连环及友好之手段。

（一）中国承认满洲帝国，日本及满洲尊重中国之领土及主权，日满华三国修复行国交。

（二）日满华三国政府一切政治外交教育交易等，足以破坏相互友谊之措置及原因，将来逐渐消灭之。

（三）日满华三国实行以相互提携为基调之外交。

（四）日满华三国协力于文化之融协、创造及发展。

（五）随日满华善邻关系之具体实现，日本逐渐考虑租界及治外法权等之交还。

第二，关于共同防共原则之事项

日满华三国协同防共。

（一）日满华三国各在其领域内铲除共产份子及其组织，并采互携协力于防共之情报宣传等有关事项。

（二）日满华共同防共之实行，为达到目的，日本将所要之军队，驻屯于华北及蒙疆之要地。

（三）日本在大体上对于驻兵地域内所存之铁道航空通讯，及主要港湾水路，保留其军事上之要求权，日本平时亦尊重当地之行政权及管理权。

第三,关于经济提携原则之事项

日满华三国为举动连环及共同防卫之实现,关于产业经济等,基于长短相补有无相通之旨趣,以共同互惠为主旨。

(一)华北蒙疆之资源,尤其对于蒙疆资源之开发与利用,中国由于共同防卫及经济结合之见地,应与日本以特别之便利,即在其他之地域,关于特定资源之开发利用,由经济结合之见地,亦予以必要之便利。

(二)对于一般之产业,日本予中国方面以必要之援助,关于农业,则援助其改良,设法增加其产量,以安定中国之民生。

(三)关于中国财政经济政策之确立,日本予以所要之援助。

(四)关于交易,采用妥当之关税及海关制度等,以振兴日、华、满间一般的通商,同时对于日、华、满间,尤其华北间之物资需给,应使其便利而合理。

(五)关于中国交通、通讯、气象及测量之发达,日本据与中国之协定,予以所要之援助乃至协力。

(六)日本据协议予以中国所需之援助及协力,以建设新上海。

第四,日华两国协力于共同治安之维持及撤兵事项

日华两国协力于共同治安之维持。

(一)日本于和平实现后,开始撤去约定之外之军队,于确立治安之同时,在两年之内撤离完毕,中国保证这一期间治安之确立。

(二)为共同治安之维持所必要之驻兵地区,依日华协议确定之。

(三)为共同维持治安起见,承认日本舰船部队得以在长江沿岸之特定地点及华南特定岛屿驻屯停泊。

(四)日本在大体上对于驻兵地域内所存之铁道航空通讯,及主要港湾水路,保留其军事上之要求权,日本平时亦尊重当地之行

政权及管理权。（注：此条与关于共同防共原则之事项第三条相同）

第五，其他事项。

（一）中国就日华协力事项，招聘采用日本人顾问、职员。

（二）日本协力救济事变产生之中国难民。

（三）中国赔偿事变以来日本国臣民在华所受权益之损失。

△秘密谅解事项（第一）

第一，与临时政府之关系调整要领。

一、本要领所称之华北，大体上指由长城线（包括在内）以南之河北省、山西省、山东省及大体上旧黄河以北之河南省地域而言。

二、中央政府在华北设置华北政务委员会。

三、废止临时政府之名称，其政务由华北政务委员会继续之。

四、华北政务委员会之权限、构成等具体事项，应于中央政治会议决定之。

华北政务委员会之权限构成，在日华新关系正常化之时，以能具体实现下记诸项为限度；但在此以前，亦应以上限度为目标逐次整理之。

（一）于中央政府规定之范围内，关于日华协力事项，由华北地方处理之防共及治安协力事项

1. 关于随日本军驻屯而发生事项之处理。

2. 关于日华防共、治安协力所要事项之处理。

3. 关于其他日华军事协力之处理。

关于国防军之处理，由中央政府特设于华北之军事处理机关处理之，华北政务委员会保有之绥靖部队之兵力，另行规定。

（二）于中央政府规定之范围内，关于经济提携尤其埋藏资源之开发利用，及日"满"华北间物资之供给事项。

1. 关于日本关于埋藏资源之开发与利用,而供给特殊便利事项之处理。

2. 关于日满蒙疆及华北间物资需给合理化事项之处理。

3. 关于日满蒙疆及华北间之通货及汇兑协力事项之处理。

4. 关于航空铁道通讯及主要海运之日华协力事项之处理。

(三)华北政务委员会就上述各项事宜,应随时报告中央政府,中央政府对超越上述规定范围之处置,可加以修正,但日华协力事项应与日本大使联络协议之。

(四)关于采用日本人顾问及职员事项之处理。

(五)联银制度及与此相关联之制度在有存续必要之期间,中央政府予以所要之补助,其具体要领由中央政府与日本协议之。

(六)其余事项之处理。

1. 华北政务委员会为华付所要经费,由中央政府统一交付。

2. 关税盐税及统原税则上为中央税。

但关税收入剩余之五成,与盐税收入剩余之七成,及统税暂时属于华北政务委员会,又对于上述国税征税机关之监督,关税由中央政府监督之,盐税由中央政府派遣人员与华北政务委员会共同监督之,统税委任华北政务委员会监督之。为此征税官及监督官由华北政务委员会推荐,由中央政府委任之。

3. 征得中央政府同意后,华北政务委员会可募集债款。

4. 华北官有财产属于国家者,归属中央政府,由华北政务委员会管理之,属于华北各省、市者,由省、市管理之。

5. 海关邮政及航空,应置于中央政府管理之下。

有线电报亦以上文为准。

6. 特任官及简任官由中央政府任免。

但目前简任官由华北政务委员会推荐。

7．与日满间随地方的处理而发生之交涉，由华北政务委员会行之，但应随时报告中央政府。

8．在中央政府决定的范围内，关于与蒙疆的地方性联络，由华北政务委员会进行之。

第二，与维新政府之关系调整要领

一、一方尊重维新政府之立场，而防止其动摇，同样诱导其融合而归一于中央政府，使其在中央政府树立之前，继续处理政务。

二、中央政府树立后，虽使维新政府谅解，而不设置政务委员会等，然关于其主要人物之体面与地位，汪方应考虑及之。

三、中央政府成立，而维新政府解散之时，中央政府暂时继承既成事实，以图政务移行之圆滑，勿使人心有所不安。

四、在长江下流地带，为实现日华经济之强度结合起见，日华通过经济协议会（名称未定）进行协议，中央政府与上海市政府应采取适当方法：

五、对于新上海，特别着力于下述日华协力事项之实现。

1．日华合办为有利或必要之事业，进行圆滑运营，就生产及销售等，依协定协调、发展经济。

2．新上海市建设。

3．思想、教育、宣传、文化事业、涉外问题、警察及特务工作之联络及协力。

4．招聘采用基于中央法令之顾问、职员、

5．关于在新上海所措置之随日本军驻屯而发生事项之处理。

第三，与蒙古政府之关系调整要领。

一、本要领所称之蒙疆，大体上系指内长城线（不包括在内）以北之地域而言。

二、鉴于蒙疆在国防上经济上为日满华三国强度结合地带之特殊性，承认其有广泛的自治，而为高度之防共自治区域。其权限由中央政府规定之《内蒙古自治法》，该法应与日本协议制定之。

三、为设定蒙古联合自治政府，与新中央政府之关系，在召开中央政治会议以前，于汪精卫或其代表与德王或其代表之会见中，以文书约定左记事项。

1. 中央政府承认蒙古联合自治政府之高度防共自治之既成事实。

2. 关于调整两政权之关系、根据本谅解、在新中央政府成立后，另行协定之。

四、前项之谅解成立之时，由蒙古联合自治政府派代表出席中央政治会议。

五、在中央政治会议不议论第三项谅解范围以外之事件。

第四，厦门

中央政府设立厦门特别市。

关于厦门特别市的日华协力事项，由日华间另行协定。

第五，华南沿海特定岛屿

中央政府将海南岛及附近诸岛屿设为一省。

中央政府派驻专员，使其圆滑处理左记日华协力要求事项：

一、关于军事协力之事项。

二、关于经济提携之事项。

（注：此外还包括：

秘密谅解事项（第二），金融、财政关系。

秘密谅解事项（第三），经济关系事项。

秘密谅解事项（第四），交通关系事项。

秘密谅解事项（第五），长江下游地带的日华协力事项。

秘密谅解事项（第六），日本人顾问、职员招聘采用相关事项。

秘密谅解事项(第七),关于尊重主权原则等中国方面的希望和日本方面的回答。

秘密谅解事项(第八),杂件。等)①

《中日满共同宣言》②

大中华民国国民政府

大日本帝国政府及

满洲帝国政府

希望三国互相尊重其本然之特质,于东亚建设以道义为基础之新秩序之共同理想下,互为善邻,紧密提携,俾形成东亚永久和平之轴心,并希望以此为核心,而贡献于世界全体之和平,为此宣言如左:

一、中华民国、日本国及满洲国互相尊重其主权及领土。

二、中华民国、日本国及满洲国讲求各项必要之一切手段,俾三国间以互惠为基调之一般提携,尤其善邻友好、共同防共、经济提携得收实效。

三、中华民国、日本国及满洲国根据本宣言之旨趣,速行缔结

---

① 梅機関「日支新関係ニ関スル協議書類」、1939 年 11 月 31 日、「JACAR(アジア歴史資料センター)Ref. B02031754100、支那事変ニ際シ新支那中央政府成立一件/梅機関ト汪精衛側トノ折衝中ノ各段階ニ於ケル条文関係(A-6-1-1-9_7)(外務省外交史料館)」

② 此文本来自日文档案中的条约中文文本,与其他版本可能有字句上的出入。这一文本以"大中华民国国民政府"而非"大日本帝国政府"为先,可见是汪伪政府而非日本当局使用的版本。「日華間基本条約及附属文書並日満華共同宣言」、1940 年 11 月、「JACAR(アジア歴史資料センター)Ref. B04013465700、日華基本条約及日満華共同宣言関係一件(阿部特派大使派遣関係ヲ含ム)第六巻(B-1-0-0-J/C3_003)(外務省外交史料館)」

约定。

《关于中华民国日本国间基本关系条约案》

中华民国国民政府及大日本帝国政府希望两国互相尊重其本然之特质，于东亚建设以道义为基础之新秩序之共同理想下，互为善邻，紧密提携，以确立东亚永久之和平，并希望以此为核心，而贡献于世界全体之和平。

为此订立基本原则，以律两国间之关系协定如下：

第一条　两国政府为永久维持两国间善邻友好之关系，应互相尊重主权及领土，并于政治、经济、文化等各方面，讲求互相敦睦之手段。

两国政府相约，互相消除政治、外交、教育、宣传、交易等事项，足以破坏两国间好谊之措置及原因，且将来亦禁绝之。

第二条　两国政府关于文化之融合、创造及发展，应紧密协力。

第三条　两国政府相约，对于足以危害两国安宁及福祉之一切共产主义的破坏工作，共同防卫之。

两国政府为完成前项目的计，应各在其领域内，铲除共产分子及其组织，并对防共有关之情报、宣传等，紧密协力。

日本国为实行两国共同防共计，在所要期间内，依据两国另行议定，驻屯所要之军队于蒙疆及华北之一定地域。

第四条　两国政府相约，在派遣于中华民国之日本国军队，依据别项所定，撤兵尚未完了之前，对共通治安之维持，紧密协力。

在必须维持共通治安之期间，日本国军队之驻屯地域等事项，两国间协议定之。

第五条　中华民国政府允认日本国基于历来之惯例，及为确保两国共通利益,在所要期间内,依据两国间另行议定,得驻留其舰船部队于中华民国领域内之特定地域。

第六条　两国政府基于长短相补、有无相通之旨趣,并依照平等互惠之原则,应行两国间之紧密的经济提携。

关于华北及蒙疆之特定资源,尤其国防上必要之埋藏资源,中华民国政府允诺两国紧密协力开发之,关于其他地域内国防上必要之特定资源之开发,中华民国政府应予日本国及日本国臣民以必要之便利。

关于前项资源之利用,应考虑中华民国之需要,而中华民国政府对日本国及日本国臣民应积极提供充分之便利。

两国政府为振兴一般通商,及使两国间之物资需给便利而合理计,应讲求必要之措置,两国政府对于长江下游地域交易之增进,及日本国与华北及蒙疆地区间物资需给之合理化,尤应紧密协力。

日本国政府对于中华民国之产业、金融、交通、通讯等之复兴与发达,应依据两国间之协议,对中华民国作必要之援助乃至协力。

第七条　随本条约所规定之中日新关系之发展,日本国政府应撤废其在中华民国所享有之治外法权,并交还其租界;而中华民国政府则应开放其领域,使日本国臣民得居住营业。

第八条　两国政府关于为完成本条约之目的,所必要之具体的事项,再行缔结约定。

第九条　本条约自签字之日起实施之。

《附属议定书》

当本日签订关于中华民国日本国间基本关系条约之时,两国

全权委员议定如下:

第一条　中华民国政府谅解日本国在中华民国领域内继续现正从事之战争行为之期间,随上述战争行之实行有特殊事态之存在,并谅解日本国为完成上述战争行为之目的,取必要之措置,因对此讲求必要之措置。

前项特殊事态,纵在战争行为继续中,于不妨碍完成战争行为目的之范围内,务须按情势之推移,准据条约及附属文书之旨趣调整之。

第二条　前中华民国临时政府、中华民国维新政府等所办事项,业由中华民国政府继承,暂维现状。是以上述事项中应调整而尚未调整者,应随事态之允许,依两国间之协议,准据条约及附属文书之旨趣,速行调整之。

第三条　日本国军队除根据本日所签订之关于中华民国与日本国间基本关系条约及两国间之现行约定而驻屯者,于两国间恢复全面和平、结束战争状态时开始撤兵,并应伴治安确立二年以内,撤兵完毕。中华民国政府在本期间,保障治安之确立。

第四条　中华民国政府,应补偿日本国臣民自事变发生以来,在中华民国因事变所受之权利、利益之损害。

日本国政府应与中华民国政府协力,以救济因事变而生之中华民国难民。

第五条　本议定书与条约同时实施之。

《中日两国全权委员间关于附属议定书了解事项》

当本日签订关于中华民国日本国间基本关系条约之时,与上述条约附属议定书第一条及第二条之规定相关联,两国全权委员间成立了解如下:

第一,中华民国之各种征税机关,现因军事上之必要,在特异状态中者,应本尊重中华民国财政独立之旨趣,速行设法调整之。

第二,现在日本国军管理中之公营私营之工厂、矿山及商店,除有敌性者及有军事上必要等不得已之特殊情由者,应依合理的方法,速行讲求必要之措置,以移归华方管理之。

第三,中日合办事业,其固有财产之评价及出资比率等,如需修正者,根据两国间另行议定,讲求矫正之措置。

第四,中华民国政府有统制对外贸易之必要时,当自行统制之。但不得与条约第六条中日经济提携之原则相抵触。

第五,关于中华民国交通、通讯事项之需调整者,依两国间另行议定,尽事态所许,速行设法调整之。

《附属秘密协定》

当本日签订中华民国日本国间关于基本关系条约之时,两国全权委员协定如下:

第一条　两国政府为增进两国共通利益,确保东亚和平计,相约实行以互相提携为基调之外交,对第三国关系不取有背此旨之一切措置。

第二条　基于条约第五条之规定,日本国驻留所要之舰船部队,于长江沿岸特定地点,并华南沿岸特定岛屿及其关联地点,又日本国舰船得自由出入并碇泊于中华民国领域内之港湾水域。

中华民国及日本国为确保两国共通利益,认为有维持中国海之交通路并维护其安全之必要,相约基于条约第五条之规定,依据两国间另行议定,于华南沿海特定岛屿及其关联地点,在军事上紧密协力。

第三条　关于厦门及海南岛并其附近诸岛屿之特定资源,尤其国防上必要之资源，中华民国政府允诺两国紧密协力，以谋开发生产。关于上述资源之利用，考虑中华民国之需要，而中华民国政府对日本国及日本国臣民积极的予以充分之便利，尤其容纳日本国国防上之要求。

前项规定系补充条约第六条之规定，且与之合为一体者。

第四条　中华民国政府对允对驻屯于中华民国领域内之日本国军队之驻屯地域及与此关联地域内之铁道、航空、通信、主要港湾及水路等，依照两国间之另行议定，答允关于日本国军事上必要事项之要求，但平时中华民国之行政权及管理权应受尊重。

中华民国政府允对前项之日本国军队依据两国间另行议定，予以驻屯上必要之各种便利。

第五条　两国政府对本协定条款之全部或一部，于必要时经协议后，应取公表之措置。

两国政府于两国间全面和平恢复之际，或于恢复以前之适当时期，对本协定第二条及第三条之规定，经协议后，应取公表之措置。

第六条　本协定与条约同时实施之。

《秘密交换公文（甲）案》

第一，

基于于上述条约之规定蒙疆［内长城线（不包含在内）以北之地域］在国防上及经济上为中日两国之强度结合地带，因鉴于此特殊性，是以根据现状以蒙疆为高度防共自治区而承认其广泛之自治权。中华民国政府应依据关于蒙疆自治之法令规定蒙疆自治之权限，而上述法令之制定，须与日本国政府协议之。

第二，

一、基于上述条约及附属文书之规定，华北[内长城线（包含在内）以南之河北省山西省及山东省之地域]为中日间国防上及经济上之秘密合作地带，中华民国政府有鉴于此，经于华北设置华北政务委员，使该委员会继承并处理中华民国临时政府所办之事项，惟该委员会之权限构成，以两国间恢复全面和平后，得以实现下述二之条款为限度并应以此为目标，速行调查整理之。

二、两国间恢复全面和平后，华北之中日协力事项中，得由华北政务委员会为地方的处理者。如左，关于此点由中华民国政府依据与日本国政府协议之法令规定之：

甲、关于防共及治安协力事项。

（一）随日本国军队驻屯而发生事项之处理

（二）中日间防共及治安协力所简要事项之处理

（三）其他中日军事协力事项之处理

但关于国防军者，由中华民国政府特设于华北之军事处理机关处理之。又关于于华北政务委员会所保有之绥靖部队兵力，另行定之。

乙、关于华北之经济提携尤其国防上必要之埋藏资源之开发利用，及日本国、满洲国、蒙疆与华北间物资需给之事项。

（一）关于资源尤其国防上必要之埋藏资源之开发利用，予日本国及日本国臣民以便利之事项。

（二）关于日本国、满洲国、蒙疆与华北间物资之需给，求其便利而合理之处理。

（三）关于日本国、满洲国、蒙疆与华北间通货及汇兑协力之处理。

（四）关于铁道航空通信主要海运协力之处理。

丙、关于聘请任用日籍顾问及职员之事项。

丁、关于未经列入上述甲乙丙之事项与日本国及满洲国间纯属地方处理之交涉。

三、华北政务委员会在中华民国政府所决定之范围内得处理与蒙疆间地方的联络事项。

四、华北政务委员会处理上述二及三规定之事项时应随时呈报中华民国政府。

第三,

根据上述条约及附属文案之规定,于长江下游地域中日间在经济上将实现紧密的合作,并与此相关,上海在中日协力之实现上,尤占重要之地位,中华民国政府有鉴于此,关于下述各项,应依据另行议定,与日本国政府协力实现中日间之提携,以建设新上海。

一、两国于长江下游地域,尤其于上海在贸易金融产业及交通事业等紧密协力,设置中日经济协议会。

二、两国于上海关于思想、教育、宣传、卫生、督察及文化事业紧密协力。

三、关于上海特别市之建设,中华民国政府应充分考虑该特别市之财源,使建设不发生障碍,而日本国政府对此建设于技术上协力。

四、关于上海特别市之对外交涉,两国应时刻保持紧密的联络而协力。

五、随日本国军队之驻屯而发生之事项中,在上海为地方的处理者由上海特别市市政府担任之。

第四,

基于上述条约及附属文件之规定,于华南沿岸特定岛屿及其关联之地点,将实现两国间紧密的军事上之合作及经济上之提携,

中华民国政府有鉴于此,依两国间另行议定根据现状取下述之措置:

一、以海南岛及其附近诸岛屿为省区设置一省。

二、以厦门为及其附近为市区设置厦门特别市。

三、关于上述诸地域内中日协力事项中军事协力及经济提携之事项,应取适当措置使得妥为地方处理。

第五,

中华民国政府依据其与日本国政府间之另行议定,关于中日协力事项,聘请日籍技术顾问及军事顾问,并任用日籍职员。

前项顾问之职权及服务规定,应由中华民国政府根据两国间另行议定制定之,又前项职员之任务,应依据中华民国法令所定。

《秘密交换公文(乙)案》

大中华民国　照会事当本日签订关于中华民国日本国间基本关系条约之时,与上述条约附属议定书第一条之规定相关联,本(主席)与贯大使间关于日本国在中华民国领域内,继续现正从事之战争行为之期间内,中华民国政府对上述日本战争行为目的之完成,积极的予以协力,成立了解。①

《日本国中华民国间同盟条约》

大日本帝国政府及中华民国政府

期望两国互为善邻,尊重其自主独立,并紧密协力,而建设以

---

①「日華基本条約及日満華共同宣言関係一件」、1940 年 10 月、「JACAR(アジア歴史資料センター)Ref. B04013465700、日華基本条約及日満華共同宣言関係一件(阿部特派大使派遣関係ヲ含ム)第六巻(B-1-0-0-J/C3_003)(外務省外交史料館)」

道义为基础之大东亚,俾贡献于世界全体之和平,并坚定决心,铲除对此有障害之一切祸根,协定如下:

第一条　中华民国及日本国为永久维持两国间善邻友好之关系,应互相尊重其主权及领土,并于各方面讲究互助敦睦之方法。

第二条　中华民国及日本国为建设大东亚,并确保其安定起见,应互相紧密协力,尽量援助。

第三条　中华民国及日本国应以互惠为基调,实行两国间紧密之经济提携。

第四条　为实施本条约必要之细目,应由两国该管(注:原文如此,日文条约对应字样为"当该",意为相关部门)官宪间协议决定之。

第五条　自本条约实施之日起,中华民国二十九年十一月三十日,即昭和十五年十一月三十日签订之关于中华民国日本国间基本关系条约连同其一切附属文书一并失效。

第六条　本条约自签字起实施之。

附属议定书

当本日签订中华民国日本国间同盟条约时,两国全权委员议定如下:

第一条　日本国约定于两国间恢复全面和平,战争状态终了时,撤去其派在中华民国领域内之日本国军队。

日本根据北清事变北京议定条款及其有关之文书所有之驻兵权概予放弃。

第二条　本议定书应与条约同时实施之。①

---

① 「日本国中華民国間同盟条約締結及関係公文交換ノ件ヲ定ム」、1943 年 10 月 30 日、国立公文書館、http://www.digital.archives.go.jp/das/image/M0000000000001774136。

索　引